いつもモーツァルトがそばにいる。

ある生物学者の愛聴記

廣部知久
Tomohisa Hirobe

幻冬舎MC

いつもモーツァルトがそばにいる。

——ある生物学者の愛聴記

表紙の絵：モーツァルトの母の生家がある、ザルツカンマーグート湖水地方のザンクト・ギルゲンの市庁舎の前にあるヴァイオリンを弾く少年モーツァルト像（絵は角田さおり）。

はじめに

私のモーツァルトとの出会いは「トルコ行進曲」であった。小学校五年生の時に母が買ってくれた、今は懐かしい「ソノシート」をレコードプレーヤーにかけてわくわくした気持ちで聴いた。このソノシートには「トルコ行進曲」の他にもクラシックの名曲がたくさん入っていた。子供心に「トルコ行進曲」は魅力的であった。今でもそのことをはっきりと覚えている。この曲がピアノソナタ第11番*K. 331*の第3楽章の「アラ・トルカ（トルコ風）」という作品であることはずっと後になってから知った。中学校、高校、大学、大学院と進むにつれてモーツァルトはますます好きになっていったが、私を大のモーツァルトファンにしてくれた曲、それはとりもなおさず、このピアノソナタ第11番（イングリット・ヘブラーのピアノ、フィリップスのＬＰレコード）であった。私は１９７７年春、仙台の東北大学の大学院生から盛岡の岩手大学教育学部生物学教室の助手になれた。26歳の時のことであった。社会人となって経済的に余裕ができレコードを買うことができるようになったので、週末に盛岡の「大通り商店街」にあった「佐々木電気」というレコード店によく行った。このピアノソナタ第11番のレコードをここで購入した。この1枚のレコードが私に衝撃を与えた。なんという安らぎの音楽であることか！こんなに控えめで、こんなに美しいピアノの響きがあったのか！ヘブラーの粒のそろったピアノの音、清楚で控えめで、それでいて真珠のような輝きを持ったピアノの音に私はすっかり魅了された。私はモーツァルトのピアノ曲の世界に完全に引き込まれた。今まで聴いたことのなかったモーツァルトの作品も次々に聴いていった。爾来40年以上たった今でも毎日のようにヘブラーのモーツァルトを聴いている。ピアノの小品、ピアノ変奏曲、ピアノソナタ、ピアノとヴァイオリンのためのソナタ、ピアノ四重奏曲、ピアノと管楽器のための五重奏曲、ピアノ協奏曲等ほとんど全ての作品をヘブラーのピアノで聴いている。ヘブラーの録音はピアノ三重奏曲以外モーツァルトのピアノ作品のほとんど全てを網羅しているのである。これだけ多くのピアノ作品を録音しているピアニストはヘブラーの他にはいない。ことモーツァルトのピアノ曲に関する限り、私はヘブラーの演奏を最も愛聴している。ピアノ曲を全て聴こうという思いで、週末はレコード店に足繁く通うようになった。やがてピアノ曲だけでなく、８００曲にも及ぶモーツァルトの全作品を聴くようになっていったのである。購入するレコードはほとんどがモーツァルトの作品であった。断片や偽作を含めて全ての曲を一回以上は聴いている。それまで聴く機会が少なかった宗教曲や歌劇、弦楽四重奏曲にも大変素晴らしい曲が多いことがわかった。

モーツァルトのことをますます知りたくなった私は、モーツァルト巡礼の旅を始めた。私にとって旅とは、「モーツァルトへの旅」であり、モーツァルトゆかりの地を訪れることであった。この旅が私にとってかけがえのないものになっていった。演奏会も録音も聴くのはほとんどモーツァルトに限っている。私の家にはたくさんのモーツァルトのレコードやカセット、ＣＤ、レーザーディスク、ＤＶＤ、ブルーレイが並んでいる。外出や旅の際には必ずモーツァルトの作品の録音を持って出かける。それもカセットからＣＤ、iPod nanoと、どんどん小型化していった。神様のような存在のモーツァルトに私を導いてくれた、このヘブラーのピアノソナタ第11番のレコードにいつまでも感謝の気持ちでいっぱいである。

オーストリアの小都市、ザルツブルク。小高い丘の上に囲まれた中世の佇まいを残す街。中央にはザルタァッハ川の清流がゆっくりと流れている。丘の上に立つホーエンザルツブルク城の背後にはオーストリア・アルプスの山々がそびえ、近郊には美しい湖水地帯が広がる。ザルツブルクは旅情を誘う美しい街である。この美しい街でモーツァルトは生まれ育った。ザルツブルクには、街の至る所にモーツァルトの思い出が刻み込まれている。モーツァルトの生家、青年期を過ごした家、洗礼を受けた大聖堂、宮廷作曲家・オルガン奏者として勤めた教会、ミサ曲を演奏した修道院教会、卒業の祝典演奏を行った大学教会、大司教の御前演奏を行った宮殿等々。また、博物館ではモーツァルトの愛用の楽器や自筆譜、手紙、一家の肖像画等も見ることができる。モーツァルテウム管弦楽団やカメラータ・アカデミカ合奏団を始めとする多くの演奏団体によるモーツァルト演奏会も、一年中毎日聴くことができる。まさに、夢のような街である。モーツァルトの音楽は、ザルツブルクの美しい街や自然によって育まれたといっても過言ではない。

モーツァルトはピアノやオルガンを始めとして、ヴァイオリンやヴィオラの名手でもあった。ピアノやヴァイオリンの曲は、モーツァルトの作品の中でも多く、重要な位置を占めている。しかし、モーツァルトは自分が演奏しなかった楽器、フルート、オーボエ、クラリネット、ファゴット、ホルン、ハープ、グラスハーモニカ等、でさえも、それらの特性を生かした珠玉の作品を作曲した。さらに、人間の声をあたかも楽器のように鳴り響かせ、人間の感情や喜び、祈りを五線譜にしたためた、この世のものとも思えない美しい声楽曲（歌劇、独唱曲、歌曲、宗教曲等）を多数作曲した。モーツァルトの音楽は明るく、優雅で、流麗である。しかし、ただそれだけの音楽ではない。聴く人の心を和らげたり、幸福感をもたらしたり、悲しみを癒したりする不思議な力を持っている。モーツァルトは決して幸福とは言えなかった35年の短い生涯の間に800あまりの曲を次から次へと完成させていった。それらの作品は、第一作の「ピアノのためのアンダンテ*K. 1a*」から絶筆となった「レクイエム*K. 626*」に至るまで、どの曲をとってみても、きら星の如く輝く美しい曲ばかりである。その上、モーツァルトの自筆譜にはほとんど修正した跡がない。これは奇跡と言えないだろうか？おそらく、モーツァルトの音楽は、ピアノの上で音を並べて作り出したものではなく、自然に泉のようにわき出たものであろう。モーツァルトの軽快で優美な旋律に心弾ませたり、悲しい調べに涙したり、天上的な、清澄な歌に心洗われたりするひと時は、私にとってかけがえのない時である。モーツァルトの音楽を聴くことは生きる喜びである。限りない優しさと慰めに満ちたモーツァルトの音楽こそは、神様が人類に与えた贈り物なのである。ザルツブルクを訪れ、宮殿や城の演奏会場でモーツァルトの音楽を聴くひと時は、私にとって至福の時である。本場のモーツァルトは素晴らしく、感激で胸がふるえる。演奏会場を出るとザルツブルクの街や自然やそよ風が優しく私を包み込んでくれる。ザルツブルクに今もモーツァルトが生きているように思われる瞬間である。私の夢はたびたびこの地を訪れ、モーツァルトの音楽をゆっくりと聴くことである。世界が平和で、ザルツブルクの街や自然がいつまでも今のままで、モーツァルトの音楽を後世に伝える中心地であり続けることを祈って止まない。本書は私の年のモーツァルト体験をまとめたものである。２２０章を超えるが、どの章から読んでいただいてもいいので、手にとってお読みいただければ幸いである。

目次

第1章　ピアノ協奏曲第1番　*K. 37*（編曲）

モーツァルトはピアノ協奏曲を多く残してくれた。子供時代から晩年に至るまで生涯にわたって作曲され、その数は単一楽章の曲も含め30作品ほどになる。まさに交響曲や弦楽四重奏曲・弦楽五重奏曲と同じ規模になるのである。ピアノの名手のモーツァルトにとっては、まさにピアノ協奏曲は中核をなす作品群なのである。私の友人にはモーツァルトのピアノ協奏曲だけが好きでよく聴いているという人もいる。この曲は、そんなピアノ協奏曲の第1作目となる記念碑的な作品なのである。この曲は1767年春11歳のモーツァルトによってザルツブルクで完成された。モーツァルトのピアノ協奏曲第1番*K. 37*、第2番*K. 39*、第3番*K. 40*、第4番*K. 41*の四曲は、父親のレオポルトが息子に当時流行の音楽を主題として与え、ピアノ協奏曲として完成させたものである。

第1楽章はラウバッハ（第2楽章の原曲は不明）、第3楽章はホーナウアーの作品を用いている。楽器編成は、独奏ピアノ、オーボエ2、ホルン2、第1ヴァイオリン、第2ヴァイオリン、ヴィオラ、コントラバスの小編成で、演奏時間は20分弱である。私はこの作品の第2楽章アンダンテが好きである。管弦楽が穏やかな旋律の主題を奏でる。次いでこの主題をピアノが演奏する。穏やかではあるが、どこか寂しげである。少年モーツァルトはもうこの頃から「悲しいモーツァルト」そのものなのである。この頃から明るさの中に潜む悲しみや寂寥感がある曲が好きであったと思われる。当時の作品を主題に用いているとは言え、天才のひらめきが随所に見られて大変興味深い。私の愛聴盤はイングリット・ヘブラーのピアノフォルテで、エドゥアルト・メルクス指揮カペッラ・アカデミカ・ウィーンの演奏である（CD：フィリップス、DMP-10006、1973年10月ザルツブルクで録音）。上品にしかも情緒たっぷりに演奏していて素晴らしい。第3楽章のカデンツァはヘブラー自身のものである。

第2章　弦楽四重奏曲第1番 *K. 80/73f*「ローディー」

モーツァルトは生涯にわたって弦楽四重奏曲を作曲し続けた。弦楽四重奏曲もモーツァルトを代表する作品群である。完成された弦楽四重奏曲は23曲あるが、第1番 *K. 80*「ローディー」、第2番から第7番の「ミラノ四重奏曲」、第8番から第13番までの「ウィーン四重奏曲」、第14番から19番までの「ハイドン四重奏曲」、第20番「ホフマイスター」、第21番から第23番までの「プロシャ王四重奏曲」と分類されている。この第1番 *K. 80*は1770年3月にイタリアのローディーで完成された。モーツァルト14歳の時である。モーツァルト父子は第一回イタリア旅行の際にミラノからボローニャに向かう途中ローディーに宿泊した。この際にローディーのホテルで作曲されたのが、弦楽四重奏曲の記念すべき第一作となったこの *K. 80*であった。したがって、後世の人はこの曲に「ローディー」というあだ名をつけたのであった。モーツァルトがミラノで体験した様々な音楽的刺激がこの曲を生み出すきっかけとなったのであろう。当初、第1楽章アダージョ、第2楽章アレグロ、第3楽章メヌエットの3楽章からなっていたが、後にウィーンで第4楽章ロンド、アレグロが付け加えられた。このことはモーツァルトがいかにこの曲を大事にしていたかを如実に示している。全楽章で演奏時間は13分に及ぶ。私が大好きなのが第1楽章アダージョである。

冒頭部から落ち着いた、穏やかな、癒しの音楽が演奏される。なんとも心休まる、心温まる音楽であることか！それでいて大変美しい！私の宝物の一曲である。私は研究室での仕事を終えて家に帰るとよくこの曲をかける。一日の研究を終えて家に帰った時のほっとした気持ちと、この音楽が持っている情感とがぴたりと合っているのである。夕食を前に落ち着いた、安堵の気持ちを高めてくれるのである。妻に「また、この曲をかけているのね。よっぽど好きなのね！」とよく言われる。この曲を聴いていると、「今日はとてもいい一日であった。研究がずいぶんと進んだ」、「今日は、学術論文受理の知らせが届いた。研究者にとってこれほど嬉しいことはない。本当にありがとうございました」、「今日は大変な天災・事故が起きた。研究現場は大混乱であった。でも落ち着いていこう(2011年3月11日東日本大震災、福島第一原発事故の日)」等、色々な思いが湧いてくる。嬉しいにつけ、悲しいにつけ、不安に苛まれるにつけ、心を穏やかに、慰めてくれる音楽なのである。これを14歳の少年が作曲したとは、とても信じられない。まさにモーツァルトの才能は驚異的である。私は、2012年の秋にヴェネチアを訪れる機会があった。ヴェネチアから電車でロヴェレートを訪れてモーツァルトのゆかりの地を歩いた。ヴェネチアへの帰途ローディーに降りて、モーツァルト父子が宿泊したホテルに寄りたかったが、時間切れで寄ることができなかった。今思うと、とても残念である。250年前のゆかりのホテルが現存しているとは、さすがヨーロッパと感嘆せざるを得ない。この曲の愛聴盤はエーデル弦楽四重奏団の演奏である(CD:ナクソス、8. 550541、1990年11月録音、ブダペストで録音、輸入盤)。柔らかな弦の音、ヴァイオリン、ヴィオラ、チェロの調和、ゆったりと旋律美を生かす演奏技術、優れた音楽性、どれを取っても最高である。この曲を聴いた回数は数えきれないが、聴くたびに一日の仕事を終えた、安堵感、満足感、冷静な気分を感じることができて幸せな気持ちでいっぱいになる。いつもモーツァルトに感謝している。演奏会で取り上げられることが少ないのが残念でたまらない。

第3章　ヴァイオリン協奏曲第1番 *K. 207*

この曲は1773年4月にザルツブルクで完成された。モーツァルト17歳の時であった。第三回イタリア旅行から郷里に戻ったモーツァルトが翌年4月に完成させたのである。イタリア音楽の影響を受け、豊かな楽想に満ちた名作となっている。幼い頃から父親の薫陶を受け、当代一流のヴァイオリニストであったモーツァルトならではの曲である。この年の末に、初めてモーツァルト独自のピアノ協奏曲が完成したが、このピアノ協奏曲が完成する8ヶ月前にモーツァルト独自のヴァイオリン協奏曲の第一作が生まれたわけで、記念碑的な作品なのである（この前にトランペット協奏曲*K.*^{6}.*47c*が作曲されたが、残念ながら散逸されてしまった）。ウィーン定住以来、モーツァルトの演奏家としての興味はヴァイオリンからピアノやヴィオラに移っていくのであるが、これは多分に父親への反発心からであったと思われる。一点の曇りもない、青春謳歌の作品である。モーツァルトのヴァイオリン協奏曲は第1番から第5番、それに疑作とされている第6番、第7番が残っている。その他に、ヴァイオリンとヴィオラのための協奏曲*K. 364*、ピアノとヴァイオリンのための協奏曲*K. 315f/K. Anh. 56*、ヴァイオリンと管弦楽のための協奏曲の単一楽章のアダージョ*K. 261*とロンドが二作品*K. 269, K. 373*残されている。ヴァイオリン協奏曲第1番はこれらのヴァイオリン協奏曲群の最初を飾る記念碑的な作品である。ヴァイオリン協奏曲は、確かにピアノ協奏曲よりは数は少ないが、内容において決して劣るものではなく、どれも私の宝物である。楽器編成は、独奏ヴァイオリン、オーボエ2、ホルン2、第1ヴァイオリン、第2ヴァイオリン、ヴィオラ、コントラバスで演奏時間は20分ほどである。

第1楽章は、管弦楽の序奏で始まる。爽やかな音楽で、弦楽器と管楽器の調和も好ましい。その後ヴァイオリンの独奏が始まる。この部分も伸びやかで艶があり、管楽器との掛け合いもとても良い。私は20代の後半から嬉しいにつけ、悲しいにつけ、この楽章をよく聴いている。私はマウスの皮膚から始め、ヒトの皮膚に至るまで50年間皮膚の研究を続けている。その研究生活の中で最も嬉しかったことは、失敗を繰り返しやっと研究成果を論文にまとめることができたことであった。さらに、欧米の学術雑誌に投稿し受理された時には飛び上がるほど嬉しかった。その時は本当によくこの楽章を聴いていた。喜びが何倍にも増大したのであった。妻とお見合いをして結婚が決まった時、娘が誕生した時、娘が大学に合格した時、そんな大事な時には特によく聴いたものであった。嬉しい気持ちをさらに倍加してくれる、私にとっては大切なかけがえのない宝物である。第2楽章はアダージョ。ゆったりと伸びやかな美しい音楽である。日本の田園風景を見ているようである。低い山々を背に棚田が広がり、その脇に一軒家が建っている。庭先には季節の花が咲き乱れ、素朴ながらも幸せな家族の姿がある。そんな情景が目に浮かび、心洗われ、穏やかな気持ちになるのである。また、時として少年時代を過ごした横浜市郊外の景色が浮かんでくる。素朴な田舎の景色であったが、第二次世界大戦の爪痕がそこここに残っていた。裏山に防空壕が残る民家もいくつも残っていた。一本足の案山子が立っている田んぼに佇んでいる自分の姿が懐かしく思い出される。そんなささやかな日本の原風景もすべて時の流れと共に失われてしまった。なんとも郷愁を誘う素晴らしい音楽である。第3楽章はプレストで、どこまでも明るい青空が広がる春の日のような雰囲気である。人生に明るい希望が湧いてくる。明るい曲調でこの音楽を締めくくり、青春の日々を思い出させてくれるのである。私の愛聴盤はフランスのレジ・パスキエ（ヴァイオリン）、ピエール・バルトロメー指揮リエージュ・フィルハーモニーである（オーヴィディス・バロア、V4796、オーヴィディス、フランスで録音、輸入盤）。明るさと繊細さが光る名演奏である。

第4章　交響曲第1番 *K. 16*

モーツァルトは生涯にわたって交響曲を作曲し続けた。19世紀に刊行された旧モーツァルト全集は全四十一曲であったが、その後発見された曲を含めると交響曲はなんと約七十曲に及ぶ。モーツァルトの作品の中では最も多いのである。そんなモーツァルトの作品を代表する交響曲の輝かしい処女作がこの第1番なのである。なんと8歳で交響曲を完成させるとは、ただただ神童の才能には驚くばかりである。この曲は1764年ロンドンで完成された。1763年6月からモーツァルト一家はいわゆる「西方への旅」を始めた。ドイツからフランスを経てイギリスに及んだ大旅行であった。7歳で旅立ったモーツァルトはロンドンでは8歳になっていた。日本で言えば、小学校二年から三年である。遊びたい年頃であるにも関わらず、少年モーツァルトは音楽の勉強に勤しんでいた。私はこのころ遊び呆けており、学校から帰ると鞄を置いて暗くなるまで面子（メンコ）や貝独楽（ベーゴマ）、ゴロベースで遊んでいたものであった。少年モーツァルトはこの旅で、多くの人と出会い、様々な体験をし、音楽家としても人間としても大きく成長していったのである。モーツァルトにとってこの旅の貴重な体験の一つが、この地ロンドンで、大バッハ（ヨハン・セバスティアン・バッハ）の末息子、ヨハン・クリスティアン・バッハに会って、交響曲の作曲に開眼したことであった。クリスティアン・バッハはロンドンに来るまではイタリアに滞在し、「ミラノのバッハ」と呼ばれていた。ドイツ音楽にイタリアの風を吹き込んだ音楽家の一人であった。彼は、8歳のモーツァルトの類い稀な才能を目の当たりにして驚き、交響曲の作曲法について熱心に指導したのであった。そんな親子以上に年の離れた二人の友情の証として、この交響曲は多くの人に愛され続けている。モーツァルトの天才の萌芽がこの曲の随所に見られるのである。オーボエ2、ホルン2、第1ヴァイオリン、第2ヴァイオリン、ヴィオラ、コントラバスの編成で、演奏時間は約15分である。

　第1楽章モルト・アレグロ。力強い印象的な音楽で始まる。この主題は何回も繰り返される。大都会ロンドンの活気溢れる雰囲気が伝わってくるような旋律である。次いで流麗な旋律がいくつも現れる。それらが交錯しながら一つの調和を保っているところが素晴らしい。これから訪れる輝かしい未来に向かって、勇敢に突き進む少年モーツァルトの決意のようなものが感じられる。最後に主題が変奏されて終了する。この楽章を聴くと明るい気持ちになり元気になれる。第2楽章アンダンテ。この曲で私が最も好きな楽章である。ゆったりとして、のどかな音楽で始まる。しかし、そこはかとない悲しみが漂う。この出だしのところが特に好ましい。オーボエの哀切な響きが秀逸である。その後寂しさが増していく。この所はクレッシェンド（次第に強く）で表現される。モーツァルト最後の作品、「レクイエム *K. 626*」の「ラ・クリモーサ（涙の日）」を彷彿とさせるところである。最後に悲しみが遠ざかるようにしてこの楽章が閉じられる。ハ短調の調性で、

8歳の少年が人間の悲しみを音楽で表現できるとは、ただただ驚くばかりである。聴く人の心を捉えて離さない、モーツァルトの音楽の魅力はもうすでに8歳の時に完成されていたのであろうか？5分ほどの短い第2楽章の中にすでにモーツァルトの天賦の才能がきらめいている。第3楽章プレスト。A–B–A–B–Aのロンド形式の音楽。冒頭部から明るい、溌剌とした舞曲風の音楽である。少年モーツァルトの瑞々しい感性が光っている。私の愛聴盤は、カール・ベーム指揮、ベルリン・フィル・ハーモニーの録音である（CD：ドイツ・グラモフォン、427241-2、１９６９年、ハンブルクで録音、輸入盤）。急緩急の音楽を端正に演奏している。少年モーツァルトの瑞々しい感性が光る曲を見事に再現している。

第5章　一幕のドイツ歌芝居「バスティアンとバスティエンヌ」*K. 50/46b*

モーツァルトは生涯にわたって歌劇作品を作り続けた。歌劇作品はモーツァルトが最も精魂込めて作曲したものであろう。モーツァルトが最も強く作曲したいと願ったのは他ならぬ歌劇作品であった。その記念碑的な第一作は11歳の時に作曲されたラテン語喜劇、「アポロとヒアチントゥス *K. 38*」であった。演奏時間１時間半の五幕からなる歌劇である。11歳の少年がこのような大作を作曲するとは、ただただ驚くばかりである。第二作目が12歳の時の三幕の喜歌劇（オペラ・ブッファ）「ラ・フィンタ・センプリチェ *K. 51*」である。この作品の演奏時間はなんと2時間半にもなる。さらにこの12歳の時に完成された第三作目が、この「バスティアンとバスティエンヌ」であった。以来傑作を発表し続け、最後の歌劇作品が亡くなる年の「皇帝ティートの慈悲 *K. 621*」であった。このように歌劇作品はモーツァルトの生涯を通して作曲され続けていったのである。さて、この曲は１７６７年ザルツブルクで作曲が始められ、旅先の１７６８年にウィーンで完成された。モーツァルト12歳。モーツァルト初めてのドイツ歌芝居である。小学校六年生にあたる歳で40分にもわたる歌芝居を完成させるとは！ただただ驚くばかりである。フランスのジャン・ジャック・ルソーの「村の占い師」の物語（ドイツ語訳）にモーツァルトが音楽をつけた。登場人物は羊飼いの娘バスティエンヌ、その恋人バスティアン、魔法使いのコラの三人のみである。バスティエンヌは最近バスティアンが冷たいので悩んでいる。そのことをコラに相談すると、コラはわざと彼を焦らすように勧めてしまう。この忠告に従ったバスティエンヌはバスティアンと喧嘩になってしまう。しかし、最後は仲直りして、めでたし、めでたしで終わる。素朴な歌芝居であるが、音楽はとても素晴らしく美しい。ウィーン国立歌劇場ではよく子供のための歌劇として上演される。

「バスティアンとバスティエンヌ」の序曲の主題はとても爽やかで、素敵で印象的な旋律であるが、これをベートーヴェンが英雄交響曲の第1楽章の主題に用いた。すっかり同じである。ベートーヴェンがモーツァルトの曲を詳細に研究していたことは良く知られているが、ベートーヴェンの代表的な英雄交響曲に「バスティアンとバスティエンヌ」の序曲の主題を用いたのは、いかにベートーヴェンがモーツァルトを尊敬していたかを物語っている。わずか12歳の少年モーツァルトが書いた「バスティアンとバスティエンヌ」の序曲がベートーヴェンの交響曲の代表作の主題になるとは！ただただ天賦の才能に驚くばかりである。またこの曲の第10番は特に爽やかで、愛らしくとても好きである。第11番もバスティアンが少年らしい愛らしさでバスティエンヌが美しいと褒める。第12番はバスティアンは、本当はとっても優しい、いい人なのよ！」と透き通った声で歌う。この曲も大変好ましい。「バスティアンとバスティエンヌ」の透明感あふれる爽やかな音楽は、最晩年のドイツ歌芝居の傑作「魔笛 *K. 620*」の三人の童子の歌声を彷彿とさせる。12歳のモーツァルトには、すでに「魔笛」の世界が降りてきていたのであろうか？大変興味深い作品である。私の愛聴盤はウベ・クリスティアン・ハーラー指揮、ウィーン交響楽団の演奏である。歌手はウィーン少年合唱団の団員（ＣＤ：フィリップス、422527-2、１９８６年2月ウィーンで録音、輸入盤）が務めている。

ウィーン少年合唱団の団員の素朴で、爽やかな、透き通った歌声に癒される。

第6章　弦楽五重奏曲第1番 *K. 174*

モーツァルトは弦楽五重奏曲を六曲残している。第1番*K. 174*は弦楽四重奏曲「ウィーン四重奏曲」の後に、第2番*K. 515*、第3番*K. 516*、第4番*K. 406/516b*は弦楽四重奏曲「ハイドン四重奏曲」の後に、そして第5番*K. 593*、第6番*K. 614*は弦楽四重奏曲「プロシャ王四重奏曲」の後に完成している。このようにモーツァルトの弦楽五重奏曲は弦楽四重奏曲と密接な関係にある。一般に弦楽五重奏曲は第2ヴィオラあるいは第2チェロを加えることにより演奏されるが、モーツァルトの弦楽五重奏曲は弦楽四重奏に第2ヴィオラを加えた作品のみである。第2ヴィオラを加えることにより、一層音楽的な幅を増すこととなった。この第1番*K. 174*は1773年の暮れにザルツブルクで完成された。モーツァルト17歳。4楽章からなり、演奏時間は23分に及ぶ。弦楽五重奏曲の中で私が最も好きな曲でよく聴いている。私は第1楽章と第2楽章が殊の外好きである。

第1楽章アレグロ・モデラート。明るく流麗で、聴く人の気持ちをわくわくさせてくれる音楽である。美しく、伸びやかな、心弾む旋律（第一主題）が聴く人に生きる希望を与えてくれる。思春期のモーツァルトの瑞々しい感性が光る名曲である。第一ヴァイオリンがこの第一主題を演奏した後に、今度は第1ヴィオラがこの主題を奏でる。弦楽四重奏曲には現れなかった世界である。明るいヴァイオリンに比べ、やや低い音のヴィオラで演奏される主題がなんとも味わい深い。その後チェロの音も主旋律の音に加わり音楽に幅が出る。第二主題は二つのヴァイオリンが奏でる、優しく愛らしい、モーツァルトらしい旋律である。これも聴く人の心を暖かく包んでくれる。このように三つの弦楽器がそれぞれの個性を表しながら魅力的な旋律を奏でていく。聴く人の人生に明るい希望をもたらしてくれ、心を安らかにしてくれる、癒しの音楽である。悲しみも悩みも心配も皆吹き飛ばしてくれるようである。弦楽五重奏曲の深遠な世界の魅力を余すところなく伝えてくれる。第2楽章アダージョは大変素晴らしく私の好きな楽章で、目をつぶって聴いているとその素晴らしさに言葉を失ってしまう。冒頭部はゆったりとした優しさに満ちた旋律で始まる。この第一主題はまさに癒しの音楽である。ヴァイオリンとヴィオラの掛け合いで音楽が進行する。チェロは終始伴奏にあたる。この第一主題が繰り返し演奏される。伸びやかなヴァイオリンとやや低音のヴィオラの協奏が素晴らしい。後半部に入るとやや悲しみの音楽に変わっていく。しかし悲しみは長くは続かない。そのあと冒頭部の音楽に戻る。単なる冒頭部の繰り返しではなくモーツァルトは微妙な変化をつけている。そのあと冒頭部分の音楽を全楽器が同時に奏でて静かに終了する。弦楽器は終始弱音器をつけて演奏されている。私の愛聴盤はエーデル弦楽四重奏団に第2ヴィオラのヤーノシュ・フェヘールヴァーリが加わった演奏である（CD：ナクソス、8. 553103、1993年12月ブダペストで録音、輸入盤）。この音楽には第2ヴィオラの演奏がとても大事であるが、エーデル弦楽四重奏団の四人に加わったフェヘールヴァーリも同じように柔らかい、優しい音で深遠なモーツァルトの弦楽五重奏曲の世界の再現に参加してくれている。聴くたびに感動する素晴らしい名演奏である。

第7章　ピアノ三重奏曲第1番 *K. 254*

モーツァルトはピアノ三重奏曲を六曲残している。ピアノとヴァイオリン、チェロからなるこの室内楽曲は、ピアノとヴァイオリンのためのソナタより、チェロが加わることでより音楽の幅が広がり、聴く人を美しい小宇宙の世界に誘ってくれる。特に後期の作品ではチェロが大活躍し、音楽に重厚感が増し、寂しさや悲しみが表現されている。１７７６年に完成した第一番目の*K. 254*ではヴァイオリンが主役を果たし、チェロは伴奏にとどまっているのに対し、１７８６年に完成した第2番*K. 496*、第3番*K. 502*、並びに１７８８年に完成した第4番*K. 542*、第5番*K. 548*、第6番*K. 564*ではチェロもヴァイオリンと同等に主役を果たしており、真の意味でピアノ三重奏曲となっている。この第1番はモーツァルトが20歳の時ザルツブルクで完成された。3楽章からなり、演奏時間は全体で18分ほどである。私はこの曲の中で第1楽章と第2楽章が特に好きである。

第1楽章アレグロ・アッサイ。弾むような旋律で始まる。ピアノの奏でる旋律もヴァイオリンの奏でる旋律も明るく一点の曇りもない。青い空に雲雀が飛んでいて、爽やかなそよ風が高原に吹いている。そんな高原に行きたくなる。今日は一日いいことがどっと押し寄せてくるような気がしてならない。チェロの伴奏も音楽に幅を利かせていて好ましい。青年モーツァルトの瑞々しい感性が光る名曲である。第2楽章アダージョ。一転して静かで穏やかな音楽。第一主題をピアノが奏でる。ヴァイオリンは伴奏の役割を果たす。次の第二主題はやや明るい旋律になり、ピアノが演奏し、ヴァイオリンが主旋律を奏でて、ピアノが伴奏に回る。このヴァイオリンの奏でる旋律も例えようもなく美しい。モーツァルトのピアノ三重奏曲の中でも特に美しい旋律の一つであろう。その後第一主題に戻ってピアノが主旋律を演奏し、ヴァイオリンが伴奏する。さらに後を追って、第二主題をヴァイオリンが奏でる。この旋律もとても美しい。ピアノとヴァイオリンの協演のようであって、チェロは一貫して伴奏という形に終始している。私の愛聴盤はボザール・トリオの演奏である（CD：フィリップス、422079-4、１９８７年5月スイスで録音、輸入盤）。プレスラーの粒の揃った、控えめなピアノの音が好ましい。また、コーエンのヴァイオリンとグリーンハウスのチェロは柔らかい音色で、この音楽に大変合っている。三人の息がぴったりと合って、モーツァルトのピアノ三重奏曲の世界を見事に再現してくれている。

第8章 旅の人、モーツァルト

モーツァルトほど「旅の人」という言葉が似合う人はいないであろう（日本の松竹映画の「寅さん」と同じように）。とにかく6歳の誕生日を迎える2週間前に父と姉と三人でミュンヘンに向かって3週間ほどの旅に出かけたのである。この旅は「ピアノのための小品 *K. 2-5*」を生む旅となった。モーツァルトはこの旅を皮切りに欧州各地に家族と旅をしたのである。モーツァルト一家がザルツブルクに住んでいた時は、旅に出かける前に必ず、郊外のマリア・プライン教会（挿絵1）に旅の安全祈願に訪れたと言う。私はこの教会に何度も訪れたことがある。市バスに乗ってバス停を降り、20分程緩やかな坂道を登るとつくが、当時のまま残っている教会を訪れた時の感動は忘れられない。またこの教会から眺めるザルツブルクの景色は絶景である。モーツァルトは成人してウィーンに定住するようになってからも何回ともなく旅を繰り返した。最後の旅は亡くなる1791年、35歳の時8月下旬から9月中旬にかけて、悲歌劇（オペラ・セーリア）「皇帝ティートの慈悲 *K. 621*」の初演のために向かったプラハ旅行であった。

モーツァルトは人生の3分の1は旅の中にいた。モーツァルトにとって旅は人生そのものであり、人生の友であり、師でもあった。旅から旅の日々で多くの友人や恩師にも巡り会い、人間としても、音楽家としても成長していった。幼少期のイギリス旅行で出会い、交響曲の作曲指導を受けた、クリスティアン・バッハ、イタリアのボローニャで対位法の指導を受けた、マルティーニ神父、弦楽四重

挿絵1　マリア・プライン教会（左手後方）。

奏曲の作曲に多大の影響を受けた、ヨーゼフ・ハイドン、と枚挙にいとまがない。モーツァルトが幼少期から訪れた町は、ミュンヘン、ウィーン、ロンドン、チューリッヒ、アムステルダム、パリ、トリノ、ミラノ、ナポリ、ローマ、フィレンツェ、ヴェネチア、ローディー、リンツ、ベルリン、ハイデルベルク、プラハ等数え切れないほどである。その旅たるや、新幹線や飛行機のない時代に、船や馬車を使っての命がけの長旅であった。舗装のない悪路を劣悪な馬車で何時間も揺られ、体への負担はさぞかし大きかったのではなかろうか。空の上でおいしい機内食を食べながら、モーツァルトの音楽を聴いたり、映画を見たりしているうちにあっという間に目的地に運んでくれる、現代のような楽しい飛行機旅行ではなかったのである。まさに、心身をすり減らす旅であった。しかしながら、もしモーツァルトが旅をしていなかったら、ザルツブルクから一歩も出ていなかったら、いくら大天才とは言え、彼の音楽がこれほどまでに素晴らしいものにはならなかったのではなかろうか。緻密な構成を持った端正なドイツ的音楽に、イタリア的な流麗な美しい旋律やフランス風の優雅さが加わったのである。もしモーツァルトがイタリアに行かなかったら、「フィガロの結婚*K. 492*」、「ドン・ジョヴァンニ*K. 527*」、「コジ・ファン・トゥッテ*K. 588*」等の歌劇の傑作も生まれなかったのではなかろうか。

また、旅はモーツァルトを成長させる、人生の師でもあった。旅の途中いろいろな貴重な体験をして人間としての成長を遂げたと思われる。その中でも特に人との出会いが大きかった。フィレンツェで出会い、友情を育んだイギリス人のトーマス・リンリー、ザルツブルクで出会い、ウィーンで再会し、最晩年にドイツ歌芝居の最高傑作「魔笛*K. 620*」の脚本を担当することになったシカネーダー、ウィーンで出会い、歌劇「フィガロの結婚」、「ドン・ジョヴァンニ」、「コジ・ファン・トゥッテ」の脚本を書いた、ダ・ポンテ、最晩年の室内楽や協奏曲の最高傑作である「クラリネット五重奏曲*K. 581*」や「クラリネット協奏曲*K. 622*」を生むきっかけとなった、クラリネット奏者のアントン・シュタットラーやウィーンでライバルであった、アントニオ・サリエリ、また生涯を通して尊敬し、敬愛した大先輩のヨーゼフ・ハイドン等、友人はモーツァルトにとって欠かすことのできない財産となった。

旅では、また恋も失恋も経験した。1777年9月、父の健康が優れなかったので、モーツァルトは母と共に就職活動のために「マンハイム・パリ旅行」に出かけた。旅先のマンハイムで出会ったアロイジア・ウェーバーは、モーツァルトが生涯で最も恋いこがれた女性であったろう。容姿端麗で、声が美しく、歌の才能があるアロイジアと一緒にイタリアに行って、彼女を歌手として大成功させてあげたい旨の手紙（1778年2月4日、モーツァルト書簡全集第3巻、472〜476頁）をザルツブルクの父に送ったのであった。それを読んだ父は激怒して、12日付けの手紙で大至急パリに立つように命令した（同512〜521頁）。モーツァルトは母と共に泣く泣くパリへ向かったのであった。そのパリでは、就職活動はままならず、演奏会や作曲の仕事も少なかった。幼少期にはモーツァルトのことを天才としてもてはやしたパリは、成人したモーツァルトには目もくれなかったのである。失意のどん底にあるモーツァルトにさらに追い討ちをかけるような出来事が起きた。かねてから体調が思わしくなかった母が病床に伏してしまったのである。ついに最愛の母が天国に召された夜、22歳のモーツァルトは、父に手紙をしたためた（1778年7月3日、モーツァルト書簡全集第4巻、131～135頁）。父の衝撃を少しでも和らげようと、「母は病床にあり、危険な状態にある」ことだけを伝えて、亡くなったことは伏せておいたのである。もう一通の手紙はザルツブルクの親友、ブリンガー神父に宛てた（同137～139頁）。「母の死を父が知って衝撃を受けないように、父にまず母の死を覚悟できるよう心構えをさせてほしい」と懇願しているのである。この二通の手紙は何回読んでも感動する、素晴らしいものである。わずか22歳の青年をここまで思いやりのある人間に育てたのも「旅」であったのではなかろうか。最悪の状態にも関わらず、あの息を呑むように美しい「フルートとハープのための協奏曲 *K. 299*」という最高傑作が生まれたのである。それだけではなく、「フルート四重奏曲 *K. 285a*」、「ピアノとヴァイオリンのためのソナタ *K. 301-306*」、「フルート協奏曲 *K. 313, 314*」等の傑作が次々と生まれて行くのである。一人になったモーツァルトは、パリから帰省する途中アロイジアに会いたい一心でミュンヘンに立ち寄った。しかし、そこに待っていたのは、モーツァルトの心を引き裂く衝撃的な事件なのであった。マンハイムで彼女に全面的な歌唱指導をし、何くれとなく援助をしたのにも関わらず、ミュンヘン歌劇場専属歌手となって大活躍していたアロイジアは、もうモーツァルトには目もくれず、軽く鼻であしらったのである。就職活動に失敗し、最愛の女性にもふられたモーツァルトにとってミュンヘンからザルツブルクまでの美しい景色は、さぞかしどんよりとした、悲しい景色に見えたことであろう。しかしながら、この失恋の痛手がモーツァルトをさらに大きく成長させることになるのである。

「モーツァルトの音楽には彼の心情、悲しみや苦しみは全く反映されていない。モーツァルトの音楽はそういった人間の心を超越した高みにある。」とはよく言われている。しかしながら、果たして本当にそうであろうか？天才モーツァルトと言えども人の子である。人間なのである。就職活動の失敗、母の死、そして失恋を経験したこの時期に作曲された、「ピアノソナタ第8番 *K. 310/300d* や「ピアノとヴァイオリンのためのソナタ第28番 *K. 304* といった傑作には、切々とした悲しみの感情が込められていると思われてならない。この悲しみこそがモーツァルトの音楽を唯一無二のものにしているのではなかろうか。しかし、モーツァルトの音楽に見られるこの悲しみは、決して聴く人の気持ちを撹乱させるような悲しみではない。涙がポロリとひとしずく、ふたしずく流れた後に癒されるのである。悲しみが和らいでいるのである。これだけ悲しいのに、なぜこれほどまでに癒されるのであろうか？これはまさに旅の人モーツァルトが旅から得た経験を五線譜にしたためて、自らも慰めていたからではなかろうか。まさにモーツァルトの音楽は旅から得た所産なのではなかろうか。

第9章　ピアノソナタ第3番 *K. 281/189f*

この曲は、1775年初頭ミュンヘンで完成された。この年に完成されたピアノソナタ第1番から第番までの中の一曲である。長い間完成時期は、第1番から5番までは1774年、第6番は1775年と考えられていたが、自筆譜の研究から、1775年初頭に一気に書かれたことがわかった。したがって、ケッヘル番号も若い *K. 189f* *K. 281* との両方が存在しているのである。モーツァルトの時代欧州では、楽譜出版は六曲（稀に三曲）でまとめられることが多かったので、この六曲は同じ動機によって作曲されたものと思われる。

1775年ミュンヘンに滞在していたモーツァルトが、ハープシコードやクラヴィコードではなく新しいピアノ（当時はフォルテピアノと呼ばれていた）という楽器に出会い、その魅力にすっかりとりつかれ、ピアノソナタの作曲を志したのではないかと考えられる。18歳の青年モーツァルトの新しい挑戦であった。このピアノソナタ第3番は3楽章からなり、演奏時間は15分ほどである。

第1楽章アレグロ。弾むような音楽で始まる。次いで、軽快で律動的な旋律が奏でられる。その後冒頭部に戻る。弾むような、明るい旋律が人生に希望や憧れを感じさせてくれる。その後、軽快な律動的な音楽に戻って終了する。第2楽章アンダンテ・アモローソ。ゆったりとした音楽で始まり、しばらくして第一主題が現れる。この第一主題は、ゆったりとして穏やかで、聴く人の心を落ち着かせてくれる。その後に現れる第二主題も静かな落ち着いた音楽である。アモローソ（愛情豊かに）の指示通り暖かな、慈愛に満ちた音楽である。第3楽章ロンド、アレグロ。明るく弾むようなロンド楽章。楽しい曲で、快活である。聴く人の耳に優しく響いてくる旋律が素晴らしい。私の愛聴盤はヘブラーの録音である（CD：フィリップス、SHIM-1006、1968年ザルツブルクで録音）。この曲ほどヘブラーの演奏の素晴らしさを感じさせてくれるものはない。40年以上も繰り返し聴いているが、聴くたびに新たな感動を覚える。控えめであるが、真珠のような輝きがある。

第10章　ピアノ四重奏曲第1番 *K. 478*

モーツァルトが残してくれた二曲のピアノ四重奏曲は、「フィガロの結婚*K. 492*」を挟んで作曲された。この*K. 478*は1785年10月にウィーンで完成された。モーツァルトは29歳になっていた。3楽章からなり、演奏時間は全体で25分程である。この時期モーツァルトはウィーンで最も幸福な時であった。そのためか深い精神性と複雑な音楽構成が見られ、弦楽四重奏曲や弦楽五重奏曲に見られるような力強さ、重厚さが目立っている。また、当時ウィーンのピアノ四重奏曲はピアノ、第1ヴァイオリン、第2ヴァイオリン、チェロの編成が一般的であったが、モーツァルトの二曲のピアノ四重奏曲では第2ヴァイオリンの代わりにヴィオラが入っている。晩年、地味で縁の下の力持ちのヴィオラの音をこよなく愛したモーツァルトらしい組み合わせである。中間弦のヴィオラを加えることによって、音楽の幅が一層増してピアノ四重奏曲という小宇宙が交響曲やピアノ協奏曲のような大宇宙に感じられる。

第1楽章アレグロ。冒頭部の旋律は第一主題でこれが繰り返される。ト短調という調性であろうか、重厚な音楽であるが、同時に厳しさも感じられる。ピアノの音は強めであるが、弦楽器による伴奏は控えめで弱い音になっている。これが全体の調和をもたらしている。第二主題は癒しの音楽で、ピアノが静かに語りかける。短調から長調への変化がこの楽章に減り張りをつけている。その後第一主題に戻り元の世界に戻る。冒頭部とは少し変化をつけ、伴奏も大きな音で演奏され、最後に四つの楽器が強い音で合奏して終了する。厳粛で力強い音楽で、青年モーツァルトの情熱がほとばしる音楽である。第2楽章アンダンテ。私がこの*K.* 478の中で一番好きな楽章である。変ロ長調の調性で、静かで、穏やかな旋律(第一主題)をピアノが奏でる。弦楽器は伴奏にあたる。第二主題はヴァイオリンが奏でて、ピアノに受け継がれる。次いでヴィオラとチェロの伴奏の音が次第に大きくなり、緊張感も生まれる。そのあと、第一主題、第二主題と繰り返される。最後に四つの楽器が合奏し静かに終了する。第1楽章の厳粛さの後の平和で安寧な世界に癒されて、心洗われる思いである。第3楽章アレグロ・モデラート。軽快なピアノの音で始まり、ヴァイオリンに受け継がれる。ロンド音楽でモーツァルトらしい旋律が次々に現れる。ピアノとヴァイオリンが主役であるが、ヴィオラとチェロの伴奏も重要である。後半部に入るとやや音が大きくなり、力強くなり、重苦しさと不安もよぎるが、長くは続かず、冒頭部の穏やかな音楽に戻って終了する。

私の愛聴盤は遠山慶子さんのピアノ、ウィーン弦楽四重奏団のウェルナー・ヒンクのヴァイオリン、クラウス・パイシュタイナーのヴィオラ、ラインハルト・レップのチェロによる録音である（CD：カメラータ・トウキョウ、25CM-38、１９８２年5月ウィーンで録音）。テンポがゆったり目でとても好ましい。四人ともとても柔らかな音で、穏やかに、適度な減り張りで演奏してくれている。四人の演奏が良く調和していて素晴らしい。私の大好きな録音である。イングリット・ヘブラーのピアノ、マイケル・シュワルベのヴァイオリン、ギュスト・カポーネのヴィオラ、オットマール・ボルヴィツキーのチェロによる演奏もよく聴いている（CD：フィリップス、446579-2、１９７０年ベルリンで録音、輸入盤）。第２楽章が特に素晴らしい。ヘブラーの穏やかなピアノの音色がこの曲にぴったりである。

第11章　ミサ・ブレヴィス *K. 49/47d*

モーツァルトのミサ曲の多くはこの「ミサ・ブレヴィス」（略式ミサ、短めのミサ曲という意味）である。この曲はその第一作目で、モーツァルトは12歳になっていた。モーツァルト一家は１７６７年の秋から１７６８年初頭にかけて「ウィーン旅行」に出かけた。当時ウィーンでは天然痘が大流行していたので、一家はモラヴィア地方のブリュン（現在はチェコでブルーノと呼ばれている）に一時避難した。ブリュンは当時ハプスブルク家の支配下にあったのでドイツ語が使われていた。ブリュンには遺伝学の創始者である、グレゴール・メンデルが司祭を務めていた修道院があった。メンデルは生まれ故郷のハイツェンドルフ（１８２２年誕生）から南にあるブリュンの修道院に勤め始めた。それから亡くなる62歳（１８８４年）まで41年間ブリュンで生活をした。家が貧しかったのでろくに教育も受けられず、兄弟のために21歳から働き始めた。それでも子供の時から好きであった博物学は亡くなるまで忘れることはなかった。メンデルはここで司祭として働く傍ら、庭でエンドウの交雑実験を行い遺伝の法則を発見したのであった。1865年この「メンデルの遺伝の法則」をブリュンの博物学会で報告したが、学会からは全く受け入れられず、実に35年の長きにわたってその業績は埋もれてしまった。メンデルの死後1900年になってオランダのド・フリース、ドイツのコレンス、オーストリアのチェルマックの三人が独立に「メンデルの遺伝の法則」が正しいことを証明した。これを後の人は「メンデルの遺伝の法則の再発見」と呼んだのであった。この年から遺伝学が誕生することとなったのである。メンデルが遺伝の法則を発見できたのは、29歳から31歳にかけて憧れのウィーン大学の聴講生になれたことが大きな要因であった。ウィーン大学で博物学のみならず、数学、物理学、化学も熱心に勉強した。ウィーンとブリュン、音楽の大天才モーツァルトと遺伝学の大天才メンデルが同じ地に足跡を残したことは大変感慨深い。私が生物学の中でも特に遺伝学に興味があり、研究もマウスの毛色遺伝子の研究を行ってきたことと、小学生の時からモーツァルトの音楽が大好きであったことを考えると、何かとても不思議な縁を感じるのである。私の人生の恩師とも言える二人の大天才には感謝の気持ちでいっぱいなのである。この天然痘の流行が収まってから、モーツァルト一家はウィーンに戻った。モーツァルトは1768年11月頃にこの曲を完成させたと考えられている。12歳の少年が当時のザルツブルクのカトリック教会の典礼音楽について詳しく勉強して、立派な音楽を完成させたというのはただただ驚くばかりである。編成は、独唱（ソプラノ、アルト、テノール、バス）、混声四部合唱、第1ヴァイオリン、第2ヴァイオリン、ヴィオラ、トロンボーン3、コントラバス、オルガンである。演奏時間は全体で20分に及ぶ。

各楽章は一定の順で並んでおり、第1楽章キリエ（あわれみの讃歌）、第2楽章グローリア（栄光の讃歌）、第3楽章クレード（信仰宣言。さらに、パトレム・オムニポテントゥム、エト・インカルナートゥス、エト・レズレクシト、エト・イン・スプリトゥム、エト・ウーナム・サンクタム、エト・ヴィダム・ヴェントーリの六曲に分かれている）、第4楽章サンクトゥス（感謝の讃歌）、第5楽章アニュス・デイ（平和の讃歌）である。私はこの中で第1楽章キリエと第3楽章クレードが特に好きである。キリエでは、導入部を奏でる管弦楽が天上的な美しさである。穏やかで厳かで素晴らしい。また、第3楽章クレードはソプラノやバスの独唱が素晴らしく、合唱も美しい。聴くととても穏やかな気持ちになって清々しい。モーツァルトの宗教曲はすーっと心の中に入ってきて魂を鎮めてくれる。私の愛聴盤は、ソプラノ：エディット・マティス、アルト：ローゼマリー・ラング、テノール：ウヴェ・ヘイルマン、バス：ヤン－ヘンドリック・ローテリング、合唱：ライプツィッヒ放送合唱団、ヘルベルト・ケーゲル指揮、ライプツィッヒ放送交響楽団の録音である（CD：フィリップス、422738-2、1988年ライプツィッヒで録音、輸入盤）。管弦楽も独唱・合唱も素晴らしい名録音である。

第12章　ピアノとヴァイオリンのためのソナタ第29番 *K. 305/293d*

この曲は1778年パリで完成された。モーツァルトはヴァイオリン伴奏付きピアノソナタ、いわゆる「パリ・ソナタ*K. 6-9*」四曲を幼少期（7〜8歳、1763〜1764年）に、ヴァイオリン伴奏付きピアノソナタ、いわゆる「デン・ハーグ・ソナタ*K. 26-31*」六曲を少年期（10歳、1766年）に作曲していたが、22歳の青年になったモーツァルトが久方ぶりにこの範疇の作品を書くこととなった。ただ、幼少期、少年期はヴァイオリン伴奏付きピアノソナタであって、あくまでもヴァイオリンはピアノの伴奏でしかなかった。しかし、*K. 301-306*のソナタ（いわゆる「マンハイム・パリ・ソナタ」）では、ヴァイオリンとピアノが対等の関係にある、言わば二重奏曲として新たな境地を開いているのである。ピアノとヴァイオリンのためのソナタとして楽譜には記載されている。1777年9月父親レオポルトが重いカタルにかかっていたので、モーツァルトは母と二人で就職活動のために郷里を離れ、マンハイムを訪れ、そこに約5ヶ月半滞在し、その後パリに向かった（1778年3月下旬パリに到着）。後世の人はこの旅のことを「マンハイム・パリ旅行」と名付けた。そのため、このK. 301-306の六曲のソナタは「マンハイム・パリ・ソナタ」と呼ばれているのである。しかしながら、現在ではK. 301-303の三曲のソナタは1778年2月マンハイムで、K. 304のソナタはマンハイムとパリで、K. 305と306の二曲は1778年パリで作曲されたと考えられている。このK. 305は「マンハイム・パリ・ソナタ」の第五番目の作品にあたる。モーツァルトのピアノとヴァイオリンのためのソナタではよく見られる、2楽章のみからなっている。楽章は少ないものの演奏時間は15分にも及ぶ。

第1楽章アレグロ・モルト。明るく晴れやかな音楽である。冒頭部は心弾むような旋律で、これが主題であって、繰り返し演奏される。春の陽光が窓から差し込んできて、今日もいい一日になりそうな感じがする。この曲を聴いているとそんな気分になるのである。明るい輝きのあるヴァイオリンと弾むようなピアノの音がよく調和している。第2楽章アンダンテ・グラツィオーソ。静かで穏やかな旋律で始まる。ピアノの奏でる音楽にはヴァイオリンの伴奏がついている。この主題を長調から短調へ変化させ、緩、急、緩の減り張りもつけて六回変奏していく。主旋律をピアノが弾いたり、ヴァイオリンが弾いたり、ピアノとヴァイオリンが合奏したりと、とても工夫されている。聴く人を飽きさせない工夫がされている。特に第四変奏のヴァイオリンの絶唱が素晴らしい。転調の魔術師・変奏曲の達人モーツァルトの面目躍如たるところである。

私の愛聴盤はワルター・クリーンのピアノ、アルトゥール・グリュミオーのヴァイオリンである（CD：422713-2、フィリップス、1981年スイス・ラ・ショー・ド・フォンで録音、輸入盤）。粒のそろった控えめなクリーンのピアノと明るく艶やかなグリュミオーのヴァイオリンがよく調和していて、モーツァルトの世界を忠実に再現してくれている。

第13章　弦楽五重奏曲第4番 K. 406/516b

この曲は1782年にウィーンで完成した、オーボエ、クラリネット、ホルン、ファゴット各2本のためのセレナードK.388「ナハット・ムジーク」の編曲版である。そのため弦楽五重奏曲第2番、第3番の後にウィーンで1787年に完成された。モーツァルト31歳の時であった。4楽章からなり、演奏時間は23分に及ぶ。私が特に好きなのが第1楽章と第2楽章である。

第1楽章アレグロ。重苦しい雰囲気の音楽で始まる。チェロの音が音楽の中心にある。その後明るい音楽に変わる。第1ヴァイオリンが中心となって主旋律を奏でる。その後、力強いきびきびとした音楽に変わる。次いで冒頭部の重苦しい音楽に戻る。その後は穏やかな癒しの音楽に。低音を支えるチェロの響きが心地よい。そして最後に冒頭部の音楽に戻る。冒頭部の音楽の単なる繰り返しではなく、第1ヴァイオリンが悲しみに満ちた主旋律を奏でて終了する。第2楽章アンダンテ。静かな癒しの音楽で始まる。冒頭部から気品に満ちた美しい旋律が奏でられる。第1ヴァイオリンが弾く主旋律はこの上なく美しい。後半部に入ると悲しみの音楽に変化する。しかし悲しみはそう長く続かない。そのあと冒頭部の音楽に戻る。心安らかに、静かに一日を過ごせたことに対して神に感謝の祈りを捧げているようである。ヴィオラが音楽に幅をもたせ、弦楽四重奏曲よりさらに深遠な世界になっている。私の愛聴盤はエーデル弦楽四重奏団に第2ヴィオラのヤーノシュ・フェヘールヴァーリが加わった演奏である（CD：ナクソス、8.553103、1994年2月ブダペストで録音、輸入盤）。エーデル弦楽四重奏団の四人に加わったフェヘールヴァーリも柔らかな美しい音でモーツァルトの弦楽五重奏曲の世界の再現に参加してくれている。聴くたびに感動する素晴らしい演奏である。なお、第1ヴァイオリンの代わりにハインツ・ホリガーがオーボエで演奏している録音がある。ホリガーは十分に第1ヴァイオリンの代わりをしている。感情を込めたオーボエの演奏が素晴らしい（ケネス・シリトー指揮、アカデミー・オブ・セント・マーティン・イン・ザ・フィールズの団員による演奏。フィリップス、PHCP-9307、1986年6月ロンドンで録音）。

第14章　ピアノ協奏曲第9番 *K. 271*「ジュノム」

この曲は1777年の初めザルツブルクで完成された。モーツァルトは21歳になっていた。この曲には「ジュノム」という愛称がついているが、この名はフランスの女流ピアニスト、ジュノム嬢に由来する。彼女が演奏旅行の途中にザルツブルクに立ち寄った際に、その才能に大いに驚いたモーツァルトが彼女のために作曲したと伝えられている。この時期のピアノ協奏曲と同じように、独奏ピアノ、オーボエ2、ホルン2、第1ヴァイオリン、第2ヴァイオリン、ヴィオラ、コントラバスという小編成であるが、内容的に格段の進歩を遂げており、後期のピアノ協奏曲群に匹敵する傑作となっている。演奏時間は全体で30分にも及ぶ。演奏会でも取り上げられることが多く、録音も多数残っている。ザルツブルク時代を代表する傑作であろう。

第1楽章はモーツァルトの作品の中では珍しく、初めから独奏ピアノが主題の演奏に加わっている（管弦楽の序奏後にピアノの独奏という形式を取っていない）。力強く、快活な音楽である。ザルツブルク時代のピアノ協奏曲の第1楽章としては、生き生きとした力強さが際立っているように思われる。困難なことに立ち向かう勇気を与えてくれる。第2楽章は私がこの曲の中で一番好きな楽章で、いつも愛聴している。冒頭部から管弦楽の奏でる主題が悲劇的な様相を呈している。次いで、ピアノがこの第一主題を独奏する。悲しみをじっとこらえて耐えているような感じである。やがて、悲しみが和らぎ、心が落ち着いてくる。しかしながら、その次に現れる第二主題もとても悲しい音楽で、明るい希望は見えてこない。その後冒頭部の音楽に戻り終了する。この時期にこれだけの悲しい音楽が作曲されるとは！この後モーツァルトの身に起こる大きな悲しみ（マンハイムでのアロイジア・ウェーバー嬢との別れ、パリでの就職失敗と母の死、ミュンヘンでのアロイジアとの失恋、ウィーンでのコロレド大司教との決裂等）を予言しているようである。だが、モーツァルトの悲しみの音楽は聴く人の心を意気消沈させるような悲しみではない。どこかに救いがあるような悲しみと言えよう。つまり、悲しみを少し和らげてくれるのである。それは旋律が美しいからだと私は思う。晩年の透き通るような悲しみの音楽を先取りしているのである。この点が「ジュノム」が多くの人の心を捉えて離さない理由なのではなかろうか。第3楽章ロンドはがらりと変わって力強い音楽で開始される。何か勇気付けられるようである。展開部にはゆったりとした、心弾むメヌエットの部分が現れる。この部分が私の大好きなところで、人生に希望が湧いてくる。そのあと冒頭部の音楽に戻って終了する。なんとも豊富な内容を含んだ傑作ではなかろうか。

私の愛聴盤はヘブラーのピアノ、ヴィトルド・ロヴィツキー指揮、ロンドン交響楽団の演奏である（CD：フィリップス、DMP-1008、1968年1月、ロンドンで録音）。ヘブラーはモーツァルトの音符に忠実に弾いて、悲しみを込めたこの音楽の素晴らしさを見事に再現してくれている。内田光子のピアノ、ジェフリー・テイトの指揮、イギリス室内管弦楽団の録音（CD：フィリップス、473890-2、1989年10月ロンドンで録音、輸入盤）もよく聴いている。内田の繊細かつ細やかなピアノが素晴らしく、イギリス室内管弦楽団の管楽器も美しく響いており、名演奏と思われる。

第15章　ドイツ歌曲「おいで、いとしいチターよ、おいで」*K. 351/367b*

モーツァルトはドイツ歌曲（リート）を多く残してくれた。リートは生涯にわたって作曲され、その数は30を超える。歌劇の独唱曲とは違い、短く劇的表現もごくわずかであるが、深い味わいがある。モーツァルトのリートはシューベルトに大きな影響を与え、ドイツを代表する音楽になっていった。さらに後のブラームスにも影響を与え、多くの人に愛されることとなったのである。そんなモーツァルトのリートの中でもこの曲は私の大好きな作品の一つである。この曲は1780年11月から翌年の3月にかけての「ミュンヘン旅行」の際に作曲された。モーツァルトが24歳から25歳にかけて作曲されたものである。モーツァルトは、ウィーン定住を始める直前に悲歌劇（オペラ・セーリア）「クレタの王イドメネオ *K. 366*」上演のためにミュンヘンを訪れていた。その上演準備の合間に完成されたと思われる。この詩の作者は不明であるが、「おいで、私の愛しいチター、僕に代わって彼女を慕う気持ちを伝えておくれ。」と歌っている。演奏はチターではなく、マンドリンであるが、チターの響きに似ていることから使われたのであろう。曲はマンドリンの演奏から始まる。素朴な民族楽器のチターを模して、マンドリンが素朴な旋律を静かに奏でる。憧れと愛を込めた旋律が素晴らしい。想い人に心を打ち明けられぬ苦しみの表現は極力抑えられている。2分ほどの短い曲の中に天才のひらめきがきらきらと輝いている。チターという楽器へのモーツァルトの愛が感じられるのである。私の愛聴盤は、オランダのエリー・アメリンクである（CD：フィリップス、PHCP-3581-2、1977年8月、オランダ、アンヘルム、ムジス・サクルム録音）。アメリンクは透き通った伸びやかな高音を効かせ、想い人への気持ちを控えめに歌っている。ベニー・ルーデマンのマンドリン伴奏もとても素晴らしい。

第16章 日本映画『二十四の瞳』とモーツァルト

1954年に封切られた松竹映画『二十四の瞳』は同名の壺井栄の小説を木下惠介監督が映画化したものである。当時この作品は大変な反響で何度も繰り返し映画館で上映されていた。映画全盛の時代で、庶民の娯楽を代表するのが映画であった。常に映画館は満員で、立ち見することが多かった。

私が見たのは再上映の際であった。私は小学校5年生で家族とこの映画を映画館で初めて見て、大変感激した。その後、映画館で、テレビで、ＤＶＤで何回見たことであろう。数え切れないほどである。その度に新たな感動を覚えたのであった。壺井栄の原作も愛読してきたが、この映画はその原作に勝るとも劣らない感動を与えてくれた。初めてこの作品を見た時「僕は、どうしてこんなにも涙が出るのであろう?」と自分でも大変驚いたことを昨日のことのように覚えている。

この映画の舞台となった瀬戸内海の小豆島に行ってみたいと長年願っていたが、50年以上経って、やっと２０１２年の秋に実現した。小さな島ながら、山や川に恵まれた風光明媚なところであった。物語の舞台となった岬の分教場を訪ね、しばし映画の場面を思い出していた。十二人の子供と新米の女性教師、大石先生との一生にわたる交流を詩情豊かに、叙情的に描いて映像として残してくれた、木下恵介監督と松竹映画の関係者に心から感謝の意を表したい。物語の舞台となったところは現在映画村になっており、『二十四の瞳』の映画も一日中何回も繰り返し放映されていた。私はここで、またこの映画を見て感動を新たにした。いい映画は何回見ても素晴らしく、私個人の成長と共に映画で伝えたかった、木下恵介監督の思いがさらに鮮明に伝わってくるのであった。昨今の我が国の教育界の荒廃ぶりを目の当たりにしていると、いつもこの映画が思い出されてくる。子供一人一人に寄り添い、人生を共有する。そういった理想的な教育環境では陰湿ないじめが入り込む余地はないのである。子供一人一人に愛を注ぐ、子供の成長を我が子のように愛おしく、優しく見守っていく。これこそが学校教育の原点ではなかろうか。

また、映画『二十四の瞳』は観客に木下恵介監督の思いがはっきりと伝わってくる作品になっている。一つには自由に自分の意見、考えが言える社会こそ、いい社会であると訴えているのである。二つ目には、人間が犯す犯罪の中で最も残酷なのが戦争であるという主張である。理由が何であれ、絶対に戦争を起こしてはならないと訴えているのである。日本国憲法は第二次世界大戦後アメリカ軍によって押し付けられたものではあるが、戦争放棄を高らかに謳っている憲法第9条を、多くの日本人が誇りにしているのである。日本人はそれを守ってきたのである。2000年代に入り、日本政府は自衛隊という名の軍隊を益々拡大してきた。さらには憲法を改正して自衛隊という名前を憲法第9条に明記しようと目論んでいる。日本政府の高官も戦争を知らない世代の人がどんどん増えているのであるが、たとえ戦争を知らない世代の人であっても二度と戦争を起こしてはならないと決意すべきである。日本の国会議員には第二次世界大戦後ロシア軍によって占領され、支配下になった北方領土を取り返すためには、ロシアと戦争すべきであると豪語する人も出てきているのである。残念でたまらない。私はこの『二十四の瞳』を見るたびに、決して戦争を起こしてはならないという決意を新たにするのである。

モーツァルトもザルツブルクの大司教との軋轢を除いて、人との争いを決して起こさない人であった。音楽に関して批評することはあっても人と対立することを好まなかった。むしろ、世渡りが下手で人に騙されたり、歌劇の上演を妨害されたりすることが多かった。しかし、モーツァルトは心底人を恨んで傷つけたりすることはなかった。『二十四の瞳』の主人公の大石先生のように、弟子を可愛がり、励まし、共に音楽を生きがいとして短い人生を駆け抜けていった。モーツァルトの手紙には、戦争や政治のことがあまり触れられていないが、それは彼が人と争うことを好まなかったからであろう。『二十四の瞳』では童謡を使うことによって物語に奥行きと叙情性をもたらした。『二十四の瞳』が私たちに与えてくれる情感や詩情豊かで叙情的な映像美は、モーツァルトの音楽が与えてくれる、詩情や叙情性と通じるところがある。その上、モーツァルトは子供のための歌曲を作曲することによって多くの子供たちのへの贈り物も残してくれた。音楽と映画という芸術の表現こそ違え、この

『二十四の瞳』もモーツァルトの音楽も、平和と人類愛の尊さを後世の人に伝えてくれているのである。

第17章　ピアノソナタ第4番 *K. 282/189g*

モーツァルトはピアノソナタを多く残してくれた。生涯にわたって作曲され、その数は単一楽章の曲も含め20作品ほどになる。ピアノ変奏曲や小品までも含めればピアノの曲は60曲余りになる。まさに交響曲や弦楽四重奏曲・弦楽五重奏曲と同じ規模になるのである。ピアノの名手のモーツァルトにとっては、まさにピアノ協奏曲やピアノソナタは中核をなす作品群なのである。モーツァルトのピアノ曲が特に好きという人も多い。さて、この曲は、１７７５年初頭ミュンヘンで完成された。ピアノソナタは18歳の青年モーツァルトの新しい挑戦であった。３楽章からなり、演奏時間は12分程である。

第1楽章アダージョ。私がこの曲の中でも最も好きな楽章である。モーツァルトのピアノソナタの中では唯一、アダージョで第1楽章が始まっている。静かでゆったりとした音楽で始まる。次いで少々テンポが速まり第一主題が奏でられる。冬の日、静かに夜が明けて、ゆっくりと朝がやってくるような雰囲気である。その後、次第に曲調が明るくなっていくが、一転して悲しみの陰りが押し寄せて来る。しかし、これは長くは続かず、明るい第二主題に変わる。気品があって、心を落ち着かせてくれる音楽である。第2楽章はメヌエット。モーツァルトのピアノソナタにメヌエットの楽章が入っているのは珍しく、この曲とピアノソナタ第11番 *K. 331*のみである。軽快な音楽で開始される。展開部ではメヌエットらしい音楽が奏でられる。舞踏会へ誘われるような雰囲気で楽しい。ピアニッシモが素晴らしく、トリルが多用されている。第3楽章アレグロ。力強い音楽で始まる。主題にも力がこもっている。この主題が繰り返し演奏される。２分30秒ほどの短い音楽の中に青年モーツァルトの覇気を感じる曲である。私の愛聴盤はヘブラーの録音である（CD:フィリップス、SHM-1006、1968年録音）。40年以上も繰り返し聴いているが、聴くたびに新たな感動を覚える。特に、ピアニッシモが素晴らしい。

第18章　ピアノ協奏曲第13番 *K. 415/387b*

この曲は1782年暮れにウィーンで完成された。モーツァルト26歳。ザルツブルク時代最後のピアノ協奏曲第10番 *K. 365/316a*（二台のピアノのための）の完成から約3年半もたっている。ウィーン時代からの輝かしいピアノ協奏曲の傑作の数々がこれから最晩年まで世に出されることになるのである。大司教の重圧から離れ、父親の干渉からも離れ、自由に羽を伸ばし、青春を謳歌しているモーツァルト。そのモーツァルトがウィーンで安定した収入を得るための手段が予約演奏会であった。そのためにピアノ協奏曲第12番 *K. 414/385p*、第11番 *K. 413/387a*、第13番 *K. 415/387b*（完成は第12番が一番早かった）の三曲を1782年秋から翌年にかけて、予約演奏会用に完成させたのであった。この三曲はモーツァルトのピアノ協奏曲では特異な存在で、管楽器がなくても第1ヴァイオリン、第2ヴァイオリン、ヴィオラ、コントラバスの弦四部でも曲として演奏できるように作曲されている。したがって、管楽器なしのピアノ協奏曲として、またピアノ五重奏曲としての録音も多く、室内楽曲としても楽しめる。このピアノ協奏曲第13番は三曲の中でも管楽器の種類が特に多く、独奏ピアノ、第1ヴァイオリン、第2ヴァイオリン、ヴィオラ、コントラバスにオーボエ2、ファゴット2、ホルン2、トランペット2、ティンパニが加わっていて、音楽の響きが大幅に増している。全体で演奏時間は25分ほどになる。

第1楽章は大変勇壮な曲になっている。明るく華麗な曲なので元気が出る。管弦楽の序奏に次いでピアノの独奏が始まる。ピアノは、きびきびとして快活な旋律と穏やかで癒しの旋律の両方を演奏していく。両者の対比が素晴らしい。カデンツァもモーツァルト自身が作曲している。第2楽章アンダンテは穏やかな癒しの音楽である。優しく甘美な旋律を管弦楽が序奏する。ついでこの主題をピアノが奏でる。ピアノの旋律はどこまでも控えめではあるが、心洗われる美しい旋律である。中間部から、さらに明るく心弾む旋律になる。この第二主題を聴いていると優雅な気分になり、休日の午後にお茶を飲みながらゆっくりとくつろいでいる情景が浮かんでくる。この楽章もカデンツァはモーツァルト自身のものが残っている。カデンツァでは、第二主題をさらにテンポを遅くしていて優美で印象深い。第3楽章アレグロは軽やかなロンド楽章である。ピアノと管弦楽の序奏から始まる。とても明るい音楽で幸福感に浸れる（明）。そのあと独奏ピアノがアダージョでハ短調の悲しげな旋律を演奏する（暗）。いかにもモーツァルトらしいが、この展開が聴く人をモーツァルトの音楽の虜にしてしまう。なぜこのように悲しくも美しいのであろうか?その理由の一つは、オーボエの哀切な響きをモーツァルトが効果的に使っているからであろう。聴く人の心に迫ってくるのである。天才の才能にはただただ驚くばかりである。明るく楽しいだけでは曲を終わらせない、明暗・陰陽の魔術師モーツァルトの面目躍如たるところである。このあと冒頭部の音楽に戻るが（明）、単なる繰り返しではなく、変化をつけている。この楽章もカデンツァをモーツァルト自身が作曲している。このカデンツァでは、ハ短調の悲しげな旋律が再度繰り返される（暗）。やはり単なる繰り返しではなく、悲しさが倍増している。その後冒頭部の音楽（明）に戻り終末を迎える。このように第3楽章は、明、暗、明、暗、明と繰り返される。明の部分も穏やかで優しい音楽であるが、暗の部分はとりわけ素晴らしい。最愛の人を亡くした人が切々と悲しみを訴えているように聴こえてならない。「私はこの悲しみからどのようにして抜け出すことができるの?辛すぎて私にはとても無理です！」と言っているように聴こえる。それを受けて、「本当にそうだね。悲しいね！涙が枯れるまで泣いていいのだよ。そうしたらきっと生きる希望が湧いてくるよ！悲しみから抜けだせると信じて頑張ってね！」、そうモーツァルトが励ましているように聴こえてならないのである。第3楽章のロンドの音楽にこのような悲しみの音楽を入れることはモーツァルトでも珍しい。その理由はなんであったのか？ザルツブルクの大司教との軋轢から逃れ、希望に溢れるウィーンでの自由な生活。でも時折、母の死やアロイジアとの失恋等の悲しみが襲ってくることもあったのではなかろうか。悩める人の手助けになればと、このハ短調の部分を挿入したのであろうが、自分自身もこのハ短調の旋律に癒されたかったのではなかろうか。

モーツァルトはたいそうこの曲が好きであったように思われる。何回も繰り返し演奏会で取り上げたことが知られている。ザルツブルクの父にあてた手紙の中でも、ピアノ協奏曲第11番と第13番はとてもいい作品であると書いている（1782年12月28日、モーツァルト書簡全集第5巻、313～314頁）。よほど愛着と自信があったのであろう。私の愛聴盤はイングリット・ヘブラーのピアノ、サー・コリン・ディヴィス指揮、ロンドン交響楽団の演奏である（CD：フィリップス、DMP-10010、1965年10月、ロンドンで録音）。ヘブラーは音の粒を揃え、優しい音で演奏している。ヘブラーの真珠の輝きのようなピアノの音がモーツァルトの音楽にはぴったりである。ヘブラーはすべての楽章ともカデンツァをモーツァルトの作品で演奏してくれている。40年以上も繰り返し聴いているが、聴くたびに新たな感動を覚える名録音である。

第19章　ピアノ三重奏曲第5番 *K. 548*

この曲は1788年7月モーツァルトが32歳の時にウィーンで完成された。3楽章からなり、演奏時間は全体で22分程である。この曲がどのような目的で作曲されたのかはよくわかっていない。しかしながら、モーツァルトが幾度となく経済的援助を受けた友人プフベルクに宛てた手紙で、「いつ頃また、あなたのお宅で小音楽会を開きましょうか?私は新しい三重奏曲を一曲仕上げました。」(1788年6月17日以前、モーツァルト書簡全集第6巻、461〜463頁)と言っているように、プフベルクにお礼をするためではなかろうか。モーツァルトは世話になった人へのお礼を決して忘れる人ではなかったのである。

私はこの曲の中では第2楽章が特に好きである。この楽章はアンダンテ・カンタービレのテンポで演奏される。この楽章だけで演奏時間が10分程になる。冒頭部は静かな、穏やかな音楽で始まる。その後ピアノが癒しの旋律である第一主題を奏で、ついでヴァイオリンが受け継ぎ、その後チェロがさらに引き継ぐ。この叙情的な旋律は例えようもなく美しい。その後はピアノが第二主題を弾き、ヴァイオリンとチェロが伴奏する。第二主題が繰り返し演奏されるが、特に高音域のチェロが演奏する旋律が最も美しく響く。その後やや強い音で後半部に導かれる。三つの楽器がやや暗い旋律を奏でていくが、すぐに第一主題に戻って明るい癒しの音楽が繰り返される。ここでもチェロの演奏が心に染み入る。時々ピアノも奏でられ味わいを添える。最後にピアノとヴァイオリン、チェロが協奏し静かに終了する。

この曲を目をつぶって静かに聴いていると、晩秋の湖畔の景色が浮かんでくる。深まりゆく秋の日の午後、暖かな陽光が差し込む窓辺から湖畔を眺めていると、色付いた葉がひとひら、ふたひら、と落ちて、水面に波が静かに広がっていく。そんな景色が浮かんできて、心洗われるのである。モーツァルトの心落ち着く、穏やかな音楽が私に至福の時を与えてくれる。モーツァルトは詩人であり、画家でもある。それは、音楽で自然をうまく表現できるからである。モーツァルトはいみじくも手紙で書いている。「私は詩人ではないので、自然をうまく詩に表現することはできない。画家でもないので、綺麗な景色の絵を描くこともできない。でも、音楽でなら私はできる。」(マンハイムから父宛て、1777年11月8日、モーツァルト書簡全集第3巻、229〜230頁)。モーツァルトの音楽が色彩豊かな、詩情豊かな世界を聴く人に与えてくれるのは彼の天才のなせる技であろう。この曲を聴くといつも、いい映画やテレビドラマを見た後、妻と感動した場面の話等をして、幸せな気持ちでいっぱいになっている時のことが思い出される。コーヒーを飲みながら二人でそんな話をしながら、人生はしみじみといいものであると感じている。幸せな気持ちにしてくれる私の宝物の一つである。私の愛聴盤はボザール・トリオの演奏である（CD：フィリップス、4220794、1987年5月スイスで録音、輸入盤）。第2楽章の素晴らしさは比類がない。グリーンハウスの高音域のチェロの演奏もとても素晴らしい。

第20章　ディヴェルティメント第10番 *K. 247*「ロドロン・セレナード第1番」

モーツァルトはザルツブルク時代に多くのディヴェルティメント、セレナード、カッサシオンを作曲した。当時これらはいわゆる機会音楽、祝典音楽、娯楽音楽等の範疇にまとめられていた。ディヴェルティメントはどちらかと言えば、結婚式や霊名の祝日用の祝典音楽に、セレナードは大学の卒業式の祝典音楽に、カッサシオンは小規模のディヴェルティメントに当てられることが多かった。しかしながら、この三種類の音楽様式には厳密な区別はなかった。モーツァルトのディヴェルティメント、セレナード、カッサシオンは祝典音楽と呼ぶのには相応しくない、極めて完成度の高い、素晴らしい芸術作品で傑作も大変多い。この三種類の音楽様式の中で特にディヴェルティメントは多くの作品が残っており、弦楽器だけのもの、管楽器だけのもの、管弦楽器によるものと、三種類ある。ディヴェルティメントは古くは「喜遊曲」という素晴らしい日本語訳があったが、近年使われなくなってしまい、私は大変残念に思っている。さて、この曲はモーツァルト20歳の時1776年6月ザルツブルクで完成された。ザルツブルクのロドロン伯爵夫人のために作曲されたと考えられているので「ロドロン・セレナード第1番」という愛称がついている。第1ヴァイオリン、第2ヴァイオリン、ヴィオラ、チェロにホルン2が加わった楽器編成で、6楽章からなり、演奏時間は30分にも及ぶ。

第1楽章アレグロ。明るくきびきびとした行進曲風の音楽。これを聴いていると楽しく優雅な雰囲気になる。ザルツブルクの爽やかなそよ風を受けて、街の散歩を楽しんでいるようである。中間部にやや悲しげな旋律が入るがここの部分が私は特に好きである。第2楽章アンダンテ・グラツィオーソ。私はこの楽章がとりわけ好きである。なんとも穏やかで優美な音楽である。憧憬を込めた典雅な旋律が素晴らしい。ヴァイオリンが奏でる旋律はこの上なく美しい。後半部は主題に変化をつけて変奏される。第3楽章第一メヌエット。力強い音楽であるが、やや重々しい。さらに後半部には悲しみの陰りが見える。そのあと冒頭部の音楽に戻って終了する。第4楽章アダージョ。第2楽章同様、私の大好きな楽章でよく聴いている。ゆったりとした静かな序奏の後、ヴァイオリンが美しい旋律を奏でる。ヴィオラやチェロの伴奏もヴァイオリンと良く調和している。目をつぶってこの典雅な音楽に身を委ねていると、生きていることの喜びや幸福感がしみじみと湧き上がってくる。中間部には悲しみの旋律が入り込むがそう長くは続かない。その後冒頭部の音楽に戻って終了する。ヴァイオリン協奏曲風の音楽と言えよう。第5楽章第二メヌエット。やはり力強い音楽である。はきはきとして明るいが、どこか悲しげである。しかしながら、重厚感が感じられる。後半部に入るとやや穏やかな音楽になる。その後また、冒頭部の力強い音楽に戻る。第6楽章アンダンテーアレグロ・アッサイ。ゆったりとした穏やかな音楽で始まる。夜のとばりが明けて朝が訪れたような雰囲気である。明るい太陽が大地を照らし始めている。その後テンポが早まり、歯切れのいい、颯爽とした音楽になる。ザルツブルクの高原に夏の爽やかな風が吹いているようである。

モーツァルトは、このように素敵な音楽をピアノの生徒ロドロン伯爵夫人に贈っていたのである。当時のザルツブルクの貴族はなんと幸せであったことか！このディヴェルティメントという音楽を単なる機会音楽や祝典音楽と呼んで、交響曲や協奏曲より低く見る傾向があるが、それはモーツァルトに大変失礼であろう。

モーツァルトはどのような範疇の作品でも手を抜くことなく、素晴らしい名曲を残し続けたのである。なんとモーツァルトは素晴らしい作曲家なのであろうか！この作品で私が最も好きな演奏は、シャンドール・ヴェーグ指揮、ザルツブルク・カメラータ・アカデミカの演奏である（CD：日本コロムビア、COCO-78057 1986年ザルツブルクで録音）。きびきびとした演奏、それに緩徐楽章の優雅な演奏、弦楽器とホルンの調和等どれも素晴らしい。何回も聴いている、とっておきの一枚である。

第21章　三幕の悲歌劇「ポントの王ミトリダーテ」*K. 87/74a*

モーツァルトの第四作目に当たる歌劇作品であるこの曲はボローニャおよびミラノで1770年9月末から作曲され、年末に完成された。モーツァルトは14歳であった。3時間15分を超える本格的な悲歌劇の作品である。1769年12月モーツァルトは父親とともに「第一回イタリア旅行」に出かけた。歌劇の本場で音楽の勉強をするためで、モーツァルト父子は多くの歌劇を見、多くの音楽家と交流した。このことが晩年の「フィガロの結婚 *K. 492*」や「ドン・ジョヴァンニ *K. 527*」、「コジ・ファン・トッテ *K. 527*」などのイタリア語歌劇の傑作を生むこととなったのである。このイタリア旅行は、音楽にはいかに経験が大切かを物語っている。このイタリア旅行の際にミラノの宮廷から依頼を受けて作曲したのがこの作品であった。当時、歌劇の上演には多くの妨害がつきもので、この作品も例外ではなかった。幾多の困難を乗り越えて、1770年12月26日にミラノの王立劇場で初演された。上演は大成功で多くの独唱曲がアンコールされたのであった。この物語は古代ローマが舞台である。ポントの王ミトリダーテ（テノール）が戦争に向かった後、王は戦死したとの噂が広まった。そこで王の長男ファルナーチェ（アルト）は王の婚約者のアスパージア（ソプラノ）に求愛する。しかしアスパージアはファルナーチェの弟のシーファレ（ソプラノ）に想いを寄せていた。やがて、王は無事に帰ってきた。落胆したファルナーチェは父親を裏切ってローマに加担することを決意する。王の戦死の噂は兄弟の真意を探るために王自身が流したものであった。パルティ族の王の娘、イズメーナ（ソプラノ）はファルナーチェの婚約者であったが、二人の仲は完全に冷え切っていた。長男ファルナーチェの裏切りに気がついた王は、イズメーナを次男のシーファレに与えようとした。しかし、これを知ったアスパージアとシーファレは深く傷つき、ファルナーチェは逆上してしまう。アスパージアの真意を知った王は憤るが、折しも進入してきたローマ軍に立ち向かい戦死してしまう。深く反省したファルナーチェは改心し弟の協力を得て国を守りきった。最後はアスパージアとシーファレが結ばれて、めでたし、めでたしで幕を閉じる。どこにでもある王位継承問題が題材であるが、これにモーツァルトの音楽が加わると大変興味深いものになる。登場人物はその他に脇役で、マルツィオ（ローマの護民官、テノール）とアルバーテ（ニンフェアの領主、ソプラノ）の二人が出演する。14歳の少年が作曲したものとは思えないほどよく纏まっていて、優れた作品になっている。当時のイタリアの市民が大いに感動したのがよくわかる。私の愛聴盤はレオポルト・ハーガー指揮、ザルツブルク・モーツァルテウム管弦楽団の演奏。歌手はミトリダーテ：ウェルナー・ホルヴェーグ、アスパージア：アーリーン・アウガー、シーファレ：エディタ・グルベローヴァ、ファルナーチェ：アグネス・バルツァ、イズメーネ：イレーナ・・コトルバス、マルツィオ：ダヴィッド・キュブラー、アルバーテ：クリスティン・ヴァイディンガー（CD：フィリップス、422529-2、1977年1月ザルツブルクで録音、輸入盤）。

第22章　弦楽四重奏曲第19番 *K. 465*「ハイドン四重奏曲第6番不協和音」

この曲は1785年1月14日ウィーンで完成された。モーツァルトは29歳になっていた。モーツァルトの弦楽四重奏曲の中でも特にこの曲は、人気が高く多くの人に親しまれている。この曲には「不協和音」というあだ名がついているが、それは第1楽章の序奏が不協和音の連続であるからで、モーツァルトの新しい試みと思われる。私は第2楽章アンダンテ・カンタービレが大好きである。心を揺さぶられる旋律が流れ、その素晴らしさに聴き入ってしまう。この曲には後期のモーツァルトの作品によく見られるように、不安、悲しみ、寂寥感、それらを全て美しい音楽で包み込むモーツァルトの天才ぶりが遺憾なく発揮されている。美しい旋律を演奏するのは第1ヴァイオリンだけではない。チェロも低音を生かして切々と悲しみを歌う。さらに、第1ヴァイオリンとチェロが掛け合いもしている。最後は冒頭部の旋律に変化をつけながら終了する。

この曲は「ハイドン四重奏曲」の最後を飾る曲である。当時は作品の発表を六つにまとめることが常であった。やっと完成した弦楽四重奏曲六曲をまとめて、心から敬愛するヨーゼフ・ハイドンに披露したのであった。この曲はお披露目の前日に完成されたことが記録に残っている。ザルツブルクより駆けつけた父レオポルトもハイドンと共にこの六曲をウィーンの「フィガロハウス（現在のモーツァルトハウス）」で鑑賞した。ハイドンはレオポルトに「息子さんは、私が名実ともに知っている音楽家の中で最も偉大な方です。作曲の才能と優れた様式感を持っておられます」と賛辞をいとわなかった（１７８５年2月26日、ウィーンのレオポルトからザルツブルクのナンネルに宛てた手紙、モーツァルト書簡全集第6巻、36〜39頁）。モーツァルトはこの六曲をハイドンに献呈し、その表紙には「この六つの息子の父となって面倒をみて下さい。」と記したのであった。モーツァルトとハイドンは親子ほど歳が離れていたが、生涯にわたって互いに敬愛し、尊敬し合う仲であった。爾来ハイドンは「パパ・ハイドン」と皆に呼ばれ、今日まで多くのモーツァルティアンに愛され続けているのである。私の愛聴盤は、エーデル弦楽四重奏団の演奏である（CD：ナクソス、8.550543、１９９１年10月ブダペストで録音、輸入盤）。この音楽にはチェロの演奏がとても大事であるが、エーデル弦楽四重奏団のチェリストは柔らかい音で、モーツァルトの弦楽四重奏曲の深遠な世界を見事に再現してくれている。聴くたびに感動する名演奏である。

第23章　ピアノのためのロンド *K. 485*

この曲は１７８６年1月10日ウィーンで完成された。モーツァルトは30歳になっていた。この年はモーツァルトの生涯の中で最も充実した年となった。この曲を皮切りに、ドイツ歌芝居「劇場支配人 *K. 486*」、ピアノ協奏曲第23番 *K. 488*、ピアノ協奏曲第24番 *K. 491*、喜歌劇「フィガロの結婚 *K. 492*」、ホルン協奏曲第4番 *K. 495*、ピアノ三重奏曲第2番 *K. 496*、ピアノ、クラリネット、ヴィオラのための三重奏曲「ケーゲルシュタットトリオ *K. 498*」、ピアノ三重奏曲第3番 *K. 502*、ピアノ協奏曲第25番 *K. 503*、交響曲第38番 *K. 504*「プラハ」等の傑作が次々に完成されていったのである。モーツァルトの作曲の技も頂点に達したように思われる。この後、次第にウィーンにおけるモーツァルトの人気には陰りが見え始め、それに呼応してモーツァルト家の経済事情も悪化していくのである。そんな輝きの光る年の初頭に完成したこの曲は、ピアノの弟子のために作曲されたものと考えられている。自筆譜は残っているものの、モーツァルトの自作品目録の中には記載されていない。この曲は大変人気が高く、「モーツァルトのロンド」という愛称で、子供から大人まで広く愛されている。モーツァルトのピアノ曲を代表する作品の一つになっている。また、ピアノを習う生徒の教材としてもよく使われている。わずか7分程の作品であるが、その中にはモーツァルトの芸術が凝縮されている。ピアノの音の軽やかさ、控えめな輝き、少ない音から繰り広げられる小宇宙の広がり等が素晴らしい。「単純なものにこそ真の芸術がある！」ことを端的に示している曲の一つである。また、とても愛らしい曲でもある。私はこの曲が好きでよく聴いている。聴くと悲しみや不安や心配事も、綺麗さっぱり取り除かれるのである。私の愛聴盤はイングリット・ヘブラーのピアノの演奏である（CD：フィリップス、PHCP-3593、1977年8月、アムステルダム、コンセルトヘボーで録音）。ヘブラーのピアノは輝きがあってとても良い。聴く人をモーツァルトの世界に引き込んでくれる名演奏である。数あるヘブラーの名演奏の中でも特に素晴らしい演奏である。

第24章

父の思い出

私の父は木更津の在、現在の君津市の近くの富岡町に生まれた。家が貧しかったので父は幼い頃から横浜に丁稚奉公に出た。幼い頃の丁稚奉公は大変なものであったと聞いている。その後、親戚の叔父の誘いもあって、父は日本郵船に就職して船乗りになった。今では、旅行は飛行機に乗って簡単にどこにでもいける時代になったが、当時の旅行は長時間船に揺られ、かつ危険を伴うものであった。父は船乗りになりたての頃、海が荒れると酷く船酔いしたそうである。父はやがて船酔いにも慣れ、船の仕事にも慣れ、一人前の船乗りになった。世界各地に客を乗せ、もてなし、輸出品、輸入品も運んだ。程なく、父は、山梨県の甲府の郊外の中巨摩郡十五所櫛形町（現在の南アルプス市）から上京していた母と知人の紹介で見合いをして、すぐに結婚した。父と母は横浜市金沢区の釜利谷町に新居をかまえ、木更津から父の両親を連れて同居を始めた。父は三男であったが、母の協力のもとに両親の面倒を最後まで見た。当時の日本郵船の船の仕事は過酷を極め、一度航海に出ると2、3年は日本に戻れなかった。

間も無く第二次世界大戦が始まり、父は海軍に徴兵された。父の乗った船は連合軍に攻撃され沈没した。しかし、父は必死に流木にしがみついて長時間耐え抜いて、九死に一生を得た。戦争が終わって、釜利谷で姉が１９４９年（昭和24年）に生まれ、私は翌年に生まれた。やがて弟がさらに2年後に生まれた。私は釜利谷でのことはほとんど覚えていない。祖父はこの釜利谷で亡くなったそうである。私が物心つく頃に同じ金沢区の六浦町に引っ越した。私が覚えているのはこの六浦町での日々のことからであった。私が幼稚園、小学校時代、中学校時代を過ごした六浦町は横浜市の外れで、子供の足で20分くらい歩くと横須賀市に入った。京浜急行の金沢八景の駅よりも追浜の駅の方が近く、町も追浜の方が大きかった。東京湾から少し陸地に入り込んだ平潟湾に面し自然豊かな六浦町で私は少年時代を過ごした。私は2、3年おきに帰ってくる父の帰りが待ち遠しく、当時は珍しかったタクシーの音が聞こえてくると父が帰って来た。父も子供たちに会えることを楽しみにしていた。祖母と母、姉と弟、私の五人暮らしの小さな家が賑やかに、にこやかになった。子供達にとっては、父の笑顔と共に、珍しいお土産が届くのが何よりの楽しみであった。アメリカ航路の後には、オレンジやグレープフルーツ、バナナなどの珍しい果物に加えて、ハーシーのキスチョコやカリフォルニアの干し葡萄、チューインガムなどをたくさん買ってきてくれた。また、欧州航路の後にはウィスキー、ブランデーなど高価なお酒やコーヒーや紅茶など。でもこれらは子供には関係ないもので、嬉しくはなかったが、見たこともないものに興味津々であった。小学校も高学年になると、私は特に欧州のお土産話を聴くのが楽しみになっていた。父はイギリス、ドイツ、フランス、ベルギー、イタリア、スペイン、ポルトガルなど欧州諸国の写真をたくさん見せてくれた。中でもベルギーの写真にとても興味を惹かれた。一つ一つの建物が芸術作品のように美しかったのを今でもよく覚えている。私がヨーロッパ文化に興味を覚えるようになったのは父のおかげである。

私が中学校三年生の夏に金沢区の六浦町から戸塚区の原宿町に引っ越した。父が広い土地に二階建ての一軒家を建ててくれたのであった。やがて、若かった父も歳をとり定年を迎えて原宿町の自宅で生活するようになった。しばらくは日本郵船の関連会社に再就職していたが、姉が双子の男の子を産んだので、仕事を辞めて母と二人で、姉の長男と双子の次男、三男の世話を始めた。姉夫婦は共働きであったので三人の孫を育てざるを得なかったのである。年齢がいってからの孫育てはとても大変なもので、私は帰省するたびにその孫育てを手伝った。しかしこれが私の娘を育てるのに大いに役立ってくれたのであった。孫が育つにつれて父も年老いていったが、気持ちは若い時のように強かった。父は船での生活が長く、新鮮な魚や野菜、果物を十分に食することができなかったので、肝臓や胆のうを悪くすることとなり、海外で手術を何度も受けた。80歳を超えると足腰も弱くなり、杖をついて歩くことを余儀なくされた。それでも気丈でいつまでも元気で生きようという気持ちを捨てなかった。姉の子供を育てた関係上、姉夫婦と原宿町の実家で暮らしていた。私は両親との同居はできなかったが、日本各地の景勝地や房総各地、軽井沢、草津等の温泉旅行、グアム旅行、韓国の済州島(チェジュ)旅行等に連れて行くことができ、少しでも恩返しができたのではと思っている。父は殊の外グアム旅行が嬉しかったようで、タモン湾でのクルージングの際、母と二人で音楽に合わせてダンスを踊った。その時の父の嬉しそうな笑顔を今でも忘れることができない。また、私が専門の皮膚の研究の話を父にすると嬉しそうに笑顔を見せてくれた。その時の笑顔も忘れることはできない。

人の命は限りのあるもの。肝臓、胆のうに加え、腎臓も悪くしてついに、2011年の1月21日に天国に召された。私が放射線医学総合研究所や千葉大学に勤めていて60歳になった時のことであった。父を失った悲しみもいえない3月11日に東日本大震災が起きたのであった。私はモーツァルトの

交響曲第41番 *K. 551*「ジュピター」を聴くたびに父のことを思い出す。父は晩年体が弱ってきたものの、膝の痛みや体の不調のことで、一切弱音を吐いたことがなかった。いつも「ジュピター」のように堂々と、毅然としていた。私は父から、どんな些細なことにでも誠心誠意を尽くすことを教えていただいた。父はよく宅配便で私たち家族に色々な品物を送ってくれた。いつもその段ボールは、きちんと隙間なく梱包されていた。この「ジュピター」のように、端正で、一点の曇りもなかった。父は亡くなったが、父の笑顔と父の教えは私の中にずっと生き続けている。

第25章　ミサ曲 *K. 66*「ドミニクス・ミサ」

このミサ曲は1769年ザルツブルクで完成された。モーツァルト13歳の時であった。初演は1769年10月15日、聖ペーター教会であった。モーツァルト家が借りていた住居の持ち主の息子で、幼い時から親しかったカイエターン・ハーゲナウアーのために作曲された。カイエターンが聖ペーター教会の新司祭として初めて執り行うミサ用にモーツァルトが作曲してあげたのであった。「ドミニクス・ミサ」という愛称は、カイエターンの修道名をドミニクスといったことに由来している。編成は、独唱（ソプラノ、アルト、テノール、バス）、四部合唱、オーボエ（フルート）2、ホルン2、トランペット4、トロンボーン3、ティンパニ、第1ヴァイオリン、第2ヴァイオリン、ヴィオラ、コントラバス、オルガンからなる。全体で演奏時間は35分にもなる。この曲はザルツブルクのための「ミサ・ソレムニス」の記念碑的な第一作目になるが、大曲を13歳の少年が完成させたことに大変驚かされる。重々しく、荘厳な曲というより爽やかで明るい宗教曲であることが我々東洋人にもすんなりと入ってくるのである。少しも威圧的な雰囲気はなく、清らかで、涼しげ唱・合唱も素晴らしい名録音である。

第26章　四つのフルート四重奏曲 *K.285, K.285a, K.285b/Anh.171, K.298*

モーツァルトはフルートの曲に関しては、四曲のフルートソナタ、二曲のフルート協奏曲、一曲の単一楽章のフルート協奏曲を残してくれた。どの曲も爽やかで清々しい素晴らしい曲ばかりである。モーツァルトはマンハイム滞在中に宮廷楽団フルート奏者のヴェンドリングと親しくなり、彼の紹介でオランダ人の音楽愛好家のドジャンに会った。彼からフルート協奏曲とフルート四重奏曲の注文を受けたのであった（父宛て1777年12月10日の手紙、モーツァルト書簡全集第3巻、339～343頁）。その注文に答えて作曲されたのがこの四つのフルート四重奏曲と考えられている。このうち*K.285, K.285a, K.285b*は1777年の年末から翌年の2月にかけてマンハイムで作曲された。モーツァルト22歳の時であった。四曲目の*K.298*は1786年の秋から冬にかけてウィーンで作曲されたと考えられている。モーツァルト30歳の時であった。これはドジャンの依頼を受けて作曲されたのではなく、当時ウィーンで流行していた、既存の曲の主題を用いて四重奏曲を作曲するという流行に沿って作曲されたものと考えられている。

*K.285*は、第1楽章アレグロ、第2楽章アダージョ、第3楽章ロンドからなっていて、演奏時間は全体で15分弱である。楽器編成は、フルート、ヴァイオリン、ヴィオラ、チェロである。第1楽章は明るく軽快な

音楽で、フルートと弦楽器が見事に調和している。中間部でそこはかとない悲しみが漂うが、そう長くは続かず、元の明るい旋律に戻る。第2楽章の冒頭部、弦楽器のピチカートの伴奏で奏でられるフルートの旋律は哀愁を帯びていて素晴らしい。私がこの曲の中で最も好きなところである。弦楽器はその後もずっとピチカートの伴奏に終始し、フルートは流麗な旋律を奏で続ける。第3楽章は、明るい曲調に戻り、フルートが流麗な旋律を奏でる。時折弦楽器も穏やかな旋律を奏でてフルートと協奏する。

K. 285a は、第1楽章アンダンテ、第2楽章テンポ・ディ・メヌエットからなっていて、演奏時間は全体で10分弱である。第1楽章の冒頭部、伸びやかな旋律をフルートと弦楽器が協奏する。時折ヴァイオリンが奏でる旋律も大変美しい。主題は哀愁が漂い、やや悲しげである。ここの部分は私がこの曲で最も好きなところである。第2楽章は、弦楽器の伴奏でフルートが穏やかで明るい旋律を奏でる。どことなく郷愁を誘うような音楽である。フルートが主役を演じるが、時折弦楽器も美しく、旋律を響かせフルートと協奏する。短いながらも美しい音楽である。

K. 285b は、第1楽章アレグロ、第2楽章主題と変奏曲（アンダンティーノ―アダージョ―アレグロ）で、演奏時間は全体で15分を超える。第1楽章は明るく軽快な音楽である。第一主題は心が解放されるような雰囲気で楽しい。フルートの奏でる音楽は明るく屈託がない。時折弦楽器のみが演奏し、フルートは脇役に回る。第二主題も明るく軽快な音楽である。第2楽章の冒頭部はフルートが主役である。歌曲風の主題がとても好ましい。どこか郷愁を誘われるようである。第一変奏はフルートが主役、第二変奏はヴァイオリンが主役、そして第三変奏ではチェロが主役を務める。チェロの奏でる旋律も素晴らしい。第四変奏はヴィオラが主役。第五変奏はアダージョになり弦楽器の伴奏の上にフルートが美しい旋律を歌う。ここのところはこの曲の中で私が最も好きなところである。第六変奏はアレグロで軽快に走り終了する。変奏の魔術師モーツァルトの面目躍如たる楽章である。

最後の*K. 298*は第1楽章アンダンテ、第2楽章メヌエット、第3楽章ロンドーからなっていて、演奏時間は全体で10分強である。楽器編成は前の三曲と同じである。第1楽章は主題と変奏曲（アンダンテ）。郷愁を誘う甘美な主題をフルートが奏でる。この主題はホフマイスターの歌曲「自然に寄す」からとられた。この主題をモーツァルトは渡され、変奏曲を書き始めたと考えられる。そのあと四つの楽器が順番に主役を務め、それぞれ四つの変奏曲を演奏する。第2楽章メヌエット。メヌエットらしい明るく軽快な音楽で始まる。とても可愛らしく、愛らしい旋律である。第3楽章フランス風のロンドで、自筆にはロンドー（フランス語のロンドのこと）の表示に加え、「優美で快適な速さで、しかし速すぎてはいけないし、ゆっくりしすぎてもいけない。そうだ――そのとおりだ――情熱的に表情豊かに」と諧謔性たっぷりに書き添えられている。しかしながら、この書き足しこそ音楽の本質を明確に示しており、音楽にはその曲にふさわしいテンポがあることを示唆している。モーツァルトの音楽の演奏にはテンポ感が大変重要なことをいみじくも語っているのである。

私の愛聴盤は、ペーター・ルーカス・グラーフのフルート、ヘリベルト・ラウアーのヴァイオリン、フランツ・ヒルシュフェルトのヴィオラ、エスター・ニッフェネッガーのチェロの演奏である（CD：キングレコード、KICC7202、１９８５年、東京で録音）。全ての楽器が調和して美しいハーモニーを奏でている。グラーフのフルートは決して派手ではなく、明るく丁寧に演奏し、この音楽の素晴らしさを再現している。30年以上にわたって繰り返し聴いている。私は休日の朝によく聴いている。爽やかな朝にぴったりの音楽である。生演奏では東京のトッパンホールで２００４年6月4日、ウィーン・フィルの首席フルート奏者のヴォルフガング・シュルツとウィーン・フィルハーモニア弦楽三重奏団でフルート四重奏曲*K. 285*, *K. 285b*, *K. 298*を妻と一緒に聴くことができた。私は演奏の素晴らしさに大変感激した。フルートの音も弦楽器の音も大変美しかった。

第27章　ディヴェルティメント *K. 205/167A*

この曲は１７７３年7月頃ザルツブルクで作曲されたと考えられている。モーツァルト17歳の時の作品。誰のために作曲されたのかははっきりしていない。ホルン２、ヴァイオリン、ヴィオラ、コントラバスの小編成ながら素晴らしい曲である。５楽章からなり演奏時間は20分を超える。第1楽章ラルゴは、穏やかな、ゆったりとした音楽で始まる。この音楽がなんとも素晴らしい！ザルツブルクの朝焼けのように美しい。モーツァルトは手紙に「ぼくは詩的なものを書けません。詩人ではありませんから。ぼくは表現を巧みに描きわけて影や光を生み出すことはできません。画家ではないからです。そればかりかぼくは、ほのめかしや身ぶりでぼくの感情や考えを表わすこともできません。ぼくは踊り手ではありませんから。でも、音でならそれができます。僕は音楽家ですから。」（１７７７年11月8日、就職活動中のマンハイムから父に宛てた手紙、モーツァルト書簡全集第3巻、２２９～２３０頁）。この音楽を聴いているとモーツァルトのこの言葉が浮かんでくる。ラルゴの後は、快活なアレグロの祝典風の音楽に変わる。この音楽も楽しい。第２楽章第一メヌエットは、明るく楽しい舞踏音楽である。皆が幸せな気持ちになる旋律に満ちている。第3楽章アダージョは穏やかに日が暮れていく情景を思わせるような音楽である。旋律は特に美しく、そっとモーツァルトの世界に引き込まれる。第4楽章第二メヌエットは再び明るい舞踏音楽になる。とても流麗で楽しい音楽である。中間部のホルンが奏でる旋律が素晴らしい。オーストリア・アルプスの風が私の体の中を吹き抜けるようで心地良い。第5楽章プレストはフィナーレで、テンポが速く、歯切れが良い音楽である。人生に明るい希望が湧いてくるようである。短いながらも素晴らしい音楽である。今日も私の愛聴盤のシャンドール・ベーグ指揮、ザルツブルク・モーツァルテウム・カメラータ・アダデミカの１９８８年、9月の録音（ＣＤ：カプリッチョ、10271、ミルシュタット、シュティフツ教会で録音、輸入盤）で楽しもう。

第28章　ピアノとヴァイオリンのためのソナタ第42番 *K. 526*

この作品は1787年8月モーツァルト31歳の時にウィーンで完成された。前年に完成しウィーンで成功を収めた「フィガロの結婚 *K. 492*」がプラハで大成功したので、モーツァルトは1月にプラハから招待されたのであった。プラハで「フィガロの結婚」が大人気なことを知ってモーツァルトは大変喜んだ。帰途につく前には新作の歌劇「ドン・ジョヴァンニ *K. 527*」の作曲依頼まで受けた。帰りの道すがらモーツァルトはどれほど嬉しかったことか！ウィーンに戻り、早速「ドン・ジョヴァンニ」の作曲を始め、プラハにゆく馬車の中でも続けられ、現地で完成した。10月には初演され大成功を収めたのであった。プラハはモーツァルトを最も温かく迎えてくれた街なのであった。この *K. 526* がどのような目的で作曲されたかはよくわかってはいない。忙しい合間を縫って作曲されたものと思われる。完成したのは、「ドン・ジョヴァンニ」が完成される2ヶ月前のことであった。３楽章からなり、演奏時間は全体で25分に及ぶ。

第1楽章モルト・アレグロ。冒頭部は明るい春の陽光が輝いているような雰囲気である。希望に満ちて心が弾み、幸福感に満たされる音楽である。ピアノとヴァイオリンがよく調和して響き合っている。第2楽章アンダンテは、この作品の中で私が最も好きな楽章である。この楽章を目をつぶってじっくり聴いていると、夕日がゆっくりと沈み夜が訪れる景色が浮かんでくる。振り返ると長い年月を一生懸命生きていた。辛いことも悲しいこともあったが、幸せな日々の方が多かった。そう、懐かしく昔を思い出しながら、残り少ない人生を少し寂しく感じている。ピアノもヴァイオリンもこのような感情を込めてしっとりと歌っている。この悲しみはモーツァルトならではのもの。聴く人の心に深く入り込んでしみじみとした感情を湧き上がらせてくれるのである。

第3楽章プレストは軽やかに素早く時が流れてゆく。決意や自信がほとばしる。速いテンポの旋律の音楽が演奏された後に、ややゆったりとした旋律が挿入され、緊張感が和らげられる。叙情的な旋律もその後現れ、音楽に幅をもたらしている。聴く人を飽きさせない工夫がなされているのである。私の愛聴盤はイングリット・ヘブラーのピアノで、ヘンリック・シェリングのヴァイオリンの演奏である（CD：フィリップス、PHCP-3888/92、1969年9月、ザルツブルク、モーツァルテウムで録音）。シェリングのヴァイオリンは控えめであるが、感情が込められている。またヘブラーのピアノは輝きがあって粒が揃っている。二人の息の合った演奏を楽しめる録音となっている。

第29章　ピアノ協奏曲第18番 *K. 456*

この曲は1784年9月ウィーンで完成された。モーツァルトは28歳になっていた。この年はピアノ協奏曲が最も多く誕生した年であった（第14番から第19番までの六曲が一気に書き上げられた）。したがって、この年はモーツァルトのピアノ協奏曲が大好きでたまらない人にとっては忘れられない年である。私の友人にはモーツァルトのピアノ協奏曲だけが好きで愛聴しているという人がいる。「モーツァルトはピアノの小品から歌劇の大作まで全てが素晴らしいよ！」と言ってもなかなか聞き入れてくれない。でも音楽の好みは人それぞれであるので強くは言えないのである。もちろんモーツァルトのピアノ協奏曲は最高に素晴らしい。でも歌劇も交響曲も器楽曲も室内楽も宗教曲も全て素晴らしいのである。モーツァルトのピアノ協奏曲だけを聴いて人生を閉じてしまうのはあまりにももったいないのではなかろうか。さて、この第18番は9月に完成していたが、実際に初演されたのは翌年の2月13日のことであった。女性歌手ラスキーの演奏会でモーツァルト自身のピアノ独奏によって行われた。しかしながら、実はこの曲はラスキーのためではなく、女流ピアニストのパラディスのために作曲されたものであった。折しも父親レオポルトが息子と嫁に会うためにザルツブルクからウィーンに来ており、この演奏会にも出席した。その際の様子を娘ナンネルに宛てて手紙をしたためている。レオポルトは、息子によるこのピアノ協奏曲第18番の演奏を聴いて、その素晴らしさに感激して涙を流したという。普段厳格で、息子をほとんど褒める事がなかったレオポルトがこれほどまでに息子を絶讃するとは！レオポルトは息子の晴れ姿を見てどれ程幸せであったろう。ともに苦労した妻にもきっと見せたかったのに違いない。この演奏会には皇帝レオポルト二世も臨席し、あまりの素晴らしさに何度も「ブラボー、モーツァルト」と拍手喝采を惜しまなかったという（1785年2月16日、レオポルトからザルツブルクのナンネルに宛てた手紙、モーツァルト書簡全集第6巻、36～39頁）。

モーツァルトがこの不朽の名作を贈った盲目の女性ピアニストは、その障害にもかかわらず素晴らしいピアノを弾く人であった。モーツァルトは彼女のイタリア演奏旅行のためにこの曲を贈ったと考えられている。モーツァルトの優しさが窺われ、モーツァルティアンにとって大事な逸話となっている。同時に私は日本の盲目の天才ピアニストの辻井伸行さんのことが思い出された。辻井さんのピアノ曲の記憶方法とパラディス嬢の記憶方法は同じ方法なのであろうか？それとも全く違うのであろうか？いずれにせよ、目が不自由でも素晴らしいピアニストになれることの証明であろう。もちろん想像を絶する努力があってこそ獲得できるのに違いないのではあるが。独奏ピアノ、オーボエ2、ホルン2、フルート、ファゴット2、第1ヴァイオリン、第2ヴァイオリン、ヴィオラ、コントラバスという編成で、演奏時間は30分を超える。

第1楽章アレグロ・ヴィヴァーチェ。冒頭部は行進曲風音楽で始まる。主題は明るく軽快である。引き続いてピアノが独奏で主題を演奏する。その後ピアノが華麗な旋律を繰り広げていく。ピアノとフルート、オーボエとの会話も楽しい。これから良い出来事がたくさん起こるようで、幸運な出来事への期待感が高まる。その後カデンツァを経て終了する。第2楽章アンダンテ・ウン・ポコ・ソステヌート。私がこの作品で最も好きな楽章である。冒頭部から悲しみの音楽で始まり、楽章全体が悲しみに包まれる。「私があの方のことをこんなにも思っているのに、あの方は少しも私に振り向いてくれない！」と悲しみに暮れている乙女の姿が浮かんでくる。失恋の痛みが切々と伝わってきて胸に迫る。しかし、音楽はなんと美しいのであろう！天才の音楽はまさに魔法である。この楽章は大変人気があって、私の友人もこの曲がモーツァルトの数ある傑作の中でも一番好きと言っている。私もその気持ちが良くわかるのである。第3楽章アレグロ・ヴィヴァーチェは律動的で快活な楽章。管弦楽による序奏の後、ピアノの独奏が始まる。明るく晴れ晴れとした音楽である。聴いていると元気が出てきて、希望が湧いてくる。後半部に入ると、やや不安がよぎり、その後緊張感が高まる。その後、冒頭部の明るい音楽に戻り、カデンツァを経て終了する。30代や40代の頃にはこの曲を聴くと、休日の晴れた日に、家族揃って外に出て新鮮な空気を吸い込みたくなったものである。きっと楽しい休日になる。そんな気持ちにさせてくれる音楽である。

私の愛聴盤はヘブラーのピアノ、ヴィトルド・ロヴィツキ指揮ロンドン交響楽団の録音である（CD：フィリップス、DMP-5、1965年1月、ロンドンで録音）。ヘブラーはピアノの音の粒を揃え、この音楽の素晴らしさを見事に再現してくれている。第1楽章、第3楽章のカデンツァはモーツァルトの手になるものを演奏している。ウラジミール・アシュケナージのピアノ・指揮、フィルハーモニア管弦楽団の演奏（CD：デッカ、425093-2、1986年ロンドンで録音、輸入盤）もよく聴いている。特に第2楽章の演奏は絶品である。アシュケナージは第2楽章のもの悲しく、切ない音楽を見事に演奏している。彼も第1、第3楽章のカデンツァをモーツァルトの残した作品を弾いている。演奏家によるカデンツァもいいが、やはりモーツァルトの手になるカデンツァは最高である。楽章の最終部に独奏楽器の単独演奏が入るこのカデンツァという様式は素晴らしい。

第30章　ピアノとヴァイオリンのためのソナタ第27番 *K. 303/293c*

このK. 303のソナタは「マンハイム・パリ・ソナタ」の第三番目の作品である。1778年2月、モーツァルト22歳の時にマンハイムで完成されたと考えられている。2楽章のみからなり、演奏時間も10分と短い。この作品が完成される1ヶ月前にモーツァルトは人生の大きな出会いをしている。この地で写譜屋（楽譜を書き写すことを仕事にしている人達）をしていたフリードリン・ウェーバーと知り合った。家族ぐるみの親しい交流が始まったのである。ここでモーツァルトはある女性と運命的な出会いをする。ウェーバー家の次女アロイジアを見て一目惚れしてしまうのである。モーツァルトは、容姿端麗で、美しい声の持ち主であるアロイジアに懇切丁寧に声楽の指導をすることとなった。それだけではなく、彼女とその父親と三人で、キルヒハイム・ボーランデンとヴォルムスを訪れ、オランニエ皇妃の前で彼女と一緒に御前演奏までしたのであった。2月初めにマンハイムに戻ってからも、カンナビッヒの元で演奏会を開き、アロイジア、ラムらと一緒に演奏した。モーツァルトはすっかりアロイジアの虜となってしまい、寝ても覚めても思うことはアロイジアのことばかり！就職活動のために母親と二人、旅に出たことを忘れ、アロイジアに熱を上げ、彼女をイタリアまで連れて行きプリマ・ドンナとして成功させてあげたいと、父レオポルトに手紙を書いた（1778年2月4日、モーツァルト書簡全集第3巻、472〜477頁）。この手紙を読んだレオポルトは激怒した。レオポルトはすぐさま怒りの手紙を書き、息子を叱責し、すぐにパリに立つように命じた（同12日、モーツァルト書簡全集第3巻、512〜521頁）。モーツァルトは泣く泣く母と二人でパリに旅立つのである。別れに際し、モーツァルトはアロイジアに「レチタティーヴォと独唱曲 *K. 294*」を贈るのであった。ここのくだりは、モーツァルティアンにとって忘れがたい歴史の一頁である。父親に対する反発心も芽生えてきた。

自分の意思で人生を送りたい、そんな青年モーツァルトの大人への成長の過程が、この*K. 303*には感じられ、穏やかな旋律だけではなく、父親への反発心も芽生えてきているのが感じられるのは私一人だけではないであろう。

第1楽章アダージョ―モルト・アレグロ。私の大好きな楽章である。冒頭部はゆったりとした癒しの音楽で、心地よく、聴く人を幸せにしてくれる。その後、テンポが速まり、力強い音楽になる。これが第二主題である。青年モーツァルトのエネルギーを感じさせてくれる旋律である。そのあと冒頭部の音楽に戻る。第一主題の美しい音楽をもう一度聴きたいという聴き手の気持ちをモーツァルトはわかっているのであろう。歌劇の独唱曲を思わせる美しい旋律は聴く人の心を十二分に癒してくれる。第2楽章はテンポ・ディ・メヌエット。穏やかで美しい音楽で始まる。ヴァイオリンの美しい音色が素晴らしい。ここではピアノは伴奏の役割をしている。このあとテンポを速めて軽快な明るい曲に変化する。力強い青春のエネルギーを感じる。そのあと冒頭部の音楽に戻り終了する。私の愛聴盤はワルター・クリーンのピアノ、アルトゥール・グリューミオーのヴァイオリンである（CD：422712-2、フィリップス、1982年スイス・ラ・ショー・ド・フォンで録音、輸入盤）。特に第2楽章はグリューミオーの艶やかなヴァイオリンの音色がぴったりである。粒のそろった控えめのクリーンのピアノとヴァイオリンの音色がよく調和していて、モーツァルトの世界を忠実に再現してくれている。

第31章　グラス・ハーモニカ、フルート、オーボエ、ヴィオラ、チェロによるアダージョとロンド *K. 617*

この曲は1791年5月にウィーンで完成された。モーツァルト35歳の時であった。このモーツァルト最後の年である1791年は、ローソクの炎が燃え尽きる前のように、モーツァルトの手から数々の傑作が生まれた。この曲もその一つである。モーツァルトは、最晩年このグラス・ハーモニカ（グラス・ハープ）に大変興味を抱いていて、この楽器を主役にした室内楽の傑作を多数残した。私はウィーンを訪れた際に博物館でグラス・ハーモニカを見ることができた思い出がある。ガラスの鉢状の中心に心棒を通して、水に濡らし回転させ音を出す仕掛けになっている。とても素朴な楽器である。この作品は、グラス・ハーモニカに、フルート、オーボエ、ヴィオラ、チェロが加わったアダージョ楽章とロンド楽章からなっている。演奏時間は両方で16分程である。

第1楽章アダージョ。グラス・ハーモニカがゆったりとした癒しの音楽を奏でる。それ以外の楽器は全て伴奏に当たる。その後やや重苦しさと不安、悲しみが感じられる。後半部は澄み切った叙情的な音楽に変わる。旋律に少し明るさが現れ、フルートが伴奏に回る。そのあと冒頭部の音楽に戻って終了する。この楽章は「モーツァルトは哀しい！」と人々に思わせる曲の代表であろう。しかしながら、聴く人を失意のどん底に突き落とすような哀しみではなく、そっと涙が一粒こぼれた後に爽やかな清涼感を誘うような哀しみである。聴いた後に心が癒されるのはとても不思議ではあるが、それが天才モーツァルトの天才たる所以であろう。第2楽章ロンド。フルートの透明な旋律が素晴らしい。それにグラス・ハーモニカが加わると、そこはかとない哀しみが漂う。さらにヴィオラとチェロが加わるといっそう哀しみが増してくる。次いで、グラス・ハーモニカが主旋律を奏で、フルート、その後オーボエが伴奏する。この美しい響きは筆舌に尽くしがたい。最晩年のモーツァルトの音楽の特徴である、透明感、清澄さが随所に現れている。この世の思いを断ち切ったような、達観したモーツァルトの心情が垣間見られるのである。天上的な美しさを持った素晴らしい一曲である。元々舞踊音楽であるロンド楽章なのに悲しみや哀感が切々と伝わってくるとは！このような素晴らしい傑作を聴いていると、つくづくとモーツァルトの偉大さを感じざるを得ないのである。

私の一番の愛聴盤は、高橋美智子さんのグラス・ハーモニカ、アンサンブル・オブ・トーキョーの演奏である（CD：キングレコード、KICC118、1994年、東京で録音）。高橋美智子さんのグラス・ハーモニカの演奏は素晴らしく、この音楽の素晴らしさを見事に再現してくれている。また、アンサンブル・オブ・トーキョーの演奏も素晴らしく、何回も繰り返し聴いている。また、グラス・ハーモニカの代わりにハープで演奏した録音も素晴らしい（CD：ドイツ・グラモフォン、431782-2、1992年、ハンブルクで録音、輸入盤）。マルギット・アンナ・ジュスのハープ、ヴォルフガング・シュルツのフルート、ハンスイェルク・シェレンベルガーのオーボエ、ヴォルフラム・クリストのヴィオラ、ゲオルグ・ファウストのチェロが味わいのある、優雅な演奏を披露している。ハープで演奏されるこの録音は、やや悲しみが減り、明るさが増し、とても味わい深い。

第32章

『拝啓、モーツァルト様』（Bunkamura編、學生社）

この本（1995年6月初版）はモーツァルティアンが天国のモーツァルトに真心を込めてしたためた手紙を一冊の本にまとめたものである。これほどまでに多くの日本人がモーツァルトの音楽を愛していることを知り、私は心底嬉しかった。中でもモーツァルトの音楽を聴いて、幸せな気持ちになったとか、悲しみ・不幸・病気に打ち勝ったとか、感謝の気持ちを込めた感動的な手紙が私の心に響いた。もし私がモーツァルトに手紙を書くとしたら、やはり、「生きる喜びや優しさ、慰めを与えて下さり本当にありがとうございます。」と感謝の気持ちをしたためるであろう。また、モーツァルトの音楽を聴くと涙が出ると書いた人も実に多く、モーツァルトの音楽の持つ不思議な力を多くの人が感じていると知り大変嬉しかった。日本人が老若男女を問わず、モーツァルトの音楽をこよなく愛している。これはとても素晴らしいことであると思う。

この本の中で日本人に圧倒的な人気を誇る作品は、「アイネ・クライネ・ナハット・ムジーク *K. 525*」、「きらきら星変奏曲 *K. 265*」、「ピアノソナタ第10番 *K. 330*、第11番 *K. 331*、第12番 *K. 332*」、「クラリネット五重奏曲 *K. 581*」、「クラリネット協奏曲 *K. 622*」、「交響曲第40番 *K. 550*、第41番 *K. 551*」、「ピアノ協奏曲第20番 *K. 466*、第21番 *K. 467*、第23番 *K. 488*、第26番 *K. 537*、第27番 *K. 595*」、「レクイエム *K. 626*」、「アヴェ・ヴェルム・コルプス *K. 618*」、「後宮からの誘拐 *K. 384*」、「フィガロの結婚 *K. 492*」、「ドン・ジョヴァンニ *K. 527*」、「コジ・ファン・トゥッテ *K. 588*」、「魔笛 *K. 620*」等であることを知った。これらの傑作は私にとってもかけがえのない宝物であるが、モーツァルトには有名な曲以外でも宝物がたくさんある。たとえば、「皇帝ティートの慈悲 *K. 621*」。後世、駄作の烙印を押され、上演されることの少なかったこの悲歌劇であるが、私にとってはかけがえのない作品で宝物である。バセットホルンの活躍する美しい旋律を伴った独唱曲は素晴らしい。「魔笛」とほぼ同時期に全く傾向の違う、このような悲歌劇を短期間で書き上げてしまうのは、モーツァルトの天才がなせる技であろう。今、確実に「ティート」は見直され始めている。私にとっては大変喜ばしいことである。ここ数年ヨーロッパのあちこちの歌劇場でこの「ティート」が上演されるようになってきた。是非いつかどこかで観てみたいものである。このオペラの序曲、独唱曲等をベルリンフィルのメンバーが管楽八重奏で演奏した珍しい録音がある（CD：オルフェオ、C238911A、トリーベンジーとシェレンベルガーによる編曲、オーボエ：ハンスイェルク・シェレンベルガーとアンドレアス・ヴィットマン、クラリネット：カール・ライスターとペーター・ガイスラー、ホルン：ノルベルト・ハウプトマンとマンフレート・クリアー、ファゴット：ダニエレ・ダミアーノとヘニング・トロッグ。1990年10月ベルリンで録音、輸入盤）。これが実に味わい深い、いい演奏である。モーツァルトの歌劇は旋律もとても美しいので、ハルモニー・ムジークとしても大変楽しい。序曲や独唱曲等が実に見事に室内楽に生まれ変わっている。しかも登場人物の感情や哀感は十分込められた素晴らしい演奏で、これは管楽器の名手のなせる技であろう。こういう音楽を聴いていると本当に幸せな気持ちでいっぱいになる。私は、折に触れてこの本を読み返して、暖かい、幸せな気持ちになる。多くの人とモーツァルトの音楽を熱く語り合っているようで、大変嬉しくなるのである。

第33章　ミサ曲 *K. 427/417a*

モーツァルトはザルツブルク時代に多くの宗教曲を作曲したが、自由な音楽家として独立したウィーン時代以降ほとんど作曲しなくなった。わずかにこの「ミサ曲 *K. 427*」と「アヴェ・ヴェルム・コルプス *K. 618*」、「レクイエム *K. 626*」の三曲のみである。しかしながら、この三曲は人類史上不滅の作品で、宗教曲の最高傑作である。多くの人々に勇気と感動と喜びを与えている。私も三曲とも大好きで、かけがえのない宝物である。ウィーンで自由な音楽家として独立してから2年目（1782年）から3年目、モーツァルトは作曲家として、またピアノ演奏家、ピアノ教師として多忙な日々を過ごしていた。そんな中、なんとか時間を作ってこの曲を作曲したのである。モーツァルトは、父親の同意なしにコンスタンツェと結婚したため親子関係は悪化していた。なんとかそれを修復するために、妻同伴の里帰りにミサ曲を献呈したいと考えていたのであろう。その願いは1783年秋に実現したのであった。ザルツブルクの聖ペーター教会でこの曲を自ら指揮して初演した。ただ全ての曲の作曲が間に合わなかったため、未完のままか、それとも何らかの補填（即興演奏も含めて）を行って演奏したものと思われる。ソプラノのパートはコンスタンツェが行った。構成はキリエ、グローリア（グローリア、ラウダームス・テ、グラッィアス、ドミネ、クィ・トリス、クオニアム、イエズ・クリステ、クム・サンクト・スピリトゥの八曲からなる）、クレド、サンクトゥス、ベネディクトゥスからなっている。独唱ソプラノ、アルト、テノール、バス、四部合唱、フルート、オーボエ2、ファゴット2、ホルン2、トランペット2、トロンボーン3、ティンパニ、第1ヴァイオリン、第2ヴァイオリン、ヴィオラ、コントラバス、オルガンの編成で全体で1時間に及ぶ大作である。

私は特にクレドが好きで繰り返し聴いている。お寺の鐘の音を聞いて育った私にもモーツァルトの宗教曲はすーっと入り込んで、私の心に爽やかな風を吹き込んでくれる。恨みや憎しみ、妬みなどの感情はすーっと消えていき、心洗われるのである。特に、木管楽器とソプラノの調和が絶妙で素晴らしい。私の愛聴盤は、フェレンツ・フリッチャイ指揮、ベルリン放送交響楽団、聖ヘトヴィヒ大聖堂聖歌隊、ソプラノ：マリア・シュターダー、アルト：ヘルタ・テッパー、テノール：エルンスト・ヘフリガー、バス：イヴァン・サルディによる録音である。管弦楽も歌唱もとても素晴らしい（CD：ドイツ・グラモフォン、UCCG-3429、1959年ベルリンで録音）。特に、ソプラノのシュターダーは最高である。

第34章　ピアノ協奏曲第7番 *K. 242*（三台のピアノのための）「ロドロン協奏曲」

この曲は1776年2月、モーツァルト歳の時ザルツブルクで完成された。モーツァルト一家と親交があった、アントニア・ロドロン伯爵夫人と二人の令嬢（アロイジアとジュゼピーナ）のために作曲された。モーツァルトの作品の中で唯一の三台のピアノのための協奏曲である。第二ピアノはアロイジア嬢のために、第三ピアノはジュゼピーナ嬢のために作曲された。ジュゼピーナ嬢のピアノの腕はそれほどではなかったので、第三ピアノのパート譜は平易なものとなっている。モーツァルトはこの作品にとても愛着を持っていたと思われ、1777年秋「マンハイム・パリ旅行」の途中で寄ったアウグスブルクでもこの曲を演奏している。また、1778年春マンハイムのカンナビッヒ邸で三人の女性（ローザ・カンナビッヒ、アロイジア・ウェーバー、ピエロン・ゼーラリウス）でも演奏された。モーツァルトは三回の練習でとてもうまくいったとザルツブルクの父親に手紙をしたためている（3月24日モーツァルト書簡全集第4巻、14～18頁）。楽器編成は、ピアノ3、オーボエ2、ホルン2、第1ヴァイオリン、第2ヴァイオリン、ヴィオラ、コントラバスで、演奏時間は全体で20分を超す。

第1楽章はアレグロ。主題が三台のピアノによって次々に提示され、ソナタ形式で展開されていく。モーツァルトはカデンツァも書き残している。第2楽章はアダージョ。私がこの曲の中で最も好きな楽章である。冒頭部は管弦楽が穏やかな癒しの旋律を奏でる。目をつぶって聴いていると北国の静かな浜辺の景色が浮かんでくる。ゆっくりと朝日が昇って美しい朝焼けが眺められる。やがて太陽が高く昇るにつれて水面がきらきらと輝いてくる。波が押し寄せては引きかえす。浜辺にいてゆったりとさざ波を眺めながら、心静かに幸せを噛みしめている。そんな景色が眼前に広がってくるのである。この管弦楽の演奏の後、ピアノの演奏が始まる。三台のピアノの協奏が始まり、管弦楽と見事な調和をする。また、ピアノ同士が合奏したり、語り合いをしたり、聴いていて大変楽しい。ピアノの奏でる旋律は穏やかで、慰めに満ちている。聴いていると幸せな気持ちでいっぱいになる。最後はピアノの奏でる静かな音楽で終了する。やはりこの楽章でもモーツァルトはカデンツァを書き残している。大変素晴らしい名曲で私の宝物である。演奏会で取り上げられる機会が少ないのが大変残念である。第3楽章はロンド。テンポ・ディ・メヌエット。主題はメヌエットで軽快な音楽である。モーツァルトはカデンツァの代わりに短いエピソードを書き残している。私の愛聴盤はイングリット・ヘブラーの第一ピアノ、ルートヴィッヒ・ホフマンの第二ピアノ、サス・ブンへの第三ピアノで、アルチェオ・ガリエラ指揮、ロンドン交響楽団の演奏である（CD：フィリップス、DMP-10007、1968年7月ザルツブルクで録音）。3人のピアノは上品にしかも情緒たっぷりに演奏していて素晴らしい。3人はピアノの粒を揃え、抑えた音で見事にこの音楽の素晴らしさを再現している。カデンツァはモーツァルトの手になるものを使ってくれている。

第35章　交響曲第35番 *K. 385*「ハフナー」

息苦しかったザルツブルクのコロレド大司教の圧力から解放され、自由なウィーンの生活を始めたモーツァルト。ウィーン生活も早2年目に入った26歳の時にこの作品が完成された。モーツァルトの交響曲を代表する名曲である。モーツァルトはザルツブルクの父に宛てて手紙を書き、20歳の時に故郷で作曲したセレナード第7番 *K. 250*「ハフナー」の楽譜を送ってもらった。これをもとに新しい交響曲を作曲した。しかしながら、完成した交響曲第35番は、全く異なる趣を持った、力強い、華やかな作品となった。

私はこの作品の中で第2楽章アンダンテが好きでたまらない。優しく暖かく心休まる、モーツァルトならではの音楽である。目をつぶってじっくりこの音楽を聴いていると、次のような情景が浮かんでくる。春に美しい湖畔の宿に泊まった私。翌朝、早くに目が覚め近くの森の中へと散歩に出かけた。辺りは一面の霧。薄暗い景色の中でも、朝の空気は心地よい。時折何処からともなくそよ風が吹いてくる。さらに進んでいくと、だんだんと霧が晴れてきた。山々ははっきりとその雄姿を現し、水面が明るい太陽に照らされている。雲は消え、どこまでも明るい青空が広がっている。私は朝の空気をいっぱいに吸って、この上ない幸福感を噛み締めている。そんな情景が浮かんでくるのである。オーストリアでまだ訪れたことのない、ハルシュタットの絵葉書のような美しい景色が浮かんできて幸せな気持ちでいっぱいになるのである。演奏会ではこれまで好きな演奏には出会えていない。録音でいつも楽しんでいる。私の愛聴盤は、リカルド・ムーティー指揮、ウィーン・フィルの録音である（CD：フィリップス、462906-2、２０００年ウィーン学友協会大ホールで録音、輸入盤）。柔らかな弦楽器と管楽器の響きが素晴らしい。特に第２楽章は秀逸である。

第36章　セレナード *K. 185/167a*「アントレッター」

モーツァルトは、「第三回イタリア旅行」を終えてから故郷ザルツブルクで４ヶ月ほど過ごした。その後、「第三回ウィーン旅行」に父と出かけた。このウィーン滞在中に *K. 185* が完成された。１７７３年夏、モーツァルト17歳の時であった。「アントレッター」という愛称がついているが、これは、この曲の作曲を依頼したのが、ザルツブルクの友人であるアントレッター家の長男であったからである。なんと7楽章からなり、演奏時間も40分に達する。オーボエまたはフルート２、ホルン２、トランペット２、第1ヴァイオリン、第2ヴァイオリン、ヴィオラ、コントラバスの大編成である。私は特に第2楽章のアンダンテと第5楽章のアンダンテが好きである。第2楽章はヴァイオリン協奏曲のように素晴らしい。ヴァイオリンの独奏と管弦楽が見事に調和している。明朗な第一主題とやや悲しげな第二主題の対比が素晴らしい。ヴァイオリンの奏でる旋律が聴く人の心を和らげ、慰めてくれる、癒しの音楽である。後半のカデンツァの部分もヴァイオリンがモーツァルトの世界を見事に演奏してくれている。第5楽章アンダンテは、明るく晴れやかな気持ちにしてくれる、楽しい楽章である。「アントレッター」もモーツァルトのザルツブルク時代を代表する名曲で、大変魅力的である。私の愛聴盤は、シャンドール・ベーグ指揮ザルツブルク・モーツァルテウム・カメラータ・アカデミカの１９８８年の録音である（CD：カプリッチオ、10302、ザルツブルクで録音、輸入盤）。

この音楽の素晴らしさを十二分に再現してくれている。通常この曲の第7楽章の後に、行進曲アンダンテ *K. 189/167b* を演奏することが多い。この録音でもそのように演奏している。

第37章　ピアノ協奏曲第25番 *K. 503*

この曲は1786年の暮れにウィーンで完成された。モーツァルトは30歳になっていた。前作のピアノ協奏曲第24番 *K. 491* の完成から9ヶ月ほど経っている。モーツァルトをこよなく愛してくれるプラハ市民に捧げる交響曲第38番 *K. 504*「プラハ」の作曲の合間を縫ってこの第25番を作曲し完成させた。モーツァルトの幸せな気持ちがよく表れている明るい曲である。前作と同じように独奏ピアノ、オーボエ2、ホルン2、フルート、ファゴット2、トランペット2、ティンパニ、第1ヴァイオリン、第2ヴァイオリン、ヴィオラ、コントラバスの大編成になっており、演奏時間も30分を優に超える。

第1楽章アレグロは力強いファンファーレ風の音楽で始まる。歌劇の序曲のようである。管弦楽の響きが見事である。そのあと、穏やかで繊細な主題が現れる。管弦楽の演奏においては特に木管楽器が美しく響く。やがてピアノの演奏が始まり、その音は軽やかで繊細であるが、堂々としている。ピアノと管弦楽が掛け合いをしながら音楽が進行していく。堂々とした曲であるが、随所に短調の音楽が挟まり、陰陽、明暗が表現されていて、それでいて全体が見事に調和している。管楽器では、ファゴットとオーボエが特に活躍する。ユン・ソクホ監督の韓国ドラマ『春のワルツ』（2006年）の主人公のピアニストが野外演奏会でこの第1楽章を弾いていた。管弦楽の演奏もとても良く、印象的な情景であった。晴天の春の日にふさわしい音楽で、ユン・ソクホ監督の音楽の選択は素晴らしいと思ったことが思い出される。第2楽章アンダンテはこの曲の中で私が一番好きな楽章である。冒頭部を聴いていると次のような情景が目に浮かんでくる。長い夜が明けてやっと朝がやってきた。あたりは次第に明るくなり、小鳥がさえずり始める。輝かしい一日が始まりそうで、希望に胸が膨らむ。穏やかな心落ち着く主題を管弦楽が奏で、ついでピアノと管弦楽が奏でる。木管楽器が美しく響く。この主題は次第に重厚感を帯び音楽の幅が広がる。海を見下ろす丘に爽やかなそよ風が吹いて、太陽を浴びてきらきらと新緑が輝いている。幸福感に満たされる5月の一日、そんな光景が目に浮かぶのである。私の大切な宝物のひとつである。第3楽章アレグレットはロンド形式の音楽。この楽章も第1楽章と同様に堂々とした音楽である。冒頭部は管弦楽全体が音楽を奏でる。次いで、ピアノが心地よい旋律を静かに、穏やかに奏でる。主題が繰り返されるが、次第に変奏曲風に変化する。この変奏曲風に次々に変化していくところが大変好ましい。そのあと冒頭部の音楽に戻り終了する。

私の愛聴盤はヘブラーのピアノ、アルチェオ・ガリエラ指揮ロンドン交響楽団の録音である（CD：フィリップス、DMP-10016、1967年8月、ロンドンで録音）。ヘブラーはピアノの粒を揃え、明るく、力強く演奏して、モーツァルトの音楽を見事に再現してくれている。第1楽章のカデンツァはモーツァルトの手になるものは残されていないので、ヘブラー自身が作曲したものを演奏している。内田光子のピアノ、ジェフリー・テイトの指揮、イギリス室内管弦楽団の録音（CD：フィリップス、473890-2、1989年10月ロンドンで録音、輸入盤）もよく聴いている。内田の繊細かつ細やかなピアノが素晴らしく、またイギリス室内管弦楽団の管楽器が美しく響いており見事な演奏である。

第38章　フランス民謡「ああ、お母さん、あなたに申しましょう」による十二の変奏曲 *K. 265/300e*「きらきら星変奏曲」

「きらきら星変奏曲」としてあまりにも有名で、あまりにも多くの人に愛されている、モーツァルトの代表曲である。しかし、元々この曲の主題は、娘が母に自分の恋人のことを打ち明けるフランス民謡（シャンソン）に由来する。18世紀後半パリで愛好されていた旋律で、おそらくモーツァルトはパリ旅行の際にこの曲を聴いたと思われる。それでこの曲が１７７８年にパリで作曲されたと長らく考えられてきたが、現在では自筆譜の研究から、１７８１〜82年頃ウィーンで作曲されたと考えられるに至った。この曲はアメリカに渡って「きらきら星（Twinkle, twinkle, little star）」として子供の歌になった。日本でも「きらきら星変奏曲」という名前で、老若男女を問わず親しまれている。母に自分の恋人のことを打ち明けようとしている娘心を歌った曲が「きらきら星」という子供の歌に変わったのは大変興味深いが、元来、音楽は音を自由に楽しむもの、全く不思議ではない。旋律は聴く人の感性でどのようにも感じられるし、どのような印象であってもいいので、この事こそが音楽の醍醐味であろう。私もこの曲を聴くと冬の夜空に満天の星がきらきらと輝いている光景が浮かんでくる。モーツァルトは変奏曲の達人であったので、演奏会やサロンで即興的に変奏演奏した曲も含めれば無数の変奏曲を作曲したことになるのであろう。この曲はウィーンでのピアノの生徒のために作曲し、練習用として習わせていた可能性が考えられる。しかしながら、演奏家にとってこの変奏曲を、淀みなく、情緒たっぷりに弾くことは至難の技らしい。演奏会で取り上げられることが多く、録音も星の数ほど残っているが、確かに心底感動できる演奏はとても少ないのである。

この曲には忘れがたい思い出がある。妻と二人でハワイ島に旅行した際のことである。「マウナケア星空ツアー」に参加し、マウナケア山頂付近で星空を見たときに鳴り響いてきたのがこの曲なのである。以来私は目をつぶってじっくりこの曲を聴いていると二人で見たハワイ島の星空をよく思い出すのである。当日は幸い天気も良く、新月であったので無数の星を見ることができた。後にも先にもこのように美しい星空を見たことはなかった。真っ暗な空に満天の星屑がきらきらと輝いていて、天の川もはっきりと見えた。時折流れ星が流れて、私たちを歓迎してくれた。なんとも幸せな時で、時間が止まって欲しいと思ったほどであった。私はこの曲を聴くたびにハワイ島で見た満天の星空を思い出して、幸せな気持ちでいっぱいになるのである。

この曲には、星の数ほどたくさんの録音があるが、私はヘブラーの録音（CD：フィリップス、SHIM-1001、1975年11～12月アムステルダム・コンセルトヘボーで録音）が最も好きである。ヘブラーの演奏は大変素晴らしい。気品高く、真珠のような輝きがある。第一変奏から第十二変奏までどれをとっても素晴らしい。ピアノの音の粒が揃っていて、音に輝きがあるとこの音楽は一層美しいのである。辻井伸行さんの録音（CD：エイベックス、AVCL-25765、2012年3月ベルリンで録音）も素晴らしい。辻井さんの透き通った、天使のようなピアノの音がこの曲にぴったりである。一音一音丁寧に真心を込めて弾いてくれているのが、良く伝わってくる演奏である。生演奏では、2015年6月に東京の王子ホールで俣野修子さん、奈良場恒美さんご夫婦によるこの曲の四つ手の連弾演奏が一番思い出に残っている。お二人による編曲と思われるが、ご夫婦の息のあった演奏で、この曲の美しさを余すところなく再現してくれていた。この曲の四つ手の連弾演奏は初めてであったので、大変貴重な経験をさせていただいた。お二人に感謝の気持ちでいっぱいである。

第39章　弦楽四重奏曲第12番 *K. 172*

これは、「ウィーン四重奏曲」の第5番目の曲で、モーツァルト17歳の1773年秋にウィーンで完成された。4楽章からなり演奏時間は全体で14分程である。私が特に好きなのは第2楽章アダージョである。冒頭部から音楽は限りない優しさに溢れている。伸びやかで美しい旋律を第1ヴァイオリンがゆったりと奏でる。音楽の開始とともにモーツァルトの世界にすーっと引き込まれる。第2ヴァイオリン、ヴィオラ、チェロによる伴奏は控えめで、第1ヴァイオリンが奏でる主旋律の引き立て役に徹している。悲しみはそれほど多くは感じられない。私は、極めて気品高い最高の弦楽四重奏曲の一つであると思っている。わずか5分ほどの小さな世界であるが、極上の音楽の世界に誘われ、この上ない感動を覚えるのである。心の中にある悲しみや、不安が綺麗に払拭されて、清々しい気持ちになるのである。素晴らしい音楽に出会えて幸福感に浸れるありがたさをしみじみと感じさせてくれる曲の一つである。私の愛聴盤はエーデル弦楽四重奏団の演奏である（CD：ナクソス、8.550545、1992年10月ブダペストで録音、輸入盤）。柔らかな弦の音、ヴァイオリン、ヴィオラ、チェロの奏でる音の調和が素晴らしい。モーツァルトの美しい旋律を見事に演奏してくれている。聴くたびに感動する名演奏である。

第40章

中学校の音楽の先生とモーツァルト

私は小学生の頃音楽の授業が嫌いであった。特に試験の時、先生の弾くオルガンに合わせてその傍らで歌わされるのが嫌でたまらなかった。もちろん子供であったので、歌を歌うのは好きであった。家では押入れの中に入っていたお茶箱を引っ張り出してはその上に乗り、姉と弟と三人並んでよく歌ったものであった。父は船乗りで外国航路に出かけて、留守のことが多かったので、私の家は祖母と、母と姉、弟の五人暮らしであった。その祖母がよく歌っては教えてくれた、「青葉の笛」や「牛若丸の歌」等よく歌ったものであった。また、小学校唱歌や「あこがれの郵便馬車」、「高原列車は行く」等のラジオ歌謡を野原に出て一人で歌うのが大好きであった。それでも小学校の音楽の時間は好きになれなかった。そんな音楽嫌いを変えて下さったのが、中学二年の時の女性の音楽の先生、「岩井先生」であった。穏やかで、いつも笑顔の先生であった。先生は音楽の授業になると、当時大変貴重であったＬＰレコードをたくさん持って教壇に上がられるのが常であった。中学二年の時の音楽の教科書にはモーツァルトの音楽が多く取り上げられていた。「フィガロの結婚 *K. 492*」より「もう飛ぶまいぞ、この蝶々」、「後宮からの誘拐 *K. 384*」から序曲、「ピアノソナタ第11番 *K. 331*」の第1楽章等。レコードをかける前に、先生は中学生でも良くわかるように、作曲家やその曲の紹介をして下さった。自宅でも聴いたことのある音楽も含まれていたが、先生の解説を伺ってから聴くと、格別に音楽が面白く、楽しくなった。嫌いであった音楽の授業が次第に好きになっていったのである。夏休みに入る直前に先生は生徒に宿題を出された。「どんなものでもいいですから、音楽に関係することを勉強したり、調べたりして自由研究をしてみてね。宿題は提出しても、しなくてもいいですが、なるべく提出してね。」とおっしゃった。私は何にしようかと色々迷ったが、音楽の歴史を調べることにした。夏休みに入る前に図書館に行って音楽史に関する本を数冊借りてきた。私は、ヘンデル、バッハ等のバロック派から、ハイドン、モーツァルト、ベートーヴェン、シューベルトらの古典派、ブラームス、ショパン、リスト、チャイコフスキーなどのロマン派、近代音楽等、西洋音楽の歴史を調べ、それぞれの音楽家の音楽の特徴、代表的な作品などをノート1冊にまとめた。夏休みが終わって、宿題を学級担任の先生に渡した。後日、二学期の音楽の最初の授業の際に、岩井先生は学級の皆の前で、「夏休みの宿題の自由研究ありがとう。その中で、廣部君は音楽史について調べまとめたものを出してくれました。とてもよく勉強していて、まとめ方もとても良かったです。みんなも廣部君を見習って音楽にもっともっと興味を持ってね。」とおっしゃって下さった。私はみんなの前で褒めて下さった先生が大好きになり、音楽の授業が待ち遠しくてたまらなくなった。すっかり気を良くした私は、毎回の音楽の時間の予習・復習に力を入れて勉強した。音楽の成績が急に良くなったのである。

夏休み明けの二学期の試験の課題はドイツ民謡の「眠りの精」の楽器演奏であった。私はそれまでスペリオパイプが全く吹けなかった。学童用に簡易にした楽器スペリオパイプで演奏する課題であった。リコーダーを私は二学期以降、家で毎日のように練習を繰り返した結果、やっと吹けるようになり試験に間に合った。岩井先生の音楽の時間、皆が順番で「眠りの精」を吹いた。先生は、歌の試験の時と同じようにオルガンの横ではなく、各自の席に座らせたまま演奏させて下さった。私は緊張していたものの、「眠りの精」を間違いなく吹くことができほっと胸をなでおろした。そのあと、岩井先生が、「とてもよく吹けました！廣部君は一学期には吹けなかったのによく練習して頑張りましたね！」と皆の前で褒めて下さった。私は夏休みの自由研究を褒めて下さった時以上に嬉しくて、ますます岩井先生が好きになり、音楽も大好きになった。中学一年生の音楽の教科書も引っ張り出してきて、スペリオパイプで弾いてみた。楽譜を見ただけで勝手に指が動いて吹けるではないか！私は大変びっくりしてすっかり気を良くした。さらに驚いたことに、なんとモーツァルトのピアノソナタ第11番の第1楽章の主題もスペリオパイプで吹けるではないか！私は大作曲家モーツァルトの作品も吹けると有頂天になった。何回も吹いては楽しんだ。それまで、ただ楽しい、明るい、陽気な音楽を好んでいたが、このような、落ち着いた、穏やかな音楽も魅力的と思った最初の時であった。爾来、前にも増してモーツァルトが大好きになり、やがて一生の友になったのである。モーツァルトの音楽を聴くときは、恩師岩井先生のことをよく思い出すのである。私に音楽の素晴らしさ、モーツァルトの素晴らしさを教えて下さった岩井先生に感謝の気持ちでいっぱいである。

教育には、ほめて育てるやり方と、厳しく叱って育てるやり方と、二通りあると思われる。岩井先生の教育方針は前者であった。決して生徒を叱りつけることはなさらなかった。歌唱や楽器演奏が

上手であると分け隔てなく褒めて下さった。音楽を好きになってもらえるようにレコードをたくさん持ってきて、生徒に聴かせて下さった。音楽家の素顔の話も楽しくお話しして下さり、子供達の感性を育てて下さった。中学校の同窓会に出席するたびに岩井先生にお会いできたらと願っている。中学校卒業後まだお会いすることができていないのが残念である。私は岩井先生のお教えを生かして、我が子の教育にも、大学生や大学院生の教育にも努めてきた。娘は美術大学を卒業し、中学校の先生と結婚でき幸せになった。教え子も色々な研究・教育機関で活躍してくれている。いつも岩井先生に感謝の気持ちでいっぱいである。

第41章　二幕のドイツ歌芝居「ツァイーデ（後宮）」*K. 344/336b*

「ツァイーデ」は「後宮からの誘拐*K. 384*」より3年前に書かれた未完の作品である。「マンハイム・パリ旅行」の苦渋の体験、すなわち想い人アロイジア・ウェーバーとの失恋、母親の死、就職の失敗等は、モーツァルトを人間的にも芸術的にも大きく成長させた。郷里に帰ってしばらくは腰を落ち着かせて、ザルツブルク時代の傑作を次から次に生み出していくのである。その時期に作曲されたのがこの「ツァイーデ」である。この作品の自筆譜はモーツァルトの死後、遺品の中から妻のコンスタンツェとクラリネット奏者のシュタートラーによって発見された。コンスタンツェは手紙の中で「私の宝物の中にどのような素晴らしいものを見つけたか、おわかりにならないでしょう。私も全く知らなかった作品がひとつありました。シュタートラーは、極めて優れたもので、曲を公開するように私に勧めました。歌芝居とメロドラマが一体となったようなもので台本も素敵です。」と書いている。

このように未完の作品で、生前に演奏されたという記録すら残っていない。しかしながら、モーツァルティアンはそういったことにとらわれず、天才が作曲した作品―たとえそれが未完であれ――を聴くことができることに無上の喜びを感じるのである。死ぬまで大事に持っていたということは、いつか完成させようと思っていた、大事な作品であったのではなかろうか。モーツァルトを敬愛する後世の人が欠けた部分を補って作品は出版され、今日に引き継がれているのである。構成や内容は「後宮からの誘拐」に良く似ている。しかしながら、「後宮からの誘拐」がトルコの音楽に影響を受けた作品であるのに対し、「ツァイーデ」には全くその影響はみられない。「後宮からの誘拐」の中に現れてくる旋律が何箇所か使われているが、それ以外は音楽自体に多くの違いが認められる。登場人物が少なく、諧謔的なところもなく、演奏時間も短いが、各所に美しい旋律の曲が散りばめられている。楽器編成は、オーボエ2、フルート2、ファゴット2、ホルン2、トランペット2、ティンパニ、第1ヴァイオリン、第2ヴァイオリン、第1ヴィオラ、第2ヴィオラ、チェロ、コントラバスからなり、全体で演奏時間は90分を超える。トルコの後宮が舞台である。捕虜ゴーマッツ（「後宮からの誘拐」の主人公のベルモンテに相当）とゾリマン太守（「後宮からの誘拐」のセリムに相当）の侍女ツァイーデ（「後宮からの誘拐」のコンスタンツェに相当）は惹かれあっている。これをやはり太守の部下アラチム（「後宮からの誘拐」のペドリッロに相当）が助け出し、二人は逃亡しようとするが、番人のオスミン（「後宮からの誘拐」と同じ）に捕らえられてしまう。それを知った太守は激怒し、死を宣告する。最後の四重唱でゾリマンは「どんな涙も役に立たぬ。二人の死は免れないぞ！」と歌う。原作はここで終わっているが、今日ではこの後、アラツィムとゾリマンの台詞を加え、ゾリマンが二人を許し、アラツィムに船を用意させ、二人を故郷に返す。

♪序曲

交響曲第32番*K. 318*を当てることが多い。勇壮な音楽で始まり、その後、穏やかな音楽に変わる。ここの部分が素晴らしく、ザルツブルク地方の田園風景が眼前に広がるようである。その後、癒しの旋律も奏でられる。最後に前半部の音楽に戻り終了する。

♪第一幕

1　合唱「さあ、陽気にやろう。誰にも悩みがある。苦情を言っても始まらない」。陽気な合唱音楽である。

2　ゴーマッツ（テノール）のメロローゴ（伴奏付きの台詞）。台詞だけではなく時折演奏が入る。ゴーマッツの感情をよく表現している。フルートの独奏が時折入るが、この旋律がこの上なく美しい。

3　ツァイーデ（ソプラノ）の独唱「おやすみなさい。愛しい人よ、ぐっすりと」。この独唱曲は傑作で、この「ツァイーデ」の中でも特に人気があり、この曲だけを取り上げて演奏会形式で歌われることが多い。とにかく素晴らしい傑作である。私も大好きでよく聴いている。聴く度に感動する宝物である。管弦楽の序奏から入り、ゴーマッツに心を奪われ、彼の幸福を祈る気持ちが素晴らしい音楽で表現されている。ヴィオラが美しい旋律をギターを思わせるピッチカートで奏でて、オーボエとファゴットがそれに味わいを添える。なんとも優雅な、息を吞むような美しさである！このような奇跡的な傑作が作曲されたのは大天才モーツァルトと言えどもそう多くはなかった。それほどこの独唱曲は素晴らしく、どのような美辞麗句を並べても十分にその素晴らしさを伝えることは困難なのである。とにかく繰り返し聴いて体験することが大切であろう。モーツァルトが死ぬまで側に大切に持っていたのがわかるような気がする。最愛の女性、アロイジア・ウェーバーの思い出のために書き残したかったのではなかろうか。私にはそう思われてならないのである。

4　ゴーマッツのアリア「運命がどんなに過酷なものになっても、この絵姿を盾に防ごう」。ツァイーデを連れて逃げようというゴーマッツの決意がよく伝わってくる音楽である。

5　ツァイーデとゴーマッツの二重唱「私の心は喜びに満ちて」。二人の気持ちは一つになり、喜びと幸せに心が震える。そんな心情が見事に音楽で表現されている。

6　ゴーマッツの独唱「友よ、ありがとう。あなたを抱きしめ、別れを急ぐ」。アラチムのおかげで後宮から逃走する手段を得て、喜びに満ち溢れるゴーマッツの感情が見事に表現されている。管楽器活用が見事。

7　アラツィム（バス）の独唱「大胆に試せ、幸運を。諦めず勇気を出せ」。ツァイーデとゴーマッツが無事に逃走できるように願う、アラチムの気持ちを音楽で表現している。途中ファゴットが美しい旋律を奏でて、音楽に奥行きを持たせている。モーツァルトの管楽器の活用は本当に素晴らしい。

8　ツァイーデ、ゴーマッツ、アラツィムの三重唱「あー、なんという輝きかしら！」。明るく輝く太陽は幸運を示しているようである。しかし不安は拭えない。その不安な気持ちが音楽でうまく表現されている。三人で幸運を神に祈っている。

♪第二幕

9　ゾリマン（テノール）のメロローゴと独唱「ライオンも馴らせば、やさしい主人につながれる」。二人を逃走させまいとするゾリマンの強い気持ちがよく伝わってくる音楽である。

10　オスミン（バス）の独唱「空腹で食卓についたのに」。「後宮から逃走できるわけがないのに、愚かな男！」と馬鹿にしているオスミンの気持ちをうまく表現している。ここの部分は後の「後宮からの誘拐」につながるようで、音楽による人物描写も良く似ている。「後宮からの誘拐」と同名の登場人物である。

11　ゾリマンの独唱「腹がたつ。存分に思い知らせてやろう！」。彼の怒りを表現していて見事である。

12　ツァイーデの独唱「悲しい鳥は籠の中で、不自由な絶望にむせび泣く」。管弦楽による美しい序奏で始まる。自由に飛べない鳥に例えて自分の気持ちを歌う。穏やかな旋律の中に悲しみが込められている。

13　ツァイーデの独唱「虎よ、爪を尖らせ、捕らえた獲物を早く殺すが良い！」。捉えられて、ゴーマッツ共々逃れることができないと諦めるツァイーデの気持ちを音楽で見事に表現している。

14　アラツィムの独唱「権力者は無情に奴隷を見下すのみ」。権力者への不満を述べ、親切、慈悲、哀れみの気持ちを持って欲しいと嘆願する。

15　四重唱（モーツァルトが作曲したのはここまで）ゴーマッツ、アラツィム、ゾリマン、ツァイーデによる。ツァイーデは、「悪いのは私で、ゴーマッツは悪くない。私だけ殺して！」と嘆願する。ついにゾリマンは二人を許して逃がしてやることになる。この場面の状況を見事に音楽で表現している。後の「後宮からの誘拐」に使われる音楽が何回も現れてくる。ここの部分はモーツァルトの自作品への愛を感じ、聴く人の気持ちを高めてくれる。

16　アラツィムとゾリマンの台詞を加える：アラツィムは二人を逃がしてくれることに感謝の気持ちをゾリマンに伝える。ゾリマンは「船を用意して二人を国に帰してやれ！」と言う。

17　行進曲（*K. 335/320a* の第一曲を当てる）：この行進曲が、二人が国に帰れる喜びを表しているようである。モーツァルトが作曲したとしてもきっとこのような音楽になったことであろう。この曲の最終部に二人の明るい未来を祝福する音楽が現れ、幸せの結末であると確信できる。モーツァルトを愛する後世の人達がこの曲を選んでくれたのはとても素晴らしいことである。「幸福な結末」が大好きなモーツァルト！この大団円をきっと気に入ってくれているであろう。

私の愛聴盤はベルンハルト・クレー指揮ベルリン国立歌劇場管弦楽団の演奏、ツァイーデ（エディット・マティス）、ゴーマッツ（ペーター・シュライアー）、アラツィム（イングヴァー・ヴィクセル）、太守ゾリマン（ヴェルナー・ホルヴェーグ）、オスミン（ライナー・ジュス）による録音である（CD：フィリップス、422536-2、1973年10月、12月、ベルリンで録音、輸入盤）。演奏が良く整っていて素晴らしい。歌手陣では、マティスとシュライアーが特に素晴らしい。

第42章　交響曲第13番 *K. 112*

この交響曲は1771年11月2日ミラノで完成された。モーツァルトは15歳になっていた。モーツァルトはミラノのフェルディナント大公の結婚式のために「アルバのアスカーニョ *K. 111*」の作曲を依頼された。この歌劇の上演のために赴いたのが「第二回イタリア旅行」であった。ミラノでこの「アルバのアスカーニョ」上演の大成功の後、父レオポルトが重度のリューマチで寝込んでしまった。そのためモーツァルトは2日間宿から一歩も出られなかった。そんなモーツァルトが暇つぶしにこの曲を作曲したと思われる。15歳の少年がたった2日間で交響曲を完成させるとは！これまたモーツァルトの類い稀な才能が垣間見られる。楽器編成はオーボエ2、ホルン2、第一ヴァイオリン、第二ヴァイオリン、ヴィオラ、コントラバスの小編成で4楽章からなり、演奏時間は全体で15分程である。第1楽章はアレグロ。きびきびとして活気のある音楽である。第2楽章アンダンテは、私がこの作品の中で最も好きな楽章でよく聴いている。冒頭部はとても美しい、清々しい音楽である。第一主題も第二主題も共に明るく伸びやかな旋律で、繰り返し演奏される。弦楽器のみの演奏であるが、イタリア音楽のような、歌う旋律が次々に現れ、とても楽しく、幸せな気持ちになる。休日の朝によく聴いている。愛らしく、親しみやすい旋律が心の中に爽やかな風を吹き込んでくれる。第3楽章はメヌエットとトリオ。舞踊曲風の音楽である。第4楽章は、モルト・アレグロ。ドイツ舞曲風の活気に満ちた音楽で楽しい。私の愛聴盤は、カール・ベーム指揮、ベルリン・フィルハーモニーの録音である（CD：ドイツ・グラモフォン、427241-2、1969年、ハンブルクで録音、輸入盤）。穏やかで端正な演奏である。特に第2楽章の演奏が素晴らしい。

第43章　ミサ・ブレヴィス *K. 140/Anh. Cl. 12*

この曲は自筆譜が散逸されたため長く偽作とされていたが、今日ではその後の多くの証拠でモーツァルトの作品であると考えられるようになった。モーツァルトが好きな人が聴けばこの作品は間違いなく真作であると思うに違いない。それ位モーツァルトらしい宗教曲なのである。1773年頃ザルツブルクで完成されたと考えられている。モーツァルトは17歳になっていた。モーツァルトのミサ曲の中でも大変短く簡潔に書かれていて、音楽がとても美しく私の大好きな曲である。編成は、独唱（ソプラノ、アルト、テノール、バス）、混声四部合唱、第1ヴァイオリン、第2ヴァイオリン、ヴィオラ、トロンボーン3、コントラバス、オルガンで、全体でも演奏時間は約18分である。各楽章は通常の順で並んでいるが、大変時間が短い。

第1楽章キリエは天上的な美しさである。独唱を合唱に織り交ぜて簡潔にまとめている。第2楽章グローリアも合唱と独唱が交互に展開される。穏やかで爽やかな曲調であるが、厳かさもあり、素晴らしい栄光の讃歌となっている。第3楽章クレード、アレグロ。グローリアと同様に4分半と大変短く簡潔に書かれている。それでいて大変荘厳で厳かである。エト・インカルナートゥスは天上的な美しさで、モーツァルトの宗教曲の素晴らしさに魅了される。第4楽章サンクトゥス、アンダンテ。合唱で感謝の讃歌を歌う。合唱のみで歌われるサンクトゥスは大変珍しい。第5楽章ベネディクトゥス、アンダンテ。穏やかな旋律をソプラノが歌う。そのあと、バス、アルト、テノールと独唱のみで祝福の祈りが歌われる。第6楽章アニュス・デイ、アンダンテ。合唱から始まる。穏やかで厳かな平和の讃歌である。その後ソプラノの独唱が入り、ますます厳かで天上的な響きになる。後半部は明るく平和の讃歌が歌われる。独唱も合唱も素晴らしく、心安らぐ、癒しのひと時を味わうことができる宗教曲である。モーツァルトの宗教曲は心の中にすーっと入ってきて魂を鎮めてくれる。私の愛聴盤は、ソプラノ：ヘレン・ドナス、アルト：アネッテ・マーカート、テノール：

ウヴェ・ヘイルマン、バス：アンドレアス・シュミット、合唱：ライプツィッヒ放送合唱団、ヘルベルト・ケーゲル指揮、ライプツィッヒ放送交響楽団の録音である（CD：フィリップス、422739-2、1987年ライプツィッヒで録音、輸入盤）。管弦楽も独唱・合唱も素晴らしい。

第44章　ピアノ協奏曲第24番 *K. 491*

池袋の東京芸術劇場でモーツァルトのピアノ協奏曲第24番を聴くことができた。私はこの曲の中ではとりわけ第2楽章が好きである。その天上的な美しさは他に比べようがないほどである。この曲を聴くたびに心が安らぎ、悩み事や心配事が消え去り、新たな気持ちで生活できるのである。いつも、イングリット・ヘブラーのピアノ、コリン・デイヴィスの指揮、ロンドン交響楽団の録音で楽しんでいるが、今回は「なま」の演奏が聴けるのである。わくわくしながら妻と一緒に会場に足を運んだ。梯剛之さんのピアノで、指揮はアルブレヒト、読売交響楽団の演奏であった。梯さんは全盲で、しかもいつ再発するかしれない癌と闘いながらピアノに取り組んでいる。梯さんの弾くモーツァルトは素晴らしかった。特に第1楽章と第2楽章が素晴らしかった。第24番はピアノ協奏曲の傑作であるが、調性がハ短調でもあり、ことさらにテンポを速めて極端な強弱をつける演奏が多い中、梯さんはゆったりとしたテンポで、繊細な音を紡いでこの曲の純粋な精神性を余すところなく表現してくれた。聴く人の魂にしみ込むような柔和な音色、この音は一体どこから来るのであろうか？このようなピアノの音を聴いたのは初めてであった。ピアニッシモでは会場が水を打ったような静けさに包まれ、梯さんの紡ぎ出す静かな音に聴衆が固唾を呑んで聴き入った。演奏家と聴衆が一体となったその瞬間、ミューズの神様が会場に舞い降りたようであった。梯さんにはどのような世界が見えているのであろうか？生まれてからほとんど自分の目で世界を見ていない梯さんにとって、海や山や川、木々や花々はどのように見えているのであろうか？自分の手で対象の物を触ることにより、また自然の音をじっと耳を傾けて聴くことにより、そのものの本性を想像しているものと思われる。だからこそ、虚飾を排した純粋な魂の叫びを演奏にこめることができるのではなかろうか。素晴らしい音楽にふれて感動しただけではなく、精いっぱい努力することがどれほど人生を豊かにしてくれるかをしみじみと感じた一夜であった。梯さんの演奏は私たちにそう教えてくれているように思われてならなかった。音楽を友にして生きることの素晴らしさをこの日ほど実感したことはなかった。私の愛聴盤はイングリット・ヘブラーのピアノ、コリン・デイヴィス指揮、ロンドン交響楽団の録音である（CD：フィリップス、DMP-10016、1965年5月ロンドンで録音)。ヘブラーのピアノの音はモーツァルトの音楽にぴったりである。その音は控えめでも真珠のような輝きがある。特に第2楽章は殊の外素晴らしい。デイヴィスの指揮もロンドン交響楽団の演奏も端正で好ましい。

第45章　東日本大震災とピアノ協奏曲第23番 *K. 488*

2011年3月11日に未曾有の大震災が東日本を襲った。地震で多くの人が亡くなり、家屋が崩壊し、道路も破壊され、土砂崩れが起きた。だがそれ以上に多くの人命を奪ったのは地震による大津波であった。青森、岩手、宮城、福島、茨城、千葉の六県の太平洋側沿岸地域は津波によって未曾有の被害を受けた。特に、三陸のリアス式海岸地域には大津波が押し寄せ、町ごと飲み込まれてしまった。私の妻は岩手県の陸前高田市で生まれ育った。この地震と津波で陸前高田市は壊滅し、妻の実家も跡形なく流されてしまった。テレビのニュースで陸前高田の街の様子が出るたびに妻は泣き崩れていた。10数年前、妻の両親はほぼ同時期に病気になり、私達の千葉の家に来ていた。妻の献身的な介護もむなしく、義父が、次いで義母が亡くなった。陸前高田の実家はそのままにしてあり、時々近所の人に見てもらっていた。幸いご近所の人も妻の親戚も恩師も無事なことがわかり、一安心したものの、妻の小、中、高の友人はほとんど津波に流されて亡くなってしまった。近隣の大船渡市、気仙沼市、そして大学院時代を過ごした仙台市の郊外もすっかり変わってしまった。その映像を見るたびに胸が締め付けられるような思いであった。ましてや妻の心痛はいかばかりであったろう。

そんな胸の痛みに耐えかねてモーツァルトの音楽に救いを求めた。私の心を癒してくれたのは、他ならぬモーツァルトの音楽であった。私はいつも以上にモーツァルトの音楽に耳を傾けた。モーツァルトの音楽は、明るい伸びやかな旋律のみならず、悲しい旋律の中にも、勇気づけられる、励ましの音が聴こえてくる。しみじみとその素晴らしさをかみしめた。改めてモーツァルトの音楽の偉大さに感激した日々であった。モーツァルトの音楽は毎日少しずつ私の心を癒していってくれた。特に、ピアノ協奏曲第23番の第2楽章を繰り返し聴いた。私の愛聴盤のイングリット・ヘブラーのピアノでヴィトルド・ロヴィツキー指揮ロンドン交響楽団の演奏（CD：フィリップス、DMP-10015、1965年1月、ロンドンで録音）やマウリツィオ・ポリーニのピアノで、カール・ベーム指揮のウィーンフィルハーモニーの演奏（CD：ドイツ・グラモフォン、429812-2、1976年、ハンブルクで録音、輸入盤）を繰り返し聴き入った。何回も聴くうちに胸の痛みが少しずつ癒えていくのを感じることができた。この悲しい第2楽章がなぜこんなにも私の心を慰め、癒やしてくれるのか？その答えをウィーン楽友協会で東日本大震災復興のための慈善演奏会を開いてくれたのであった。なんとそこで、このピアノ協奏曲第23番を演奏してくれたのである。このニュースを聞いた私は大変びっくりした。ウィーン・フィルの団員は、この曲が悲しみに打ちひしがれた人に慰めや勇気を与えてくれる力があることを感じていたからなのではなかろうか？また、モーツァルト自身が、襲いかかる不安や悲しみを乗り越えようと、自らを奮い立たせるためこの曲を作曲したからなのか？日本は今、いろいろな意味で危機的状況にある。それを乗り越えるためには一人一人が精一杯努力していくことが大切なのではなかろうか？モーツァルトは、苦難を乗り越える勇気や力をこの曲に込めて、私たち人類に残してくれたように思われてならないのである。

第46章　ピアノとヴァイオリンのためのソナタ第40番 *K. 454*

この曲は１７８４年4月、モーツァルト28歳の時にウィーンで完成された。ウィーン生活4年目で充実した日々を過ごしていた。この年は、なんとピアノ協奏曲の第14番から第19番までの傑作が一気に完成された。作曲家として、また新作ピアノ協奏曲の演奏家としても人気絶頂であった。ピアノ協奏曲の他にもピアノと管楽器のための五重奏曲 *K. 452*、ピアノソナタ第14番 *K. 457*、弦楽四重奏曲第17番 *K. 458*「狩」等の傑作が次々に完成されていったのである。モーツァルトは優れた演奏家に出会うたびに傑作を生み出した。この作品もイタリアのマントヴァ出身の女流ヴァイオリニスト、ストリナザッキのために作曲された。モーツァルトはザルツブルクの父に「彼女はとても豊かな様式感と感情があります。」と絶賛している（１７８４年4月24日の手紙、モーツァルト書簡全集第5巻、５００頁）。ウィーンのケルントナートーア劇場で彼女と共演したモーツァルトは、完成したヴァイオリンパートの楽譜を彼女に渡したが、自分のピアノ部分の楽譜はできていなかった。簡単な草稿を用いて記憶を辿って演奏したのであった。このようなことはモーツァルトの生涯では珍しいことではなかった。多忙を極めていた頃には、なんと即興で弾いて、後で楽譜に起こしたという。天才の驚くべき才能を垣間見る思いがする。第1楽章はラルゴ―アレグロ、第2楽章はアンダンテ、第3楽章はアレグレットで演奏時間は24分程である。

第1楽章の冒頭部は、ゆったりとした旋律が流れる。幸せな人生への憧れの気持ちが聴く人に伝わってくる。ピアノとヴァイオリンは主役を交代しながら、また、時に協奏し、美しい音楽を奏でている。優雅で繊細である。心地よいそよ風が体の中を吹き抜けていくようである。第2楽章は全般にわたってゆったりと流れるソナタ形式の音楽である。ヴァイオリンが主役を演じて、ピアノが伴奏したり、主役を交代したりする。中間部は特に美しい。ヴァイオリンが穏やかに、美しい旋律を奏でて、ピアノが伴奏する。流れるように美しい音楽にうっとりさせられる。うららかな春の陽光が窓辺に差す春の日の午後のような雰囲気である。しかし、その後、やや悲しみの影が差しこみ、ヴァイオリンもピアノも寂しげな、悲しい音楽を奏でる。ここはこの楽章の聴かせ所である。最後には、やや明るさを取り戻し、ヴァイオリンとピアノが見事な調和を示して終了する。第3楽章はロンド形式で快活な、明るい楽章である。ピアノとヴァイオリンは対等な関係で、明るいモーツァルトの世界を作っている。その上、優雅で繊細である。この作品では、どちらかというとヴァイオリンが主役を演じることが多い。これは、モーツァルトがストリナザッキの才能に惚れ込んでいたので、彼女が活躍できるように配慮したものと思われる。

私の愛聴盤はイングリット・ヘブラーのピアノで、ヘンリック・シェリングのヴァイオリンの演奏である（CD：フィリップス、PHCP-3888/92、1969年9月、ザルツブルク、モーツァルテウムで録音）。シェリングのヴァイオリンは控えめであるが、感情が込められていて素晴らしい。モーツァルトがシェリングの演奏を聴いたらなんと言ったであろうか？きっと「素晴らしい演奏をありがとう。」と言ってくれたのに違いない。またヘブラーのピアノも控えめである。しかし、ピアノの音には輝きがあって素晴らしい。二人の息の合った演奏を楽しめる録音となっている。聴く人をモーツァルトの世界に引き込んでくれる名演奏である。

第47章　ドイツ歌曲「満足」*K. 349/367a*

この曲は、１７８０年11月から１７８１年3月（モーツァルト24歳～25歳）にかけて作曲された。悲歌劇の傑作「クレタの王イドメネオ*K. 366*」の上演のためにミュンヘンに滞在していた時のことで、モーツァルトがウィーンに定住する前のことであった。作詞者はヨハン・マルティン・ミラーである。ドイツ語の原詩に音楽をつけたもので、「私は生きることになんら不安を感じない。満ち足りた気持ちでいっぱいである。お金や財産は取るに足らないことである。神への感謝の気持ちを持って朝の歌と夕べの歌を歌おう。」と歌っている。モーツァルトはこの詩がとても好きであったと思われる。マンドリン独特の響きをうまく用いている。マンドリンの前奏と後奏がつけられていて愛らしく、旋律も充実した名曲である。私は、モーツァルトが平々凡々の生活に感謝することの大切さを音楽で表現したかったのではないかと思っている。多くを望まぬ、取るに足らぬ平々凡々の生活こそ尊いものではなかろうか！人は誰しも立派な家に住み、財産を得たいと願う。しかしながら、多くを望み過ぎれば必ず不幸が訪れる。もっと豪勢な屋敷に住み、もっと豊かな贅沢三昧な暮らしを望むが故に、人間として踏み外してはいけない領域に入り込んでしまうのである。さらに、国家の単位になると、もっと広い領土が欲しいと欲が出る。広大な国土を持った国がさらに領土を広げようと、他国を侵略して領土を奪おうとする。それが戦争を生み、人間同士で憎み合うことになる。古今東西を問わず戦争を起こすことが人間の常であることを歴史が教えてくれている。なんと愚かなことか！多くを望まず、少ないもの、小さいもので満足することこそが人間に幸せをもたらすのではなかろうか。モーツァルトの音楽を聴きながら、私はそう思わざるを得ないのである。18世紀ザルツブルク地方の民族音楽風のこの曲は、モーツァルトの歌曲の中では異色を放っている。また、最晩年のドイツ歌芝居の最高傑作「魔笛*K. 620*」を思わせる、素朴で明るい音楽である。私はこの曲が大好きで、聴くたびにオーストリア航空の飛行機に飛び乗ってザルツブルクに飛んで行きたくなるのである。私の愛聴盤は、オランダのエリー・アメリンクの録音である（CD：フィリップス、PHCP-3581-2、１９７７年8月、オランダ、アンヘルム、ムジス・サクルムで録音）。

素朴で透き通った美しい歌声がこの曲にぴったりである。ベニー・ルーデマンのマンドリン伴奏も情感豊かでとても素晴らしい。

第48章 韓国ドラマ『秋の童話』とモーツァルト

韓国ドラマ『秋の童話』は韓国の東北部の小さな町を舞台にした兄と妹の物語である。兄と妹として育った二人が、実は病院で間違えられた他人であることが判明し、二人に大きな悲劇が押し寄せる。小さな町は日本と同じような田畑が広がり、きれいな川が流れ、近くには青い海が広がっている、美しい町である。二人はとても仲の良い兄妹で、優しい母と大学教授の父という、誰しも羨むような幸せな日々を送っていた。ところがある日、妹が学校帰りに事故にあい、入院し、検査のため血液型を調べたところ、妹の血液型は両親からは生まれるはずのない血液型であることがわかった。父親は妻の反対を押し切って、当時の産婦人科病院に赴いて調べてしまった。その病院で同じ日に生まれた女の子と間違えられたことが判明した。父親はいてもたってもいられなくなり、実の娘の家を訪ねてしまう。実の娘は、父親が病死し、極貧の家庭の子として育っていることを知って困惑する。実の娘もこのことを知り、早速本当の親の元に入り込んでしまう。主人公の妹は自分が極貧の家庭の子であること、自分の兄とは似ても似つかない、不良の兄が血の繋がった兄であることも知って嘆き、悲しんでしまう。しかしながら、妹は、裕福な生活から極貧の母子家庭に、父と母、兄にも別れも言えず、涙ながらに移っていく。その後、両親と兄はアメリカに移り、妹は一人苦しい生活を強いられることとなった。妹はいつかきっとあの優しかった最愛の兄に会える、そのことだけを生きる希望にして、母を助けるべく一生懸命働いていた。美しい田園風景の中、悲しみをこらえて健気に働く妹の姿に多くの人が涙したと言う。私はこのドラマを見ていると、モーツァルトの「フルートとハープのための協奏曲 *K. 299*」の第2楽章が聴こえてくる。この物語にこれほどぴったりと合う音楽は他にないのではなかろうか。何度もそう思ってドラマを見続けた。10年経ってようやく妹は、アメリカから帰って来た兄に偶然海辺の公園で会うことができた。二人は会うたびに兄妹の感情を超えて、深い純粋な愛の感情を抱くようになる。しかし、二人を待ち受けていた運命はさらに過酷なものであった。

私はこの物語が好きでたまらないが、幸福とは程遠い、薄幸の主人公が病気で亡くなってしまうという、悲しい物語に目を背ける人もいるであろう。でも、私は、どんな過酷な運命に出会おうとも、諦めず、希望を持って生き抜くことが人生において最も大切であるという作者の熱い思いがこの物語に込められていると思う。血縁関係を一番大切にする人が多いものの、子供を育ててこそ親であり、血縁関係より尊いものであるとの作者の思いも感じられてならないのである。私の母も幼い頃に親戚の叔母の家から子供のいなかった祖母の家に養女として入れられて育った。母はよく育ての母が自分の本当の母であると言っていたことを、この物語を見て思い出していた。また、一方で周りの人を傷つけまいと思うあまり、自分の幸せを遠のかせていくのではと思う人もいるであろう。しかし、作者は苦しい時も悲しい時も周りの人の幸福を願うことこそ尊いもので、そのような生き方が人生で大切であるとの思いをこのドラマに込めているのではなかろうか。私はこの物語の純粋で、叙情的な雰囲気が大好きである。田んぼに降る美しい雨、川に差しこむきらきらと輝いた光、ある時は明るい表情を、またある時は悲しい表情をする海、紅葉の秋の山々、ススキが咲き乱れる秋の高原の様子、そんな美しい田園風景、自然風景の中、仲の良い兄妹の日常を、また成人し純粋に思いやり、慰め合う二人の姿に心から感動した。二人の兄妹の愛を美しい音楽と共に詩情豊かに、叙情的に描いたこの物語は本当に素晴らしい。私はこの物語を見ながら、その美しい田園風景や悲しい場面を見るたびにモーツァルトの音楽が聞こえてきた。まさに、モーツァルトの音楽が持つ自然描写と叙情性が映像で示されたように思われてならない。モーツァルトの緩徐楽章の音楽が私に伝えてくれる色彩感覚に似た雰囲気のこの物語は、その美しい映像と兄妹の健気な姿に、見る人に限りない感動を与えるのである。

第49章　交響曲第6番 *K. 43*

この曲は、1767年モーツァルト11歳の時にウィーンとオルミュッツで作曲された。この年の秋モーツァルト一家は、ザルツブルクから「ウィーン旅行」に出発した。父親レオポルトは、息子の天才ぶりをウィーンの女帝マリア・テレジアにお披露目すべく目論んでいた。しかしながら、当時ウィーンでは天然痘が大流行していたので、それを避けるためにモラヴィア地方（現在のチェコ）のブリュン（ブルノ）経由でオルミュッツに逃げて行った。この地は55年後（1822年）に遺伝学の天才グレゴール・ヨハン・メンデルを生むこととなる。私は遺伝学を勉強する一人として一度はこの地を訪れて、ブリュンのメンデル博物館に行きたいと願っているが、まだ実現していない。当時この地方はオーストリア大帝国に属しており、ドイツ語が使われていた。メンデルは家が貧しくろくに学校教育を受けることができなかった。しかも兄弟が多く、幼い弟達のために若い時から修道院で働かざるを得なかった。修道院で働く傍ら、幼い頃から好きであった博物学を独学で勉強し続けていたメンデルが、夢に見た憧れの聴講生になれたのがウィーン大学（1851

年から53年まで）であった。メンデルはウィーン大学で得た経験を生かし、後に修道院の庭でエンドウの交雑実験を行い、遺伝の法則を発見した。モーツァルトがもっと長生きをしてくれていれば二人が会う機会もあったであろう。いずれにせよ、私の人生に欠かすことができない、モーツァルトとメンデルはゆかりの地（ウィーンとモラヴィア地方）に共通点があったのである。実に不思議な縁を感じざるを得ない。天然痘を避けるために立ち寄ったモラヴィア地方で、大変なことにモーツァルトは天然痘にかかってしまい生死をさまよった。発病から2週間以上経って、幸いにもモーツァルトは回復した。モーツァルトが助かったおかげで、後世に生まれた私たちは、その類い稀な数々の神のような音楽の恩恵を受けられるのである。本当に幸いなことであった。回復後すぐにこの曲の作曲に取り掛かり、1ヶ月ほどで完成したのであった。1767年の12月下旬のことであった。11歳の少年とは思えないほどの、実に素晴らしい努力家である。この出来事はモーツァルトがいかに努力の天才で、誠実な人間であったかを如実に示している。

楽器編成は、オーボエ2、ホルン2、フルート2（第2楽章のみ）、第1ヴァイオリン、第2ヴァイオリン、第1ヴィオラ、第2ヴィオラ、コントラバスである。小編成ながら、天才のひらめきが随所に見られる。第1楽章アレグロ、第2楽章アンダンテ、第3楽章メヌエット、第4楽章アレグロの4楽章からなっていて、モーツァルトの交響曲の様式がすでに確立されている。演奏時間も全体で約17分におよぶ。私が特に好きなのが第2楽章アンダンテである。明るい希望に満ちた音楽で始まる。第一主題は伸びやかでとても美しい。次に第二主題が現れる。少年らしい純粋な魂の輝きが見られる。そのあと冒頭部の第一主題に戻り、繰り返し演奏される。次に第二主題に戻りこれも繰り返し演奏される。フルートが大活躍する素晴らしい音楽である。この曲を聴いていると、ザルツブルクの美しい景色が浮かんでくる。爽やかなそよ風が吹く高原に、春の花が咲き乱れている。ゆったりとした時間を過ごせる至福の時を満喫している。暖かい春の陽光を浴びて人々は幸せいっぱいのようである。遠くには高くそびえる、アルプスの山並み、近くにはザルツァッハ川の流れや中世の街並みが広がっている。そんな景色が浮かんでくるのである。フルートはザルツブルクの美しい景色を思い出させてくれる木管楽器の代表である。楽章全体にわたって、弦楽器と管楽器が見事に調和して美の世界が展開されていく。少年モーツァルトの無垢な魂の発露をこの楽章の音楽に感じざるを得ないのである。私はこの愛らしい楽章が、モーツァルトらしくてとても好きである。約5分の短い楽章ながら、少年モーツァルトの天賦の才能がきらきらと輝いている。生死をさまよった大病から回復できたことに対する感謝の祈りなのかもしれない。私の好きなカール・ベーム指揮、ベルリン・フィルハーモニーの録音（CD：ドイツ・グラモフォン、427241-2、１９６８年、ハンブルク、輸入盤）は明るく楽しい。旋律を歌いながらも、きりっとした端正な演奏が素晴らしい。

第50章　ピアノ三重奏曲第3番 *K. 502*

この曲は１７８６年11月モーツァルトが30歳の時にウィーンで完成された。3楽章からなり、演奏時間は全体で24分程である。私がモーツァルトのピアノ三重奏曲の中で最も好きな曲で、よく聴いている。とりわけ第1楽章と第2楽章が好きである。第1楽章アレグロ。冒頭部は弾むような旋律で始まる。主題は明るく希望に満ち満ちている。これからきっといいことが起こるような、幸福の到来を感じさせてくれる。私は研究がうまくいかない時や心配事、嫌なことがあるとよくこの曲を聴く。この曲は困難に立ち向かう勇気を与えてくれるのである。この主題が楽章全体にわたって何回も現れる。この音楽を聴いて心が癒されるようにと、モーツァルトが願っているのではなかろうか。あえてこの主題を繰り返しているのである。しかしながら、単なる繰り返しではなく、少しずつ変化を持たせながら聴き手を飽きさせないように工夫されている。ピアノを中心にヴァイオリンとチェロが協奏し、美しい小宇宙を作っている。途中にはヴァイオリンとチェロが語り合っているところもあり、諧謔性にもあふれていて楽しい。後半部に入るとゆったりとしたテンポになるが、すぐに冒頭部の明るい、溌剌とした音楽に戻って終了する。緩急の一瞬の変化の妙が素晴らしい。モーツァルトの瑞々しい感性が楽章全体に輝いている名曲である。第2楽章ラルゲット。この楽章は演奏時間が10分程である。静かな、穏やかな音楽で始まる。この第一主題はピアノが演奏し、次いでヴァイオリンが演奏し、ピアノは伴奏に回る。この部分の音楽を聴いていると、次のような景色が浮かんでくる。高原にいて緑の山並みや湖を眺めている。青空には鳥が自由に飛翔している。近くには小鳥が楽しそうにさえずっている。そんな景色を眺めて幸福感に浸っている。高原の新鮮な空気を胸一杯に吸い込みながら、そよ風を肌に感じている。モーツァルトの自然描写は本当に素晴らしい。その後、憂いを秘めた旋律がチェロによって演奏され、悲しみを誘う。この第二主題がとても素晴らしい。ついでヴァイオリンも悲しみを秘めた旋律を演奏する。その後、第一主題、第二主題と順に演奏され、悲しみは次第に消え、穏やかな音楽になって終了する。私はこの曲を聴くたびに穏やかな、安らぎの感情で心が満たされるのである。私の愛聴盤はボザール・トリオの演奏である（CD：フィリップス、422079-4、1987年5月スイスで録音、輸入盤）。プレスラーの粒の揃った、控えめなピアノの音が素晴らしい。また、コーエンのヴァイオリンも穏やかな演奏で素敵である。グリーンハウスのやわらかなチェロの演奏も素晴らしい。三人の息がぴったり合っていて素晴らしい。

第51章　セレナード第12番 *K. 388/384a*「ナハット・ムジーク（夜曲）」

ウィーン生活2年目の1782年（モーツァルト26歳）の夏に、ドイツ歌芝居の大作「後宮からの誘拐 *K. 384*」が完成し、初演も大成功した。モーツァルトはこの初演後、家の引越し、結婚に絡むウェーバー家との確執等大忙しであった。7月27日のザルツブルクの父に宛てた手紙には、「手紙にはもうこれ以上書けません。

大急ぎで管楽器用のセレナードを一曲書かなくてはいけないのです。」（モーツァルト書簡全集第5巻、255～257頁）と書かれてある。モーツァルトは寝る間も惜しんでこの「ナハット・ムジーク」を仕上げたものと思われる。セレナードは弦楽器のみか管弦楽器によるものが多いが（管楽器のみのものは一般的にディヴェルティメントと呼ばれていた）、モーツァルトは管楽器のみのこの曲を敢えてセレナードと呼んだ。当時はセレナードとディヴェルティメントの厳密な区別はなかったのである。クラリネット2、オーボエ2、ファゴット2、ホルン2による演奏で4楽章からなる。全体で演奏時間は20分ほどである。

第1楽章アレグロ。ハ短調の曲で、冒頭部から悲しみが影を落とす。さらに追い打ちをかけるように不安が押し寄せてくる。クラリネットがやや明るい旋律を奏でても、またすぐに寂しげな音楽に変わってしまう。悲しいのに一抹の明るさがある、モーツァルトならではの世界でとても美しい。第2楽章アンダンテ。これもハ短調の曲で、悲しい曲である。コンスタンツェとの結婚の準備をしていた、幸福の絶頂にあったモーツァルトがなぜこれほどまでに悲しい曲を作曲したのであろう？とにかく、四種の管楽器を用いたセレナードを作曲する際に天から降りてきた曲がこの曲であったわけで、病気と貧困に喘ぐ晩年の暗い生活を暗示しているように思われてならない。悲しい曲とは言ってもそこはモーツァルトである。冒頭部から引き込まれるような美しい旋律が奏でられる。その後も美しい旋律を四種の管楽器が入れ替わって演奏する。管楽器の異なる音色の魅力を十分に聴かせてくれる。第3楽章メヌエット・イン・カノーネ。これもハ短調の曲で第1楽章の主題が現れる。どことなく悲しげである。オーボエ、ファゴット、クラリネット、ホルンの順で主題が奏でられる。カノンのメヌエットであるが、悲しみが消えてゆかない。第4楽章アレグロ。これまたハ短調の曲で、最初から悲しみが影を落とす。主題とその変奏曲で、後半部ホルンが明るい希望の音楽を奏でるが、すぐに悲しみの音楽に取って代わられる。最後に悲しみがそっと遠ざかってゆく。全体的にとても悲しく寂しい曲である。モーツァルトは、全ての楽章をハ短調に統一することによって、悲しく寂しい曲ながら、厳粛な雰囲気を出そうとしたのではなかろうか？新しいセレナードの世界を作ろうとしたとも考えられる。私はこの曲が好きでよく聴いている。悲しい曲であるが、曲からモーツァルトの真摯な姿が見えてきて感動するのである。私の愛聴盤は、ザビーネ・マイアー管楽アンサンブル（クラリネット：ザビーネ・マイアー、ライナー・ベーレ、オーボエ：ディーテルム・ヨーナス、アルブレヒト・マイアー、ファゴット：ゼルギオ・アゾリーニ、ゲオルグ・クリュッチュ、ホルン：ブルーノ・シュナイダー、ニクラウス・フリッシュ）による演奏である（CD：オランダEMIクラシックス、7243-5-56502-2-1、1996年11月、ロンドンで録音、輸入盤）。管楽器の名手を集め、この作品の素晴らしさを余すところなく再現してくれている。

第52章　ディヴェルティメント *K. 136/125a, K. 137/125b, K. 138/125c*

これらのディヴェルティメントは三曲まとめて「ザルツブルク交響曲」と呼ばれている。なぜこの名前がついたかは定かではない。三曲とも1772年にザルツブルクで完成された。モーツァルトは、これまで築き上げてきた自分の音楽に、イタリア音楽を吸収して帰ってきたのである。その結果、音楽に感情を込めることに磨きをかけられ、さらなる高みに登っていったのである。そのことを如実に示しているのがこの三曲であると思われる。モーツァルトの淀みなく流れる美しい旋律はこの「ザルツブルク交響曲」にはっきりと見て取れるのである。三曲とも楽器編成が第1ヴァイオリン、第2ヴァイオリン、ヴィオラ、コントラバスとなっていて、管楽器が使われていないので、弦楽合奏でも、弦楽四重奏曲でも演奏される。

*K. 136*は急緩急、*K. 137*は緩急急、*K. 138*は急緩急の3楽章からなり、三曲とも演奏時間は10分少々であるが、どれも爽やかで、流麗な旋律が美しく、モーツァルトの曲の中でも大変人気が高い。録音も非常に多く、演奏会でもよく取り上げられる。私はこの三曲を聴くとザルツブルクのモーツァルト広場に立っている、

挿絵2　ザルツブルク・モーツァルト広場のモーツァルト像
モーツァルトが生まれたゲトライデ通りの生家に向かって立っている。街の東端にあり、ここを抜けるとザルツァッハ川にかかる小さなモーツァルト小橋にたどり着く。私がザルツブルクで一番好きな橋である。

颯爽とした天才の像（挿絵2）を思い出す。私は*K. 136*では第2楽章が大好きである。ヴァイオリンが奏でる美しい旋律は何回聴いても飽きることはない。冒頭部から流れるように美しい旋律に包み込まれ、幸福感でいっぱいになる。春の日に花が咲き乱れる草原で、爽やかなそよ風に身を包まれているような気持ちになる。*K. 137*は第1楽章がとても好きである。やや不安げな感情を込めた旋律の音楽で始まる。やがてしっとりとした優しい音楽に代わり、そのまま終末を迎える。とても穏やかな気持ちにさせてくれる、癒しの音楽である。*K. 138*は第2楽章がとても素敵である。*K. 136*、*K. 137*と違い悲しみが強く感じられる旋律で始まる。その悲しみを打ち消すように穏やかな旋律が奏でられるが、この旋律が聴く人の心を捉えて離さない。後半部はヴァイオリンの音を支える低音弦楽器がとても印象的である。弦楽合奏での私の愛聴盤はシャンドール・ヴェーグ指揮ザルツブルク・カメラータ・アカデミカによる演奏である（CD：１９９４年日本コロムビア、COCO-78055、１９８６年オーストリアで録音）。適度な強弱とテンポ感の良い、息のあった弦楽合奏で素晴らしい。弦楽四重奏での私の愛聴盤はエーデル弦楽四重奏団の演奏（CD：ナクソス、8.550543、１９９１年10月ブダペストで録音、輸入盤）である。柔らかな弦楽器の音がとても素晴らしい。モーツァルトの伸びやかな美しい旋律も見事に演奏してくれている。聴くたびに感動する名演奏である。実際の演奏会では、２００3年12月2日習志野文化ホールでのウィーン・ザイフェルト弦楽四重奏団の演奏会で*K. 137*を聴くことができた。流麗で、柔らかな音で素晴らしかった。この日の演奏会では弦楽四重奏曲第20番*K. 499*も一緒に演奏された。適度な減り張りで、息の合った演奏であった。四人の弦楽器の調和も見事で素晴らしかった。思い出に残る演奏会である。

第53章　ピアノソナタ第7番 *K. 309/284b*

21歳のモーツァルトは１７７7年の秋、母と二人で「マンハイム・パリ旅行」に出かけた。この旅の中からピアノ・ソナタの第2群が生まれることとなる。この旅行で最初に立ち寄ったのが、父の郷里アウグスブルクであった。ここでモーツァルトは楽器製作者のシュタインを訪問し、新しいフォルテピアノに巡り合った。このピアノにモーツァルトは大変感激し（父に宛てた１７７7年10月17日の手紙、モーツァルト書簡全集第3巻、１４9～１５３頁）、ピアノソナタに新たな境地が生まれることとなったのである。次に訪れたマンハイムで、いわゆる「マンハイム・パリ・ソナタ」が生まれた。それが第7番（*K. 309*）と第9番（*K. 311*）であった。マンハイムは当時欧州で最も音楽が栄えていた街で、大規模な交響楽団による演奏会が常時行われていた。ここでモーツァルトはクリスティアン・カンナビッヒと親交を深めることができた。第7番は彼の長女ローザ嬢のために作曲されたのであった。モーツァルトは彼女のピアノの才能に大いに感動して、熱心に指導した（父に宛てた同年11月14日の手紙、モーツァルト書簡全集第3巻、２５１～２５５頁）。マンハイムでは就職活動も順調に進んでいたのであったが、最後の最後で宮廷に断られ失意のどん底に落とされた。モーツァルトがローザに「もう長くはマンハイムにいられません。」と告げるとローザは大変悲しんだという。ピアノの稽古の時間にローザが真心を込めて弾いたのがこのK. 309のソナタで、ローザの演奏にモーツァルトは涙を抑えることができなかったという。このくだりはモーツァルトが父に宛てた手紙に詳しい（同年12月10日付、モーツァルト書簡全集第3巻、339～343頁）。モーツァルトの優しさがにじみ出ていて、手紙を読んだモーツァルティアンも目頭が熱くなるのである。

第1楽章アレグロ・コン・スピーリト。明るく優美な旋律の音楽である。軽やかでスタッカートを伴っていて、どこか愉快で楽しい。久元祐子さんはこの楽章がとてもお好きで、「もし、私が大金を持っていたら、この曲を中心にモーツァルトの映画を作りたい！」とレクチャー・コンサートの際におっしゃっていた。その時、なんとなくそのお気持ちがわかるような気がした。どこか諧謔的で陽気な、粋なモーツァルトの素顔が垣間見られて幸せな気持ちになるのである。第2楽章アンダンテ・ウン・ポコ・アダージョ。この曲の中で私が最も好きな楽章である。穏やかで気品があり、心の平穏を感じる。この曲を聴くと、いつもとても穏やかな気持ちになり、しみじみと我が身の幸福に感謝するのである。モーツァルトの緩徐楽章の特徴がよく表れている。第3楽章ロンド、アレグレット・グラツィオーソ。軽やかであるが、力強さも感じられる。その上、上品な気品が漂う。若々しく清々しい曲である。甘美な旋律には、少年が少女に憧れる、そんなほのぼのとした雰囲気も感じられるのである。私の愛聴盤はヘブラーの録音である（CD：フィリップス、SHM-1007、1964年録音）。ヘブラーの演奏は素晴らしい。気品高く、真珠のような輝きを持ったヘブラーのピアノの音はこの曲にぴったりである。ピアノの音は控えめであるのに、音に輝きがあると、この音楽は一層引き立つのである。

第54章　交響曲第34番 *K. 338*

この曲はザルツブルク時代の最後の交響曲である。1780年8月29日に完成された。オーボエ2、フルート2（後年つけ加えられた第3楽章のみ）、ファゴット2、ホルン2、トランペット2、ティンパニ、第1ヴァイオリン、第2ヴァイオリン、第1ヴィオラ、第2ヴィオラ、コントラバスの大編成で、4楽章からなっている。第1楽章は、アレグロ・ヴィヴァーチェで力強く青春のエネルギーを感じる。行進曲風のところがとても良い。第2楽章はアンダンテ・ディ・モルトで静かな美しい曲である。湖水地方の朝、水面が陽光できらきら輝いているようである。モーツァルトの自然描写は素晴らしい。この曲の中でも私が最も好きな楽章で、この楽章だけを休日の朝に聴くことも多い。爽やかさがとても好ましい。第3楽章はメヌエット。実は、この楽章は1782年5月にウィーン移住後付け加えられたもので（*K. 409*）、フルート2が加わってさらに音楽に幅が広がった。しかしフルートは主役ではなく、あくまでもオーボエが主役である。よってオーボエ協奏曲風であり、オーボエが美しく響く。第4楽章はフィナーレで、アレグロ・ヴィヴァーチェ。風が吹き抜けるような音楽で、青春のエネルギーに満ちている。二つの録音を良く聴いている。一つは、カール・ベーム指揮、ベルリン・フィル（CD：ドイツ・グラモフォン、427241-2、1966年、ハンブルクで録音、輸入盤）。端正な音楽が素晴らしい。もうひとつは、リカルド・ムーティー指揮ウィーン・フィルの録音（CD：フィリップス、462-906-2、2000年ウィーン学友協会大ホールで録音、輸入盤）。特に第2楽章が好ましい。

第55章　ピアノ協奏曲第20番 *K. 466*

この曲は1785年の2月にウィーンで完成された。モーツァルトは29歳になっていた。前作のピアノ協奏曲第19番*K. 459*の完成から2ヶ月ほど経っている。前作と同じように独奏ピアノ、オーボエ2、ホルン2、フルート、ファゴット2、トランペット2、ティンパニ、第1ヴァイオリン、第2ヴァイオリン、ヴィオラ、コントラバスの大編成で、演奏時間も30分を優に超える。私の大好きな曲である。もちろん、モーツァルトのピアノ協奏曲の中でも特に人気が高く、モーツァルト全作品の中でも、人気投票をするといつも上位に上がるほど多くの人に愛されている。何と言ってもこの上なく美しい第2楽章の主題は老若男女を問わず大変な人気である。この曲は第一回予約演奏会のために作曲されたものであるが、なんと演奏会前日の10日に完成された。11日にウィーンに到着した父親レオポルトは、写譜がまだ間に合わず息子が第3楽章は通して弾く余裕はなかったことを手紙で娘ナンネルに伝えている（1785年2月16日、モーツァルト書簡全集第6巻、37頁）。さらに、レオポルトは、この協奏曲を大変素晴らしい作品であると絶賛している。レオポルトは、演奏会で息子の晴れ舞台を目の当たりにしてどんなにか幸福であったことか。自分の人生の大半を息子のために捧げたレオポルトにとってこれほど嬉しかったことはなかったのではなかろうか。

さて、この作品はモーツァルトとしては大変珍しく、第1楽章と第3楽章が、暗く、喘ぐような雰囲気の音楽である。緊張感もあり、決して明るい曲ではない。この時期モーツァルトは人気絶頂で、「フィガロハウス」（2006年以降「モーツァルトハウス」と名前が変わった）で数々の傑作を生み出していった年である。それだからこそ、今までにない新しい試みをしたかったのではなかろうか。また、この世のものとも思えない美しい第2楽章の音楽を際立たせるためにそうしたのかもしれない。多くの人と同じように、私も暗い第1楽章と第3楽章に挟まれた第2楽章が、この上なく好きである。穏やかで慰めに満ちたこの楽章の主題は至高の美しさで、何回も繰り返し聴いている。この楽章を聴いていると、心が安らぎ、優しい気持ちになり、少年の頃の思い出がはっきりと蘇ってくる。少年の頃私は横浜の郊外に住んでいた。寒い冬の日に家族と炬燵に入って、みかんを食べている情景が蘇ってくる。まだテレビもビデオも電話もない時代ではあったが、練炭の掘り炬燵で暖まりながら、裸電球の下、話をしたり、漢字の勉強をしたり、ラジオ歌謡を聴いたり、楽しかったあの頃が思い出されて幸せな気持ちでいっぱいになる。ラジオが一番の娯楽であったが、そこから流れてくる岡本敦郎さんの歌が大好きであった。「白い花の咲く頃」、「朝はどこから」、「高原列車は行く」、「あこがれの郵便馬車」等、よく口ずさんだものであった。家電製品は少なくても家族の温もりがあった。科学技術が長足の進歩を遂げて、冬の日でも寒い思いをしなくなり、テレビやビデオ、スマートホンが娯楽の中心に座った。反面、家族の繋がりが少なくなり、対話が減ってしまった。と同時に日本人ならではの温かい人情も薄れてしまったのである。ニュースでは毎日のように犯罪や事件が報じられ、殺人事件も多発するようになってしまった。科学技術の進歩が本当に人間を幸せにするのか？私は時々そう自問自答せざるを得ないのである。人間に必要な温かい思いやりや人情を失いたくないと思うのは私一人だけではないと思う。この楽章を聴いていると幼い日の思い出に郷愁を誘われるだけではなく、人間の本当の幸せとは何かを改めて考えさせられるのである。本当にこの曲は私の宝物である。

私の愛聴盤はヘブラーのピアノ、アルチェオ・ガリエラ指揮ロンドン交響楽団の録音である（CD：フィリップス、DMP-10014、1965年12月、ロンドンで録音）。特に第2楽章は秀逸で、ヘブラーの真珠のような輝きの音がこの音楽にぴったり合っている。珍しくモーツァルトはこの曲の第1楽章と第3楽章にカデンツァを残していない。それは、この頃大変多忙であったからであろう。モーツァルトを敬愛してやまないベートーヴェンはこの協奏曲をよく愛奏したことが伝えられているが、ベートーヴェン自身第1楽章と第3楽章のカデンツァを作曲している。多くのピアニストがこのベートーヴェンが残したカデンツァを弾いているが、ヘブラーもそのようにしている。

第56章

ロヴェレートのモーツァルト

私は幸運にもモーツァルトゆかりの地、イタリア・ロヴェレートに2012年の秋に訪れることができた。モーツァルトの思い出が刻まれたこの地に宿泊地のヴェネチアから向かった。列車がロヴェレートに近づくにつれて素晴らしい景色になっていった。南イタリアや中央イタリアの景色とは違って、北イタリアはオーストリアの景色に近かった。もっともヴェネチアやミラノといった大都市を擁するパダノ・ヴェネタ平野からイタリア・アルプスの山岳地帯に入って来たのだから当然のことではあるが。左右に高い山々が切り立ち、谷には綺麗な川が流れている。スイス・アルプスともオーストリア・アルプスとも一味違うイタリア・アルプス地方。私はわくわくしながらロヴェレートの駅に降り立った。小さな駅前通りを歩いていくと、早速モーツァルト音楽祭の広告が目に入った。街灯のいたるところにこの音楽祭の広告が貼ってあった。そういえば秋にはこの街で大きなモーツァルト音楽祭があることを私は思い出していた。モーツァルトとの思い出を大切にしている、この街の様子が私にはとても嬉しかった。ほどなく観光案内所についた。私はここで「モーツァルト記念碑」のある場所を教わり地図をいただいた。そこから20分ほど歩くとお目当てのモーツァルト記念碑の場所についた。門の前でブザーを鳴らすと年配のご婦人二人が出てきてくれた。私は自分の名前を言って「日本からモーツァルト記念碑を見学に来たのでどうか見せて下さい！」と英語でお願いした。幸い英語は通じたようだが、帰ってくる言葉はすべてイタリア語でほとんど理解できなかった。でもどうやら「だめです。帰って下さい。」と言っているようであった。それでも私は諦めず、何回も食い下がった。「ここを訪れるのは恐らく最後の機会かもしれません。遠い所から来たのですから、どうかモーツァルト記念碑を見せて下さい。」と。私の熱意に負けたのか、とうとう所有者を呼んできてくれた。

しばらく待つと門が開いて背の高いご婦人が出てきた。この方は英語を話して下さって助かった。この日は雨が少し降っていたので、傘を2本持って出てきてくれたのである。なんと「どうぞ入って勝手に見て下さい」というのではなく、葡萄畑も広がる広い敷地の中をゆっくり、傘をさしながら丁寧に案内して下さったのである。私はこの方の親切に心底感動した。ここロヴェレートは、モーツァルトが愛した街で何度も訪れたゆかりの地。それだけではなく、モーツァルトが亡くなってすぐに記念音楽祭を開催してくれた街でもある。モーツァルトの音楽をこよなく愛し、天才の早逝を悲しみ嘆いてくれた街である。モーツァルティアンの聖地でもある。この中に点在する、「モーツァルト記念碑」や「モーツァルト調和の神殿」等を見せて下さり、写真撮影も許可して下さった。現在はB&B（イギリスに多い、簡易宿泊所のこと、Bed & Breakfast の略）としても使われているそうで、「調和の神殿」でモーツァルト演奏会を開き、宿泊者は広い芝生の上に座って鑑賞できるとのこと。このようにイタリア・アルプスの美しい山々を眺める、広い庭園でモーツァルトの音楽を聴けるとは！なんと素晴らしいことではないか！最後にB&Bの名刺を下さり、門のところまで見送り丁重に挨拶して下さった。これほどまでに親切にして下さり、モーツァルトをこよなく愛して下さる人に出会えて感激であった。私は後ろ髪を引かれる思いでこの場所を後にした。これこそ旅の醍醐味ではなかろうか。心ある温かい人との出会い、言葉も文化も違うが、気持ちは通じ合えるのである。そうこうしているうちに少し霧がかかっていたロヴェレートの街がすっかり青空と白い雲に包まれて一段と美しくなった。私には忘れられない「ロヴェレートのモーツァルト」の一日になった。心から感謝の気持ちでいっぱいにな

り、私はヴェネチアに戻る列車に乗りこんだ。

第57章　弦楽四重奏曲第2番 *K. 155/134a*

1772年秋、16歳になったモーツァルトは父と共に最後になるイタリア旅行（第三回目）に出かけた。この旅の目的は、歌劇「ルーチョ・シッラ *K. 135*」をミラノで上演することであった。この曲を作曲をする傍ら、モーツァルトはミラノで六曲の弦楽四重奏曲を完成させた。第2番 *K. 155*、*K. 156*、第3番 *K. 156*、第4番 *K. 157*、第5番 *K. 158*、第6番 *K. 159*、第7番 *K. 160* である。当時は六曲（あるいはまれに三曲）をまとめて出版あるいは献呈することが一般的であった。これら全てがミラノで作曲されたので、後世の人がこの六曲を「ミラノ四重奏曲（ミラノ・セット）」と名付けたのである。第2番 *K. 155* はこの1番目を飾る曲で、旅の途中から作曲し始めたことがわかっている。3楽章からなり演奏時間は全体で8分程である。私が大好きなのは、第1楽章と第2楽章である。

第1楽章アレグロ。穏やかで落ち着いた音楽で始まる。ヴァイオリンが伸びやかな、美しい主旋律を弾く。時折入る、チェロの響きも音楽に幅をもたらしている。ヴァイオリン、ヴィオラ、チェロが良く調和している。後半部はやや寂しげな音楽へと変化する。ここでも三つの楽器が良く調和していて、聴き手に弦楽四重奏曲の小宇宙の素晴らしさを実感させてくれる。第2楽章アンダンテ。冒頭部から聴く人の心を捉えて離さない悲しみの旋律が流れてくる。悲しい旋律なのにとても美しい。つなぎの部分の音楽でも悲しみは消えていかない。心の底から生きることの辛さに打ちのめされそうな気持ちになる。後半部はこの悲しみがさらに増していく。最後は冒頭部の音楽に戻って終了する。この楽章は全体を通して大変悲しい曲であるが、聴いた後に不思議と癒されるのである。これがモーツァルトの音楽の不思議な力なのであろう。16歳にして大家の作曲家である。私は夜に良くこの曲を聴いてはモーツァルトに感謝している。この曲の愛聴盤はエーデル弦楽四重奏団の演奏である（CD：ナクソス、8. 550541、1990年11月録音、ブダペストで録音、輸入盤）。柔らかな弦の音、ヴァイオリン、ヴィオラ、チェロの調和、少しゆっくりと演奏して旋律美を生かす技術、優れた音楽性、どれを取っても最高である。この曲を聴いた回数は数えきれないが、聴くたびに新たに感動する。特に第2楽章の演奏は白眉である。寂しさ、悲しみを癒してくれる素晴らしい演奏である。

第58章　ピアノ三重奏曲 *K. 498*「ケーゲルシュタット・トリオ」

この曲は1786年8月ウィーンで完成された。モーツァルト30歳の時であった。ピアノとクラリネット、ヴィオラという大変珍しい組み合わせの室内楽曲で、「ケーゲルシュタット・トリオ」という愛称がついている。この愛称は、モーツァルトがケーゲルシュタット（九柱戯と訳される）と呼ばれる遊び（現在のボーリングの前身で、ボーリングよりピンの数が一つ少なかった）に興じながらこの作品を作曲したという逸話に由来している。シュタートラーがクラリネットを、ヴィオラをモーツァルトが、そしてピアノをジャカンの妹のフランツィスカ（ピアノの弟子）が演奏したものと考えられている。モーツァルトは三つの楽器の結びつきをこの曲で試したものと思われる。ピアノの音に、クラリネットの優しげな音色と、低音ながらも美しい旋律を奏でられるヴィオラの音色を組み合わせ、モーツァルト独自の世界を作り上げた名曲である。3楽章の構成で演奏時間は20分に及ぶ。

第1楽章アンダンテ。第1楽章が緩徐楽章という珍しい曲である。ピアノの穏やかな序奏から始まり、ヴィオラの伴奏を伴って音楽が進展する。この序奏の後、クラリネットが第一主題を奏でる。この旋律は叙情的でとても美しい。でもどこか寂しげである。次いでこの主題をピアノが演奏する。その後は第一主題に変化をつけた、第二主題の旋律をクラリネットが奏でるが、これもとても素晴らしい。クラリネットの透明な音色がこの旋律にぴったりである。後半部では、ヴィオラが活躍し、美しい旋律を奏でる。晩年控えめで柔らかい音色のヴィオラをこよなく愛したモーツァルトならではの使い方と思われる。最後に三楽器が協奏して終了する。優雅で洗練されていて、しかもそこはかとない悲しみが漂う素晴らしい作品である。私はこの楽章を聴いていると次のような気分になるのである。休日の午後、青空の中をゆったりと流れる白い雲を見ながら、妻と小さなチョコレートを食べながらコーヒーを飲んでいる。二人でたわいもない日常の出来事を話しているに過ぎないが、とても楽しく寛げる。そんな平凡な毎日こそが幸せであるとしみじみと実感しているのである。第2楽章メヌエット。メヌエット楽章らしく舞踊風の音楽で始まる。三楽器が美しく響きあっている。モーツァルトのザルツブルク時代の音楽を彷彿とさせる。伸びやかで、明るく希望に溢れている。どこまでも澄んだ青空に白い鳥が気持ちよさそうに飛んでいる。広い高原に出て空や遠くの山々を眺めている、そんな雰囲気である。前半部では、クラリネットが主役を演じ、ピアノとヴィオラは伴奏に回ることが多い。後半部に入るとやや暗くなり、不安や悲しみがよぎる。ピアノやヴィオラの伴奏もやや重苦しさが感じられる。その後冒頭部の明るい音楽に戻って終了する。ザルツブルク時代とウィーン時代のモーツァルトの音楽が溶け合って見事に調和している。ピアノの弾く愛らしい旋律、クラリネットの奏でる甘美な旋律、それらを支えるヴィオラの伴奏、これらが三位一体となって小宇宙を形成している。素晴らしい楽章である。第3楽章アレグレット。ロンド。モーツァルトはフランス風に「ロンドー」と表記している。第一主題がクラリネット、ピアノという順番で奏でられる。優しさと暖かさに満ちたロンド主題である。第二主題をクラリネットが奏でてピアノとヴィオラが伴奏する。その後、今度は第二主題をピアノが奏でて、クラリネットとヴィオラが伴奏する。とても穏やかで暖かい音楽である。そのあと第一主題に戻る。そしてヴィオラがやや力強さを増し、重厚感を醸し出す。不安や心配が少々よぎるが、ピアノが弾く旋律に癒される。その後すぐにヴィオラの弾く重々しい音楽に戻り、さらにクラリネットが奏でる癒しの音楽になり、これが繰り返される。後半部に入ると、クラリネットやヴィオラが次々に新しい旋律を奏でる。ロンド楽章の楽しさを満喫できるひと時である。

ピアノとクラリネット、ヴィオラという珍しい組み合わせで協奏的な結びつきを表現し、ピアノと木管楽器、低音弦楽器という稀有の組み合わせで雅の世界を見事に表現した。楽器の特徴をとことん理解していた天才故に成し遂げられた傑作であろう。私の愛聴盤はジェイムズ・レヴァインのピアノ、カール・ライスターのクラリネット、ヴォルフラム・クリストのヴィオラの演奏である（CD：ドイツ・グラモフォン、431782-2、1992年、ハンブルクで録音、輸入盤）。ピアノの名手と、クラリネットの名手、それにヴィオラの名手が味わいのある、優雅な演奏を披露してくれている。聴く人に室内楽の楽しさを伝えてくれる名盤である。

第59章　二幕の音楽劇「羊飼いの王様（牧人の王）」*K. 208*

この作品は1775年ザルツブルクで完成された。モーツァルト19歳。本格的な舞台装置や衣装を用いず、いわゆる演奏会形式で行われる音楽劇がセレナータである。登場人物は、マケドニア大王アレッサンドロ（テノール）、羊飼いでシドンの王位継承者アミンタ（ソプラノ）、アミンタが愛する羊飼いの娘エリーザ（ソプラノ）、シドンの前王の娘タミーリ（ソプラノ）、シドンの貴族でタミーリの恋人アジェーノレ（テノール）の五人である。ピエトロ・メタスタージョの原作を改作したものにモーツァルトが音楽をつけた。演奏時間が約2時間にもなる力作である。シドンの王位継承者アミンタはその事実を知らずに育った。羊飼いとして郊外に住み、フェニキアの貴族の娘エリーザを慕っていた。アレッサンドロ大王はシドンの暴君を追い出し、正当な継承者に王位を継がせようとする。しかし、シドンの正統な王位継承者がアミンタであることを、アジェーノレから知らされ驚く。一方、アジェーノレは追放されたシドンの前王の娘タミーリを慕っていた。そのことを知ったアレッサンドロ大王は、王権を返し、アミンタとタミーリを結婚させようとした。そのため、二組の男女は葛藤を始めることとなってしまった。事態を知ったアレッサンドロ大王は、アミンタとエリーザの結婚を許してシドンを二人に与え、タミーリとアジェーノレには別の王国を与えることを約束した。全員アレッサンドロ大王を大賛美し、喜びの大団円を迎える。このようにどこにも見られる王位継承問題ではあるが、モーツァルトの音楽が加わると断然面白くなるのである。平凡な羊飼いの生活を望むアミンタとエリーザのように、幸せとは何かということを考えさせられる、実に素晴らしい作品である。

私は、この作品の中でとりわけアミンタの独唱曲の「あの人を僕は愛そう。心変わりはすまい」（第二幕第10番）が好きである。男性の曲なのに今日では女性がソプラノで歌うことがほとんどである。これは当時男性のカストラートが歌っていたからである。美しい序奏から始まり、決意を込めた歌声が流れ、後期の傑作にも引けを取らない素晴らしい作品となっている。美しい旋律が連綿と続く。私の好きなルチア・ポップが収録した録音が特に好きで、繰り返し聴いている（CD：EMI、CDC7470192、レオナルト・スラートキン指揮、ミュンヘン放送管弦楽団、1983年、6月ミュンヘンで録音、輸入盤）。第一幕第5番のアジェーノレの独唱曲「私のために答えて下さい」も好きである。穏やかな序奏から始まり、テノールが穏やかに歌う旋律はとても素晴らしい。私の愛聴盤はネヴィル・マリナー指揮、アカデミー・オブ・セント・マーティン・イン・ザ・フィールズの演奏で、歌手はアレッサンドロ（ジェリー・ハドリー）、アミンタ（アンジェラ・マリア・ブラッスィー）、エリーザ（シルヴィア・マックネア）、タミーリ（イリス・ヴァーミリオン）、アジェーノレ（クラエス・アーンスジョー）である（CD：フィリップス、422535-2、1989年1月にロンドンで録音、輸入盤）。歯切れよく、しかも丁寧に演奏されていて、歌手陣も素晴らしい。

第60章　ピアノ協奏曲第2番 *K. 39*（編曲）

この曲は1767年11歳のモーツァルトによってザルツブルクで完成された。この曲もピアノ協奏曲第1番（*K. 37*）、第3番（*K. 40*）、第4番（*K. 41*）と同様に、レオポルトが息子にピアノ協奏曲の作曲指導をするために当時の音楽を主題として与え、ピアノ協奏曲として完成させたものである。私はこの作品の第2楽章が特に好きである。ヨハン・ショーベルトのピアノソナタの主題を用いて、管弦楽の奏でる音楽を加えてピアノ協奏曲に仕立てた。とは言え天才の煌めきが随所に見られて大変興味深い。ゆったりとした行進曲風の音楽で始まる。この管弦楽の序奏の後に、ゆっくりとピアノの独奏が始まる。静かに音を紡いで平和な安寧の世界を表現している。時として、そこはかとない悲しみが漂う。明るい喜びの音楽から悲しみ漂う短調の世界へ滑らかに変化させている。転調の魔術師モーツァルトの才能はもうすでにこの作品に表われているのである。その上ピアノの独奏に管弦楽の音楽が良く調和していて素晴らしい。特に管楽器の使用方法に天才の煌めきを感じざるを得ない。独奏ピアノにオーボエ2、ホルン2、第1ヴァイオリン、第2ヴァイオリン、ヴィオラ、コントラバスの編成で、3楽章からなり演奏時間は全体で15分程である。私の愛聴盤はイングリット・ヘブラーのフォルテピアノで、エドゥアルト・メルクス指揮カペッラ・アカデミカ・ウィーンの演奏である（CD：フィリップス、DMP-10006、1973年10月ザルツブルクで録音）。上品にしかも情緒たっぷりに演奏していて素晴らしい。

第61章　ミサ・ソレムニス *K. 139/47a*「孤児院ミサ」

この曲は1768年秋、ウィーンで完成されたと考えられている。モーツァルト12歳の時であった。1767年秋から1769年1月にかけて、ウィーンに滞在していた際に、孤児院教会のパルハーマー牧師の依頼によって作曲された。そのため「孤児院ミサ」という愛称がついている。しかしながら、近年の自筆譜の研究から、モーツァルトの音楽活動に理解を示し、多大の援助をしてくれた、ザルツブルクのシュラッテンバッハ大司教の葬儀用のミサ曲との見方が有力となっている。いずれにせよ素晴らしい大ミサ曲である。演奏会で取り上げられる機会が少ないのがとても残念である。編成は、独唱四部（ソプラノ、アルト、テノール、バス）、四部合唱、オーボエ2、トランペット4、トロンボーン3、第1ヴァイオリン、第2ヴァイオリン、第1ヴィオラ、第2ヴィオラ、コントラバス、オルガンで、演奏時間は全体で40分にもなる。全体的に厳粛な音楽が主となっている。第1楽章キリエ。荘厳な音楽で始まる。そのあと合唱が続く。次いで、ソプラノ、アルト、テノール、バスの四重唱となる。大変厳かで素晴らしい。第2楽章グローリア。弦楽器のみによる伴奏によって男女の二重唱二曲とソプラノ独唱一曲が歌われる。それ以外は合唱からなっている。テノールとバスによる二重唱が穏やかな祈りを歌う。ここが特に素晴らしい。「神に栄光を！」と祈る。第3楽章クレド。厳かな合唱で始まる。軽快な曲である。ここではヴァイオリンの伴奏が活躍する。次いで、全弦楽器の伴奏によるソプラノとアルトの二重唱が歌われる。美しい祈りの音楽である。次はトランペットとトロンボーンによる重厚な響きが印象的な出だしで、十字架の苦難を表現している。そのあと合唱。その次は、ソプラノが先導し、その後、合唱になる。軽快な曲調である。次いで穏やかなテノールの独唱が始まる。弦楽器のみによる伴奏である。精霊への信仰を確認している。次いで力強い合唱が始まる。教会を讃美して歌うのである。この楽章の最後は、アレグロによる終結の音楽である。最後にアーメンで高らかに終了する。第

4楽章サンクトス。アダージョの序唱から始まり、アレグロに変わりオザンナ（神を称讃する言葉）が歌われる。第5楽章ベネディクトス。ソプラノの美しい独唱から始まる。神への感謝が歌われ、その後合唱で締めくくられる。第6楽章アニュス・デイ。トロンボーンによる長い序奏の後テノールが歌う。トロンボーンは引き続き伴奏に加わる。そのあと合唱になる。この*K. 139*の中でも私が最も好きな楽章である。伴奏も合唱も素晴らしい。厳かで荘厳な響きがある。最終部は高らかに神を讃美する合唱で終了する。私の愛聴盤は、ソプラノ：セレスティーナ・カサピートラ、アルト：アネリーズ・バーマイスター、テノール：ペーター・シュライアー、バス：ヘルマン・クリスティアン・ポルスター、合唱：ライプツィッヒ放送合唱団、ヘルベルト・ケーゲル指揮、ライプツィッヒ放送交響楽団の録音である（CD：フィリップス、422741-2、1973年ライプツィッヒで録音、輸入盤）。管弦楽も独唱・合唱も素晴らしい。

第62章　弦楽四重奏曲第10番 *K. 170*「ウィーン四重奏曲第3番」

1773年3月「第三回イタリア旅行」を終え帰郷したモーツァルト父子は、休む暇もなく4ヶ月後には「第三回ウィーン旅行」に出かけた。就職のための旅行であったが、その目的は叶えられなかった。しかしながら、モーツァルトはこの滞在中に六曲の弦楽四重奏曲を完成させたのであった。第8番*K. 168*、第9番*K. 169*、第10番*K. 170*、第11番*K. 171*、第12番*K. 172*、第13番*K. 173*である。後の人がこれを「ウィーン四重奏曲（ウィーン・セット）」と名付けた。この第10番は第3番目の曲にあたる。1773年8月モーツァルト17歳の時完成された。私はこの曲の第3楽章ウン・ポコ・アダージョが特に大好きである。わずか6分ほどの音楽の中にモーツァルトの天賦の才能がきらきらと輝いている。人間は生きていく上で多くの悲しい経験をする。学校でのいじめ、貧困、両親の離婚、病気、入試失敗、失恋、自然災害、離婚、最愛の人の死等々。

時にはこのような不幸が次から次へと押し寄せてくることもある。誰しもこのような試練を経験するものであろう。でも神様は全ての人に救いの手を差し伸べて下さる。神様からの贈り物の一つは、このモーツァルトの音楽である。第3楽章ウン・ポコ・アダージョは美しい音楽であるが、本当に悲しい音楽である。その当時、モーツァルトはどのような悲しみに襲われていたのであろうか？でもこの悲しくも美しい音楽には救いがある。悲しげな主題の繰り返しの後に、明るい救いの音楽がそっと顔をのぞかせるのである。モーツァルトはこの曲を作ることで自分の悲しみを乗り越えようとしたのではなかろうか？私たち後世の者は、モーツァルトの音楽を聴くことで癒され、悲しみから救われることができ、本当にありがたいことである。今夜も私の愛聴盤のエーデル弦楽四重奏団の演奏（CD：ナクソス、8. 550546、1992年ブダペストで録音、輸入盤）を聴こう。第3楽章ではヴァイオリンが切々と悲しみを歌う。柔らかい音で、見事にモーツァルトの悲しみを奏でている。ヴィオラとチェロの調和も素晴らしい。

第63章　ピアノとヴァイオリンのためのソナタ第41番 *K. 481*

この作品は1785年12月モーツァルト32歳の時にウィーンで完成された。この年には弦楽四重奏曲第14番〜第17番、ピアノ協奏曲第20番〜第22番等の傑作が次々に生み出された。予約演奏会は順調でピアノの生徒も多かった。かなり大きな住居に住み人気絶頂であった。この住居は長く「フィガロ・ハウス」という名前で大切に保存されてきた。唯一ウィーンに残るモーツァルトの住居である。モーツァルト生誕250年の際（2006年）に修復され、「モーツァルト・ハウス」という名前になった。この作品がどのような目的で作曲されたのかはよくわかってはいないが、出版して収入を得るためと考えられる。この年の10月には「フィガロの結婚 *K. 492*」の作曲が始まっており、予約演奏会、ピアノの稽古、と多忙を極めていたと推測される。

しかしながら、その合間を縫って完成されたこの作品はとても明るく、叙情的でしかも力強く、ピアノとヴァイオリンのためのソナタの中でも人気の作品となっている。

第1楽章はモルト・アレグロ。軽やかで明るい音楽であるが、随所に力強い旋律が入り、交響曲第41番「ジュピター *K. 551*」を思わせるような雰囲気がある。第2楽章アダージョはこの曲の中で私が最も好きな楽章でよく聴いている。ピアノが叙情的な旋律を奏でるが、この旋律が大変美しい。一度聴いたら決して忘れられないほどである。その後、ヴァイオリンもこの美しい主題を演奏し、ピアノが伴奏にまわる。ヴァイオリンは、この主題をさらに詩情豊かに伸びやかに歌う。何度聴いても感動する素晴らしい音楽である。目をつぶってじっくり聴いていると、暖かい春の陽光がさす休日の朝の景色が浮かんでくる。今日一日がとてもいい日になる。そんな気がしてならないのである。しかしながらヴァイオリンの奏でる旋律は、どこかそこはかとない悲しみが漂っている。春の日の憂いなのであろうか。明るい音楽の中に忍び寄る一抹の悲しみの音楽、これこそモーツァルトの音楽の真骨頂。第3楽章アレグレットは主題と六つの変奏曲からなっている。主題はやや諧謔的で軽やかで明るい。この主題が力強い音楽に変化するところも素晴らしい。私の愛聴盤はイングリット・ヘブラーのピアノで、ヘンリック・シェリングのヴァイオリンの演奏である（CD：フィリップス、PHCP-3888/92、1969年9月、ザルツブルク、モーツァルテウムで録音）。シェリングのヴァイオリンは控えめであるが、感情が込められている。またヘブラーのピアノは輝きがあって粒が揃っている。二人の息の合った演奏を楽しめる録音となっている。特に第2楽章の演奏は素晴らしく、聴くたびに新たな感動を覚える。

第64章

モーツァルトの音楽は癒し
――モーツァルト効果について

モーツァルトの音楽には不思議な力がある。このことは誰しもが経験していることであろう。栽培しているイチゴにモーツァルトの音楽を聴かせるとイチゴが甘くなる。トマトにモーツァルトの音楽を聴かせるとトマトが美味しくなる。収穫したメロンや洋梨にモーツァルトの音楽を聴かせると追熟がうまくいき、美味しくなる。日本酒の仕込みにモーツァルトの音楽を聴かせると発酵過程がうまくいき、美味しい日本酒ができる。ワインも味や香りがいいものができる。ビールの醸造過程で聴かせると発酵過程がうまくいき、まろやかで美味しいビールができる。このようにモーツァルトの音楽を聴かせると色々なものが美味しくなる例は枚挙にいとまがない。私も実際にモーツァルトの音楽を聴かせて育てたメロン、ワイン、ビール等を味わったことがあるが、本当に、まろやかで、爽やかで美味しいのである。特にビールは苦味が少なく大変美味しかったのは感動的であった。また、動物や人間に聴かせると、ストレスが解消され、免疫機能が高まり、難聴や精神的疲労が治ったり、胎教に良かったという報告も枚挙にいとまがない。私の愛犬「コロ」もモーツァルトの音楽が大好きで、ピアノソナタをかけてあげると喜んでくれた。かいわれ大根もモーツァルトの音楽を聴かせると成長が早かったという実験もある。また、海外でもかぼちゃの苗にモーツァルトの音楽を8週間聴かせたところ成長が良かったことも報告されている。このように、人間、動物、植物、微生物等生きとし生けるものすべてが元気になるのである。さらに、私は新聞の記事を見て本当に嬉しかったことがある。今でもその新聞記事を切り取ってモーツァルト・ノートに大事に貼って持っている。平成13年（2001年）7月11日の朝日新聞の夕刊に載った記事のことである。米国フロリダ州の犯罪多発地区で、地元警察署がモーツァルトの音楽を24時間休みなく街頭に流したところ、犯罪が激減したというのである。前年の前半には事件通報が119件あったのに対し、この年の前半は83件に減ったという。

このような効果を一般に「モーツァルト効果」と呼んでいるが、信じてくれない人が多いのも確かである。私は、研究者仲間にこのモーツァルト効果について、ある懇親会の際に話したところ、けんもほろろに言われた。「研究をして論文も書いている人が訳のわからないことを言っている！」と非難轟々であった。科学者の中には、現在の科学で説明できないことはすべて出鱈目で、根も葉も無いことであるという人が実に多い。私は科学で明らかにできることはごくごく一部のことで、科学で説明できないからといって出鱈目であるという意見には賛成しかねる。今は科学で証明できなくとも将来明らかになるかもしれない。また、科学で証明できないことがあって然るべきである。科学は万能ではないからである。事実、埼玉医科大学の和合治久先生は、この「モーツァルト効果」について研究に研究を重ね、モーツァルトの音楽から多く出るアルファー波が免疫機構を高めることを立証されている（和合治久著『モーツァルトを聴けば病気にならない！』、KKベストセラーズ、2004年11月9日発行、東京）。モーツァルトの音楽は美しいだけではない。その優しく、美しい旋律が、あらゆる生き物の細胞を活性化して、この世の生きとし生けるものすべてに元気を与え、慰めと心の平安をもたらしてくれると、私は常々思っているのである。

第65章　ピアノ協奏曲第15番 *K. 450*

この曲は１７８４年3月ウィーンで完成された。モーツァルトは28歳になっていた。この曲は予約演奏会のために作曲されたもので、ウィーンのトラットナー館で初演された。前作のピアノ協奏曲第14番 *K. 449* が完成してから約ヶ1月後のことであった。前作とは異なり、管楽器が増えて、オーボエ２、ホルン２に加えて、フルート（第3楽章）、ファゴット２、第1ヴァイオリン、第2ヴァイオリン、ヴィオラ、コントラバスという大編成になっており、音楽の幅がさらに広がっている。演奏時間は全体で25分に及ぶ。この作品では特に管楽器の使用法に長足の進歩が見られ、この後管楽器の響きを増したピアノ協奏曲の作曲に邁進することとなる。モーツァルトはこの作品にとても自信があったようで、ザルツブルクの父に宛てた１７８４年5月26日付けの手紙に、「ピアノ協奏曲第14番 *K. 449* とこの第15番 *K. 450* はどちらも技巧的にはかなり高度であるが、この第15番の方が難しい。」と書いている（モーツァルト書簡全集第5巻、５０７～５１１頁）。

第1楽章アレグロ。冒頭部の第一主題は木管楽器が奏でて、そのあとヴァイオリンが応答し、やがてピアノの登場となり、ピアノは第一主題を演奏する。この主題を異なる楽器が分担するという、これまでに見られない新しい様式を生み出している。この様式こそモーツァルトがこの作品で大きな進歩を遂げる原動力になったのではなかろうか。翌年父親がウィーンに息子を訪ねた際、モーツァルトは尊敬するヨーゼフ・ハイドンに献呈する弦楽四重奏曲（ハイドン四重奏曲と呼ばれている）の演奏をハイドンや父親に披露したが、その際、ハイドンはモーツァルトのことを大絶賛して、父親にその類い稀な様式感を褒めたたえた（レオポルトからザルツブルクのナンネルに宛てた2月16日の手紙、モーツァルト書簡全集第6巻、37～38頁）。父レオポルトはどれだけ嬉しかったことか！ハイドンは弦楽四重奏曲の作品を聴いてそのように父親に言ったのであるが、ピアノ協奏曲においても当てはまるのである。別の言葉で言えば、聴く人を喜ばせるように作曲をする、あるいは聴く人を飽きさせないような工夫をすると思われるが、この多彩な様式感こそモーツァルトの天才ぶりを示す特徴ではなかろうか。第2楽章アンダンテはゆったりとした穏やかな序章で始まる。この甘美な主題が変奏曲風に、管弦楽のみ、ピアノのみ、管弦楽とピアノの協奏という様式で進んでいく。モーツァルトはこの楽章でも新しい試みをしている。のちに「変奏曲の達人」と呼ばれるように、モーツァルトは作曲においても、また即興演奏においてもその類い稀な才能、変幻自在に変わる変奏曲の作曲の才能、を遺憾なく発揮していくこととなるのである。第3楽章アレグロは、明るく弾むような音楽。主題は明るく曇りがない。冒頭部の主題は、後のピアノ協奏曲の傑作、第22番*K. 482*の第3楽章の主題を先取りしているように思われる。よく似た旋律が何度も現れるのである。輝かしい人生が開ける期待を持たせてくれる音楽である。この楽章でも管楽器が活躍している。特にフルートが加わることによりいっそう色彩豊かになっている。この後のピアノ協奏曲の作品が益々充実していくこととなるのである。私の愛聴盤はヘブラーのピアノ、ヴィトルド・ロヴィツキー指揮ロンドン交響楽団の録音である（CD：フィリップス、DMP-10011、1964年9月、ロンドンで録音）。ヘブラーはモーツァルトの音楽に忠実に弾いてくれて、この穏やかな癒しの音楽の素晴らしさを見事に再現してくれている。モーツァルトは第1楽章と第3楽章にカデンツァを入れているが、ヘブラーは両方ともモーツァルトの手になるものを演奏している。やはりモーツァルトの曲にはモーツァルトのカデンツァがよく似合う。

第66章　交響曲第17番 *K. 129*

この曲は1772年5月にザルツブルクで完成された。モーツァルト（16歳）は、前年の暮れに「第二回イタリア旅行」から戻ったばかりであった。帰国後数ヶ月は、ザルツブルクで作曲活動をして過ごしていたが、この年の秋には最後の「第三回イタリア旅行」に出発することとなる。本当に郷里で過ごす時間は短かったのである。芸術を愛し、モーツァルト一家に寛大であったシュラッテンバッハ大司教の急逝の後、厳格で音楽に理解を示さないコロレドが新任の大司教になった。これから、モーツァルト父子はコロレド大司教と何度となく衝突するようになるのである。この曲はこのコロレド大司教赴任の祝典音楽として作曲されたと考えられている。メヌエット楽章なしの3楽章からなっていて、オーボエ2、ホルン2、第1ヴァイオリン、第2ヴァイオリン、ヴィオラ、コントラバスの小編成で、演奏時間は13分程である。私はこの交響曲の中では第2楽章が特に好きである。アンダンテの第2楽章は、美しく清々しい第一主題で始まる。思春期になったモーツァルトには憧れていた少女がいたのであろうか?そんなことを思わせる、甘美で愛らしい旋律である。聴く人にそっと語りかけるような優しい味わいがある。そのあと心弾む第二主題が現れ、すぐに第一主題に戻る。弦楽器のみの演奏、管弦楽全体の演奏、管楽器を響かせる演奏、と変化をつけながら美しい旋律が奏でられる。そのあと第二主題、第一主題と演奏される。4分ほどの短い音楽ながらも、流麗な音楽が人生に明るい希望を持たせてくれる。人は誰でも異性に憧れ、ほのかな想いに胸を熱くする。そんな人の心を見事に音楽で表現しているように思われてならない。私の愛聴盤は、カール・ベーム指揮、ベルリン・フィルハーモニーの録音である(CD:ドイツ・グラモフォン、427241-2、1969年ハンブルクで録音、輸入盤)。端正な演奏でしかも味わいがある。第2楽章の演奏が特に素晴らしい。

第67章　ピアノ三重奏曲第2番 *K. 496*

この曲は1786年7月モーツァルトが30歳の時にウィーンで完成された。この年はモーツァルトが健康にも恵まれ、予約演奏会を始めとして多くの演奏会が開かれ、作曲依頼も多数舞い込み、人気絶頂の時であった。どんなにかモーツァルトは幸せであったろうか。住居も大変広く、ウィーンの一等地にあり、自宅でも小さな演奏会が開かれていた。ウィーンに唯一残るモーツァルトの住居である「フィガロ・ハウス」（２００６年から「モーツァルト・ハウス」と改名）と名付けられた、この有名な住居で多くの傑作が生み出されていった。ここで、喜歌劇の最高傑作「フィガロの結婚 *K. 492*」が4月29日に完成され、5月1日にブルク劇場でモーツァルト自身の指揮によって初演された。上演は大成功でモーツァルトに大きな自信を与えたのであった。この喜歌劇の大成功から２ヶ月経った7月8日にこのK. 496が完成された。3楽章からなり、演奏時間は全体で26分程である。私はこの曲の中で第2楽章アンダンテ（演奏時間は8分程）が特に好きである。冒頭部は静かな、穏やかな音楽で始まる。ゆったりとしたこの曲を聴いていると、悲しみや不安、心配事等はすぐに消え去ってしまう。心の平和が訪れ、温かい気持ちになる。第一主題の音楽をピアノ、ヴァイオリン、そしてチェロが順番に奏でていく。特にチェロの音色がこの旋律に最適である。特に悲しみが強く感じられるわけではなく、終始、穏やかな、安らぎの感情で満たされる。チェロがピアノやヴァイオリンとほぼ同等な役割をしている。私の愛聴盤はボザール・トリオの演奏である（CD：フィリップス、422079-4、１９８７年5月スイスで録音、輸入盤）。グリーンハウスの穏やかな、控えめなチェロの演奏が素晴らしい。柔らかい音色はこの音楽にぴったりである。

第68章　セレナード第13番 *K. 525*「アイネ・クライネ・ナハット・ムジーク（小夜曲）」

この曲はモーツァルトの曲の中でもとりわけ人気が高く、人気投票をすると必ず上位に上がってくる。モーツァルトを代表する、名曲中の名曲！子供から大人まで大人気である。陽気で明るく、心弾む第1楽章アレグロ、ゆったりとして、典麗、優美な第2楽章ロマンツェ、踊りだしたくなるような魅力に溢れる第3

楽章メヌエット、力強く躍動的な第4楽章ロンドと、どの楽章もとても素晴らしい。モーツァルトの気品高く流麗な音楽と、ゆったりとした癒しの音楽が見事に調和していて、聴く人の心を捉えて止まない。モーツァルトが後世の人に残してくれた、最高傑作の一つであろう。アイネ・クライネ・ナハット・ムジーク（小夜曲）という名称はモーツァルトの自作品目録に由来している。それによるとアレグロとロマンツェの間にメヌエット（第一）とトリオが含まれていたが、これらは紛失してしまった。大変残念でたまらない。どうかいつか発見されますようにと祈るのは私一人だけではないであろう。管楽器はなく、第1ヴァイオリン、第2ヴァイオリン、ヴィオラ、チェロ、コントラバスによる弦楽合奏曲である。この曲の中で私はとりわけ第2楽章が好きである。この曲を聴いていると心が落ち着き、穏やかな気持ちになる。人は人生を生きる上で、必ず悲しみや心配事で悩むことがある。私はそんな時よくこの曲を聴いている。心が落ち着き、冷静な気持ちで悲しみや心配事に対処できる。乗り越えなければならない壁に立ち向かう勇気が湧いてくるのである。それだけではない。この曲の題は日本語で「小夜曲」という意味のドイツ語であるが、その名前の通り、この曲を聴くと心穏やかに一日の終わりを迎えることができる。秋の夜長にコーヒーを片手に持ちながら、目をつぶって静かに聴いている一時は、モーツァルトの世界にゆったりと浸れる、至福の時間である。この曲は星の数ほど録音が残っているが、その中でも私が一番愛聴しているのは、カール・ベーム指揮、ウィーン・フィルの演奏である（CD：ドイツ・グラモフォン、415843-2、1976年、ハンブルクで録音、輸入盤）。弦楽合奏が素晴らしく、響きもよく、それを支えるベームの指揮も素晴らしい。テンポがゆっくり目であるのもこの音楽にぴったりである。また、マンドリン（デトレフ・テヴェス）とギター（ボリス・ビイエルン・バッガー）による演奏もよく聴いている。こちらも大変楽しく、素晴らしい（CD：アンテス、2005年10月ドイツ・カールスルーエで録音、輸入盤）。ハンドベルによる演奏もとても癒され、夜寝る前によく聴いている（CD：ナミ・レコード、WWCC-7566（LN3573）、きりく・ハンドベルアンサンブル、2007年東京で録音）。今夜はどの演奏で楽しもうか？

第69章　レチタティーヴォとソプラノ独唱曲「だが、おお、星々よ、憐れなディルチェーアがお前たちに何をしたのか――岸辺は近いと望んでいた」*K. 368*

この曲は1781年1月ミュンヘンで完成されたと考えられている。モーツァルト25歳の時であった。悲歌劇「イドメネオ *K. 366*」の初演のためにミュンヘンに滞在している時に作曲されたものと思われるが、どのような目的で作曲されたかは不明である。題材はピエトロ・メタスタージョの「デモフォオンテ」の第一幕第四場から取られた。編成は独唱ソプラノにフルート2、ファゴット2、ホルン2、第1ヴァイオリン、第2ヴァイオリン、第1ヴィオラ、第2ヴィオラ、チェロ、コントラバスで演奏時間は13分程である。ティマンテは父デモフォオンテからクレウーザを妻にするよう命令される。その上、弟ケリントが彼女をフリギアへ迎えにいっていると聞かされ、驚きと失望の気持ちを訴える。ティマンテ（ソプラノ）の独白が始まる。台詞は以下のようである。「おお星々（運命）よ、憐れなディルチェーアがお前たちに何をしたのか、幾多の災難をこぞって彼女に向けるほどのことを？あなた方こそ、私たちの魂に清純な愛を吹き込んだ。あなた方こそ貞節な婚姻に立ち会われた方。私をお守り下さい。おお、神々よ。私は混乱している。私は衝撃に打ちのめされて、心はここになく、知力を失っている（海老澤敏訳）。」次いでティマンテのソプラノ独唱が始まる。台詞は以下のようである。「岸辺は近いと望んでいた。風も凪いだと信じていた。だが、私は感じるのだ。またもや嵐のただなかに運ばれていくのを。そして危険な暗礁のひとつから逃れようと思う間もなく、別の暗礁に私は突き当たるのだ。先のものよりずうっと恐ろしい暗礁に（海老澤敏訳）。」澄み切った青空のような美しい管弦楽の序奏の後、ティマンテが歌い始める。平和な日々を懐かしんでいるような雰囲気がよく伝わってくる。その後テンポを速めてコロラトゥーラの技法で流れるような旋律を歌う。ついでテンポが戻り初めの主題に戻る。穏やかな救いの音楽である。その後再度テンポを速めて流麗な旋律の音楽になる。最後にティマンテの独唱の後、管弦楽が終末の音楽を奏でる。感情を見事に表現している力作である。

私の愛聴盤はソプラノ独唱、エディタ・グルベローヴァ、レオポルト・ハーガー指揮、ザルツブルク・モーツァルテウム管弦楽団の演奏である（CD：フィリップス、422770-2、1979年ウィーンで録音、輸入盤）。グルベローヴァは情感たっぷりに歌っていて素晴らしい。モーツァルテウムの演奏もとても良い。なお、ソプラノ独唱の代わりにハインツ・ホリガーがオーボエで演奏している録音がある。ホリガーは十分にソプラノ歌手の代わりをしている。見事に感情を込めて演奏している（ケネス・シリトー指揮、アカデミー・オブ・セント・マーティン・イン・ザ・フィールズによる管弦楽の演奏。フィリップス、PHCP-9307、1986年6月ロンドンで録音）。オーボエという楽器の素晴らしさを改めて感じるのである。

第70章　四つのコントルダンス *K. 101/250a*

この曲は1776年ザルツブルクで完成された。この年の謝肉祭のために作曲されたと考えられている。この頃、宮廷音楽家としての職務をこなしていたモーツァルトは20歳になっていた。楽器編成は、オーボエ（またはフルート）2、ファゴット、ホルン2、第1ヴァイオリン、第2ヴァイオリン、チェロ、コントラバスである。第1番ガヴォット、第2番アンダンティーノ—アレグロ、第3番プレスト、第4番ガヴォットからなり、演奏時間は全体で約分6程である。短い曲であまり演奏される機会がないが、明るく楽しい曲で私は好きである。特に、第1番ガヴォットが好きでよく聴いている。冒頭部の心弾む甘美な旋律が好きである。誰でも踊りだしたくなる音楽である。悲しい時、気分が塞いでいる時、不安な時はよくこの曲を聴いている。モーツァルトはそのような気持ちを一掃してくれるのである。モーツァルトの舞踊音楽はどれも素晴らしく、小品でもいっさい手を抜かない、天才の誠実な人柄が垣間見られるのである。私の愛聴盤は、ウィリー・ボスコフスキー指揮、ウィーン・モーツァルト合奏団による演奏である（CD：フィリップス、422646-2、1966年、ウィーンで録音、輸入盤）。愉悦に満ちた演奏で、しかも整った美しさがある。特に管楽器の音色が素晴らしい。こういう名演奏を聴くと楽しく、幸せな気持ちでいっぱいになる。

第71章　平穏な日々に感謝　ピアノ協奏曲第12番 *K. 414/385p*

私たち人類の歴史を紐解くと古今東西を問わず多くの争いがあったことがわかる。日本も例外ではない。戦国時代はまさに国内での権力闘争であった。近年も哲学、宗教の違いによる争い、県境の争い、土地の奪い合いと争いが絶えない。そんな中、人類が起こす最も愚かな争いが戦争である。私は1950年に横須賀市に近い横浜市金沢区釜利谷町に生まれた。釜利谷でのことはほとんど覚えていない。物心つく頃は金沢区六浦町に引っ越していたので、私の記憶はこの六浦町での体験からである。私が5歳頃のことである。この頃でも、近所に防空壕が残っており、米軍の兵士によく会った。第二次世界大戦の爪痕は色濃く残っていて日本は大変貧しかった。私が歳を重ねるにつれて、さらに世界各地で多くの戦争が起きた。現在も戦争のない時はない。米ソ冷戦、朝鮮戦争、ベトナム戦争、キューバ危機、湾岸戦争、シリア戦争、北朝鮮の挑発行為等と、枚挙にいとまがない。まさに、人類の歴史は戦争の歴史といっても過言ではない。どうして人間は闘争心を捨てることができないのであろうか？それに加え、わが国では自然災害がとても多い。関東大震災、新潟地震、宮城県沖地震、阪神淡路大震災、東日本大震災、熊本大震災、北海道地震等と、多くの地震で尊い命が失われてきた。これに加えて、台風、洪水、津波、竜巻、火山噴火、異常気象と人々の生活を脅かす自然災害がなんと多いことか！こういった自然災害は日本に限らず全世界で起きている。人間にとって平穏無事な生活がいかにありがたいか、しみじみと思うのである。

この曲を聴いていると、心から平穏無事な日々がいかにありがたいか身にしみるのである。私はこの曲の第2楽章が特に好きである。穏やかで、心の平和を感じさせてくれる調べは、私の気持ちを和らげ、平穏な日々への感謝の気持ちでいっぱいにしてくれる。と同時に、戦争のない世界が訪れるように願わずにはいられないのである。この曲とピアノ協奏曲第11番*K. 413/387a*、ピアノ協奏曲第13番*K. 415/387b*は、モーツァルトがウィーン定住後、初めて作曲したピアノ協奏曲群である。ケッヘル番号では前になっている第11番より第12番の方が早く作曲されたと現在では考えられている。この*K. 414*は、モーツァルト26歳の1782年秋に完成された。楽器編成は、独奏ピアノ、オーボエ2、ホルン2、第1ヴァイオリン、第2ヴァイオリン、ヴィオラ、コントラバスで、3楽章からなり演奏時間は25分に達する。

第1楽章アレグロ。モーツァルトらしい、明るく伸びやかな旋律が展開される。管弦楽はピアノの伴奏として活躍している。この楽章を聴くと、とても元気になる。第2楽章はゆったりとした弦楽合奏で始まる。この静かな音楽による導入後、管楽器も加わり、管弦楽による第二の序奏が始まる。ゆったりとしていて伸びやかな第一、二序奏が素晴らしく、その後静かにピアノの演奏が始まる。ピアノの美しい旋律が淀みなく現れ、管弦楽との協奏も始まる。なんと工夫を凝らした音楽なのであろうか！ピアノが弾く旋律は、穏やかで落ち着いていてとても美しく心安らぐ。やがてこの主題はやや悲しみを帯びた旋律に変わっていく。まだ、後期から晩年期にかけての緩徐楽章に見られる、あの悲しみに満ちた旋律ではない。そこはかとない悲しみがそっと現れては消えていくのである。これこそモーツァルトの音楽の真髄ではなかろうか。そのあと前半部の明るく清らかな、希望に満ちた旋律に戻って終了する。この第2楽章を聴くと、青年モーツァルトの希望に満ちたウィーンでの新生活の様子が思い浮かぶ。モーツァルトは、ザルツブルクの大司教コロレドからも、また、厳格で、微に入り細にわたり干渉する父親レオポルトからも独立して、自由に羽を伸ばしている、はつらつとした、生気に満ちた青年モーツァルトを感じることができる。この第2楽章はそんな青年モーツァルトの瑞々しい感性が光っている傑作である。明るく、軽快で愉悦に満ちた第1、3楽章に挟まれた、この第2楽章こそは、聴く人の心を安らげ、明日への活力を与えてくれる素晴らしい音楽である。第3楽章アレグロ（ロンド）。明るく希望に満ちている。この曲を聴くとしみじみと人生とはいいものであるという思いでいっぱいになる。耳に優しくとても親しみやすい、皆に愛される楽章である。このピアノ協奏曲第12番を聴いていると、つくづくと平穏な日々を送れることが人間の一番の幸せであると思えてくる。モーツァルトの音楽の素晴らしさを感じることができる名曲なのである。生きる喜びと人生への希望を与えてくれる、モーツァルトにただただ感謝するばかりである。

この名曲を丁寧な演奏で再現してくれているのが、イングリット・ヘブラーのピアノで、ヴィトルド・ロヴィツキ指揮、ロンドン交響楽団の録音である（CD：フィリップス、DMP-10010、1967年11月、ロンドンで録音）。まさに私の愛聴盤である。私はこの演奏を聴いては、穏やかな、心静かな気持ちになり、平穏な日々に心から感謝するのである。今日もじっくりとこの曲に聴き入った。演奏会でなかなかこの曲が取り上げられないのが大変残念である。また、この曲はピアノ協奏曲としてだけではなく、ピアノと弦楽器四部でピアノ五重奏曲としても演奏できるように作曲されている。ピアノと弦楽器四部による演奏の愛聴盤は、渡辺陽子さんのピアノとコダーイ・カルテットによる録音である。コダーイ・カルテットは、第1ヴァイオリン（アッティラ・ファルバイ）、第2ヴァイオリン（タマーシュ・サボー）、ヴィオラ（ヤーノシュ・フェイルヴァリ）、チェロ（ギョルギュ・イーデル）による演奏団体である（CD：ゼール音楽事務所、ZMM0407、2004年1月、ブダペストで録音）。渡辺陽子さんのピアノは、控えめで楚々としている。それでいて、粒が揃っていて輝いている。まさにこの曲にぴったりのピアノなのである。コダーイ・カルテットの弦楽器の演奏も柔和で素晴らしい。長年聴いている私の愛聴盤である。この曲を聴くと一般販売していないこのCDを紹介して下さった友人の顔が目に浮かぶ。とても尊敬できる素晴らしいモーツァルティアンの一人である。感謝の気持ちでいっぱいである。

第72章 「寅さん」とモーツァルト

私は、日本の松竹映画『男はつらいよ』、通称「寅さん」が大好きである。「寅さん」はアジア地域を始めとして、アメリカ、ヨーロッパでも好評で多くの人に親しまれている。私の大好きなモーツァルトの音楽もまた、世界中で広く愛され親しまれている。西洋古典音楽と現代日本映画、芸術の種類は違っていても両者には共通する点が多いのではなかろうか。寅さんもモーツァルトも「旅の人」であった。寅さんは時たま故郷の葛飾柴又に帰る以外は、ほとんど人生を旅の空で過ごした。モーツァルトもまた人生の約三分の一は旅に出ていた。寅さんは北風の吹きさらす安宿で、せんべい布団にくるまって眠れぬ一夜を過ごすことが多かった。乗客もまばらな夜汽車で、眠れぬままに汽笛の音を聴いては涙をこぼしていた。モーツァルトもまた、幼い頃から命がけの馬車や船の旅で、何度となく危険な目にあったり、生死を彷徨う大病を患ったり、最愛の母の死に遭遇したり、恋い焦がれる女性にふられたり、つらい思いをすることが多かった。二人の人生は旅に始まって旅に終わったといっても過言ではない。また、「寅さん」もモーツァルトの音楽も各地の自然や街を美しく描いた。「寅さん」

の映画には、四季折々の日本の美しい原風景が出て来る。新緑まぶしい信州の高原、真夏の沖縄の美しい海、夕闇せまる秋の琵琶湖、雪深い北国の山々。また、ある時はお寺や神社、城といった日本固有の建築物が残る古都の景色が美しく映像に残されていった。そういった景色の中を大きな鞄を抱えて歩く寅さんの姿は今も私の目に強く焼きついている。映画「寅さん」は日本の原風景を寅さんや登場人物と共に美しく描き続けていったのである。モーツァルトもまた、生まれ故郷のザルツブルクの山々、ザルツァッハ川の川面を渡るそよ風、ザルツブルク近郊の美しい湖、ウィーンの森、悠然と流れるドナウ川やモルダウ川、ナポリ湾の夕凪、また、ある時は活気あふれるロンドンやパリの街並みを五線譜にしたためた。私はいつもモーツァルトのCDを持って旅に出かける。旅の空、イヤホンでモーツァルトの曲を聴きながら、時々刻々と変わっていく風景を車窓から眺めていると、幸せな気持ちでいっぱいになる。200年以上も前にモーツァルトの音楽はまさに極上の響きで私の心を幸せにしてくれる。また、日本の原風景を車窓から眺めながら聴くその音楽も実に味わい深い。

さらに、二人にとって旅は人生の教師でもあった。寅さんは旅の道すがら多くの人と知り合った。多くの人と接することによって自らを高めていった。また、多くの美しい女性と出会い、恋をした。寅さんが恋をした分、自らも成長し、48作の「寅さん」映画が生まれていった。モーツァルトも欧州各地で何人もの人と知り合い、多くのことを学び、音楽的にも、人間的にも成長していった。また、寅さんと同じように多くの美しい女性にめぐり逢い、恋をした。恋をした分、美しい音楽が生まれた。モーツァルトは、いみじくも手紙の中で語った。「ぼくは断言しますが、旅をしないひとは（少なくとも芸術や学問にたずさわるひとたちでは）まったく哀れな人間です！（中略）優れた才能のひとは（ぼく自身それを認めなければ、神を冒涜するものです）――いつも同じ場所にいれば、だめになります。」

（1978年9月11日パリから父宛て、モーツァルト書簡全集第4巻、273〜281頁）と。私も本当にそのとおりであると思う。しかし、学問や芸術に携わらない人にとっても旅は視野を広げ、人生経験を重ねるために必要不可欠なものであろう。人は旅をして何人もの人と出会い、多くのことを学ぶものと思われる。

また、二人に共通する点はその類い稀な話術の巧みさにあると思われる。寅さんは話術の天才であった。寅さんが話を始めるとぐいぐいとそれに引き込まれてしまう。寅さんの言葉は、人々の暮らしぶり、家族の団らんの様子、出会った人々の姿などを、その場にいるかのように生き生きと伝えてくれる。「とらや（くるまや）」の茶の間で寅さんが話す場面は、映画「寅さん」の核心をなしている。モーツァルトもまた話術の天才であった。次から次へと泉がわき出るが如くに、美しい旋律が生まれてくる。長調から短調へ、また、短調から長調への自然な転調の妙。明るい旋律が展開されていたかと思うと、そこはかとない悲しみの陰がよぎる。変幻自在で、聴く人の心を虜にしてしまう魅力に充ち満ちている。歌劇や歌曲作品の中では、モーツァルトの巧みな話術がいっそうさえわたり、登場人物のきめ細かな性格までもが正確に映し出されてしまう。まさに人が巧みな話術を繰り広げているように聴こえてくるのである。ある時は巧みな話術で幸せいっぱいの喜びを表現している。またある時は失恋の痛手で、すすり泣いている乙女の気持ちを巧みな話術で表現している。歌劇や歌曲作品以外の器楽曲でもそうである。寅さんは時々おもしろい冗談を言って人を笑わせるが、モーツァルトも時々音楽で冗談を言って、にこやかに微笑んでいる。「寅さん」もモーツァルトの音楽も私に同じような感動を与えてくれるのである。「寅さん」を見ているとおかしい場面で笑ったり、悲しい場面でほろりとさせられたりする。私は、「寅さん」を見終わった時、いつも優しい、幸せな気持ちでいっぱいになる。悲しい時、つらい時には、励ましてくれたり、勇気づけたりしてくれる。寅さんはいつも映画の中で人を許している。人を憎んだり、恨んだりすることほど愚かなことはないと。モーツァルトも全く同じである。器楽曲の中で、また歌劇や歌曲の作品の中で、いつも私達に「人を恨むことなかれ、許してあげなさい！」と諭してくれる。モーツァルトの悲しみは、涙がこぼれ落ちた後に、さわやかな癒しが訪れる。モーツァルトのレコードやCDを棚から取り出してわくわくした気持ちで音楽を聴き始めるように、私は寅さんに会いたくなるとDVDやブルーレイを取り出して見始める。見終わっていつも幸せな気持ちでいっぱいになるのである。

このように「寅さん」とモーツァルトには実に多くの共通点があり、私がこよなく二人を愛し続けている所以であろう。優れた芸術は人間にとって欠かすことができないもので、国境、民族、宗教を越えて多くの人々を感動の渦に巻き込んで止まないものである。「寅さん」もモーツァルトも根底に暖かい人類愛が感じられる。それが私達をひきつけるのであろう。限りない優しさと慰めに満ちたモーツァルトの音楽も、話術に長けた「寅さん」も、表現の仕方こそ違え、私達を励まし、勇気づけてくれるものなのではなかろうか。久しぶりに「寅さん」の第17作「寅次郎夕焼け小焼け」を見た。この第17作は私の特に好きな作品で、童謡「赤とんぼ」の作詞者、三木露風のふるさと、兵庫県龍野市が舞台である。龍野の美しい夕焼け空を見ているとモーツァルトの音楽が聴こえてきた。夕焼けを思わせるモーツァルトの旋律は、龍野の夕焼け空にぴったりとあっていた。

第73章　ヴァイオリン協奏曲第2番 *K. 211*

この曲は1775年モーツァルト歳の時にザルツブルクで完成された。3ヶ月のミュンヘン旅行から戻ったモーツァルトはさっそくこの曲の作曲にとりかかった。旅行のたびごとに彼の音楽がさらなる高みに登っていったことを、この曲ははっきりと示している。楽器編成は、独奏ヴァイオリン、オーボエ2、ホルン2、第1ヴァイオリン、第2ヴァイオリン、第1ヴィオラ、第2ヴィオラ、コントラバスで演奏時間は20分ほどである。第1楽章アレグロ・モデラートは、魅力ある主題が好ましい音楽。伸びやかで力強く、ヴァイオリンの独奏と管弦楽がよく調和している。第2楽章アンダンテは私がこの曲の中で最も好きな楽章である。心安らぐ癒しの音楽である。冒頭部の管弦楽の序奏に次いでヴァイオリンの独奏が始まる。この旋律を聴くと心安らかな、穏やかな気持ちになれる。悩みも心配事も忘れさせてくれる素晴らしい楽章である。第3楽章ロンドはアレグロで、軽快で快活な音楽である。華やかさもあり、モーツァルトは若い力を遺憾なく発揮している。私の愛聴盤はフランスのレジ・パスキエ（ヴァイオリン）、ピエール・バルトロメー指揮、リエージュ・フィルハーモニー（オーヴィディス・バロア、V4796、オーヴィディス、フランス、輸入盤）である。ヴァイオリンの独奏も管弦楽の演奏も素晴らしい。

第74章　フランス歌曲「鳥達よ、おまえたちは毎年」*K. 307*

旅の人モーツァルトは、音楽を求めて、また就職先を求めて旅を欠かすことはなかった。1777年9月「マンハイム・パリ旅行」に出発したモーツァルトは、ミュンヘン、アウグスブルク等ドイツの各都市を経由して、10月末にマンハイムに到着した。この地には翌年の3月まで滞在することとなる。この地ではモーツァルトの人生に大きな転機をもたらす出会いが待っていたのである。それはさておき、この曲はこの地で出会った、フルート奏者アウグステ・ヴェンドリンクの娘のために作曲された。モーツァルト21歳の時の作品である。アントワーヌ・フェラン作詞で、「この小さな森に冬がやって来ると鳥は去っていく。鳥は花を求めて別の地に移っていく。一年中恋ができるように。」との歌詞である。音楽は軽やかで優しく愛らしいが、悲しみの陰りも見られる。さらに、後半部には小鳥のさえずりのようなピアノの伴奏も聴こえてきて、可愛らしくて楽しい。わずか1分半ほどの短い曲であるが、モーツァルトの動物愛がにじみ出ていて、聴く人の心を暖かくする。この曲を聴いていると、小鳥を可愛がっていたモーツァルトの姿が目に浮かんでくる。モーツァルトは大好きな犬や猫に加えてカナリア等の小鳥も飼っていた。ウィーン時代にはムクドリも飼っていた。モーツァルトは、１７８４年5月27日、ウィーンの街角でピアノ協奏曲第17番 *K. 453* の第3楽章の主題をさえずっていた小鳥を見つけ、34クロイツァーで買った。「シュタール」と名付けられたそのムクドリは3年間 *K. 453* の第3楽章の主題を歌い続け、１７８７年6月４日に死んだ。愛鳥の死を悼みモーツァルトはムクドリを庭に埋め、墓碑銘を書いた。

「ここに眠るいとしの道化、一羽のむくどり。いまだ盛りの歳ながら味わうは　死のつらい苦しみ。その死を思うとこの胸はいたむ。おお読者よ！　きみもまた流したまえ一筋の涙を。憎めないやつだった。ちょっと陽気なお喋り屋。ときにはふざけるいたずら者。でも阿呆鳥じゃなかったね。いまごろあいつは天国で僕をたたえているだろう、無償なる友情の詩を。突如血を吐き召された時に、まさか主人がこんなにも見事な韻文詩人だとついぞ思ってみなかった。」

死んだムクドリを悼むモーツァルトのこの詩は多くのモーツァルティアンの感動を呼んでいる（１７８７年6月4日、モーツァルト書簡全集第6巻、４１０〜４１１頁）。この墓碑銘には愛鳥の死を悼むモーツァルトの少年のような純粋さがにじみ出ていて胸を打たれるのである。私はいかにモーツァルトが動物をかわいがる、優しい心の持ち主であったかを示す大切な逸話であると思っている。私は、この曲を聴いていると、死んだムクドリを悼むモーツァルトの詩が思い出されてほのぼのとした気持ちになる。私の愛聴盤は、オランダのエリー・アメリンクの録音である（ＣＤ：フィリップス、PHCP-3581-2、１９７７年8月、オランダ、アンヘルム、ムジス・サクルム録音)。透き通った美しくも愛らしい歌声がこの曲にぴったりである。ダルトン・ボールドウィンのピアノ伴奏も粒が揃っていて透明な響きでとても素晴らしい。

第75章　ピアノとヴァイオリンのためのソナタ第30番 *K. 306/300l*

このK. 306のソナタは「マンハイム・パリ・ソナタ」の最後の作品である。1778年、モーツァルト22歳の夏頃パリで作曲されたと考えられている。この頃、モーツァルトの母は旅先のパリで病床に伏していた。治療の甲斐もなく7月3日に帰らぬ人となった。モーツァルトの悲しみはいかばかりであったか!アウグスブルク出身の厳格な父に対して、ザルツブルク近郊のザンクト・ギルゲン出身の母は、冗談好きで暖かい性格の女性であった。母を失ったモーツァルトの悲しみは、ザルツブルクの父に宛てた1778年、7月4日付のモーツァルトの手紙から読者に切々と伝わってくる(モーツァルト書簡全集第4巻、137～139頁)。この手紙はモーツァルティアンが最も大切にしている手紙の一つで、人々の涙を誘うものである。母を失った悲しみにもかかわらず、力強く、美しく、優しい曲をモーツァルトは作り続けていたのかと思うと熱い思いがこみ上げてくる。「マンハイム・パリ・ソナタ」は第1番目から第5番目まで全て2楽章のみからなっているのに対し、このK. 306のソナタだけは3楽章からなり、演奏時間も全体で22分に及んでいる。第1楽章アレグロ・コン・スピーリト、第2楽章アンダンテ・カンタービレ、第3楽章アレグレットで、私は特に第1楽章と第2楽章が好きである。

第1楽章は8分ほどの音楽であるが、ピアノとヴァイオリンが繰り広げる小宇宙が素晴らしい。冒頭部は力強い音楽で始まる。その後はヴァイオリンが穏やかで、伸びやかな旋律を奏でる。これが第一主題で、とても素晴らしい。その後、ピアノとヴァイオリンの協奏が始まり、ヴァイオリンは伸びやかな旋律を、ピアノは軽快な音楽を奏でる。これが第二主題である。その後、冒頭部の音楽に戻る。ピアノは軽快で、律動的な旋律を、ヴァイオリンは伸びやかな旋律を奏でる。その後、第三主題が現れ、ピアノが主旋律を、ヴァイオリンが伴奏に回る。力強い音楽で青春のエネルギーを感じさせてくれる。そして第二主題、第一主題に戻って終了する。とうとうと淀みない川の流れのように、音楽が途切れることなく展開されていて本当に素晴らしい。第2楽章は7分ほどの音楽である。ピアノ、ヴァイオリンと順に主旋律を演奏する。ピアノの時はヴァイオリンが、ヴァイオリンの時はピアノが伴奏に回る。この冒頭部の音楽は私が特に好きなところで、美しくて優しくて、聴いていると癒される。長雨が止んだ天気のいい春の朝、明るい陽光がさす窓辺で、家族が一家団欒を楽しんでいる。外には色とりどりの花が咲き乱れ、小鳥がさえずっている。家族の皆はこの平々凡々な幸せが長く続いてくれるように祈っている。そんな景色が浮かんでくるのである。実に素晴らしい名曲である。私の愛聴盤はワルター・クリーンのピアノ、アルトール・グリュ－ミオーのヴァイオリンである（CD：フィリップス、422713-2、1983年スイス・ラ・ショー・ド・フォンで録音、輸入盤）。特に第2楽章はグリューミオーのヴァイオリンの音色が音楽にぴったり合っている。粒のそろった控えめのクリーンのピアノもヴァイオリンとよく調和している。

第76章　ピアノ四重奏曲第2番 *K. 493*

このピアノ、ヴァイオリン、ヴィオラ、チェロからなる四重奏曲は1786年6月、モーツァルトが30歳の時ウィーンで完成された。3楽章からなり、演奏時間は全体で29分程である。ウィーンの作曲家兼出版者でモーツァルトの友人でもあるホフマイスターの注文によって作曲された。ホフマイスターの注文は三曲であったが、モーツァルトが完成させたのは二曲にとどまった。第1楽章アレグロ。きびきびとした快活な音楽で始まる。ピアノが中心となって主旋律を奏でて、弦楽器は伴奏に回る。時折ヴィオラの伴奏が目立つ。モーツァルトのピアノ三重奏曲は全てピアノ、ヴァイオリン、チェロの三楽器で演奏されるので、ヴィオラが加わったピアノ四重奏曲では、ピアノ三重奏曲にはなかった音楽の幅、重厚感が増し、室内楽の素晴らしさを感じさせてくれる。後半部は特にチェロの伴奏が強くなり、やや重々しい音楽に変化する。ピアノも低い音を奏でて、やや不安や焦りの感情が垣間見られる。しかし、その後冒頭部の明るい音楽に戻る。途中高音域のチェロの伴奏が入るが、これがとても美しい。そして静かに終了する。快活な中にも穏やかな静けさがあって素晴らしい楽章である。第2楽章ラルゲット。この *K. 493* の中で私が最も好きな楽章である。静かな、穏やかな音楽で始まる。明るく、優しさのこもったこの第一主題が素晴らしく、すぐにこの曲の魅力に引き込まれてしまう。四つの楽器が協奏して優しい旋律を奏でる。この楽章では主旋律はほとんどピアノで奏でられる。弦楽器の伴奏は始め控えめであるが、徐々に大きな音になって行く。第一主題、第二主題共に主役のピアノで演奏される。後半部に入るとピアノによる主題の変奏が始まり、悲しみがそっと押し寄せてくる。弦楽器による伴奏も悲しげである。しかし悲しみはそう長くは続かず、冒頭部の音楽に戻って終了する。この音楽を聴いていると、穏やかな、優しい気持ちになる。そっと悲しみを和らげてくれる癒しの音楽である。第3楽章アレグレット。明るく弾むようなロンド風の快活な音楽で始まる。弦楽器の伴奏は控えめであるが、ヴィオラの音が綺麗に響いてピアノ四重奏曲の醍醐味を味わわせてくれる。また、中間部のヴァイオリンの独奏部はとても美しい旋律で素晴らしい。

私の愛聴盤は遠山慶子さんのピアノ、ウィーン弦楽四重奏団のウェルナー・ヒンクのヴァイオリン、クラウス・パイシュタイナーのヴィオラ、ラインハルト・レップのチェロによる録音である（CD：カメラータ・トウキョウ、25CM-38、1982年5月ウィーンで録音）。この録音の特徴は何と言ってもゆったり目の演奏である。第1楽章のアレグロも第3楽章のアレグレットもそうである。モーツァルトの音楽はゆったり目で演奏するのが私の理想である。特に、アレグロは「快適な」という意味で、決して「速く」ではない。この演奏では、第1楽章を快適なテンポで演奏してくれていて、モーツァルトの音楽を忠実に再現してくれている。また、ピアノも弦楽器も決して強い音ではなく、穏やかで適度な減り張りをつけて演奏してくれている。遠山さんのピアノは気品高く、粒が揃っていて、響きもよく、この曲にぴったりである。四人の演奏がよく整っていて素晴らしい。私の大好きな一枚である。イングリット・ヘブラーのピアノ、マイケル・シュワルベのヴァイオリン、ギュスト・カポーネのヴィオラ、オットマール・ボルヴィツキーのチェロによる演奏もよく聴いている（CD：フィリップス、446579-2、1970年ベルリンで録音、輸入盤）。第2楽章の演奏が特に素晴らしい。穏やかな心の平和を与えてくれる演奏である。ヘブラーのピアノの音がこの楽章にぴったりである。

第77章　ホルン五重奏曲 *K. 407/386c*

モーツァルトは木管楽器を主とした四重奏曲、五重奏曲を多種類作曲している。いずれも木管楽器の名手との出会いから生まれた。フルート四重奏曲 *K. 285, 285a, 285b, 298*、オーボエ四重奏曲 *K. 386c*、ピアノと管楽器のための五重奏曲 *K. 452*、クラリネット五重奏曲 *K. 581* 等、いずれも室内楽の最高峰で、時代を超越した傑作ばかりである。そんな中、金管楽器を主役とした室内楽は唯一この曲のみが残されている。この曲もホルン協奏曲と同様に、親しい友人のロイドゲープのために作曲され、1782年の暮れにウィーンで完成された。楽器編成は、ホルン、ヴァイオリン、第1ヴィオラ、第2ヴィオラ、チェロからなる。ホルンの響きを損なわないようにヴィオラを2としたのであろうか?モーツァルトの細やかな心遣いに感動する。第1楽章アレグロ、第2楽章アンダンテ、第3楽章ロンド、アレグロからなり、全体で演奏時間は17分程である。アルプスに吹く風が心地よい、そんな素晴らしい曲である。私は特に第2楽章が好きである。牧歌的で心地よく、ザルツカンマングート地方の山々や湖の景色を彷彿とさせてくれる、私の宝物である。休日の朝によく聴いている。休日が楽しく、幸せな時間を過ごせるような気がしてくる。私の愛聴盤（CD：フィリップス、PHCP-3590、1979年、ロンドンで録音）はアカデミー室内アンサンブルによる録音で、ホルンはティモシー・ブラウンによる。ホルンの響きも良く素晴らしい。弦楽器もホルンとよく調和していて音楽が美しい。テンポがゆっくり目であるのもこの音楽にぴったりである。また、ホルンの代わりに筒の長いアルペンホルンで演奏したホルン五重奏曲の録音もよく聴いている。ザルツブルク・モーツァルト・アンサンブルによる録音である（キングレコード、KICC220、1997年、東京で録音）。このCDでは、父レオポルトの作曲によるホルン五重奏曲もアルペンホルンで披露している。なんとも郷愁を誘う素晴らしい演奏となっている。

第78章　ピアノ協奏曲第22番 *K. 482*

この曲はモーツァルト29歳の1785年暮れにウィーンで完成された。この年は、モーツァルトがウィーンに定住してから5年目にあたり、音楽活動に大変充実した日々を過ごしていた。喜歌劇「フィガロの結婚 *K. 492*」の作曲で大忙しであったが、予約演奏会用にピアノ協奏曲を何曲も作曲しなければならなかった。こうして誕生したのがこの *K. 482* であった。楽器編成は、フルート、クラリネット2、ファゴット2、ホルン2、トランペット2、ティンパニ、第1ヴァイオリン、第2ヴァイオリン、ヴィオラ、コントラバスの大編成で、音楽は充実した内容の多様な響きになっている。オーボエの代わりにクラリネットが使われている点が特筆される。演奏時間は35分にも及ぶ。

第1楽章アレグロ。ソナタ形式で、美しい旋律が次々に現れ、明るく晴れやかな音楽である。この楽章を聴いていると元気が出てきて心浮き浮きしてくる。第2楽章アンダンテ。冒頭部分から寂しげな旋律が奏でられ、堪えきれそうもない悲しみが押し寄せてくる。恋人を失って悲しみにむせび泣いている乙女の姿が浮かぶ。でもその悲しみは聴く人の心をどん底に突き落とすようなものではなく、どこかに救いがある。それはきっと旋律が美しいからで、これこそモーツァルトの音楽の真骨頂であろう。後半部に入って少し明るい、救いの音楽になる。高原の朝を思わせるような爽やかな風が吹く。フルート、クラリネット、ファゴットが美しい旋律を奏でてくれ、聴く人の心を癒してくれるのである。しかしながら、この明るさ、爽やかさは長くは続かずまた冒頭部の悲しみの音楽に戻る。悲しみがゆっくりと遠ざかるようにして音楽が終了する。本当に素晴らしい傑作である。モーツァルトのハ短調の曲は悲しくも美しく、聴く人の心を揺さぶるのである。第3楽章アレグロ。舞曲風のロンド楽章である。私がこの曲の中で最も好きな楽章で、名曲中の名曲。A-A'-B-A-A'の形式。AとA'の幸福感を誘う、モーツァルトらしいかわいらしい旋律もいいが、アンダンティーノ・カンタービレのBの部分が特に素晴らしく好きでたまらない。目をつぶってじっと聴いていると、休日の秋の日の午後の様子が浮かんでくる。人生も後半をすぎた頃、木漏れ日のさす部屋で過ごす穏やかな一時。妻と香り高いコーヒーを飲みながら、過去を振り返り、昔話に花を咲かせる。人生を二人で歩んできて、振り返ってみると、楽しかったことや嬉しかったことがたくさんあった。人生には限りがあるが、しみじみと人生って素晴らしいと感じる一時である。「天上からの贈り物」という言葉がぴったりの曲で、私の宝物である。

私の愛聴盤はイングリット・ヘブラーのピアノ演奏で、コリン・ディヴィス指揮、ロンドン交響楽団の演奏である（CD：フィリップス、DMP-1005、1966年9月、ロンドンで録音）。大変素晴らしい演奏で40年以上聴いている。悲しみを極力抑え、聴く人に希望を持たせる第2楽章の演奏が素晴らしい。さらに、第3楽章の前半部と後半部の明るいロンドの部分、中間部に挿入されているアンダンティーノ・カンタービレの部分も素晴らしい。このアンダンテイーノ・カンタービレの部分の演奏がとりわけ大好きで、しみじみとした味わいがある。この曲に関しては、モーツァルトのカデンツァは残っていない。あるいは散逸してしまったのかもしれない。この録音では、第1、3楽章ともカデンツァはヘブラー自身によるものである。特に第3楽章のフィナーレの前に挿入されたヘブラー自身によるカデンツァは秀逸で、唯一無二の素晴らしさである。アンダンティーノ・カンタービレの部分の旋律を元に、人生の哀感を感じさせるピアニッシモのカデンツァが素晴らしい。まだこの傑作の生演奏を演奏会で聴けていないのが残念でたまらない。そのうちに聴けたらといつも願っている。

第79章　ヴァイオリン協奏曲第4番 *K. 218*

1775年モーツァルトは19歳になっていた。この年彼は、ザルツブルクで立て続けにヴァイオリン協奏曲を四曲完成させた（第2番から第5番まで）。ヴァイオリン協奏曲第3番がゆったりとしていて、やや悲しげなのに対して、この第4番は華やかで力強い。編成は独奏ヴァイオリン、オーボエ2、ホルン2、第1ヴァイオリン、第2ヴァイオリン、第1ヴィオラ、第2ヴィオラ、コントラバスで、演奏時間は約25分になる。独奏ヴァイオリンが朗々と美しい旋律を奏で、青春の息吹を感じる素晴らしい作品である。第1楽章は、アレグロで軍隊のラッパによる鳴り物入り（ファンファーレ）のような音楽で始まる。第一主題は快活で華やかである。それに対して第二主題は優美で美しい。その対比が見事である。第2楽章はアンダンテ・カンタービレ。私はこの曲の中で第2楽章が最も好きである。聴く人の心を優しく包み込む音楽で、独奏ヴァイオリンが奏でる優美な旋律に癒される。それでいて重厚感があり、奥深い趣がある。私がこの第2楽章を聴く時間は、心やすらかに幸せを噛みしめる、至福の時間である。第3楽章はロンド楽章。アンダンテ・グラツィオーソで、明るく陽気で快活である。中間部は民謡調で諧謔的である。私の愛聴盤はピンカス・ズーカーマンのヴァイオリンと指揮、セント・ポール室内管弦楽団の演奏（CD：ソニークラシカル／レガシー、SBK89841、1982年、ニュー・ヨークで録音、輸入盤）で、ゆったりとしたテンポで、この曲の素晴らしさを余すところなく再現している。ピンカス・ズーカーマンの穏やかで、控えめなヴァイオリンが素晴らしい。

第80章 私の好きなモーツァルト

私には理想とするモーツァルト演奏がある。それは、まずテンポが少しゆっくり目であること。次に減り張りが強すぎないこと。丁寧な演奏であることも大事であろう。それに、丸みのある柔らかな音であること。楽器の演奏でも歌唱でも同じで、ピアノの小品から歌劇の大作に至るまで同じことが言える。しかしながら、大切なのはその演奏を聴いて心から感動できること、それが一番大切なことではなかろうか。そして演奏にはある程度の自由度があっていいと思われる。ただし、それがモーツァルトの美しい旋律を壊してしまうものであってはならないと思われる。本来芸術の表現は自由があって然るべきで、特に音楽は「音を楽しむ芸術」なので、解釈に幅があっていいと私は思っている。ましてやモーツァルトの生きた18世紀という時代は、楽譜に音楽家の指定は事細かく書かれていなかった。その上、ピアノソナタでも、ピアノ協奏曲でもカデンツァと呼ばれる演奏家が自由に弾ける部分があり（私は録音でも演奏会でも、カデンツァを聴くのも楽しみである）、この一つをとってみても、モーツァルトの演奏には自由度があるということが言えよう。もちろん、モーツァルトは多くの自作のカデンツァを残しており、それがまたとても素晴らしいものなのである。演奏に自由度があるように、曲を聴いて感じることにも自由度があってしかるべきで、こういう風に感じなければならないという決まりはない。また、人に自分の感想を押し付けるものでもない。浮かんで来る情景や叙情性も聴く人によってそれぞれ違うのである。自由に感じることもまた音楽の楽しみの一つと思われる。もちろんある程度の共通性はあろう。たとえば、モーツァルトの交響曲第25番 *K.183* の第1楽章を聴いて、楽しくなったり、わくわくしたりする人は少ないであろう。私はこの曲を聴くと、少なからず不安な気持ちになり、これから次から次に試練が訪れるような気分になる。また、交響曲第40番 *K. 550* の第1楽章を聴いて、幸せな、楽しい気持ちになる人も少ないであろう。わたしはこれまで経験した悲しかったことが次々に浮かんで、悲しい気持ちでいっぱいになる。最大公約数は同じであることも多かろう。

また、興味深いことに、あの有名な「きらきら星変奏曲 *K. 265*」と呼ばれているピアノ変奏曲の原曲は「ああ、お母さん、あなたに申しましょう！」という題のフランス民謡（シャンソン）である。モーツァルトの自筆譜には「ああ、お母さん、あなたに申しましょう！」による十二の変奏曲と書かれている。私にはこの親しみやすい、美しい曲が、娘が母親に自分の想い人のことを打ち明ける緊張感のある歌にはどうしても聴こえない。この主題がモーツァルトの手によって変幻自在に変わっていくと、冬の空に満天の星屑がきらきらと輝いている情景が浮かんできて、私はとても幸せな気分になるのである。モーツァルトの「きらきら星変奏曲」というあだ名がついたのもうなずける。また、弦楽四重奏曲第17番 *K. 458* には「狩」という題がついているが、この曲の第1楽章を聴いていると、子供の頃遊園地で回転木馬に乗って、はしゃいでいた自分を思い出して、童心に返ったような気分になる。また、「ピアノとヴァイオリンのためのソナタ第34番 *K. 378*」の第1楽章を聴いていると、うららかな

春の日に家族と過ごした幸せな時間が思い出されてくるのである。モーツァルトの曲を聴いていると色々な情景や感情が浮かんでくる。どのような情景や感情が浮かんでくるのかは、人によって様々に異なるのではなかろうか？モーツァルトの音楽は、それぞれの人の感性に響いて、その人なりの感情を引き起こすものと思われる。私にとって理想的なモーツァルト演奏とは、多くの人の心に届いて、色々な感情を引き起こしてくれ、人間としての生きる喜びや勇気、慰めを与えてくれる演奏と思っている。

私の好きなモーツァルト演奏を聴く一時は、私にとってかけがえのない至福の時である。指揮者で言えば、カール・ベーム、ピアニストなら、イングリット・ヘブラー、ワルター・クリーン、ヴァイオリニストなら、ピンカス・ズーカーマン、ヘンリック・シェリング、アルテュール・グリューミオー、フルーティストなら、ペーター・ルーカス・グラーフ、ヴォルフガング・シュルツ、クラリニストなら、アントニー・ペイ、カール・ライスター、オーボイストなら、ハンスイェルク・シェレンベルガー、ハインツ・ホリガー、ホルニストなら、ギュンター・ヘーグナー、ソプラノ歌手なら、ルチア・ポップ、エディット・マティス、エディタ・グルベローヴァ、エリー・アメリンク、テノール歌手なら、ペーター・シュライアー、バリトンなら、ヘルマン・プライ、バス歌手なら、クルト・モル、演奏団体なら、ウィーン・モーツァルト合奏団、ウィーン室内合奏団、イギリス室内管弦楽団、ウィーン・フィルハーモニー、ベルリン・フィルハーモニー、ロンドン交響楽団、アカデミー・オブ・セント・マーティン・イン・ザ・フィールズ、ザルツブルク・カメラータ・アカデミカ、エーデル弦楽四重奏団、ボザール・トリオ。こういった音楽家や演奏団体によって生み出されるモーツァルト演奏が、私が理想とするモーツァルト演奏である。

第81章　イタリア小歌曲（カンツォネッタ）「にこやかに心の静けさが」*K. 152/210a*

この曲は1772～1775年イタリア、ウィーン、ミュンヘン旅行中に作曲された。正確にどこで、いつ完成されたかは不明である。モーツァルト16歳～19歳の時の作品になる。歌詞は、イタリア語の原詩のカンツォネッタをダニエル・イェーガーがドイツ語に翻訳したものである。これは、「怒りや不安を少々感じるものの、にこやかに心の静けさが目覚めている。愛しいあなたが私の元に来てくれれば、ますます心が平和になる。」と歌う曲である。ピアノの前奏は穏やかで清々しい旋律の音楽である。朝日が昇ってあたりが明るくなるような感じである。明るく希望に溢れ、何の不安もなく、心が静かで平和である。これから楽しいこと、嬉しいことが次々に訪れてくるような幸福感でいっぱいになるのである。私はモーツァルトの三大歌曲（「すみれ *K. 476*」、「ラウラに寄せる夕べの想い *K. 523*」、「春への憧れ *K. 596*」）の次にこの曲が好きである。私が夜によくこの曲をかけて聴いているので、妻は「あなたは本当にこの曲が好きなのね！」と半ばあきれ顔で私に話しかけてくる。「心が落ち着く、いい曲なのだよ！」と私は返す。我が家でよく聞かれる会話である。妻はもちろんモーツァルトが大好きではあるが、ショパンもバッハもベートーヴェンも好きで、モーツァルトだけを好んで聴いている私とは音楽の好みがやや違うのである。この曲は一日の終わりによく聴いている、私の宝物である。今日一日を振り返り、楽しかったことや困惑したことを思い出して、明日につなげるのにふさわしい曲であると思われる。穏やかで、幸せな気持ちで眠りにつくことができるのである。私の愛聴盤は、エリー・アメリンク（CD：フィリップス、PHCP-3581-2、1977年8月、オランダ、アンヘルム、ムジス・サクルム録音）の歌唱である。アメリンクの透き通った美しい歌声がこの曲にぴったりである。ダルトン・ボールドウィンのピアノ伴奏も控えめでとても素晴らしい。もう50年近くこの録音を聴いている。レコードの時代であったらとっくに擦り切れているであろう。CDの時代になって数えきれないほど聴いても録音が劣化することはなくなった。時代が流れていっても色あせることなく、永遠の命を持っているものこそ真の芸術であろう。モーツァルトもアメリンクも不滅の芸術家である。

第82章　ピアノソナタ第13番 *K. 333/315c*

この曲は1783年暮れリンツで完成された。モーツァルト27歳。この年の夏、モーツァルトは妻コンスタンツェを伴って故郷に里帰りした。故郷からウィーンに戻る際に立ち寄ったリンツで、有名な交響曲第36番*K. 425*「リンツ」を作曲した。その後、この*K. 333*を作曲したと考えられている。演奏時間は全体で20分程である。モーツァルトのピアノソナタの中でも特に人気が高い名曲である。第1楽章アレグロ。7分程の音楽。軽快な、弾むような音楽（第一主題）で始まる。明るく楽しい曲である。これから良いことがたくさん起こるような予感がする。この冒頭部の音楽は何度も繰り返される。ピアノの音が輝いていて、聴く人の心を捉えて離さない。後半部にはやや悲しみの影がさして、不安や気がかりなことで心の平和が乱れそうになるが、明るい曲調の旋律で打ち消される。第2楽章アンダンテ・カンタービレ。6分程の音楽であるが、私はこの楽章が大好きで何回となく聴いている。冒頭部はゆったりとした、静かな音楽で始まる。これが第一主題である。その後すぐに第二主題が現れる。第一主題も第二主題もとても素敵で、目をつぶってじっくりこの楽章を聴いていると、心が落ち着き、不安や心配事が吹き飛んでしまう。ピアノの奏でる親しみやすく、気品のある音楽に心から感動する。単純明快なものにこそ真の芸術があるのではなかろうか。ピアノの音は控えめで、音の粒が揃っていることがこの曲の演奏には大切と思われる。中間部にはやや悲しみがよぎるが、すぐに冒頭部の音楽に戻る。第一主題が繰り返し演奏され、次いで第二主題が演奏され終了する。私はいつもこの静かで美しい音楽に聴き惚れ、癒されている。第3楽章アレグレット・グラツィオーソ。7分程の音楽である。ロンド風の音楽。軽快な、伸び伸びとした音楽の中にも愉快さ、楽しさ、諧謔性があふれていて素晴らしい。中間部には、そこはかとない悲しみが現れてくる。モーツァルトならではの世界である。しかし、すぐに弾むような軽快な音楽に打ち消される。後半部はさらに力強さが増して、主題にも変化がつけられていく。聴く人を飽きさせない工夫がなされている。やはり、この楽章もピアノの音の粒が揃っていて、音に輝きがあることが要求される。私の愛聴盤はヘブラーの録音である（ＣＤ：フィリップス、SHIM-1009、１９６７年録音）。ヘブラーの演奏は素晴らしい。気品高く、真珠のような輝きを持ったピアノの音はこの曲にぴったりである。ピアノの音の粒も揃っていて、控えめであるのに音に輝きがあると、この音楽は一層美しい。

第83章　弦楽四重奏曲第14番 *K. 387*「ハイドン四重奏曲第1番」

１７８２年から１７８５年にかけてモーツァルトは六曲（*K. 387, 421, 428, 458, 464, 465*）の弦楽四重奏曲を完成させ、敬愛するヨーゼフ・ハイドンに献呈した。そのため、後世の人がこの六曲を「ハイドン四重奏曲（ハイドン・セット）」と呼んでいる。ハイドンは音楽史上、「交響曲の父、弦楽四重奏曲の父」と呼ばれているが、その名の通り多数の交響曲と弦楽四重奏曲を残した。１７８１年にウィーンで自立したモーツァルトにとって、ハイドンの新作の弦楽四重奏曲は衝撃的であったようである。これに刺激を受け、モーツァルトは新作の弦楽四重奏曲の作曲に取り掛かった。さらさらと楽譜に音楽を書き、短時間に多数の曲を生み出す天才モーツァルトにしては大変珍しく、この六曲の弦楽四重奏曲の自筆譜には多くの修正箇所が見られる。長時間をかけた、まさに労作であった。モーツァルトは、ハイドンに献呈する際に「ここに六人の息子がいます。彼らは長く辛い労苦の結実ではありますが、彼らの父親とも指導者とも、また友人ともなって下さるように切にお願い申し上げます。」との献辞を添えたのであった。ここの部分は、深い尊敬と友情に結ばれた二人の天才の真の音楽交流を示している。後世の人がハイドンのことを「パパ・ハイドン」と呼んだのも頷けるのである。モーツァルトは、1785年の1月15日並びに2月12日にウィーンの自宅にハイドンを招き、この「ハイドン四重奏曲」全曲を三曲ずつ演奏披露したのであった。ハイドンは、息子を訪問中の父レオポルトに次のような有名な言葉を伝えた。「誠実な人間として神の前に誓って申し上げますが、ご子息は名実共に知っている最も偉大な作曲家です。様式感に加えてこの上なく幅広い作曲上の知識をお持ちです。」（ザルツブルクの娘ナンネルに宛てた手紙、1785年2月16日、モーツァルト書簡全集第6巻、36～39頁）。レオポルトは息子の晴れ姿を見て、またハイドン大先生から最大限の賛辞を得てどれほど嬉しかったことか！レオポルトの手紙を読むとそんな父親の気持ちがよく伝わってくるのである。この*K.* 387は「ハイドン四重奏曲」の第一番目の作品である。1782年の大晦日に完成された。モーツァルト26歳。4楽章からなり、演奏時間は25分を超える。私が最も好きなのが第3楽章アンダンテ・カンタービレである。悲しみの音楽が次から次へと展開される。第1ヴァイオリンやチェロが主旋律を奏でるのであるが、不安や悲しみが大きくて押しつぶされそうになる。その悲しみを受け入れる気持ちもなくはないが、悲しみは繰り返し襲いかかってくる。最後の部分では悲しみを甘んじて受け入れる姿勢も見られる。全楽章にわたって憂いと哀愁に満ちていて、明るい音楽はほとんど現れない。しかしながら聴き終わった後に深い感動を覚えるのである。これはまさにモーツァルトの音楽の不思議な力である。この曲の愛聴盤はエーデル弦楽四重奏団の演奏である（CD:ナクソス、8. 550541、1990年11月録音、ブダペストで録音、輸入盤）。柔らかな弦の音、ヴィオラ、チェロの調和、旋律を生かす演奏技術、優れた音楽性、どれを取っても最高である。この曲を聴いた回数は数えきれないが、聴くたびに毎回新たな感動を覚える。

第84章　ソプラノ独唱曲「ああ、恵み深い星々よ、もし天に」*K. 538*

この曲は1788年3月ウィーンで完成された。モーツァルトは32歳になっていた。この頃ウィーンでのモーツァルトの人気は陰りを見せ始め、完成される曲も減ってきた。そんな中でも、ピアノ協奏曲第26番*K. 537*「戴冠式」、三大交響曲（第39番*K. 543*、第40番*K. 550*、第41番*K. 551*）、ピアノソナタ第15番*K. 545*等の傑作が生まれた。この曲は、ピアノ協奏曲第26番と交響曲第39番の間に完成された。編成は、独唱ソプラノ、オーボエ2、ファゴット2、ホルン2、第1ヴァイオリン、第2ヴァイオリン、第1ヴィオラ、第2ヴィオラ、チェロ、コントラバスで、演奏時間は8分程である。

この曲は一生結ばれることのなかった最愛のアロイジアのために作曲された最後の曲である。当時ウィーンでは、悲歌劇が上演されることは稀であったので、この曲は、悲歌劇の中の代替作品として作曲された可能性は低い。おそらく、アロイジアの演奏会のために作曲されたのではないかと思われる。モーツァルトは、アロイジアがランゲの妻となった後も、多くの曲を彼女のために作曲し続けた。あのように冷たくモーツァルトを鼻であしらったアロイジア！その彼女のためにせっせと曲を作り、贈るとは！モーツァルトのいじらしさ、優しさ！モーツァルトは出会ってから亡くなるまで、アロイジアからの愛を受けることはできなかったが、一生彼女のことを忘れられなかったのである。音楽家が想い人に曲を作って贈りたいという気持ちは、音楽が好きな人には誰にでもわかることであろう。ベートーヴェンもシューベルトもショパンもそうであった。結ばれた後もおしどり夫婦として有名なロベルト・シューマンとクララもそうであった。日本の音楽家でも、私の好きなラジオ歌謡「高原列車は行く」で有名な、昭和を代表する作曲家、古関裕而さんとその妻、金子（きんこ）さんがそうであった。古関さんは名の知られた作曲家、金子さんは才能ある声楽家であった。二人はコンピューターもスマートフォンもない時代に文通で愛を育んだ。古関さんは彼女の書いた詩に曲をつけて贈った。その際「私のクララである、あなたに捧げます」と手紙にしたためたのであった。日本の手紙文化を無くしたくないと思うのは私だけではないであろう。

さて、モーツァルトは「この曲がアロイジアのために作ってあげられる最後の曲になる。」とわかっていたのかもしれない。次第にモーツァルトは心身の不調に気づいていくのである。この曲は、モーツァルトがアロイジアに贈った曲の中で、最も優れた曲であると私は思っている。題材は、ピエトロ・メタスタージョの「シナの英雄」の第一幕第二場から取られた。ダッタン王国の王女リジンガは中国の宰相レアンゴに捕えられている。しかし、リジンガは宰相の息子とされているシーヴェノを愛している。シーヴェノは宰相の息子として育てられたが、実は皇子であった。その後ダッタン王国と中国の間に和平が結ばれたため、リジンガは帰国しなければならなくなった。恋の破局に直面したシーヴェノはリジンガとの別れを悲しみ、その胸の内を切々と歌う。管弦楽の序奏は明るく一点の曇りもなく美しい。その後ソプラノの独唱が始まる。星に自分の願いを聞いて欲しいとの思いが聴く人の心に伝わってきて感動する。後半部になると悲しみが現れ、恋人との辛い別れを悲しむ気持ちが切々と響いてくる。コロラトゥーラの技法が何度も現れ音楽を盛り上げる。聴きどころであるが、歌手にとっては困難を極める部分であろう。朗々と歌い、感情を込めるのは至難の技である。さらに、悲しみは弱まることなく強くなって、最後は管弦楽の音楽で締めくくられる。モーツァルトが心血を注いだ曲であることに間違いはない。

私の愛聴盤はソプラノ独唱、エディタ・グルベローヴァ、レオポルト・ハーガー指揮、ザルツブルク・モーツァルテウム管弦楽団の演奏である（CD：フィリップス、422771-2、1979年ウィーンで録音、輸入盤）。グルベローヴァはコロラトゥーラの超絶技法が素晴らしく、情感たっぷりに歌っている。モーツァルテウムの演奏もとても良い。なお、ソプラノ歌手の代わりにハインツ・ホリガーがオーボエでその声を演奏している録音がある。この悲しい曲にはオーボエの哀切の響きがよく似合う。ホリガーは十分にソプラノ歌手の代わりをしてくれている。感情を込めた演奏が素晴らしい（ケネス・シリトー指揮、アカデミー・オブ・セント・マーティン・イン・ザ・フィールズによる管弦楽の演奏。フィリップスPHCP-9307、1986年6月ロンドンで録音）。モーツァルトの歌曲は、器楽曲として演奏してもその美しい旋律で多くの人を感動させて止まない。

第85章　ピアノ協奏曲第5番 *K. 175*

曲の全てがモーツァルトの手になる、初めてのピアノ協奏曲がこの第5番である。というのは、第1番から第4番までのピアノ協奏曲は、既存の曲を主題にして、父レオポルトが息子にピアノ協奏曲の作曲指導をして、完成させたからである。第1番から第4番までのピアノ協奏曲も、管弦楽が主題にとても良く合い素晴らしい作品ではあるが、やはり全てモーツァルトの手になる独自のピアノ協奏曲としては、この第5番がモーツァルトの記念すべき第一作目と言えよう。この曲は、1773年12月、モーツァルト17歳の時にザルツブルクで完成された。モーツァルトは「第一～第三回イタリア旅行」を経験し、もうすでに大作曲家の域に達していた。この1773年から亡くなる1791年まで、モーツァルトは生涯ピアノ協奏曲を作り続けていくこととなる。ピアノ協奏曲の第5番から第27番までの23曲はどれも珠玉の作品で、この上なく素晴らしく、多くのモーツァルティアンが愛して止まない傑作ばかりである。モーツァルトの全作品群の中でピアノ協奏曲が一番好きという人も多いのである。私はこの第5番が大好きでよく聴いている。華やかで、活気に満ちた第1楽章や堂々とした第3楽章も良いが、なんと言っても私は、緩徐楽章の第2楽章が大好きである。穏やかな、静かな導入部分、落ち着いた心休まる第一主題、それに続くやや悲しげな第二主題と、心に響く音楽が素晴らしい。夕焼けの情景も浮かんでくる。山里に夕日が落ちて、ゆっくりと夜が訪れる。一日の仕事を終え、皆が家に戻ってくる。明かりのついた食卓を囲んで家族が夕食を食べながら笑顔がこぼれている。外には満天の星屑がきらきらと輝いている。しみじみと幸福を感じる一時である。今晩も私の大好きなヘブラーのピアノ、ロンドン交響楽団の演奏で聴いてみよう（アルチェオ・ガリエラ指揮、CD：フィリップス、DMP-10007、1965年7月、ロンドンで録音）。特に第2楽章の演奏が素晴らしい。ヘブラーは第1、2楽章のカデンツァもモーツァルトの手になるものを使っている。第3楽章はヘブラー自身が作曲したカデンツァを用いている。

第86章　ディヴェルティメント *K. 131*

この曲は1772年6月にザルツブルクで完成された。モーツァルト16歳の時の作品である。1771年8月に父と出かけた、「第二回イタリア旅行」では、ロヴェレート、ヴェローナ、ミラノ等を訪れた。ミラノでは祝典劇の台本を受けとり、「アルバのアスカーニョ *K. 111*」を完成させ宮廷劇場で初演し、大成功を収めた。モーツァルトは大いに自信を持ったことであろう。二人は1771年の暮れにはザルツブルクに戻った。翌年にはザルツブルクの大司教にヒエローニュムス・コロレドが選ばれた。この後モーツァルトは大司教との軋轢に苦しむことになるのである。しかしながら、モーツァルトはこの試練に耐えながら、郷里で多くの作品を完成させていく。これにはイタリアでの経験が大いに生かされたのであった。この *K. 131* の楽器編成は、フルート、オーボエ、ファゴット、ホルン4、第1ヴァイオリン、第2ヴァイオリン、第1ヴィオラ、第2ヴィオラ、コントラバスである。当時としては大編成で、楽章も多く7楽章からなっている。管弦楽の響きがとても美しく、珠玉の作品となっている。これからどんな音楽が聴けるか、わくわくした気持ちにさせてくれる第1楽章アレグロ。喜びに満ちた第3（第一メヌエット）、第5（第二メヌエット）楽章。力強く明朗な第4楽章アレグレットや第7楽章アレグロ。朝が訪れるような雰囲気の第6楽章アダージョと変化に富む。全て素晴らしい楽章である。そんな中で、私が最も好きなのが第2楽章アダージョである。この楽章はゆったりとした旋律で始まる。広い草原に風が吹いて、草がゆらゆらと揺れている景色が浮かんでくる。次第に明るい希望に満ちた旋律へと発展し、弦楽器と管楽器が見事な調和をみせる。流麗な音楽が心地よい。後半になって、多少の不安と悲しみの影がよぎるが、決して後を引かず、ゆったりとした旋律に戻って終了する。イタリア旅行の経験によってモーツァルトの音楽は見事に飛躍した。モーツァルトは旅を重ねるたびに成長していったのである。私の愛聴盤はシャンドール・ベーグ指揮、ザルツブルク・モーツァルテウム・カメラータ・アダデミカの1990年の録音である（CD：日本コロムビア、COCO-78056、ザルツブルクで録音）。愉悦に満ち、明るい希望を与えてくれる演奏で、この音楽の素晴らしさを十二分に再現してくれている。ネヴィル・マリナー指揮、アカデミー・オブ・セント・マーティン・イン・ザ・フィールズ管弦楽団の演奏（CD：フィリップス、422620-2、1987年1月ロンドンで録音、輸入盤）もよく聴いている。颯爽とした演奏はこの音楽にぴったりである。管楽器、特にファゴットが美しく低音を響かせていて素晴らしい。

第87番　ピアノ協奏曲第16番 *K. 451*

この曲は1784年3月22日ウィーンで完成された。モーツァルトは28歳になっていた。この年の2月9日から3月22日までにピアノ協奏曲の第14番から第16番までが立て続けに完成された。この第16番はそれまでのピアノ協奏曲と異なり、楽器編成が、独奏ピアノ、オーボエ2、ホルン2、フルート、ファゴット2、トランペット2、ティンパニ、第1ヴァイオリン、第2ヴァイオリン、ヴィオラ、コントラバスという大編成になっており、演奏時間も25分を超えている。前作の第15番変ロ長調 *K. 450* よりさらに大編成になっており、トランペット2、ティンパニが加わって音楽の響きがさらに増している。これは当時としては珍しいことで、小さな音楽同好会では演奏が難しかったと思われる。第1楽章アレグロ・アッサイ。冒頭部管弦楽が第一主題と第二主題を演奏する。第一主題は力強く輝かしい旋律である。それに対して第二主題は牧歌的で自然を描写しているように聴こえる。この管弦楽による序奏は2分を超えるほど長大で、その後ピアノの独奏が始まり、第一主題が演奏される。その後はピアノと管弦楽が協奏していく。第2楽章アンダンテ。この曲の中で私が最も好きな楽章である。冒頭部では穏やかな、ゆったりとした旋律を管弦楽が奏でる。美しい自然描写のようである。湖にそよ風が吹いて水面がゆらゆらと揺れている情景が浮かんでくる。この主題がとても好ましい。明るく穏やかで心和む。しかし中間部に入ると悲しみの陰りがさしてくる。その悲しみは長くは続かずやや明るさを増したかと思うと、また悲しみが影をさす。モーツァルトらしい繊細な音楽で心から感動する。その後明るい冒頭部の音楽に戻って終了する。第3楽章アレグロ・ディ・モルト。明るく弾むようなロンド楽章である。主題は明るく曇りがない。ピアノも明るく軽快な旋律を奏でて管弦楽と協奏する。この楽章でも管楽器が活躍し、音楽が深みを増している。カデンツァの後にコーダが続き終了する。私の愛聴盤はヘブラーのピアノ、ヴィトルド・ロヴィツキー指揮ロンドン交響楽団の録音である（CD：フィリップス、DMP-10012、1964年9月録音、ロンドンで録音）。ヘブラーはモーツァルトの音楽を忠実に再現してくれている。ピアノの粒が揃っていて、明るい輝きがある。特に第2楽章の演奏は素晴らしい。モーツァルトの繊細な音楽をこれほどまでに美しく、清楚に演奏してくれるピアニストは稀有であろう。

第88章 ランパルとモーツァルト

フランス・マルセイユ出身のフルーティストのランパル氏が2000年5月20日に亡くなった。ランパルはフランスを代表するフルーティストとして世界で活躍されたが、モーツァルトのフルート協奏曲やフルートとハープのための協奏曲の録音は、今なお世界中で愛されている。私もその録音を良く聴いているが、ランパルが亡くなったことを知りとても残念に思った。

私は1985年春から1986年春にかけてアメリカ合衆国のボストンで研究する機会があった。妻と3歳になった娘を連れて初めてアメリカ合衆国の土を踏んだ。1983年にドイツのギーセンでの国際色素細胞学会に参加して以来2年ぶりの海外渡航であった。当時はボストン直行便がなかったので、ニュー・ヨーク経由でボストンに入った。ハーバード大学歯学部のジョージ・サボ先生の研究室でヒトの皮膚からメラノサイトを培養し、紫外線の効果について研究した。サボ先生はヒトの皮膚のメラノサイトの第一人者であられ、ハンガリーからロンドン大学を経てハーバード大学に移られた。日本の小さな地方大学の研究室からアメリカの大きな大学の研究室に移り思う存分研究できることに毎日感謝の日々であった。私が所属していた岩手大学では講義・学生実習・卒業研究指導等、教育活動の負担が大きく、研究時間が多く取れるのは授業がない夏休み、冬休み、春休みであった。ハーバード大学では大学にいる時間の全てが研究時間で、夢のような日々であった。研究材料や研究機器に恵まれている上に、キャンパス内の大学図書館には、どんな論文でも読むことができるほど学術雑誌が

豊富に揃っていた。
ボストンでは恵まれた研究生活にこの上ない喜びを感じられただけではなく、音楽にも大変恵まれた。サボ先生ご自身がモーツァルトファンであられた。その他研究室には女性ハープシコード奏者で秘書のキャロルさんやクラシック音楽ファンの女性技術者のエヴァリンさんがおられ、研究の話以外にクラシック音楽の話にも花が咲いた。ぎすぎすした大人数のアメリカ的な研究室ではなく、家族的な小さな研究室で留学生活を送れたことに大変感謝の気持ちでいっぱいの日々であった。ハーバード大学歯学部の近くには歩いていけるボストン・シンフォニーという演奏会場があって、小澤征爾さんがボストン交響楽団の音楽監督を務めていた。小沢さん指揮の演奏会を始めとして、世界を代表する演奏家や管弦楽団による演奏会が頻繁に催されていた。昼休みには歩いてボストン・シンフォニーまで行き、いい席の切符を買うことができ、演奏会には何回もいけた。幸運にも、ランパルのフルート演奏会もここで妻と一緒に聴くことができた。モーツァルトの曲目はなかったが、ランパルのフルートを生で聴くことができた。透明感があって、明るく、しかも陰影に富んだ、素晴らしい演奏であったことを昨日のことのように覚えている。ランパル氏逝去の知らせを受け、陽気で、飾らない性格を垣間見た、あの演奏会のことが鮮明に思い出された。氏のご冥福を心よりお祈り申し上げる。

第89章　交響曲第5番 *K. 22*

この曲は、1765年暮れモーツァルトが9歳の時にオランダのデン・ハーグで完成された。この年の夏にモーツァルト一家は、1年3ヶ月にわたって滞在していたロンドンに別れを告げ、ドーバー海峡を渡りオランダに入った。父は早くイタリアに行きたかったが、モーツァルトと姉ナンネルが大病にかかったのと、オランダの総督に引き止められたのもあって、滞在は8ヶ月にも及んでしまった。この曲はこの地での翌年1月の演奏会用に作曲されたと考えられている。オーボエ2、ホルン2、第1ヴァイオリン、第2ヴァイオリン、ヴィオラ、コントラバスという小編成ながら、天才のひらめきが随所に見られて大変興味深い。第1楽章アレグロ、第2楽章アンダンテ、第3楽章モルト・アレグロの3楽章からなり演奏時間は全体で約7分である。私が大好きなのは第2楽章である。冒頭部から悲しい音楽が流れてくる。この主題が繰り返し演奏されていく。この部分を聴いただけで「モーツァルトは悲しい！」と万感を込めて言っていた親友の言葉が思い出される。モーツァルトは9歳にしてすでに哀しみを音楽で表現することができたのである。その後、少し明るい兆しを感じさせる音楽に変わる。このやや明るい音楽で未来に希望が湧いてくる。全般にわたってオーボエが大活躍する。哀しみの音楽も、やや明るい音楽も。モーツァルトの音楽の真髄は、流れるように美しい旋律、独唱曲や歌曲のように歌う旋律の美しさ・愛らしさ、明暗・転調の変幻自在な変化、それに管楽器の優れた使用法であろう。9歳の少年モーツァルトは、この作品の中にすでに天賦の才能の片鱗を見せているのである。この世に生を受けたその時からモーツァルトはすでに天才であった。まさに「神童」という言葉がぴったりではなかろうか。その天賦の才能に、想像を絶する努力と精進を重ね、音楽の世界で孤高の存在になっていったのである。今晩もカール・ベーム指揮、ベルリン・フィルハーモニーの録音（CD：ドイツ・グラモフォン、427241-2、１９６８年、ハンブルクで録音、輸入盤）で楽しもう。端正な上に旋律を伸びやかに歌いあげていて素晴らしい。

第90章　弦楽四重奏曲第13番 *K. 173*

「ウィーン四重奏曲」の第六番目の曲である。モーツァルト17歳の1773年秋にウィーンで完成された。モーツァルトは1772年秋に父親と共に「第三回イタリア旅行」に出かけ、ミラノで「ミラノ四重奏曲」六曲を完成させた。1773年3月にザルツブルクに帰郷したモーツァルトは、ゆっくり休養を取る暇もなく、7月中旬に父と就職活動のため「第三回ウィーン旅行」に出かけた。そのウィーンでの2ヶ月半ほどの短い滞在の中で「ウィーン四重奏曲」六曲を完成させたのである。その内の一つがこの*K. 173*である。充実した内容の作品となっており、ウィーンでの多くの音楽体験がモーツァルトをまた一段と成長させたことが伺える。4楽章からなり演奏時間は全体で15分程である。私が大好きなのは第2楽章アンダンティーノ・グラツィオーソである。冒頭部から愛らしい旋律がゆったりと、伸びやかに奏でられる。第1ヴァイオリンが主旋律を奏で、第2ヴァイオリン、ヴィオラ、チェロによる伴奏は控えめで好ましい。音楽の開始とともに早速モーツァルトの世界が展開する。展開部も第2ヴァイオリン、ヴィオラ、チェロによる伴奏が、第1ヴァイオリンが奏でる主旋律を引き立てている。後半部にはやや趣の異なる音楽が挿入されるが、すぐに冒頭部の音楽に戻り、最後にチェロがやや強めの音で演奏し終了する。心地よいそよ風がそっと吹き抜けたようで穏やかな気持ちになれる。私の愛聴盤はエーデル弦楽四重奏団の演奏である（CD：ナクソス、8. 550545、1992年10月ブダペストで録音、輸入盤）。柔らかな弦の音、ヴァイオリン、ヴィオラ、チェロの奏でる音の調和。愛らしく、気品あるモーツァルトの世界を見事に再現してくれている。聴くたびに感動する名演奏である。

第91章　三幕の悲歌劇「クレタの王イドメネオ」*K. 366*

この曲は1780年秋から1781年初頭にかけて、ザルツブルクとミュンヘンで作曲された。ウィーンに移り住む直前に一気に作曲されたものである。モーツァルト24歳。書きたくて、書きたくてしかたなかった歌劇の注文がミュンヘンのバイエルン選帝侯から届き、喜び勇んで単身ミュンヘンに赴いたモーツァルト！そのモーツァルトの渾身の作品である。完成された「イドメネオ」はミュンヘンで1781年の1月末に無事初演することができた。評判は上々で、初演後も二回上演されたことが記録に残っている。ザルツブルク時代の歌劇作品の中では際立って傑出しており、多くの人の心を動かす名作である。独唱、二重唱、三重唱、四重唱も、もちろん素晴らしいが、この作品では、特に合唱曲の充実ぶりが顕著で、モーツァルトの歌劇作品の中では合唱曲がとりわけ充実している。この作品はあらゆる悲歌劇の中の最高傑作であろう。私も大好きでよく聴いている。青年モーツァルトの瑞々しい感性が伝わってくる作品である。一般に歴史的題材を扱う悲歌劇は無味乾燥な作品が多い中、モーツァルトの悲歌劇は優れた作品が多く、その音楽の素晴らしさで多くの人を魅了して止まないのである。モーツァルトの音楽によって、敬遠されがちな悲歌劇の作品がぐっと身近なものになる。モーツァルトの悲歌劇は、古き良き時代への憧れを抱かせるのには十分なのである。

♪序曲

勇壮な音楽で始まり、悲歌劇の開始にふさわしい、高貴できらびやかな音楽が続き、これからどのような物語が始まるのか、聴く人をわくわくさせてくれる。

♪第一幕

この物語の舞台は、紀元前1200年トロイア戦争直後のクレタ王国である。イーリア（トロイアの王女、ソプラノ）は、敵国のクレタ王国に囚われている。その地でイーリアはイダマンテ（クレタの王子、テノール）に心を奪われてしまい悩んでいる（イーリアの独唱、「お父様、お兄様、さようなら！」）。そこにイダマンテが現れ、父イドメネオ（クレタの王、テノール）の帰還を祝ってトロイア人を解放しようと言う（イダマンテとイーリアの二重唱「トロイア人を集めよ！」）。そしてイーリアに禁じられた愛を語る（イダマンテの独唱、「私には罪がないのに、あなたは私を非難される！」）。トロイア人は解放され、クレタ人と共に平和を喜ぶ。ここで「平和を楽しもう！」という合唱が入る。この曲は生き生きとして活気にあふれ、平和を喜ぶ気持ちに満ち溢れていて素晴らしい。それを見たエレットラ（ギリシャのアルゴスの王女、ソプラノ）はトロイア人の解放を非難する。その時、アルバーチェ（王の腹心、テノール）から王イドメネオの死を知らされる。王子を我が者にしたいエレットラは、王子がイーリアを愛していることに嫉妬する。そしていずれイーリアが王女になることを恐れ、復讐を誓う（独唱、「この心の中に感じるもの全ては」）。この独唱曲も素晴らしい。始めにオーボエの序奏が入るが、この旋律が殊の外美しい。次いで歌唱が始まるが、エレットラの怒りが見事に音楽で表現されている。その後、合唱曲「お慈悲を、神々よ、お慈悲を！」が入る。この合唱も感情が真に迫る素晴らしいものとなっている。ところが、イドメネオはまだ死んではおらず、嵐の中を航海していたのである。イドメネオは海神ネプチューンに「命を助けてくれる代わりに、陸に上がって最初に出会った人を生贄として差し出す。」と約束する（イドメネオの独唱「わしは自分の周りを見ることになろう！」）。陸に上がって最初に出会う人のことを思い、嘆き悲しむ。この部分はイドメネオの動揺する気持ちと優しい気持ちを見事に表現していて素晴らしい。旋律もこの上なく美しい。

嵐が静まりイドメネオが陸に着くと、なんと初めに出会ったのは、自分の息子イダマンテであった。イドメネオは動揺し立ち去り、イダマンテは父が自分のもとを去っていったことを見て悲しむ。イダマンテの独唱、「愛する父上を！」はイダマンテの悲しみ、苦しみを見事に表現していて素晴らしい。旋律も美しく、聴きどころである。その後、勇壮で輝かしい行進曲が入る。この行進曲も旋律が美しく、管楽器が見事に弦楽器と調和していて素晴らしい。行進曲の後、合唱曲「海神ネプチューンの名誉を讃えよ！」が入る。嵐を沈めてくれたことに人々は感謝し、荘厳な生贄の儀式を準備しようと言う。この部分の音楽も勇壮で、しかも感謝の気持ちが込められていて素晴らしい。この曲は第一幕の中でもとりわけ素晴らしい傑作である。

♪第二幕

イドメネオは腹心アルバーチェに、生贄が自分の息子のイダマンテになったことを打ち明け、助けを求める。アルバーチェは、海神の怒りが収まるまで、イダマンテをエレットラと共にアルゴスに行かせる。イダマンテと離れ離れになったイーリアはイドメネオに悲しみの気持ちを伝えるべく歌を歌う。これに対してイダマンテは「私の心は貴方のもの！」と高らかに歌う（「心配しないでいいのです。愛しい人よ！」）。この独唱曲は「イドメネオ」の中の白眉で、ヴァイオリンのオブリガードに導かれてイダマンテが切々と歌うこの曲は、最高に美しく、厳かで、崇高な響きのある傑作である。私の大好きな曲である。二人の愛に気付いたイドメネオは、自分が引き起こした邪悪な運命に苦しむ。しかし、イーリアの美しい心に接し、「あなたの望むようにきっとなる。」と励ます。それを受けてイーリアが「もしも私が父を失い、祖国も失ったとしても、イドメネオ様、あなた様が私の父上です！」と歌う。この独唱曲も先のイダマンテの独唱曲と同様「イドメネオ」でとりわけ美しい傑作で、私の宝物である。大変な人気で、単独でも演奏会で良く取り上げられる。イドメネオは自らの苦しい胸の内を「曖昧な言葉はなんと私の気持ちを混乱させるのか」と歌う。一方で、エレットラはイダマンテと一緒に航海に出られることを喜ぶ。エレットラは「愛しいお方よ、意に反して」と歌う。イダマンテと一緒にいられる喜びを嬉々として歌う。この曲もとても美しいが、どこか悲しみが込められている。それはこれから起こることへの不安を表しているように思われる。

イダマンテとエレットラが出港の準備をし、イドメネオが見送っている。船に乗り込む様子を行進曲で表現している。「シドンの海よ、穏やかであれ！」と歌う合唱曲は厳かな響きである。海が荒れずに無事二人が航海できるようにとの祈りが込められていて素晴らしい。イドメネオはイダマンテに早く出航するように促す。イダマンテは別れを惜しむ。そこで、イドメネオ、イダマンテ、エレットラ三人の心情が絡み合う三重唱（「出発の前に、おお、神よ！」）が歌われる。この上なく美しい三重唱である。三人の心情を見事に音楽で表現していて素晴らしい。その時、突然嵐となる。海神がイダマンテを逃がしたことを怒り、なんと怪物を送り込んできたのである。合唱曲「なんという恐ろしさ！」は海神が送り込んだ怪物の恐ろしさを見事に音楽で表現していて素晴らしい。イドメネオは自分の罪を嘆く。人々は邪悪な運命を恐れ、走り、逃げまどう。これを表現した合唱曲「走れ、逃げよ！」も恐怖が込められていて大変素晴らしい。

♪第三幕

一人残されたイーリアがイダマンテへの愛を歌っている（「暖かいそよ風よ、愛しいあの方のところへ飛んでいって、私のこの寂しい、愛しい気持ちを伝えておくれ」）。ここでも、モーツァルトは「そよ風」を音楽で表現している。「フィガロの結婚 *K. 492*」にも「そよ風の二重唱（手紙の二重唱）」という大変有名なソプラノの二重唱曲があるが、この曲も決して「そよ風の二重唱」に負けず劣らず素晴らしい。ソプラノの独唱曲ではあるが……。そよ風に乗せて、変わらぬ愛しい気持ちを切々と歌うこの曲は「イドメネオ」の中でも最も人気が高い曲で、演奏会でも多くのソプラノ歌手に歌われ続けている。私も大好きで、乙女心を見事に表現した傑作と言えよう。そうこうしているうちに、イーリアのところにイダマンテが現れる。イダマンテはイーリアに「死を覚悟してこの国を脅かしている怪物と戦う！」と告げる。二人は愛の二重唱を歌う。「私は言葉では言えません。どんなにかあなた様のことをお慕い申し上げているか！」と。イダマンテは「これほどの喜びはない！」と答える。

そこにイドメネオがエレットラと共に登場する。イダマンテはイドメネオに「なぜ私を避けるのですか？」と問う。一方、エレットラはイーリアを慕うイダマンテを見て嫉妬に狂う。イドメネオはイダマンテに国を去るよう命じ、イダマンテは出ていく。イダマンテは、イーリアに自分と一緒に行かないで此処に残るように告げる。イドメネオ、イダマンテ、イーリア、エレットラの四人がそれぞれの感情を歌う。そこにアルバーチェが現れ、怪物によってシドンの町が破壊されていることを伝える。アルバーチェが「どうか王を、王子を救ってくれ」と歌う。シドンの宮殿の広場に大司祭（テノール）や民衆が集まっている。そこにアルバーチェと従者たちに従われたイドメネオが座っている。大司祭はイドメネオに「海神の怒りを鎮める為に生贄を差し出してくれ！」と語る。追い詰められたイドメネオは、生贄が息子イダマンテであることを告げる。人々はその恐ろしい誓約に驚愕する。悲しむ民衆の感情が合唱曲で見事に歌われる。低音弦楽器が演奏する旋律も民衆の気持ちを見事に表現していて素晴らしい。イドメネオ達は海神の怒りが鎮まるよう祈っている（カヴァティーナと合唱曲）。祈りの感情が切々と伝わってくる名曲である。そこにイダマンテが怪物を倒したという知らせが届く。やがてイダマンテが現れ、イドメネオに自分を生贄に捧げるように言う。そして「愛する人が命と平安を得られるのならば、死は恐くない！」と歌う。イドメネオがイダマンテを剣で殺そうとしたその時、イーリアが現れ自分が生贄になると申し出る。すると天から声が降りてきて、「イドメネオを許す。王位をイダマンテに譲り、イーリアを王妃にしなさい！」と告げる。ここも重厚な音楽が悲歌劇を盛り上げる。恋が成就しなかったエレットラは怒り狂い「弟オレステスと英雄アイアスの苦しみを私は胸に秘めている。」と歌い、その場を立ち去る。このくだりも真に迫る素晴らしい音楽である。一変して穏やかで美しい音楽が始まり、イドメネオは平和を告げ、二人が王と王妃であると宣言する。ここの音楽も大変美しく素晴らしい。人々は王になったイダマンテと王妃になったイーリアを祝福し、クレタ王国の平和を喜ぶ。素晴らしい幸せの結末の音楽で幕が閉じられる。

こうして歌劇を鑑賞する人が幸せな気持ちでいっぱいになって席を立てるようにまとめるところがモーツァルトらしく、平和を愛する優しい気持ちが良く現れている。と同時に、人間の一番の幸福は、愛に満ち溢れた生活をすることであると主張しているように思われてならない。怒り狂った海神でさえ、イダマンテの身代わりに生贄になろうとするイーリアの優しい気持ちを知って許すのである。戦争で争った敵国同士の王子と王女が結ばれるという物語を通して、許し、許されることの大切さを、モーツァルトは強調したかったのではなかろうか。モーツァルトは自分の歌劇作品を通して、この許し、許されることの大切さを一生訴え続けたのである。「後宮からの誘拐 *K. 384*」、「フィガロの結婚 *K. 492*」、「ドン・ジョヴァンニ *K. 527*」、「コジ・ファン・トゥッテ *K. 588*」、「魔笛 *K. 620*」、「皇帝ティートの慈悲 *K. 621*」等の傑作がすべてそうである。人間が皆モーツァルトのような気持ちを持ち続けたら、世界は争いのない平和な世の中になるであろう。私の愛聴盤はカール・ベーム指揮、ドレスデン国立管弦楽団、ライプツィッヒ放送合唱団、イドメネオ：ヴィエスワ・オフマン、イダマンテ：ペーター・シュライアー、イーリア：エディット・マティス、エレットラ：ユリア・ヴァラディー、アルバーチェ：ヘルマン・ヴィンクラー、大祭司：エバーハルト・ビュヒナーによる録音である（CD：ドイツ・グラモフォン、POCG-2234-6、1977年9月、11月、ドレスデンとミュンヘンで録音）。丁寧な演奏と見事な歌唱の素晴らしい録音となっている。私はドレスデンでモーツァルトの「コジ・ファン・トゥッテ」を観ることができた。また、日本でもドレスデン国立管弦楽団の演奏を聴くこともできた。音が光り輝いていて、特に金管楽器の音色が素晴らしいことが大変印象に残っている。「イドメネオ」にはこのドレスデンの光り輝く音がよくあっている。歌手では、イダマンテ役のペーター・シュライアーとイーリア役のエディット・マティスが特に素晴らしい。映像に関しては、ジェームズ・レバイン指揮、ジャン＝ピエール・ポネル演出、メトロポリタン歌劇場管弦楽団の演奏、イドメネオ：マシュー・ポレンザーニ、イダマンテ：アリス・クート、イーリア：ネイディーン・シエラ、エレットラ：エルザ・バン・デン・ヒーバー、アルバーチェ：アラン・オーピー、メトロポリタン歌劇場合唱団による合唱（METライブビューイング、2016-2017 2017年アメリカで録画、松竹配給、ODS）。ポネルの演出がさえ、ゆっくり目のテンポのきめ細かな演奏と見事な歌唱が素晴らしい。とりわけ合唱が素晴らしい。

第92章　セレナード第６番 *K. 239*「セレナータ・ノットゥルナ」

この曲は１７７６年1月にザルツブルクで完成された。モーツァルトは20歳になっていた。この作品の作曲の動機や依頼等について詳しいことはよくわかっていないが、この年の謝肉祭用の作品ではないかと考えられている。これまでのモーツァルトのセレナードは多くの楽章から構成されたものがほとんどであったが、この作品は行進曲、メヌエット、ロンドという、たった3楽章からなっている。その点セレナードというより室内楽曲と言えよう。その上、管楽器がなく、ティンパニと弦楽器のみからなっている点も極めて異例で、独奏群（第一管弦楽）と合奏群（第二管弦楽）からなり、独奏群と合奏群が交替して演奏するバロック様式である。第一管弦楽の編成は、第1ヴァイオリン、第2ヴァイオリン、ヴィオラ、コントラバス、第二管弦楽の編成は第1ヴァイオリン、第2ヴァイオリン、ヴィオラ、チェロ、ティンパニで、約13分の演奏時間である。演奏様式はバロック風であるが、音楽はモーツァルトらしく、明るく、楽しい。第1楽章行進曲。勇壮で力強い曲である。明るく楽しく、元気になれる。時折、独奏ヴァイオリンが美しい旋律を奏でて、良い味わいを添えている。第2楽章メヌエット。前半部は力強い旋律で、明るく楽しい。ティンパニが大活躍する。次いで中間部では独奏ヴァイオリンが大活躍する。このヴァイオリンの奏でる曲は流麗な美しさに満ちている。そのあと前半部の音楽に戻って終了する。第3楽章ロンド（アレグレット）。明るくきびきびとした音楽。民謡風の主題は明るく、ザルツブルク地方の民族舞踊を思い起こさせてくれる。中間部は、独奏ヴァイオリンが緩やかで美しい旋律を奏でて、その後テンポを速めて行進曲風になる。終末部ではピッチカート奏法も取り入れられ、工夫に満ちている。聴く人を飽きさせないモーツァルトの優しさが垣間見られる。私の愛聴盤は、ウィリー・ボスコフスキー指揮ウィーン・モーツァルト合奏団による演奏である（CD：キングレコード、KICC9215、１９７６年3月ウィーンで録音）。弦楽器の音色が美しく、愉悦に満ちている。

第93章　セレナード *K. 204/213a*

この曲は1775年8月5日、モーツァルト19歳の時にザルツブルクで完成された。全部で7楽章ある長大な音楽である。大学の祝典用に作曲されたと考えられているこの曲は、オーボエ（フルート）2、ファゴット、ホルン2、トランペット2、第1ヴァイオリン、第2ヴァイオリン、ヴィオラ、コントラバスの大編成で演奏時間は40分を超える。その上、第2、第3、第4楽章にはヴァイオリンの独奏もついていて、さながらヴァイオリン協奏曲のようである。第1楽章アレグロは、祝典の開始を告げる軽快な音楽である。楽しく、これから展開する音楽のことを思ってわくわくする。第2楽章アンダンテは、オーボエ、フルートの響きが美しい。この楽章を聴いているとザルツブルクの美しい田園風景が脳裏に浮かんでくる。そこにヴァイオリンの独奏が入り、管弦楽と響き合って、ヴァイオリン協奏曲の雰囲気になる。この美しい田園風の旋律は、その後そこはかとない悲しみをたたえた旋律へと変化して行く。モーツァルトならではの素晴らしい音楽で、これはもはや祝典音楽の域を超えた至高の芸術作品である。私はこの第2楽章が好きでたまらない。第3楽章アレグロは、力強く軽快でお祝いの音楽にふさわしい。ヴァイオリンが主旋律を奏で、弱音の管弦楽の伴奏がつく。第4楽章第一メヌエットでは、ヴァイオリンが活躍し、管弦楽と響き合い美しい。メヌエットの楽章であるが、舞踏会の雰囲気ではなく、あくまでも祝典風の音楽になっている。第5楽章アンダンテでは、次々に美しい旋律が現れ、愉悦に満ちた音楽になっている。フルートの澄んだ音が奏でる、牧歌的な旋律も挿入されていてとても魅力的である。フルートにオーボエが加わるといっそう響きが美しい。ここにファゴット、ホルンが加わって低音域の響きが加わり、さらに音楽の幅が広がってくる。この楽章には管楽器の使用に長けていたモーツァルトの特徴がよく現れている。第6楽章第二メヌエットは華やかな祝典風音楽である。特にフルートが美しく響く。第7楽章アンダンティーノは、フィナーレを飾る華やかな祝典音楽である。このように素晴らしい音楽が人々の生活の中に生きていたモーツァルトの時代に、心底憧れざるを得ないのである。私の愛聴盤は、ネヴィル・マリナー指揮、アカデミー・オブ・セント・マーティン・イン・ザ・フィールズ管弦楽団の演奏（CD：フィリップス、422622-2、1989年4月ロンドンで録音、輸入盤）。颯爽とした演奏はこの音楽にぴったりである。管楽器、特にファゴットが柔らかな低音で素晴らしい。

第94章　ピアノ協奏曲第10番 *K. 365/316a*（二台のピアノのための）

この作品の正確な完成時期は明らかになっていないが、1779年初頭、モーツァルト23歳の頃にザルツブルクで完成されたと考えられている。ザルツブルク時代最後のピアノ協奏曲と考えられる。モーツァルトの手になる、二台のピアノのための協奏曲はこの一曲のみである。姉ナンネルと共演するために作曲されたと思われる。楽器編成は独奏ピアノ2、オーボエ2、ファゴット2、ホルン2、第1ヴァイオリン、第2ヴァイオリン、ヴィオラ、コントラバスでザルツブルク時代のピアノ協奏曲としては最も大編成である。アレグロの第1楽章、アンダンテの第2楽章、アレグロの第3楽章からなり、演奏時間は全体で25分ほどである。ソナタ形式で二台のピアノ演奏部が充実した第1楽章、快活なロンドの第3楽章もいいが、私が特に好きなのは第2楽章である。私は、この楽章を聴いていると平和な穏やかな気持ちになる。都会の雑踏から離れ、静かな田舎を旅して幸せでいっぱいの自分になる。私は日本も海外も田舎が好きである。田園風景や山や海、湖、川が私の心を癒してくれる。低い山並みが眼前に現れ、小川のせせらぎや小鳥のさえずりが聴こえてきて、私の子供の頃を思い出させてくれるのである。私は横浜市の郊外の金沢区釜利谷町という田舎に生まれた。釜利谷町のことはほとんど覚えていない。物心ついた頃には引越し先の同じ区内の六浦町にいた。

近くには風光明媚な金沢八景があり、侍従川の流れが内川湾に注いでいた。内川湾からさらに東京湾につながっていた。そこで瀬ヶ崎小学校、六浦中学校に学んだ。侍従川ではメダカをとったり、内川湾ではハゼを釣ったり、シミズガニをとったりして遊んだ。田んぼでは、タニシをとったり、カエルもとったりした。丘に登ってはバッタを取ったり、トンボを取ったりもした。子供の足で30分位歩くと東京湾につき、海水浴もできた。毎年夏には家族や友達と海に入って泳いだ。そんなささやかな自然も、六浦町から横浜市の戸塚区原宿町に引っ越しする頃には、工場ができて全て失われてしまった。この第2楽章を聴いていると子供の頃が懐かしく思い出されるのである。郷愁を誘ってくれるこの曲は私の宝物の一つである。さらにこの曲には素晴らしい展開がある。中間部では郷愁を誘う音楽から悲しげな音楽へと変わる。この転調も素晴らしい。

私の愛聴盤はイングリット・ヘブラー、ルートヴィッヒ・ホフマンのピアノ、アルチェオ・ガリエラ指揮、ロンドン交響楽団の演奏である（CD：フィリップス、DMP-10009、１９６８年1月、ロンドンで録音）。2人は粒を揃え、控えめなものの、清らかな輝きのあるピアノの音で見事にモーツァルトの世界を再現してくれている。モーツァルトは第1、第3楽章のカデンツァも作曲しているが、本録音ではそのカデンツァを弾いてくれている。エミール・ギレリス、エレーナ・ギレリス親子によるピアノ、カール・ベーム指揮、ウィーン・フィルハーモニーによる演奏もよく聴いている（CD：ドイツ・グラモフォン、419-059-2、１９７４年、ハンブルクで録音、輸入盤）。ギレリス親子のピアノは穏やかで気品がある。二人の演奏は親子ということもあって息がぴったりである。カデンツァもモーツァルトの作品を弾いてくれている。ギレリス親子によってこのピアノ協奏曲が美しく再現されている。ベームの指揮もウィーン・フィルハーモニーの演奏も素晴らしい。ゆったりとしたテンポ、ピアノと管弦楽の調和、柔らかい弦の響き、澄んだ管楽器の美しさ等、素晴らしい。ロシア出身のエミール・ギレリスは１９８５年に亡くなったが、その当時世界を代表するピアニストの一人であった。政情不安定なソ連に生まれ育ったが、ピアノが彼を幸福にしてくれた。愛嬢のエレーナとこの曲の録音ができた時に、エミールはどれだけ幸せであったろうか？子供がいれば子供に親の夢を託すもの。私も娘が一人いて、小学生の頃は顕微鏡で生き物の細かな構造を見せたり、植物のことなどを野に出て説明したりしたものであった。だが残念ながら、娘は父の仕事を引き継いではくれなかった。エミールはエレーナがピアニストとして活躍してくれて本当にうれしかったのではなかろうか！

第95章　ドイツ歌曲「別れの歌」*K. 519*

この曲は1787年春にウィーンで完成された。モーツァルト31歳の時の作品である。エーベルハルト・カール・シュミットの詩にモーツァルトが音楽をつけた。歌詞の意味は「恋人ルイーザとの別れはとても悲しい。ルイーザには自分のことを忘れないでほしいと思う！」で、失恋の歌となっている。最愛の恋人との別れをいたく悲しんでいる男性。耐え難い悲しみをじっと耐えている。そんな様子が音楽から切々と伝わってくる。後半部では、その悲しみから立ち上がろうとする前向きな姿勢が見られ、強く生きていこうという健気な決意が感じられる。しかしながら、そう容易には悲しみは癒えないのである。そんな気持ちが伝わってくる歌曲である。美しくも悲しい、素晴らしい曲である。私の愛聴盤は、オランダのエリー・アメリンクの録音である（CD：フィリップス、PHCP-3581-2、1977年8月、オランダ、アンヘルム、ムジス・サクルムで録音）。悲しみを秘めたアメリンクの歌声がこの曲にぴったりである。ダルトン・ボールドウィンのピアノ伴奏も控えめでとても素晴らしい。

第96章 プラハのモーツァルト

モーツァルトへの旅、これは私の海外旅行の目的である。モーツァルトの聖地巡りは私の旅の目標であり、できる限り多くのゆかりの地を訪ねてみたいと常々願っている。ザルツブルク、ウィーンに次いで最も多くモーツァルトの思い出が詰まった街、それがチェコのプラハである。私はプラハを訪れたいと長く願っていたが、1998年の秋についに実現した。プラハはモーツァルトの生前、最もモーツァルトを愛し、大切にしてくれた街である。モーツァルトはプラハには住まなかったが、旅の目的地として何度も訪れた。その度にプラハ市民は街をあげてモーツァルトを大歓迎したのであった。プラハとモーツァルトのつながりをたどってみると、ドイツ歌芝居「後宮からの誘拐K. 384」の上演の成功、「フィガロの結婚*K. 492*」の上演の大成功（街はどこへ行ってもフィガロ、フィガロで大変な騒ぎとなった）、交響曲第38番「プラハ*K. 504*」の初演、「ドン・ジョヴァンニ*K. 527*」の初演、「皇帝ティートの慈悲*K. 621*」の初演等、実に多くの傑作がここプラハで上演、初演されているのである。旅の人モーツァルトの最後の旅もプラハであった！モーツァルトにとって、この街の風に吹かれて過ごす時間がどれほど幸せな時であったことか！モーツァルトをこよなく愛するプラハという街は一体どんな街なのか、いつか行ってみたい、そう思いながらなかなか訪問する機会がなかった。そんな中、ついに長年の夢が叶って1998年の秋、プラハを訪れる機会に恵まれた。プラハに残るモーツァルトゆかりの地を訪れることができた、1998年は私にとって最高の思い出の年となった。

訪れることができたゆかりの地は、モーツァルトがオルガンを弾いた教会であり、没後初めて公式な追悼会が開かれた聖ミクラーシュ教会を筆頭に、友人のドーシェク夫妻の別荘「ベルトラムカ」も訪れることができた。モーツァルトがこの別荘に泊めてもらい、「ドン・ジョヴァンニ」を完成させたことはあまりにも有名である。現在はモーツァルト博物館になっており、モーツァルトが使ったピアノ、椅子、机、それに遺髪等が展示してあった。モーツァルトに関する貴重な資料も展示してあった。建物は当時のまま保存されていてウィーンのフィガロハウスに匹敵する建物と思われた。「エステート劇場」も素晴らしかった。あの「フィガロの結婚」がウィーン初演後、プラハで上演され、後にモーツァルト自身も指揮台に立った歌劇場である。その上ここでは交響曲「プラハ」を初演、指揮し、ピアノでフィガロ変奏曲なども披露した。その歌劇場が今でも残っているのである。後年「ドン・ジョヴァンニ」と「皇帝ティートの慈悲」を世界初演したのもこの劇場であった。「エステート劇場」は当時の面影をそのまま残していて大変感動した。また、モーツァルトが訪問したイエズス学院、パハタ館、一角獣館、三金獅子館、ホーエンシュタイン伯爵邸等も訪れることができた。

毎晩演奏会にも通えた。スメタナホールでのプラハモーツァルト交響楽団（プラハ交響曲、交響曲第40番 *K. 550*、歌劇独唱曲、レ・プチ・リアン *K. 299b/Anh. 10*、フィガロ変奏曲 *K. 609*、三つのドイツ舞曲 *K. 605* の第3曲「そりすべり」）による演奏は素晴らしかった。また、チェコ五重奏団による「ピアノと管楽器のための五重奏曲 *K. 452*」、エステート劇場での「魔笛 *K. 620*」、「歌劇モーツァルト」による歌劇の独唱曲等、夢のような毎日であった。プラハの演奏家は本当に素晴らしかった。やはり「魔笛」が最高であった。エステート劇場で私の宝物の「魔笛」を観た感激は一生忘れることができない。この劇場は舞台を少し広げたものの、ほとんどモーツァルトの時代そのままの状態で今日まで保存されてきた。言葉がチェコ語であったことと、舞台装置が十分満足できるものではなかったこと（大きな白い

カーテンをつるして、針金で動かし、照明をあてるだけのもの）をのぞけば満足のいくもので、管弦楽も歌唱も素晴らしかった。これはプラハで聴いた音楽に共通する点であるが、ゆったりとしたテンポの演奏で、適度な強弱があり、弦楽器も管楽器も音が柔らかく、まろやかで暖かみがあった。私の理想とするモーツァルト演奏であった。管楽器では特にフルートが良かった。歌手の中では、パミーナ役のアリス・ランドヴァが特に良かった。かつて、ルチア・ポップがスロバキアより世界の桧舞台に出て、モーツァルト歌手の第一人者になったように、ここプラハの地から世界を代表する歌手が育っていくことであろう。私はルチア・ポップのパミーナが一番好きである。彼女が１９９３年に若くしてこの世を去ったのは大変惜しまれる。ルチア・ポップのようにランドヴァもまろやかで、優しく、暖かみのある声であった。

モーツァルトの生前、最もモーツァルトを暖かく迎えてくれた街プラハ。今でもスメタナやドボルザーク等、自国の音楽家をはるかにしのぐ圧倒的な人気を誇るモーツァルト。プラハに滞在し、プラハのモーツァルトを聴いてその理由がよくわかった。柔らかな弦楽器や管楽器の音、ゆったりとしたテンポ、滑らかで穏やかな演奏、豊かな音楽性、これらはモーツァルトの音楽に欠かせないものである。それらが市民自身にしみこんでいて、モーツァルトの音楽がプラハ市民の心に入り込むのではなかろうか。２００年前も、現在もプラハの人々のモーツァルト愛は不変であると思われた。乾燥した風土のなか、音楽に適した演奏会場で、モーツァルトを愛する演奏家、聴衆と味わうプラハでのモーツァルトを私は決して忘れることはできない。演奏会を終えると、夜間照明のプラハ城、テイーン教会、聖ミクラーシュ教会、エステート劇場などの素晴らしい建築物が光り輝いていた。

第97章　交響曲第14番 *K. 114*

この曲は1771年の暮れにザルツブルクで完成された。この時モーツァルトは15歳になっていた。モーツァルト父子は1771年12月中旬に、4ヶ月にわたった「第二回イタリア旅行」から郷里に戻った。父と二人のこの旅行では、ロヴェレート、ヴェローナを経てミラノに到着し、二幕の祝典劇「アルバのアスカーニョ *K. 111*」を完成させ初演した。大成功を収め意気揚々と郷里に戻ったのである。その翌日、父子の雇い主であったシュラッテンバッハ大司教が急死した。芸術を愛し、モーツァルト父子に寛大で、二人の度重なる大旅行に際しても笑顔で送り出してくれた、モーツァルトの大恩人であった。私たち後世の者は、この大司教に感謝の気持ちを忘れないようにしたいと思う。しかしながら、この後モーツァルト父子にとっては、彼らの音楽生活が試練の連続となってしまうのである。後任のコロレド大司教は全く正反対の人であった。合理主義者で、厳格な上に権威主義者であった。芸術にも理解を示さなかった。この後、モーツァルト父子は何回となくこの大司教と衝突することとなるのである。さらにこの9年半後には、モーツァルトがコロレド大司教と決定的な衝突をしてウィーンで独立する音楽家として飛び立つこととなるのである。モーツァルトはこの交響曲を帰郷からわずか2週間で完成させた。「第二回イタリア旅行」の成果をすぐに作品に生かしたかったのであろう。この曲には、15歳の少年モーツァルトの並々ならぬ自信と決意が感じられ、その上、交響曲の作曲に目覚しい進歩が見られるのである。楽器編成は、オーボエ2、ホルン2、フルート2、第1ヴァイオリン、第2ヴァイオリン、ヴィオラ、コントラバスで、第1楽章アレグロ、第2楽章アンダンテ、第3楽章メヌエット、第4楽章モルト・アレグロの4楽章からなり、演奏時間は全体で20分にも及ぶ。私が大好きなのは第1楽章と第2楽章である。

第1楽章は6分半程の音楽である。透明感のある清々しい音楽で始まる。ホルンの響きが高原の朝の様子を伝えてくれる。この主題は変化をつけながら繰り返されていく。後半はフルートが活躍する民謡調の音楽になる。ここでは木管楽器はオーボエではなくフルートがぴったりである。後年のモーツァルトの作品によく見られる民謡調の美しい旋律がここにも見られる。後半、オーボエとフルートが会話をしているような所があり、とても愛らしい。「第二回イタリア旅行」の成果が色濃く見られて興味深いのである。そのあと主題に戻って終了する。第2楽章は静かで、穏やかな、ゆったりとした音楽で始まる。この愛らしい旋律を聴いているととても癒される。音楽にひたむきな15歳の少年、モーツァルトの純粋無垢な心が垣間見られるようである。この第一主題が繰り返されたあと、第二主題が奏でられる。この第二主題もとても美しい。オーボエが美しく響き、心地よく清々しい。この第二主題が繰り返し演奏され終了する。この曲は、急楽章も緩徐楽章も朝に聴くのがぴったりである。今朝もカール・ベーム指揮、ベルリン・フィルハーモニーの録音（CD：ドイツ・グラモフォン、427241−2、1969年ハンブルクで録音、輸入盤）で楽しもう。爽やかに旋律を歌いながらも、きりっとした端正な演奏である。

第98章　弦楽五重奏曲第5番 *K. 593*

この曲は1790年の暮れにウィーンで完成された。モーツァルト34歳の時であった。モーツァルト最後の年の前年である。この年モーツァルトは病気と貧困にいたく苦しんでいた。友人のプフベルクへの借金の依頼の手紙が多く残されているのである。一晩中体の痛みで眠れない日もあり、差し当たってのお金もない惨状が手紙に綴られていてモーツァルティアンの涙を誘う（1790年8月14日、モーツァルト書簡全集第6巻、571頁）。こういった病気と貧困のため、この年は完成された曲が極端に少ない。モーツァルトに残された時間はあと1年ほどしかなかったのである。この曲にはそういった当時のモーツァルトの苦しい心情が鮮明に表れていると感じざるを得ない。モーツァルトの曲の中でも特に暗さや不安、悲しみが色濃く表れている。しかし、そんな苦難の時代にあっても、完成された曲は、優しく、慰めに満ちた、光り輝く、至高の名曲なのである。4楽章からなり、演奏時間は30分弱である。私が特に好きなのが第2楽章と第3楽章である。第2楽章アダージョ。この楽章だけでも演奏時間が7分を超える。冒頭部はヴァイオリンとヴィオラによる静かな癒しの音楽で始まる。その後チェロが優しく、慰めに満ちた旋律を奏でる。中間部ではチェロのピチカートが活躍するが、これが音楽に幅をもたせている。このピチカートに導かれ、明るい音楽に変わるところは大変素晴らしく、この楽章の中でもとりわけ秀逸である。後半部もチェロが導き、不安や悲しみを表現している。次に現れるヴァイオリンとヴィオラが奏でる音楽は悲しみが溢れていて、聴く人の涙を誘う。その後チェロがやや明るく透明感のある旋律を奏でて終了する。第3楽章メヌエット（アレグレット）。この楽章は演奏時間5分ほどである。メヌエット楽章であるが、前楽章と同じように暗さや不安がよぎる。しかし、中間部でメヌエット楽章らしい明るい舞踊風の音楽が現れて聴き手はほっと一安心する。ここの部分もヴィオラやチェロの伴奏が素晴らしく、音楽に幅が出ている。そのあと冒頭部の音楽が再現されて終了する。私の愛聴盤はエーデル弦楽四重奏団に第2ヴィオラのヤーノシュ・フェヘールヴァーリが加わった演奏である（CD：ナクソス、8.553105、1996年5月ブダペストで録音、輸入盤）。エーデル弦楽四重奏団の四人に加わったフェヘールヴァーリも団員と同じように柔らかい音で深遠なモーツァルトの弦楽五重奏曲の世界の再現に参加している。五人の息がぴったり合った素晴らしい演奏である。

第99章　モテット「エクスルターテ・ユビラーテ（踊れ、喜べ、幸いなる魂よ）」*K. 165/158a*

この作品は1773年1月17歳のモーツァルトによってミラノで完成された。「第三回（最後の）イタリア旅行」の最中に作曲されたのである。モーツァルトが自筆譜にモテットと記入してあるとおり、二つの独唱、二つのレチタティーヴォ、最後ハレルヤで終了するという当時のモテットの様式で作曲されている。バッハに代表されるバロックの宗教曲に比べ、モーツァルトの宗教曲は世俗的で、歌劇のようであると批判する人が多く、特にこの作品は槍玉に上がることが多い。しかしながら、当時ザルツブルクは教会音楽と歌劇音楽に明確な差異はなかったので、明るい曲で神様を賛美してもいいのではと私は思っている。ソプラノ独唱に、オーボエ2、ホルン2、第1ヴァイオリン、第2ヴァイオリン、第1ヴィオラ、第2ヴィオラ、コントラバス、オルガンの編成で、第1楽章アレグロ、第2楽章アンダンテ、第3楽章アレグロからなり、演奏時間は15分にも及ぶ。私はこの曲の中では第3楽章が特に好きである。演奏会でもこの楽章はよく取り上げられ大変人気が高い。まずこの楽章の冒頭部の穏やかで、伸びやかな美しい旋律にすっかり心を鷲掴みにされてしまう。この息をのむほどに美しい管弦楽の序奏の後に、ソプラノの美しい祈りの独唱が静かに始まる。この楽章を聴いていると、心が洗われ清々しい気持ちになる。キリスト教徒のための曲という枠を超えて、人々を等しく祈りの音楽に招き入れてしまう、このモーツァルトの天才ぶり！この音楽にはマリア・シュターダーの美しいソプラノがぴったりである。ヒトは動物であるので、食べ物から栄養を取り込んで生きている。同様にヒトは音楽という芸術から心の栄養を取り入れているのである。人間の感性を磨くためにはこの音楽という芸術は欠かすことができない。この栄養がないと美しい心を磨くことは困難なのではなかろうか。特にモーツァルトの音楽はこの心の栄養に満ち満ちている。たっぷりと栄養を含んだ、極上のモーツァルトの音楽という宝物に出会い、毎日、朝な夕なその音楽に触れ、一生を通してこの栄養を補給し続けることができることに、私は感謝の気持ちでいっぱいである。そんな感謝の気持ちをいつも新たにしてくれる素晴らしい名曲である。私の愛聴盤はマリア・シュターダーのソプラノ、フェレンツ・フリッチャイ指揮、ベルリン放送交響楽団の録音である（ＣＤ：ドイツ・グラモフォン、UCCG-3429/431971-2、１９６０年

6月ベルリンで録音)。今から60年前の録音であるが、色あせることのない名演奏である。マリア・シュターダーの独唱が美しく清々しい。フリッチャイの指揮もベルリン放送交響楽団の演奏もこの曲にぴったりである。

第100章　弦楽四重奏曲第15番 *K. 421/417b*「ハイドン四重奏曲第2番」

この曲は1783年モーツァルト27歳の時にウィーンで完成された。ウィーンに居を構え、次々とピアノ協奏曲を発表し、音楽活動に充実した日々を送っていたモーツァルト。この曲を聴いていると、ザルツブルクのコロレド大司教の圧力から解放され、のびのびと羽を伸ばしている青年モーツァルトの喜びを感じざるを得ない。第1楽章アレグロ、第2楽章アンダンテ、第3楽章メヌエット、第4楽章アレグレット・マ・ノン・トロッポからなり演奏時間は全体で25分弱である。私が特に好きなのは第2、第3楽章である。第2楽章を聴いているとモーツァルトの喜びが鮮明に伝わってくるようである。子供らしい時間を過ごすこともできず、命をかけた旅から旅への日々。音楽や語学の勉強、楽器の演奏等、地道な努力をこつこつと積み重ねてきた上で大成功することができた。その喜びを心底噛み締めているモーツァルトの姿が浮かんでくる。思い起こせば、苦しい旅の連続であった。病気にも何度となく襲われた。青春の燃え上がるような恋の炎も、はかなく露と消えた。最愛の母の死も経験した。大司教との軋轢もあった。でも今は、一人の作曲家、演奏家、指導者として大成功を収めることができた。心底湧き上がる、そんな喜びをモーツァルトはこの楽章で表現したかったのではなかろうか。第3楽章も素晴らしい。やや悲しげで、暗い第一主題が前半と後半に現れるが、中間部のメヌエット音楽が雰囲気を楽しく変えてくれる。明るい希望に満ちた、踊りたくなるような楽しい曲。この曲を聴いていると大変元気が出てくる。モーツァルト渾身の一曲である。私の愛聴盤はハンガリーのエーデル弦楽四重奏団の演奏である（CD：ナクソス、8.550546、1992年ブダペストで録音、輸入盤）。柔らかく、穏やかな弦の音、息の合ったアンサンブルがなんとも素晴らしい。

第101章　ヴァイオリン協奏曲第5番 *K. 219*「トルコ風」

1775年、19歳のモーツァルトは、ザルツブルクで立て続けにヴァイオリン協奏曲を四曲完成させた。この曲の楽器編成は、独奏ヴァイオリン、オーボエ2、ホルン2、第1ヴァイオリン、第2ヴァイオリン、第1ヴィオラ、第2ヴィオラ、コントラバスで演奏時間は30分ほどである。第1楽章アレグロ・アペルトは力強い行進曲風の音楽で始まる。その後弱音でヴァイオリンの独奏が始まり、穏やかな、ゆったりとした旋律が奏でられる。流麗で美しい。その後、独奏ヴァイオリンと管弦楽がやや力強さを増して音楽を進展させる。次いで、やや悲しげな音楽へと変化する。カデンツァの後、冒頭部の音楽に戻って終了する。第2楽章アダージョはこの作品の中で私が最も好きな楽章である。ゆったりとした静かな音楽で始まる。弦楽器と管楽器の調和が素晴らしい。次いで、独奏ヴァイオリンが落ち着いた優美な旋律を奏でる。中間部は、独奏ヴァイオリンがやや悲しげな、憂いを秘めた旋律を奏でる。この旋律は優美で、気品がある。その後、第一主題に戻って冒頭部が再現される。カデンツァの後終了する。私はいつもこの曲を聴くと心安らかになり、我が身の幸せを噛みしめ、感謝の気持ちでいっぱいになる。第3楽章は、軽快で弾むような音楽で始まる。中間部を経て後半部では、トルコ軍隊の行進曲風の音楽が現れる。この *K. 219* の愛称の「トルコ風」とはここの部分の音楽から来ている。当時のウィーンではトルコが、良きにつけ悪しきにつけ近隣国として大変注目されていた。このことを色濃く反映しているように思われる。私の友人には、この部分がモーツァルトの音楽では珍しく好ましくなく、いつも聴くのを途中でやめてしまうという人がいる。でも、私はそうではなく、音楽に奥行きを持たせるためにモーツァルトがあえて挿入したのではないかと思っている。事実、このトルコ風の音楽は、このあと音を小さくしてテンポを緩め、モーツァルト風に変化していく。これこそ変幻自在の魔術師、モーツァルトの真骨頂であろう。私はとても楽しく魅力的であると思っている。第1楽章から第3楽章まで内容の濃い、充実した音楽で、聴く人を飽きさせず、幸せな気持にしてくれる名曲である。それにしても、ヴァイオリン協奏曲を代表するモーツァルトの傑作の三曲（性質の全く異なる第3番、第4番、第5番）をわずか3ヶ月で完成させてしまうとは、まさに驚異的である。19歳のモーツァルトは飛躍的な成長を遂げているのである。ちょうど交響曲を代表する傑作の三曲（第39番*K. 543*、第40番*K. 550*、第41番*K. 551*）を32歳のモーツァルトがわずか3ヶ月で完成させてしまった様子と良く似ている。まさにモーツァルトの天才ぶりを示すのにふさわしい例であろう。私の愛聴盤はピンカス・ズーカーマンのヴァイオリンと指揮、セント・ポール室内管弦楽団の演奏の録音（CD：ソニークラシカル／レガシー、SBK89841、1982年、ニュー・ヨークで録音、輸入盤）で、ゆったりとしたテンポでモーツァルトのこの曲の素晴らしさを余すところなく再現してくれている。ピンカス・ズーカーマンの穏やかで、控えめなヴァイオリンの独奏も秀逸である。

第102章　ピアノ協奏曲第14番 *K. 449*

この曲は1784年初頭ウィーンで完成された。モーツァルトは28歳になっていた。ウィーン生活も四年目に入った。作曲家、ピアノ演奏家としてモーツァルトはすっかり有名になって、予約演奏会にも多くの貴族や富裕層が名を連ねるようになっていた。また、ピアノの弟子も多くなり、収入も安定してきた。この曲は愛弟子で優秀なピアニストであった、バルバラ・フォン・プロイヤー嬢のために作曲された。これまでのピアノ協奏曲と同じように、独奏ピアノ、オーボエ2、ホルン2、第1ヴァイオリン、第2ヴァイオリン、ヴィオラ、コントラバスという小編成で、演奏時間も全体で20分強と短めであるが、優れた作品で、私にとってはとても大切な曲である。多数の手紙にも見られるように、モーツァルトは大変几帳面な人であった。1784年初頭から自作品目録を作成し始めた。この目録には、完成年月日、題目、楽器編成、冒頭部の楽譜が書き込まれている。なんとこの自作品目録の第一番目がこの*K. 449*なのである。まさに記念碑的な作品で、多くのモーツァルティアンの宝物である。

第1楽章アレグロ・ヴィヴァーチェは、力強く堂々としている。歌劇「フィガロの結婚*K. 492*」を始めとしてモーツァルトの色々な音楽に用いられている、モーツァルト独自のつなぎの音楽（主題と主題を繋ぐ音楽）が主題に使われている。第2楽章アンダンティーノは、私がこの曲の中で最も好きな楽章で、いつも愛聴している。静かで穏やかな音楽で始まる。目をつぶって聴いていると、ゆっくりと朝日が昇ってあたりが明るくなり、小鳥がさえずり始める。そんな光景が目に浮かぶのである。その後、ピアノがこの主題を追って演奏する。第二主題も素晴らしい。これは人生の応援歌のようである。「あなたはとても悲しんでいるけれど、そんなに悲しむことはないよ。人生に希望を持って行こう。いつもそばにいて応援しているよ！」というように私には聴こえてならない。このピアノの弾く第二主題が管弦楽によって繰り返される。ピアノと管弦楽がとてもよく調和していて素晴らしい。第3楽章アレグロ・マ・ノン・トロッポもとても素敵な音楽である。異国情緒を感じさせる魅力的な旋律を管弦楽が演奏する。次いで穏やかな旋律へと変化する。管楽器の使い方が素晴らしい。律動的で明るく晴れ晴れとしている。そのあとピアノ演奏となる。父親のこと細かい監視の目から、また、コロレド大司教の圧力からも解放され、自由にのびのびと羽を伸ばし、青春を謳歌している、そんなモーツァルトの姿が思い浮かぶのである。そのあと主題に戻ってピアノと管弦楽が協奏し、アインガング（短いカデンツァのこと）を経て終了する。よくまとまった、内容の濃い素晴らしい音楽である。私の友人にはこの曲がモーツァルトの作品で一番好きという人がいて、楽しくこの曲の魅力を話してくれた。

その友人の*K. 449*愛の理由は、何と言っても穏やかな曲調であるという。私も全く同感である。その友人の書いた文章にはいつも誇らしげに*K. 449*が名前の後に書いてあった。

私の愛聴盤はへブラーのピアノ、ヴィトルド・ロヴィツキー指揮、ロンドン交響楽団の録音である（CD：フィリップス、DMP-10011、1965年5月、ロンドンで録音）。へブラーはモーツァルトの音楽に忠実に弾いてくれている。穏やかな癒しの音楽の素晴らしさを見事に再現してくれている。この曲は演奏会で取り上げられることが少ないので、私はこれまで一度しか「なま」で聴いていない。2004年6月12日東京FMホールで、三輪郁さんのピアノ、本多徹次さん指揮のオーケストラ・ニッポニカで聴くことができた。三輪さんのピアノはウィーンの香りがしてとても良かった。管弦楽の演奏も良く、いい思い出に残っている。この日は、全曲モーツァルトの演目で、「魔笛*K. 620*」序曲と交響曲第39番*K. 543*と夢のような演奏会であった。また、この作品は自筆譜にオーボエ2、ホルン2は任意に、と書いてある。そこでピアノ五重奏曲（ピアノ、第1ヴァイオリン、第2ヴァイオリン、ヴィオラ、チェロ）としてもよく演奏される。ピアノ五重奏曲としての私の愛聴盤は、渡辺陽子さんのピアノ、コダーイ・カルテットの弦楽合奏による録音である（CD：ゼール音楽事務所、ZMM0407、2004年1月、ブダペストで録音）。室内楽としてもとても魅力的で、モーツァルトの天才ぶりが遺憾無く発揮されている。渡辺陽子さんのピアノは控えめで、ゆったりとした演奏である。それにも関わらず、ピアノの音は粒が揃っていて輝きがある。私の好きなピアニストの一人である。このCDは*K. 449*が大好きな友人が教えてくれた。私は、その友人の思い出と共にこのCDをいつも大切にしている。

第103章　交響曲第24番 *K. 182/173dA*

この曲は1773年秋ザルツブルクで完成された。モーツァルトは歳になっていた。前作の交響曲第23番

*K. 181*の完成から5ヶ月経っている。前作と同様にイタリア風の交響曲で、メヌエット楽章なしの3楽章からなっている。オーボエ2、ホルン2、フルート2、第1ヴァイオリン、第2ヴァイオリン、第1ヴィオラ、第2ヴィオラ、コントラバスの編成で、演奏時間は全体で10分程である。短いながらもこの曲は、モーツァルトのたゆまぬ成長を見せる作品の一つである。この曲の中で私は第2楽章アンダンテ・グラツィオーソが特に好きである。この楽章ではフルートが大活躍する。オーボエがフルートに持ち替え、ヴァイオリンが弱音器を付け、低音弦楽器のピチカートで牧歌的な雰囲気を醸し出していて、大変素晴らしい曲になっている。冒頭部からフルートが美しく響き、聴く人の心を捉えて止まない。オーストリア・アルプス地方にそよ風が吹いて、森の中から鳥のさえずりが聞こえる。森の中に入っていくと更に小鳥が多数集まり合唱している。フルートが鳥のさえずりを美しく表現している。草原には花が咲き乱れ、そよ風が吹いている。この楽章を聴いていると、そんな美しいオーストリアの春の景色が脳裏に浮かんでくる。爽やかでいてどこか懐かしい。その後、やや不安な気持ちや寂しさがよぎる。ここの部分もフルートが活躍するが、フルートの奏でる音楽がなんとなく悲しげなのである。しかし、悲しみはそう長く続かず冒頭部の音楽に戻る。最後は森に嵐が近づくような荒れた天気になり、雨も降り出し、そのまま音楽が終了する。なんとも郷愁を誘う素晴らしい音楽である。この音楽を聴いていると私は自分の少年時代を思い出す。丘や田んぼ、小川で遊んでいた日々のことを。ほとんど自然のもので遊んでいた。草をとっては草笛を鳴らし、丘でベンケイガニをとったり、虫をとったり、小川でメダカをとったり、学校から帰ると鞄を置いて日が暮れるまで外で遊んでいた。横浜でも小さな自然がたくさん残っていた。そんな小さな子供の頃の思い出が走馬灯のように浮かんでは消えてゆくのである。また、この曲を聴いていると、この曲がベートーヴェンに影響を与えて、交響曲第6番「田園」を生み出したのではないかという思いにかられる。特に「田園」の第1楽章はこの曲に雰囲気が良く似ている。モーツァルトを心底尊敬していたベートーヴェンは、モーツァルトの曲を詳細に研究していた。ピアノ

協奏曲第5番「皇帝」や交響曲第3番「英雄」、交響曲第9番合唱付き、ピアノソナタ「月光」、「悲愴」、ピアノと管楽器のための五重奏曲等モーツァルトに影響を受けた、あるいはモーツァルトの曲をもとに作曲されたものが多数見られるのである。ベートーヴェンはハイドンに交響曲の作曲の指導を受けたが、モーツァルトには直接指導を受けた事実は知られていない。しかしながら、モーツァルトの楽譜から多大の影響を受けたことは間違いないのである。生物学の研究でも、芸術や運動競技の分野でも良き指導者と愛弟子との関係はかけがえのないものである。私の愛聴盤は、カール・ベーム指揮、ベルリン・フィルハーモニーの録音である（CD：ドイツ・グラモフォン、427241-2、1969年ハンブルクで録音、輸入盤）。端正でしかも美しい演奏である。特に、第2楽章のフルートの演奏が白眉である。

第104章

「うぐいすとバラ、エディタ・グルベローヴァ、半生のドラマとその芸術」

最近『うぐいすとバラ』（音楽之友社、ニール・リショイ著、久保敦彦訳、1999年3月、東京）という本を読んだ。現代を代表する名ソプラノ、グルベローヴァ女史の生い立ちから現在に至るまでを、彼女自身の言葉も引用しつつ綴った書である。この書から伝わってくる彼女の歌手としての真摯な姿に大変感動した。また、世界の歌劇場や録音業界の舞台裏が垣間見えてとても興味深かった。特に、私の敬愛する指揮者、カール・ベーム氏との交流を綴った部分が一番感動的であった。ベーム氏の音楽に対する真摯な態度、厳しいながらも優しい、氏の人柄に感動した。グルベローヴァを歌手と

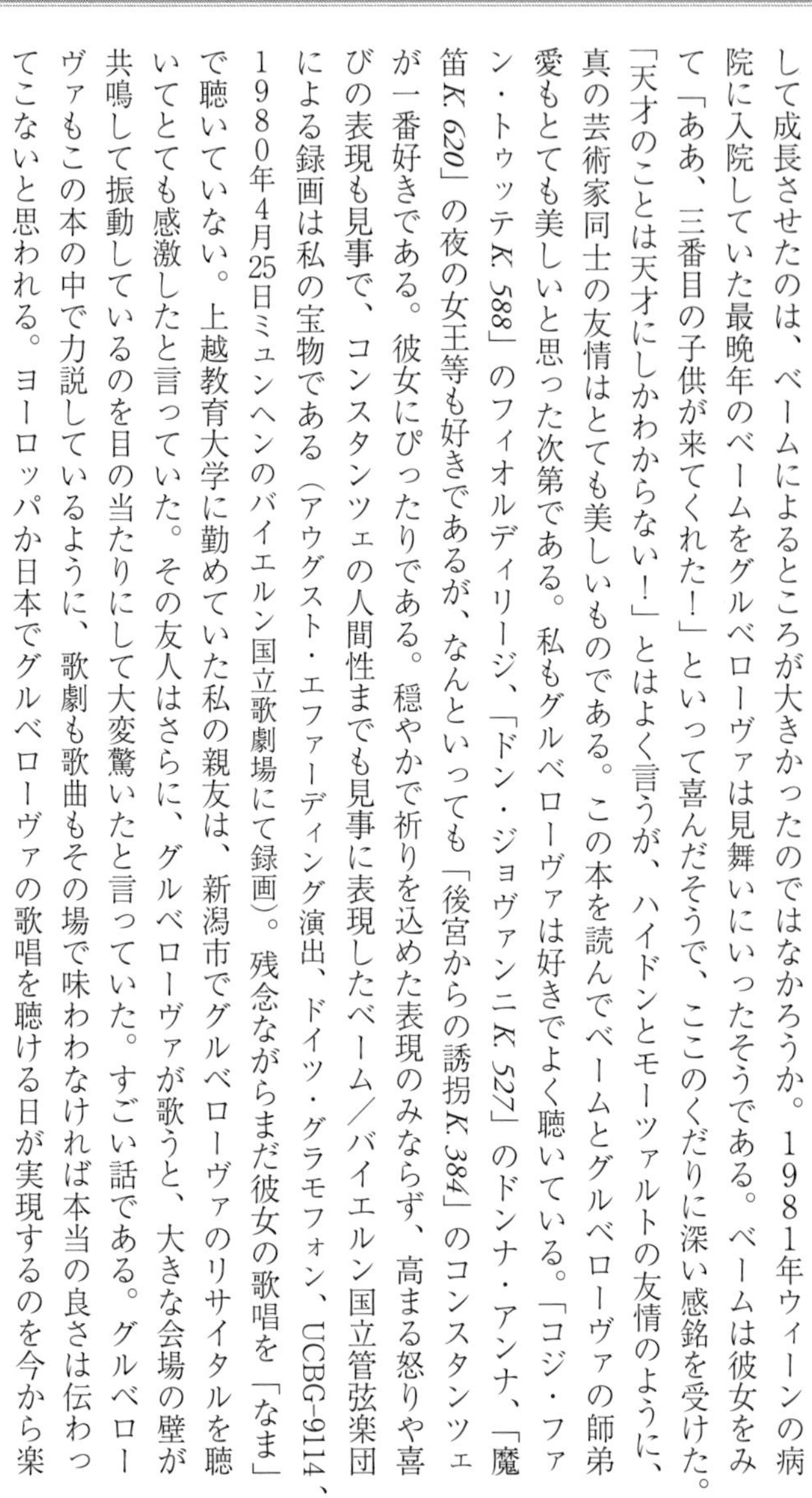

して成長させたのは、ベームによるところが大きかったのではなかろうか。1981年ウィーンの病院に入院していた最晩年のベームをグルベローヴァは見舞いにいったそうである。ベームは彼女をみて「ああ、三番目の子供が来てくれた！」といって喜んだそうで、ここのくだりに深い感銘を受けた。「天才のことは天才にしかわからない！」とはよく言うが、ハイドンとモーツァルトの友情のように、真の芸術家同士の友情はとても美しいものである。この本を読んでベームとグルベローヴァの師弟愛もとても美しいと思った次第である。私もグルベローヴァは好きでよく聴いている。「コジ・ファン・トゥッテ *K. 588*」のフィオルディリージ、「ドン・ジョヴァンニ *K. 527*」のドンナ・アンナ、「魔笛 *K. 620*」の夜の女王等も好きであるが、なんといっても「後宮からの誘拐 *K. 384*」のコンスタンツェが一番好きである。彼女にぴったりである。穏やかで祈りを込めた表現のみならず、高まる怒りや喜びの表現も見事で、コンスタンツェの人間性までも見事に表現したベーム／バイエルン国立管弦楽団による録画は私の宝物である（アウグスト・エファーディング演出、ドイツ・グラモフォン、UCBG-9114、1980年4月25日ミュンヘンのバイエルン国立歌劇場にて録画）。残念ながらまだ彼女の歌唱を「なま」で聴いていない。上越教育大学に勤めていた私の親友は、新潟市でグルベローヴァのリサイタルを聴いてとても感激したと言っていた。その友人はさらに、グルベローヴァが歌うと、大きな会場の壁が共鳴して振動しているのを目の当たりにして大変驚いたと言っていた。すごい話である。グルベローヴァもこの本の中で力説しているように、歌劇も歌曲もその場で味わわなければ本当の良さは伝わってこないと思われる。ヨーロッパか日本でグルベローヴァの歌唱を聴ける日が実現するのを今から楽しみにしている。

第105章　弦楽四重奏曲第21番 *K. 575*「プロシャ王四重奏曲第1番」

1789年4月、33歳のモーツァルトは、悪化した経済状態を打開するためプラハを経てドレスデン、ライプツィッヒ、ベルリンを訪れる旅に出かけた。各地で演奏会は開けたものの大きな仕事の依頼はなかった。しかしながら、ベルリンでプロシャ国王フリードリッヒ・ヴィルヘルム二世から弦楽四重奏曲六曲の作曲依頼を受けることができた。この当時、ウィーンでのモーツァルトの人気は低迷し、生活苦のため借金を依頼する手紙が多く書かれた。この曲もなんとか早く仕上げてすぐにでも生活苦を解消したかったのであろう。ベルリンからウィーンへの帰途、作曲に取り掛かったようである。プラハかドレスデンで作曲を開始していたのではないかと考えられている。6月にウィーンに戻りすぐにこの*K. 575*を完成させた。この後1年後、第二番目の*K. 589*が完成された。さらに、その1ヶ月後に第三番目*K. 590*のが完成された。しかし、これがモーツァルト最後の弦楽四重奏曲になった。プロシャ王が依頼した六曲の内半分しか完成できないままモーツァルトはこの世を去ってしまうのである。この頃は、モーツァルトの健康状態が優れず、その上苦しい借金生活を余儀なくされていたので、いかに天才といえども筆は進みにくかったのではなかろうか。後の人はこの三曲をまとめて「プロシャ王四重奏曲（プロシャ王セット）」と名付けた。三曲とも深い精神性の優れた作品となっている。この*K. 575*は、4楽章からなり演奏時間は全体で22分ほどになる。私が大好きなのが第2楽章アンダンテである。冒頭部から優しい旋律が奏でられる。この主題は繰り返し演奏される。優美な旋律の中にも悲しみの影が見え隠れしている。この悲しみは以前までの悲しみより一層強くなり、聴き手の涙を誘うものとなっている。これは晩年のモーツァルトの音楽の特徴でもある。その後、第1ヴァイオリンの奏でる、この世のものとも思えない、美しい旋律が現れるが、これは一回だけで、聴き手はもう一度聴きたいという気持ちを抑えることができない。ここの旋律はモーツァルトの数ある弦楽四重奏曲の中でも最も美しいものの一つであろう。私のかけがえのない宝物である。このあと後半部では悲しみがさらに増して、特にチェロが活躍してくる。この年は不朽の傑作「クラリネット五重奏曲*K. 581*」がモーツァルトの手から生まれるが、この弦楽四重奏曲も似通った性格の作品である。澄み切った天上的な美しさ、人間世界を超越した、一種の悟りのような境地に達している。モーツァルトは自らの命がそう長くはないと悟っていたのであろうか？この曲の悲しみはそんなモーツァルトの心情を色濃く反映しているようで、聴く人は涙を抑えることができないのである。私の愛聴盤はエーデル弦楽四重奏団の演奏である（CD：ナクソス、8. 550545、1992年10月ブダペストで録音、輸入盤）。この音楽にはチェロの演奏がとても大切であるが、エーデル弦楽四重奏団のチェリストは柔らかい音で、モーツァルトの深遠な世界を見事に再現してくれている。聴くたびに感動する名演奏である。

第106章　レクイエム *K. 626*

モーツァルト最後の曲で、1791年7月から作曲が始まり、死の床でも作曲が続けられた。12月4日とうとう力尽きて、「ラクリモーサ（涙の日々）」の第8小節でモーツァルトの筆は永遠に止まることとなったのである。弟子のジュースマイヤーにレクイエムの残りの部分の仕上げを指示し、翌5日の午前0時55分天国に召された。レクイエム全体の中で、この「ラクリモーサ」は特に素晴らしい曲で、クレッシェンドで悲しみが最高点に達した時、モーツァルティアンは、こみあげてくる悲しみを抑えることはできないのである。深い感動に心を揺さぶられ、音楽の素晴らしさに震えるのである。このような素晴らしい宗教曲はもう二度と生まれることはないであろう。モーツァルトはジュースマイヤーに「ラクリモーサ」の後半の部分の作曲を指示したが、モーツァルトのようにはいかなかった。私はレクイエムが大好きではあるが、あまりにも悲しく、辛くて頻繁には聴けないのである。しかし、聴く時には、どの曲を聴く時よりも緊張して、モーツァルトの最後の言葉をしっかりと聴き取ろうと襟を正して聴いている。

私の愛聴盤は、カール・ベーム指揮、ウィーン・フィルの演奏である（CD：ドイツ・グラモフォン、POCG-7009/413553-2、1971年4月、ウィーンで録音）。ソプラノ：エディット・マティス、アルト：ユリア・ハマリ、テノール：ヴィエスワフ・オフマン、バス：カール・リッダーブッシュ、ウィーン国立歌劇場合唱連盟の歌唱である。名歌手を揃え、ウィーン・フィルの名演奏とあいまって、素晴らしい録音になっている。ウィーン・フィルの柔らかく穏やかな管弦楽の響きが良く、それを支えるベームの指揮も素晴らしい。テンポをゆっくりとっているのもこの音楽にぴったりである。

挿絵3　ウィーン郊外の聖マルクス墓地にあるモーツァルトのお墓
モーツァルトが1791年に埋葬された正確な場所は不明のままである。おそらくこの辺りではということに過ぎない。それは、モーツァルトが一般の共同墓地に埋葬されたからである。記念碑の先端は途中で切れている。天才の夭折を嘆き、悼む天使の像が悲しみを誘う。私は繰り返しここを訪れているが、いつも花がたむけられている。モーツァルティアンの思いは一つなのであろう。

第107章　ドイツ舞曲 *K. 600, K. 602, K. 605*

これらのドイツ舞曲は、モーツァルト最後の年の1791年の1、2月に完成された。モーツァルトは35歳になっていた。命のロウソクはもう間も無く消えようとしていた。私はモーツァルトのケッヘル番号が600番台の作品を聴くといつも悲しい気持ちでいっぱいになる。死の影が迫り来る中で命の限り曲を作り続けたことを思うと熱い思いがこみ上げてくる。モーツァルトは宮廷音楽家として舞踏会用の舞曲を作曲することが義務であったので、このドイツ舞曲を始めとして約40曲にも及ぶ舞曲を作曲した。その中でも特にこの三曲は人気が高い。全てフルート（またはピッコロ）2、オーボエ（またはクラリネット）2、ファゴット2、ホルン2、トランペット2、ティンパニ、第1ヴァイオリン、第2ヴァイオリン、チェロ、コントラバスという大編成である。それに*K. 602*には民族楽器のライエル（手回し琴）が、*K. 605*には鈴が追加されている。*K. 600*では、第2、5、6曲が特に好きである。第2曲は管楽器が美しく響くメヌエット風の音楽が素晴らしい。第5曲は「カナリア」という表題がついているが、フルート、ヴァイオリン、ピッコロ、ファゴットが次々に愛らしい小鳥のさえずりを奏でる。ピッコロが吹く旋律はカナリアの鳴き声を模しているように思われる。この曲を聴くと私は、小鳥がさえずる森の中にいるような、幸せな気持ちになる。モーツァルトはザルツブルク時代（14歳～21歳頃）とウィーン時代（30歳～35歳頃）にカナリアを飼っていた。1770年14歳のモーツァルトは父親と二人で「第一回イタリア旅行」に出かけた。旅先のナポリで姉のナンネルに宛てて手紙を書いて「カナリアさんのご機嫌はいかがですか、知らせて下さい。相変わらず歌っていますか?やはりピイピイさえずっているかな?」と聞いている（1770年5月19日、モーツァルト書簡全集第2巻、129～130頁）。また、ウィーン時代バーデンで温泉治療を行っていた妻に会いに行く際、荷物が多く馬車に入りきらないので、「残念なのは、ピアノも持って行けなければ、小鳥を連れてゆくこともできないことだ」と書いている（１７９１年６月７日、モーツァルト書簡全集第６巻、６３３～６３４頁）。この小鳥とはカナリアのことで、その愛鳥が死んだ時にはモーツァルトは大変悲しんだ。犬や猫はもちろんのこと、小鳥まで可愛がるモーツァルトは本当に心優しい人であった。愛鳥の思い出のためにこの第５曲「カナリア」を作曲したのであろう。第６曲トリオは行進曲風で最後を飾るのにふさわしい。

*K. 602*では、第３曲が特に好きである。ライエルが奏でる旋律が大変素敵で、この旋律を聴くとなんとも郷愁を誘われるのである。このライエルという楽器はハープシコードのような響きがあるが、イギリスでは、「ハーディー・ガーディー」と呼ばれ、低音で主音と属音を鳴らしながら、その上に主旋律を重ねて演奏する楽器である。その素朴で、ひなびた響きから「農民のライエル」とも呼ばれている。モーツァルトはこの楽器の特徴を生かして素晴らしい曲を舞曲として完成させたのであった。*K. 605*では第３曲が特に好きである。「そりすべり」という表題がついているが、特に人気が高い曲で、モーツァルティアンはもちろんのこと、多くの人に愛されている。当時のウィーンの人々は、寒くて長い冬の間ささやかな娯楽で気を紛らわせ、春をじっと待っていた。そんな中、舞踏会の他にはこのそりすべりが老若男女の楽しみであった。子供達は雪が積もると小さなそりに乗って楽しんだという。一方、大人は街中や郊外のプラター公園にそり馬車で行ったのであった。この第３曲を聴いていると、当時のウィーンのそりすべりの楽しげな雰囲気が伝わってくる。音楽が始まると、鈴や郵便馬車の角笛が遠くから聴こえてくる。その後楽しげにそりすべりに興じる様子が管弦楽と鈴で表現され、最後にはそりが遠ざかるように、鈴の音が小さくなって音楽が終了する。なんとも楽しく、素晴らしい曲である。モーツァルトは舞曲という、言わば義務で作らなければならない曲でもいっさい手を抜くことはなかったのである。ここにも天才の真摯な姿勢をはっきりと感じることができる。私の愛聴盤はウィリー・ボスコフスキー指揮ウィーン・モーツァルト合奏団による演奏である（フィリップス、422649-2、１９６４～66年ウィーンで録音、輸入盤）。弦楽器も管楽器も素晴らしい演奏で美しい。両楽器の調

和もとても良い。ボスコフスキーはヴァイオリンの名手でウィーン・フィルのコンサート・マスターを長く務め、ウィーン・フィルの全盛時代を築いた。演奏者としても指揮者としても卓越していたのである。ウィーン・フィルの元日の演奏会（ニュー・イヤー・コンサート）にはヴァイオリンを弾きながら登場し、ウィーン・フィルの指揮をした。このような元日の演奏会の様子は今は全く見られなくなってしまった。もう懐かしい思い出になってしまったのである。さらに、ボスコフスキーは、モーツァルトの作品の素晴らしい録音を多数世に残してくれた。私はモーツァルティアンの一人として、指揮者カール・ベームと同様に、ウィリー・ボスコフスキーにも心から感謝の気持ちでいっぱいである。

第108章　交響曲第19番 *K. 132*

この曲は1772年7月ザルツブルクで完成された。モーツァルトは16歳になっていた。作曲の経緯は不明であるが、宗教的な行事か、ザルツブルクの行事のために作曲されたと考えられている。第2楽章の代替楽章が自筆譜で残っている点も興味深く、モーツァルトは演奏する人が好きな方を選んで演奏してくれるよう願って、そうしたものと考えられる。楽器編成はオーボエ2、ホルン4、第1ヴァイオリン、第2ヴァイオリン、ヴィオラ、コントラバスの小編成で4楽章からなり、演奏時間は全体で20分程である。ホルンが4本となっている点が特徴で、第1、第2楽章の高音域用と指示されていて、新しい試みが見られ興味深い。第1楽章はアレグロ。堂々としていて活気のある音楽である。第2楽章アンダンテは、私がこの作品の中で最も好きな楽章でよく聴いている。冒頭部は穏やかで美しい音楽で、この作品にぐっと引き寄せられる。その後、グレゴリオ聖歌の「クレド」とホーエンザルツブルク城の鐘（カリオン）でクリスマスに演奏される「ヨセフ、我がいとしのヨセフ」が引用されている点も興味深い。ザルツブルクのクリスマスの様子を彷彿とさせる。第2楽章の代替楽章アンダンティーノ・グラツィオーソは、ゆったりとしたテンポで、しなやかで優雅な旋律の音楽が展開されていく。第3楽章はメヌエット。主題がカノンの手法で繰り返される。弦楽器のみの演奏であるが、色調の変化が見られて興味深い。第4楽章はアレグロ。コントルダンスの音楽で楽しい。私の愛聴盤は、カール・ベーム指揮、ベルリン・フィルハーモニーの録音である（CD：ドイツ・グラモフォン、427241-2、1969年、ハンブルクで録音、輸入盤）。端正な演奏で、特に第2楽章の高音域のホルンの演奏が素晴らしい。

第109章　セレナード第11番 *K. 375*

この曲は1781年10月にウィーンで完成された。モーツァルト25歳の時であった。コロレド大司教とウィーンで決裂したのはこの年の5月であった。大司教との軋轢から解放され、また父親の監視からも逃れ、ウィーンで自立し半年になろうとしていた。モーツァルトは自由に羽を伸ばし、音楽活動を存分に楽しんでいた。この曲の成立に関しては、モーツァルトがザルツブルクの父に宛てた手紙（1781年11月3日、モーツァルト書簡全集第5巻、162～164頁）に詳しい。モーツァルトはウィーンで親しくなった宮廷侍従のシュトラックに、この曲を聴かせたくて念入りに楽譜にしたためた。新天地の音楽の都で自分に味方をしてくれる人を一人でも増やしたかったのであろう。11月3日の手紙には、この*K. 375*を演奏してくれた六人の楽士たちの演奏がとても素晴らしかったとも書かれている。「ことに第1クラリネットと二本のホルンは抜群でした！」と。モーツァルトは素晴らしい演奏には惜しみない拍手を送っていたのである。モーツァルトはこの曲に自信と愛着を持っていたようで、よく演奏会でも取り上げた。その上、翌1782年の7月末にはオーボエ2本を付け加えた第2稿を完成させた。今日ではこの第2稿がよく演奏される。録音もこちらの方が多い。楽器編成は、オーボエ2、クラリネット2、ホルン2、ファゴット2で演奏時間は全体で20分以上（第2稿）に及ぶ。モーツァルトは自分が演奏しなかった管楽器でもその特徴を生かした珠玉の傑作を残してくれた。また、交響曲や協奏曲、歌劇や宗教曲の中でも管楽器の使用に類い稀な才能を発揮した。この作品もそんなモーツァルトの天賦の才能が随所にきらきらと輝いている。

第1楽章アレグロ・マエストーソ。穏やかな管楽器の序奏の後、管楽器全体で音楽の開始を告げる堂々とした旋律が奏でられる。時折やや暗い旋律も現れるが、概ね明るく、朗らかな音楽である。その後、やや寂しげな旋律も挿入される。その後、ホルンが活躍する伸びやかで、牧歌的な音楽で明るさを取り戻す。第2楽章第一メヌエット。やや勇壮な旋律の音楽で始まる。しかし長くは続かず、不安がよぎってくる。これはホルンの音で表現される。そのあと管楽器合奏で不安な気持ちや悲しみの陰りが徐々に増してゆく。その後冒頭部の音楽に戻る。明るい舞踊の音楽というより、やや暗く、もの悲しい感じの曲である。それがなんとも言えぬ魅力となっている。第3楽章アダージョ。私がこの*K. 375*で最も好きな楽章である。これほど美しい管楽合奏曲はないであろう。あらゆる管楽合奏曲の中の最高傑作であろう。それぞれの管楽器の特徴を生かし、独奏と協奏を巧みに散りばめ、聴く人の心を掴んで離さない、魅力溢れる曲である。冒頭部は穏やかで伸びやかな旋律の音楽で始まる。極上の美の世界である。高原に朝が来て小鳥がさえずり、爽やかなそよ風が吹いている秋の日。青い空にうろこ雲やすじ雲がぽっかりと浮かんでいる。自然の素晴らしさを体いっぱいに感じながら、自然の恵みに感謝する気持ちがふつふつと湧いてくる。この音楽は、まさにモーツァルトの自然賛美であり、自然描写である。目をつぶってじっくり旋律に聴き入っていると、モーツァルトの自然への畏敬の念をつくづくと感じる。ゆったりとした序奏の後、ホルンが美しい旋律を奏でる。ホルンの演奏でおおらかな優しさに包み込まれる。その後、クラリネットが奏でる旋律は極上の響きで素晴らしい。この旋律を聴ける私達はなんと幸せであることか！その後、ホルンの低い音も加わり、クラリネットの高い音とホルンの低い音が見事な調和を示す。その後はやや明るく、諧謔性あふれる旋律に変わる。ここの部分は大変楽しく、幸せな気持ちでいっぱいになる。その後、オーボエが息の長い優美な旋律を伸びやかに歌う。オーボエの音と他の管楽器の音が調和して響く。なんという美しいハーモニーであることか！管楽器だけでこれほどまでに美しいハーモニーを奏でられるとは！モーツァルトの才能は驚異的である。この楽章は*K.* 375の作品の中でもとりわけ光り輝いていて素晴らしい。

第4楽章第二メヌエット。テンポ良く明るい曲である。前半部はクラリネットが明るい旋律を演奏する。メヌエットらしい舞踊音楽である。その後、ファゴット、ホルンが加わり音楽に幅が出てくる。後半部は曲調が変わり、やや重厚になる。その後、冒頭部の音楽に戻り終了する。この楽章を聴いていると、眼前にザルツブルク近郊の湖水地方の景色が浮かんでくる。楽しい気持ちにしてくれるメヌエット楽章である。第5楽章フィナーレ、アレグロ。テンポの速い曲で、歯切れよく、快活である。このロンド主題は多くの人に愛されている。あまりにも有名で、単独でも演奏されることがある。華やかで明るい祝典風音楽で、曲の最後を飾るのにふさわしい。その後も楽しい旋律が次々に現れ、終末を迎える。弦楽器を加えなくても管楽器のみで幅広い芸術的表現ができるのは、まさにモーツァルトの天才がなせる技であろう。歌劇や交響曲、協奏曲と比べてセレナードやディヴェルティメント、カッサシオン、舞曲等の作品群を低く見る人は多い。しかし、モーツァルトのこれらの曲も大変素晴らしい芸術作品なのである。それを味わえる私達はなんと幸福なことか！私の愛聴盤は、ウィーン・フィルハーモニー管楽合奏団の演奏である（CD：ドイツ・グラモフォン、4825034/UCCG-90633、1973年2月、ウィーン、シェーンブルン宮殿で録音）。とても端正な演奏である。少しゆったり目のテンポでこの曲の素晴らしさを十二分に再現してくれている。管楽器の音色がとても美しく、四つの管楽器がそれぞれの音色を生かして、素晴らしいハーモニーを奏でている。特に第3楽章の演奏が秀逸である。何回も聴いている。

第110章　五曲のコントルダンス *K. 609*

この曲は1791年モーツァルト35歳の時にウィーンで完成されたと考えられている。モーツァルト最後の舞曲である。コントルダンスとはモーツァルトの時代に流行していた舞曲の一つで、イギリスのカントリー・ダンスが起源とされている。男女が対面して集団で踊るため、対舞曲とも言われる。楽器編成は、フルート、太鼓、第1ヴァイオリン、第2ヴァイオリン、チェロ、コントラバスで、5曲からなり演奏時間は全体で7分ほどである。第1曲は、あまりにも有名な「フィガロの結婚 *K. 492*」の中のフィガロの独唱曲「もう飛ぶまいぞ、この蝶々！」を行進曲風に変身させたもの。プラハでの演奏会の際、モーツァルトは、「フィガロの結婚」をこよなく愛してくれた、市民の熱いアンコールに応えて、ピアノでこの曲を行進曲風に即興演奏した。このことは、モーツァルトの手紙（1787年1月15日ウィーンの友人ジャカン宛て。モーツァルト書簡全集第6巻、339～342頁）に詳しいが、後年彼自身によってこの曲が楽譜化されたのであろう。ここではヴァイオリンとフルートが演奏している。楽しく、陽気な気持ちになり、さらに諧謔性も感じられる素晴らしい曲である。第2曲は、快活で華やかな祝典風の音楽。晴々とした気持ちにしてくれる。スタッカートによる軽快な音楽である。第3曲は、律動的なきびきびとした音楽で、陽気な気分になる。太鼓の音が賑やかに響く、軍楽調の音楽でもある。第4曲も第2曲と同様に、華やかな祝典風の音楽である。レントラーとも言えそうな舞曲で、踊り出したくなる楽しい曲である。第5曲はこのコントルダンスの中でも私が最も好きな曲である。田園風の旋律が美しい。しかしながら、弦楽器がやや寂しげな旋律を奏でて悲しみを誘う。短いながらも豊かな表情を表す、モーツァルトならではの世界である。今晩は、シャンドール・ベーグ指揮、ザルツブルク・モーツァルテウム・カメラータ・アダデミカの1988～1989年の録音（CD：カプリッチョ、10302、ザルツブルクで録音、輸入盤）で楽しもう。

第111章　ピアノ協奏曲第17番 *K. 453*

この曲は1784年の4月にウィーンで完成された。モーツァルトは28歳になっていた。前作のピアノ協奏曲第16番 *K. 451* の完成からわずか3週間でこの大作が完成されている。モーツァルトの天才ぶりが遺憾無く発揮されている作品である。これからますます、技術的にも、音楽的にも完成されたピアノ協奏曲の傑作が巨匠の手から次々に生まれてくることとなる。この曲もピアノ協奏曲第14番 *K. 449* と同様に、愛弟子で優秀なピアニストであった、プロイヤー嬢のために作曲された。モーツァルトはよほどこの女流ピアニストの才能に惚れ込んでいたのであろう。楽器編成は、独奏ピアノ、オーボエ2、ホルン2、フルート、ファゴット2、第1ヴァイオリン、第2ヴァイオリン、ヴィオラ、コントラバスという編成になっており、演奏時間も30分を超える。私の大好きな曲である。

第1楽章アレグロ。冒頭部は行進曲風の音楽で始まる。弦楽器に管楽器がよく調和していて美しい。やがて主題が提示され、引き続きピアノが主題を演奏する。森の中に爽やかな風が吹きぬけるような情感で大変心地よい。うららかな春の一日が始まるようで、明るく晴れ晴れとした気持ちになり、幸福感で満たされる。しかしながら、中間部に入ると、主題がやや悲しみを秘めた音楽に変奏される。後半部に入るとさらに悲しみが増す。しかし、すぐに冒頭部の明るい音楽に戻って、カデンツァを経てピアノと管弦楽の協奏でこの楽章が締めくくられる。第2楽章アンダンテはこの曲の中で私が最も好きな楽章である。穏やかな音楽で始まる。オーボエがゆったりとした美しい旋律を演奏し、次いでフルートが引き継ぎ、さらにファゴットに受け継がれる。牧歌的な美しさに心安らぐひと時である。この第17番でモーツァルトは木管楽器の使用法を完成させている。モーツァルトの協奏曲や交響曲が多くの人に愛され続ける理由の一つが、この木管楽器の類い稀な使用法にあるのではないかと私は思っている。晩年になるとこれらのオーボエ、フルート、ファゴットにさらにクラリネットが加わり、前人未到の境地に達するのである。やがて静かにピアノの演奏が始まる。穏やかで平和を感じるが、そこはかとない悲しみが漂う。ピアノの後はフルートがもの悲しい旋律を奏でる。さらに、この後大きな悲しみが怒涛のように押し寄せて来る。ピアノも管弦楽も悲しみの音楽を続けていく。モーツァルトの悲しみの音楽としては珍しくやや重苦しい。だが、その悲しみをオーボエ、フルートの奏でる音楽が打ち消して慰めてくれる。しかし、悲しみはこれでも収まらない。ピアノがさらに追い討ちをかけるように、すすり泣くような旋律を奏でるのである。耐えきれない悲しみに打ちのめされるようである。その後、初めの主題に戻る。ついでカデンツァへ。モーツァルトが残してくれたカデンツァも悲しい音楽ではあるが、最後には希望を持たせて、カデンツァを閉じている。そのあと冒頭部の音楽に戻り終了する。モーツァルトならではの美しくも悲しい音楽。素晴らしい楽章である。第3楽章アレグレットはモーツァルトのピアノ協奏曲にしては珍しくロンドではなく、変奏曲風である。明るく心弾むような行進曲風の音楽で始まる。これから楽しいことが始まるようでわくわく、うきうきする。幸福感で心が満たされる。主題は明るく一点の曇りもない。この主題をピアノが引き継いで弾く。モーツァルトのピアノ協奏曲に頻繁に見られる様式で、管弦楽の序奏の後にピアノの演奏が始まる。この主題をオーボエ、フルート、ファゴットが演奏する。透き通った木管楽器の旋律が美しい。高原で小鳥のさえずりを聴いているような気分になる。なんと素晴らしい構成であることか！私は元気のない時や悲しい時、寂しい時によくこの楽章を聴く。この楽章を聴いていると明るい気持ちになり、元気が出るのである。ついで、主題が変奏され、やや暗い旋律（短調）に変わる。しかし長くは続かず明るい長調の変奏に戻り、終末を迎える。この終末は、なんと喜歌劇の合唱曲のような音楽で始まるのである。あたかも歌のない喜歌劇のようである。さらに行進曲風の旋律へと続く。ファゴットも、オーボエもフルートもとても美しく、いっそう音楽を華麗にしてくれる。最後はピアノと管楽器、さらに、ピアノと管弦楽器が見事な調和を見せ、喜歌劇の大団円を思わせる音楽で楽章が閉じられる。全体で30分を超える長い協奏曲であるが、聴く人を全く飽きさせない、内容の充実した傑作になっている。第1楽章と第2楽章の対比も素晴らしく、悲しみの第2楽章から明るさを取り戻す第3楽章への変化もとても素晴らしい。

モーツァルト自身もこの曲にとても自信と愛着を持っていたことが、1784年5月15日の父宛の手紙で見て取れる（モーツァルト書簡全集第5巻、504〜505頁）。この曲を含め、第14番、第15番、第16番のピアノ協奏曲を、旅先のリンツから父親に送った旨を伝え、今、ウィーンで信頼できる人に、しかも自分の目の前で写譜してもらっていると伝えている。私の友人にはこのピアノ協奏曲第17番がモーツァルトのピアノ協奏曲の中で一番好きという人がいる。モーツァルトのピアノ協奏曲の話になると誇らしげにこの曲を絶賛する。私もこの曲が大好きで、聴くたびに、新たな感動を覚える。また、別の友人はモーツァルトのピアノ協奏曲のみが大好きで聴いているという人がいる。その気持ちは痛いほど良くわかるが、ピアノの小品から歌劇の大作まで、モーツァルトのすべての種類の曲を聴いて欲しいと私は強く願っている。

私の愛聴盤はもちろんヘブラーで、ヴィトルド・ロヴィツキ指揮ロンドン交響楽団の録音である（CD：フィリップス、DMP-10012、1965年1月、ロンドンで録音）。ヘブラーはピアノの音の粒を揃え、輝きのある演奏で、明るいこの音楽の素晴らしさを見事に再現してくれている。ヘブラーは全てモーツァルトが作曲したカデンツァを弾いてくれている。第1楽章のカデンツァでは主題をやや変奏曲風に発展させている。粒を揃えて上品であるが、力強くこの楽章の最後を飾るように。第2楽章のカデンツァも、控えめな音でモーツァルトの悲しみを奏でてくれている。私は幸運にも東京で、イングリット・ヘブラーのピアノ、NHK交響楽団の演奏で、この曲を妻と二人で聴く機会があった。ヘブラーのピアノ演奏は以前ピアノソナタ（全曲モーツァルト）を千葉県文化会館で妻と娘を含め三人で聴く機会があった。したがって、ヘブラーのピアノ演奏は二回目であったが、ピアノ協奏曲の「なま」を聴くのは初めてであった。とても素晴らしく、私は心から感激した。この曲の素晴らしさを十二分に再現してくれていた。私の妻も「ピアニッシモが本当に綺麗ね！」と言ってくれた。妻は音楽大学出身者としてこれほど美しいピアニッシモは聴いたことがないと感激していた。後にも先にもこのような素晴らしいピアノ協奏曲の演奏会は二度となかった。私は感動からなかなか席を立つことができなかった。「なま」の音楽の素晴らしさにしみじみと感激した夜であった。

第112章 久元祐子さんのモーツァルト演奏会

久元祐子さんは、『モーツァルトのクラヴィーア音楽探訪〜天才と同時代人たち』（音楽之友社、1998年9月、東京）や『モーツァルトはどう弾いたか』（丸善ブックス085、2000年6月、東京）、『モーツァルト〜18世紀ミュージシャンの青春』（知玄舎、2004年1月、東京）等の著者として知られ、ピアニストとしてだけではなく、モーツァルト研究家としても活躍されているお方である。2002年2月に東京で久元祐子さんの「ウィーンのモーツァルト演奏会」に行く機会があった。曲目は、1．グレトリーのオペラ「サムニウム人の結婚」の合唱曲「愛の神」による八つの変奏曲*K. 352*、2．ピアノソナタ第11番*K. 331*、3．幻想曲*K. 397/385g*、4．「フィガロの結婚」*K. 492*から「もう飛ぶまいぞ、この蝶々」、5．「夕べの想い」*K. 523*、6．「クロエに」*K. 524*、7．「春への憧れ」*K. 596*、8．「すみれ」*K. 476*であった。

歌劇独唱曲と歌曲は北村哲朗さん（バリトン）によって歌われた。全曲モーツァルトの演奏会は、私が最も惹かれる演奏会で、いつも極力全曲モーツァルトの演奏会を選んでは聴きに行っている。しかしながら、日本は欧州に比べるとこのような演奏会はずっと少ない。久元さんは演奏の前に、曲の時代背景はもちろんのこと、モーツァルトの手紙を引用し、モーツァルトの気持ちを探りながら、また時に冗談も交えながら曲の解説をして下さり、初めてモーツァルトを聴く人も楽しめるような配慮をされていた。音の粒をそろえ、音に輝きを持たせ、決して派手ではなく、適度なテンポで、速すぎず、抑揚も適度で、律動感の良い、素晴らしい演奏であった。*K. 331*のソナタの第1楽章では、優雅に、また幻想曲では、音を抑え、適度な抑揚で幻想的な雰囲気を出され、長調の曲も短調の曲もとても素晴らしかった。演奏会の後半では、久元さんはフィガロと歌曲の曲の伴奏をされ、バリトンの北村さんを盛り上げて下さった。北村さんはドレスデンで長く研鑽を積まれた方で、発音、声、音楽性、素晴らしかった。感情を込めた、味わい深い独唱であった。モーツァルトの歌曲も傑作ばかりを選んで下さった。その中でも、私は特に「春への憧れ」、「夕べの想い」、「すみれ」は大好きでかけがえのない宝物である。歌曲の最高傑作を三曲選ぶとすれば、私は迷うことなくこの三曲を選ぶ。旋律の美しさ、心地よい律動感、感情表現、どれをとっても最高である。これら三曲の「なま」の演奏を同時に聴けたのはこの時が初めてであった。素晴らしかった。久元さんと北村さんを囲んで演奏会後に懇親会が開かれた。お二人とも気さくで、飾らない、庶民的な性格の方で、とても楽しい会話をすることができた。この日の演奏会の思い出は一生忘れられない。欧州的な少人数の演奏会、その後の懇親会と本当に楽しかった。久元さんと北村さんに心からの感謝の気持ちでいっぱいである。

第113章　交響曲第11番 *K. 84/73q*

モーツァルトは1769年初頭に「ウィーン旅行」から帰郷した。しかし、旅の疲れを癒す暇もなく、この年の暮れには父と共に「第一回イタリア旅行」に旅立った。この交響曲は、イタリア旅行の際にミラノで作曲され始め、1770年夏にボローニャで完成された。この時モーツァルトは14歳になっていた。イタリアはモーツァルトにとって憧れの地であっただけではなく、音楽のさらなる研鑽を積むためにも欠く事のできない訪問先であった。また父親にとっては、息子の歌劇の勉強のためにも、多くの音楽家と知己になるためにも欠かせない国であった。この「第一回イタリア旅行」で、二人は12月中旬ザルツブルクを立ち、ヴェローナ、ミラノ、ボローニャ、ローマ、ナポリ、ヴェネチアと回った。なんと1年4ヶ月にもわたる大旅行であった。10代半ばの少年モーツァルトはこの旅のおかげで、人間的にも、音楽的にも一段と成長することができた。イタリア大旅行のおかげで、モーツァルトの音楽の特徴である、流麗な旋律美が磨かれることとなったのである。これが、モーツァルトの音楽が古今東西、老若男女を問わず、国境を越え愛され続ける所以であろう。まさに旅はモーツァルトにとってかけがえのない教師であった。私たち後世の者はこのイタリア大旅行が無事に大成功したことに感謝の気持ちでいっぱいである。この曲は、オーボエ2、ホルン2、第1ヴァイオリン、第2ヴァイオリン、ヴィオラ、コントラバスという小編成で演奏時間は全体で約10分である。イタリア音楽の影響が随所に見られて大変興味深い。イタリア様式の交響曲で、第1楽章アレグロ、第2楽章アンダンテ、第3楽章アレグロの3楽章からなっている。私が大好きなのは第2楽章アンダンテである。オーボエが活躍し、美しい旋律を奏でる。それを支える弦楽器の演奏も素晴らしい。時折入る弦楽器のピチカート奏法も音楽に彩りを添えている。見渡す限りの広い草原にそよ風が吹いて、木々の葉が揺れているような情景が脳裏に浮かんでくる。4分程の短い楽章ながら、穏やかな、ゆったりした音楽に癒されるひと時は私にとってかけがえのない時間である。カール・ベーム指揮、ベルリン・フィルハーモニーの録音（CD：ドイツ・グラモフォン、427241-2、1969年、ハンブルクで録音、輸入盤）が私の愛聴盤である。旋律をゆっくり歌いながらも、端正な演奏で素晴らしい。

第114章　弦楽四重奏曲第22番 *K. 589*「プロシャ王四重奏曲第2番」

この曲は1790年5月、前作の弦楽四重奏曲第21番の1年後にウィーンで完成された。モーツァルトは34歳になっていた。第1番がベルリンから帰国後すぐに完成されたのに対して、この第2番の完成には1年ほどかかった。その理由は生活苦で借金に奔走していたのと、健康がすぐれなかったからと思われる。また、喜歌劇の傑作「コジ・ファン・トゥッテ *K. 588*」の作曲に多くの時間を要したからでもあろう。4楽章からなり演奏時間は全体で20分程である。私が大好きなのは第2楽章ラルゲットである。モーツァルトの弦楽四重奏曲の中で唯一のラルゲットの楽章である。冒頭部から非常に優しい慰めの旋律が奏でられる。なんという安らぎに満ちた旋律なのであろうか！それでいて悲しみが切々と伝わってくる！悲しみをこれほどまでに美しい音楽で表現できるとは！この主題は何回も繰り返し演奏される。そのたびに新たな感動が押し寄せて来る。低音弦楽器が活躍し、音楽に深い味わいが添えられている。優美な旋律の中に潜む深い悲しみは、晩年のモーツァルトの音楽の特徴である。もちろんごく若い時からモーツァルトは、明るい中にもそこはかとない悲しみを漂わせる音楽を作り続けてきたが、晩年になってその傾向に拍車がかかった。深い精神性が増し、さらには表現に深みが増して、孤高の世界を作り上げたのである。この楽章は数ある弦楽四重奏曲の中でも最も美しいものの一つで、天上的な美しさに心癒されるのである。私のかけがえのない宝物の一つである。私の愛聴盤はエーデル弦楽四重奏団の演奏である（CD：ナクソス、8. 550544、1992年1月ブダペストで録音、輸入盤）。この音楽には第1ヴァイオリンの演奏がとても大事であるが、エーデル弦楽四重奏団の第1ヴァイオリニストは非常に柔らかい音で、モーツァルトの深遠な世界を見事に再現してくれている。チェロが低音部を支えているが、このチェロの演奏も素晴らしい。聴くたびに感動する名演奏である。

第115章　オーボエ四重奏曲 *K. 370/368b*

この曲は1781年初頭ミュンヘンで完成された。モーツァルトは25歳になっていた。モーツァルト唯一のオーボエ四重奏曲である。オーボエ、ヴァイオリン、ヴィオラ、チェロの四重奏曲で3楽章からなり、演奏時間は15分程である。当時モーツァルトは「クレタの王、イドメネオ *K. 366*」の上演のためにミュンヘンに滞在していた。その際にバイエルン宮廷楽団のフリードリッヒ・ラムの依頼を受けてこの曲が作曲された。オーボエは独奏楽器として活躍していて、弦楽器は伴奏に終始しているが、この弦楽器の伴奏があるからこそ、オーボエ独奏の素晴らしさが引き立つのである。第1楽章アレグロ。オーボエが第一主題を演奏する、明るく伸びやかな音楽でザルツブルク地方の美しい自然が眼前に浮かんでくる。第二主題はヴァイオリン、その次にオーボエが演奏し、多彩な楽想が展開される。第2楽章アダージョ。この曲の中で私が最も好きな楽章である。悲しげな旋律で始まり、オーボエが音を長く伸ばしてさらに悲しみを増してゆく。美しくも悲しい音楽。オーボエの哀切な響きが好ましい傑作である。全体にわたって明るい兆しはあまり感じられない。モーツァルトの室内楽の中でもとりわけ悲しい曲である。しかし、この悲しみは決して気が滅入るような悲しみではない。涙が一粒こぼれた後に、爽やかな、心洗われる思いになるのである。

私はこの曲には忘れられない思い出がある。愛犬コロが亡くなった後、悲しみからなかなか抜け出せなかった私は、数ヶ月にわたってこの楽章を繰り返し聴いた。そのおかげで、愛犬を亡くした悲しみから少しずつ立ち直ることができたのであった。悲しみが明るい、楽しい曲で癒されるのではなく、悲しい曲で癒される！モーツァルトの悲しい曲にはそんな不思議な力がある。この楽章は私にとって、かけがえのない宝物で、いつも感謝の気持ちでこの楽章を聴いている。また、この楽章を聴くたびに可愛かったコロのことが懐かしく思い出される。コロとの日々が走馬灯のように蘇ってくるのである。忘れようとしても忘れることのできないない愛犬との思い出は、この曲と共に思い出され、私に悲しみと慰めを与えてくれるのである。第3楽章ロンド。一変して明るい快活な音楽。未来に向かって希望が湧いてくるようである。オーボエの装飾的な旋律と弦楽器の伴奏が同時進行して見事な調和をなしている。素晴らしい音楽である。私の愛聴盤はハンスイェルク・シェレンベルガーのオーボエ、フィルハーモニア・カルテット・ベルリン（ヴァイオリン：エドワルド・ジェンコフスキー、ヴィオラ：土屋邦男、チェロ：ヤン・ティーセルホルスト）の演奏である（CD：デノン、COR-75547/COCO-75547、1981年、ベルリンで録音）。シェレンベルガーのオーボエが素晴らしい。特に第2楽章は切々とした悲しみを見事に表現していて素晴らしい。ニール・ブラックのオーボエ、アカデミー室内アンサンブル（ヴァイオリン：アイオナ・ブラウン、ヴィオラ：スティーヴン・シングルス、チェロ：デニス・ヴィゲイ）の演奏もよく聴いている。オーボエと弦楽器が良く調和している。ややゆっくり目の演奏でモーツァルトの世界を忠実に再現している。第2楽章も悲しみが聴く人の心に迫ってくる名演奏である。

第116章　十二のメヌエット *K. 585*

この曲は1789年12月ウィーンで完成された。モーツァルトは33歳になっていた。ウィーンでの生活は貧困を極め、友人プフベルクへの借金の依頼の手紙が頻繁に書かれるようになっていた。そんな中、モーツァルトは宮廷作曲家としての義務である、舞踊音楽の作曲に専念していた。この作品は、冬の宮廷舞踏会のために作曲されたものである。第1曲から第12曲まで弦楽器と管楽器によって演奏される大規模な優れた舞踊音楽で、当時大変好評であったことが知られている。モーツァルトの舞踊音楽は単なる踊りのための音楽に止まらず、聴く人の魂を揺さぶる芸術作品となっている。楽器の編成はオーボエ2、ファゴット2、トランペット2、ティンパニ、第1ヴァイオリン、第2ヴァイオリン、チェロ、コントラバスからなり、全体で演奏時間は25分を超す。私が特に好きなのは第8曲である。冒頭部は爽やかな旋律の音楽が管弦楽で奏でられる。その後、フルートとオーボエが田園風の美しい音楽を奏でる。それを今度はオーボエとファゴットが引き継ぎ、冒頭部の音楽に戻って終了する。短いながらも愉悦に満ちた、心安らぐ音楽である。私の愛聴盤は、ウィリー・ボスコフスキー指揮、ウィーン・モーツァルト合奏団による演奏である(CD:フィリップス、422648-2、1966年、ウィーンで録音、輸入盤)。愉悦に満ちた演奏でしかも輝きがある。特に管楽器の音色が素晴らしい。楽しい気持ちにしてくれる名録音である。

第117章　ソプラノ独唱曲「愛しい人よ、もし私の苦しみが」*K. deest*

この作品の成立年月日ははっきりとはわかっていない。Deestとはラテン語で「無し」の意味である。ケッヘル番号のないものである。モーツァルト研究家のヴォルフガング・プラートによって1960年代に発見された。編成は独唱ソプラノ、ホルン2、ヴァイオリン、ヴィオラ、低音弦楽器、ハープシコードからなり約9分である。楽器の編成等からザルツブルク時代初期(1769年頃、モーツァルト13歳)に作曲されたと考えられている。モーツァルトが用いた題材の作詞者は不明であるが、8行の短い詩で、男性が想い人に愛しさを切々と訴えている。前半部の音楽は穏やかで切々と恋心が歌われる。旋律はとても美しく胸が打たれる。ホルンが活躍し、弦楽器と良く調和して響いている。後半部はやや悲しく、暗い音楽になる。低音弦の伴奏が胸を打つ。そのあと穏やかな冒頭部の音楽に戻る。コロラトゥーラの技巧も用いられていて、音楽に幅が出ている。最後はソプラノの長い息の音楽で終了する。中学生位の少年が、愛する恋人への気持ちを歌唱曲にでき、しかも美しい音楽に仕上げるのであるから、モーツァルトは驚異的な天才である。私の愛聴盤は、ソプラノ：エディト・マティス、レオポルト・ハーガー指揮、モーツァルテウム管弦楽団の録音である（CD：フィリップス、422768-2、1979年ウィーンで録音、輸入盤）。マティスは澄んだ、美しい声で、モーツァルトの歌唱曲の世界を見事に再現している。

第118章 「狩」の魅力　弦楽四重奏曲第17番 *K. 458*「ハイドン四重奏曲第4番」

モーツァルトの弦楽四重奏曲の代表曲である「狩」は大変楽しい曲である。この「狩」というあだ名は第3楽章の主題が狩の際に使うホルンの音に近いからと言われている。明るく、爽やかで、牧歌的である。私はこの曲の中で第1楽章が特に好きである。この楽章を聴くと幸福な気持ちでいっぱいになる。気持ちが少し塞いでいる時や寂しい時などによく聴いている。この心弾む第1楽章の主題を聴いていると少年の日に戻ったような気持ちになる。私の眼前に現れる景色は、少年の日に行った遊園地の景色である。母に横浜の小さな遊園地に連れて行ってもらい、回転木馬に乗って遊んだ時のことが鮮明に思い出されるのである。緩やかに上下に動きながらゆっくりと回る回転木馬！揺れながら見える景色は素早く移ろい、またすぐに元に戻る。その繰り返し。姉と弟と私の三人で回転木馬に乗り、はしゃいでいる。母が下でにこやかに微笑んで眺めている。私の父は船乗りで、長期間外国航路で家をあけることが多かった。父と母、子供の家族五人揃っての外出は本当に少なかった。出かける時は四人のことが多かった。そんな四人の外出の中でも遊園地に行く時が一番楽しかった。私は遊園地では、嬉しくて、嬉しくて、回転木馬に乗るのを何よりの楽しみにしていた。少年の日を懐かしく思い出させてくれて、幸せな気持ちにしてくれる「狩」の第1楽章、本当に私の宝物である。私の愛聴盤はハンガリーのエーデル弦楽四重奏団が奏でる演奏である（CD：ナクソス、8.550542、1991年4月ブダペストで録音）。柔らかな弦の音、緻密なアンサンブル、明るく流麗な演奏はこのモーツァルトの音楽を見事に再現してくれている。

第119章　交響曲第23番 *K. 181/162b*

この曲は、1773年春ザルツブルクで完成された。この年モーツァルトは17歳になっていた。モーツァルト父子は1772年の10月から翌年3月まで「第三回（最後の）イタリア旅行」に出かけた。ミラノで悲歌劇「ルーチョ・シッラ *K. 135*」を上演するための旅であった。上演は大成功したが、二人が望んでいたイタリアでの就職は叶わなかった。二人は失意のまま郷里ザルツブルクに戻ったのである。この曲はザルツブルクに戻って宮廷楽団のコンサートマスターを務める傍ら作曲した交響曲の中の一つである。イタリア風交響曲でメヌエット楽章なしの3楽章からなっていて、オーボエ2、ホルン2、トランペット2、第1ヴァイオリン、第2ヴァイオリン、第1ヴィオラ、第2ヴィオラ、コントラバスという編成で、演奏時間は全体で9分程である。短い曲ながらもこの交響曲でモーツァルトは、また一段と大きな成長を見せているのである。

第1楽章アレグロ・スピリトーソ。力強い覇気のある音楽で始まる。その後、弾むような生き生きとした旋律が奏でられる。「力を込めて、勇気を持って突き進みたまえ！」とモーツァルトが言っているようである。その後、やや音をひかえて第二主題が奏でられる。その後冒頭部の音楽に戻り終了する。イタリア風の明るい楽章は、聴く人に明るい未来に向かって突き進んでゆく勇気を与えてくれる。第2楽章アンダンテ・グラツィオーソ。私の大好きなこの楽章はオーボエ協奏曲と言えよう。冒頭部は穏やかな、ゆったりとした管弦楽による演奏で始まる。イタリア音楽の影響を受けた、歌うような旋律がなんとも好ましい。その後オーボエが美しくも哀しい音楽を切々と歌う。聴く人の心に郷愁を誘う。この部分はとても素晴らしく私が大好きなところである。何回も繰り返し聴いている。その後冒頭部の穏やかな音楽に戻った後、再びオーボエが哀切の旋律を歌う。前の音楽を変奏して、さらに悲しみを増加させている。悲しみをこらえていたものの、どうにも耐えきれず、涙を一粒二粒こぼしている人の姿が浮かんでくる。17歳の少年がこのような深い悲しみを切々と歌う音楽を生み出せるとは!モーツァルトはますますその天賦の才能に磨きをかけている。このオーボエの音で静かに音楽の扉が閉まる。二箇所のオーボエの独奏の音楽は素晴らしく、後年のオーボエの傑作である、オーボエ協奏曲（*K. 314/285d*）やオーボエ四重奏曲（*K. 370/368b*）を彷彿とさせる。この交響曲には、これらの傑作の萌芽を見いだせるのである。モーツァルトは、オーボエという楽器が持つ、そこはかとない、哀切の響きを生かして、聴く人の心を掴んで離さない音楽を残してくれた。楽器の特徴を熟知しているモーツァルトならではのことである。この箇所の音楽を聴いていると、亡くなった肉親を思い出し悲しんでいる人、幼い我が子を亡くし涙に暮れている母の姿、最愛の恋人に裏切られ悲しみのどん底にいる人、そんな人々の姿が眼前に現れてくる。でも、モーツァルトの音楽は悲しいだけでは終わらない。音楽の進行と共にやがて旋律は慰めに満ちたものに変わっていく。この慰めの旋律が聴く人の心の痛みをそっと和らげてくれるのである。この曲を聴いていると、モーツァルトの音楽に出会い、一生を共有できる幸福をしみじみとかみしめるのである。なんと人生は素敵なものなのか!なんとモーツァルトの音楽は素晴らしいものなのか!そう思わざるを得ないのである。第3楽章プレスト・アッサイ。テンポが速く律動的な音楽である。プレスト・アッサイの指定のように足早に音楽が流れていく。途中短調に転調して、異国情緒が漂う音楽が挿入され、音楽に幅が広がる。後のドイツ歌芝居の傑作「後宮からの誘拐*K. 384*」の音楽を彷彿とさせる。

転調の魔術師、モーツァルトの特徴はすでにここに見て取れるのである。思春期から青年期に入った、モーツァルトの情熱の発露が感じられる。私の愛聴盤は、カール・ベーム指揮、ベルリン・フィルハーモニーの録音である（CD：ドイツ・グラモフォン、427241-2、１９６９年ハンブルクで録音、輸入盤）。適度な減り張りがあって、管弦楽の響きも素晴らしい。特に、第２楽章のオーボエの演奏が素晴らしい。

第120章　モーツァルトは自然をどう描いたか？

モーツァルトの音楽を聴いていると、音楽で自然を描写しているように思われることがよくある。山や川、海や湖、動物や植物、風などの自然を五線譜にのせて音楽で美しく表現したように思われてならない。「コジ・ファン・トゥッテ *K. 588*」では穏やかな風が吹くナポリ湾の景色を美しい音楽で表現した（第一幕「海よ、静かなれ！」）。「フィガロの結婚 *K. 492*」では、松林を吹き抜ける爽やかなそよ風を、この上なく美しい旋律で表した（第三幕、伯爵夫人とスザンナの「手紙の二重唱、そよ風甘く…」）。ドイツ歌芝居「後宮からの誘拐 *K. 384*」では、トルコの風を魅力ある行進曲で表現した（第一幕、セリムがコンスタンツェと登場する際の行進曲。「偉大な太守を歌で迎えよう！」）。ドイツ歌芝居「魔笛 *K. 620*」では、水や火の荒れ狂う様子をティンパニにのせて堂々たる旋律で表現した（第二幕　水の試練、火の試練）。ドイツ歌曲「すみれ *K. 476*」では、草原に吹く爽やかな風や可憐なすみれの花を美しい歌曲で表現した。交響曲第35番 *K. 385*「ハフナー」の第２楽章では、湖の上の霧や差し込む朝日を美しく音楽で表現した。交響曲第31番*K. 297*「パリ」の第2楽章では、セーヌ川の流れを豊かに表現した。こういった自然を素晴らしい音楽でモーツァルトが表現した例は枚挙にいとまがない。モーツァルトは人間観察に優れ、人間の感情表現にはとてもたけていた。その際たる傑作が「フィガロの結婚*K. 492*」であろう。しかしながら、それと同様にモーツァルトは自然を音楽で表現することにもたけていたのである。私たちは、モーツァルトの音楽を聴く時、美しく、穏やかな、流れるような旋律の中に欧州各地の自然の景色を映像のように眺めることができるのである。ある時はピアノや弦楽器で、またある時は管楽器や打楽器を使って。さらには人間の声で自然の姿を美しく表現することもできたのである。まさにモーツァルトならではのことである。

私は、生物学という自然科学の言葉で自然を理解し、表現しようとこれまで努めてきた。私は子供の頃から自然が織りなす生命現象に大変興味があった。植物を種から育て、芽が出て茎になり、そこから花芽が出て、花が咲き、やがて実や種がなるのを見るのがたまらなく好きであった。鳥が空を飛び、動物が生きるたくましい姿も好きであった。10代からよく山登りもした。山岳美、ゆっくり流れる川の様子、海や湖の景色等もとても好もしいものであった。高校生になると人間の生命や体の仕組みにも興味がわいた。生き物への興味は尽きなかったが、特に植物が好きで、大学は植物生態学の日本の草分けであられた、沼田真先生の所属される、千葉大学理学部生物学教室に進学した。大学一、二年生での植物学の勉強は特に興味深かった。ところが、三年生の時に放射線医学総合研究所から千葉大学に非常勤で来られていた山口武雄先生の発生生物学の講義の中で、「細胞の増殖と分化」に関する講義を拝聴して、私の研究テーマは大きく変わった。私が最も研究したいのはこの「細胞の増殖と分化の調節機構」であると確信した。さらに、東北大学大学院で竹内拓司先生のご指導を受けながら、マウスの皮膚の研究を開始した。その中でもメラニン色素を作る、メラノサイト（メラニン色素細胞）の増殖と分化の機構が私の一生のテーマになったのである。私の研究でわかったことは、メラノサイトという細胞が増殖し、分化するには、たくさんのメラニン色素生成関連遺伝子がメラノサイトに発現することと、周りの組織環境、特に皮膚の表皮の大半を占める、ケラチノサイト（角化細胞）や皮膚の真皮に多数存在するファイブロブラスト（繊維芽細胞）からのメラノサイト増殖・分化因子（増殖因子・サイトカインと呼ばれる生理活性物質）が、メラノサイトの増殖と分化を制御していることがわかった。さらに自然環境要因、特に紫外線や放射線もメラノサイトの増殖・分化に影響を与えることもわかった。これらが正常に行われないと、メラノサイト関連病変、特に白斑や色素斑等が起こることもわかった。

このようにメラノサイトの増殖と分化は、自身の遺伝的制御機構に加えて、周りの組織環境と調和を保つことによって成り立っている。つまり、皮膚のメラノサイト、ケラチノサイト、ファイブロブラストという細胞群から成り立つ「細胞社会」の中で生きることが大切であることがわかったのである。まさに人の命も自然の中で育まれるものなのである。研究者が一生かけて明らかにできることはほんの些細なこと。大きな砂浜でたった1個の小さな貝を見つけるようなものである。しかしながら、自分の生物学の言葉で自然のことを多少なりとも理解できたのではないかと思っている。このことにいつも感謝している。今でも東京の皮膚科病院の先生のおかげで、ヒトの白斑病変の基礎研究に携われることにいつも感謝している。と同時に、モーツァルトとは比べようがないが、私も多少なりとも自然を愛して、自然を理解できたのではないかと思うのである。

第121章　ピアノ協奏曲第6番 *K. 238*

この曲はモーツァルト20歳の1776年初頭ザルツブルクで完成された。モーツァルトは、「マンハイム・パリ旅行」前の2年半ほど（1775年3月から1779年9月まで）郷里のザルツブルクで過ごし、作曲に精を出していた。旅での数々の音楽体験が彼の音楽を飛躍させていったのである。その成果を踏まえ、郷里で多くの傑作を後世の人に残してくれた。前年の1775年には、教会音楽、交響曲、セレナード、ディヴェルティメント、ヴァイオリン協奏曲、行進曲等の傑作が作曲されたが、この年にはピアノ協奏曲第6番、第7番、第8番、教会音楽、セレナード、ディヴェルティメント等の傑作が次々に作曲された。このピアノ協奏曲第6番はこの年の初めを飾る曲である。ザルツブルクでの演奏会のため、あるいは彼自身や姉ナンネルのために作曲されたと考えられている。楽器編成は、独奏ピアノ、オーボエ2（第2楽章ではフルートに変更）、ホルン2、第1ヴァイオリン、第2ヴァイオリン、ヴィオラ、コントラバスで、演奏時間は全体で約22分である。小規模ながら、深みのある素晴らしい作品となっている。モーツァルトはこの曲に特別な思いがあったようで、1777年秋ミュンヘンやアウグスブルクでもこのピアノ協奏曲の演奏を行っている。また、1779年秋からの「マンハイム・パリ旅行」の際にもこの曲の楽譜を持って行った。彼自身によるカデンツァも全ての楽章に残っている。

私は、この曲がモーツァルトのザルツブルク時代のピアノ協奏曲の中で最も好きでよく聴いている。モーツァルトのザルツブルク時代のピアノ協奏曲の最高傑作は、第9番 *K. 271*「ジュノム」であると多くの人が力説しているが、私はこの第6番も負けず劣らず素晴らしいと思っている。この作品の中で私は第2楽章が特に好きである。冒頭部の序奏は穏やかで、愛くるしい音楽であるが、どこか寂しげである。広い草原にそよ風が吹いて、小鳥がさえずっているような雰囲気のある、牧歌的な主題である。その後ピアノがこの主題を演奏する。ピアノの音が牧歌的な雰囲気を強め郷愁を誘う。次いで、この主題が悲しみと憂いを秘めた旋律へと変化する。あたかも、恋する乙女が、「私はあなたのことをこれほど思っているのに、なぜあなたは私のことを少しも見て下さらないのですか？」と嘆き悲しんでいるようである。この悲しみの音楽がピアノ独奏で、管弦楽のみで、また、ピアノと管弦楽との協奏という様々な形をとりながら展開していく。聴く人をモーツァルトの世界に引き込んでしまうほど美しい旋律が心に染み入る。最終部のカデンツァはそういった悲しみを乗り越え、新たな人生へ飛び立とうという決意を表しているように聴こえる。その後冒頭部の主題に戻り音楽が終了する。この楽章でモーツァルトはオーボエの代わりにフルートを使っている。ヴァイオリン協奏曲第3番 *K. 216* の第2楽章と同じように！奇しくもモーツァルトのヴァイオリン協奏曲の中で私が最も好きな第3番の第2楽章と同じである。このフルートがこの楽章全体を美しくも悲しい音楽にするのにふさわしい。管楽器の使用法に類い稀な才能を持っていたモーツァルトならではで、とにかく素晴らしい音楽である。私の愛聴盤は内田光子のピアノ、ジェフリー・テイトの指揮、イギリス室内管弦楽団の演奏である（CD：フィリップス、473890-2、1989年10月ロンドンで録音、輸入盤）。内田の繊細かつ細やかなピアノが素晴らしく、イギリス室内管弦楽団の演奏も素晴らしい。特に管楽器の音色が美しく響いており、名演奏と思われる。ヘブラーのピアノ、ヴィトルド・ロヴィツキー指揮、ロンドン交響楽団の演奏（CD：フィリップス、DMP-10007、1968年1月、ロンドンで録音）もよく聴いている。ヘブラーはモーツァルトに忠実にすべての楽章のカデンツァを彼の手になる作品で演奏してくれている。悲しみを秘めたこの音楽の素晴らしさを見事に再現している。

第122章　ピアノソナタ第9番 *K. 311/284c*

この曲は、1777年秋モーツァルト21歳の時にマンハイムで、前作のピアノソナタ第7番 *K. 309* と一緒に完成されたと考えられている。モーツァルトは、この年の9月母親と二人で就職活動のためにいわゆる「マンハイム・パリ旅行」に出発した。この旅行は青年モーツァルトにとって試練の連続となったが、彼の音楽をさらに高めるのに大変役立った。マンハイムは当時音楽活動が非常に盛んで、カール・テオドール選帝侯の庇護のもと、欧州最高の管弦楽団を擁しており、多くの音楽家がこの地で活躍していた。モーツァルトはここで多くの音楽体験をして、ピアノソナタの作品群においても、この後多くの傑作を生み出していくこととなった。第1楽章アレグロ・コン・スピーリト。ピアノの打音で冒頭部が始まる。力強さを感じさせる曲である。そのままピアノが勢いよく進んでいく。この冒頭部の音楽が繰り返される。中間部ではやや穏やかな音楽になる。この軽快で律動的な主題がとても好ましい。その後冒頭部の力強い音楽に戻って終了する。第2楽章アンダンテ・コン・エスプレッショーネ。一転して穏やかで静かな音楽。音を抑え、優雅さと気品に満ちた音楽となっている。モーツァルトが多用する上昇音階も際立って素晴らしい。この音楽を聴いていると、カトリック教会で神に祈りを捧げている、敬虔な信者の姿が目に浮かんでくる。ザルツブルクやウィーンのカトリック教会で度々目にした、あの厳かな雰囲気が思いだされる。私はザルツブルクやウィーンを訪れると必ず、モーツァルトの思い出が刻まれた教会を訪ね、祈りを捧げている。私はこの作品の中で、とりわけこの楽章が好きで、モーツァルトのピアノソナタの緩徐楽章の中でも特に好きである。心洗われ、敬虔な気持ちにしてくれる宝物である。繰り返し聴いている。第3楽章ロンド、アレグロ。軽快な音楽である。テンポ良く律動的な音楽は、はつらつとした青年モーツァルトの姿そのものである。音楽に対する自信、就職活動に関する自信、そんな自信に満ち満ちたモーツァルトの姿が目に浮かぶようである。ザルツブルクのコロレド大司教との軋轢の中にあっても、自分の音楽を作り続けようとする、青年モーツァルトの覇気が伝わってくる。ロンド楽章としては大変珍しく演奏時間は7分にもなる。私の愛聴盤はヘブラーの録音である（CD、フィリップス、SHM-1008、１９６３年録音）。40年以上も繰り返し聴いているが、聴くたびに新たな感動を覚える。この曲ほどヘブラーの演奏の素晴らしさを強く感じるものはない。

第123章　ドイツ歌曲「夢の姿」*K. 530*

この曲は１７８７年秋にプラハで完成された。モーツァルト31歳の時の作品である。この年モーツァルトは妻のコンスタンツェ共々プラハに招待された。歌劇「ドン・ジョヴァンニ *K. 527*」を上演するためであった。「ドン・ジョヴァンニ」は、ウィーンで作曲が完結せず、プラハ旅行の最中の馬車の中でも行われ、完成したのはプラハに着いてからであった。そんな中「ドン・ジョヴァンニ」完成直後に、ウィーンにいる親友のゴットフリート・フォン・ジャカンに贈り物として送ったのがこの *K. 530* なのである。モーツァルトは友情の証としてジャカンにこの曲を贈ったが（１７８７年11月4日、モーツァルト書簡全集第6巻、４３２～４３３頁）、ジャカンは「別れの歌 *K. 519*」と共にこの曲も自分の名前で出版してしまった。モーツァルトの人柄を伝える逸話でもあり、「お人好しで、騙されやすく、世渡りが下手なモーツァルト！」と多くの人に揶揄されることもうなずける。しかし、私はそうは思わない。モーツァルトはそんな器の小さい人ではなかったのである。私はむしろモーツァルトの寛大な心にこそ尊敬の念を抱かざるを得ない。プラハはモーツァルトを最も愛した街であった。モーツァルトはこの街にいると最高の幸福感に包まれた。したがって、この曲も寂しげではあるが、明るい希望も覗かせる作品になっている。ルートヴィッヒ・ハインリッヒ・クリストフ・ヘルティーの原詞にモーツァルトが歌をつけた。歌詞の意味は「夢に君の姿が現れた。私のいとしい人よ、あなたは今どこにいるの？天使の眼差し、優しい頬に愛の唇、天国を開く笑窪、可愛いらしい人よ！」。3分ほどの短い曲ながらしみじみとした味わいがある。ゆったりと静かに音楽が始まるが、少々もの悲しい。夢に想い人が現れてきて、幸せな気持ちになった様子が音楽からはっきりと伝わってくる。静かな伴奏で想い人への憧れが歌われる。きっと夢が叶う、そんな希望を込めて音楽が終わっている。モーツァルトの優しい愛に溢れる作品である。私の愛聴盤は、オランダの名ソプラノ歌手、エリー・アメリンクの録音である（CD：フィリップス、PHCP-3581～2、1977年8月、オランダ、アンヘルム、ムジス・サクルムで録音）。想い人に会えない悲しみを切々とアメリンクが歌っている。ダルトン・ボールドウィンのピアノ伴奏も悲しみが伝わってきて素晴らしい。

第124章　交響曲第38番 *K. 504*「プラハ」

この作品は、モーツァルトのウィーン時代5年目、1786年12月6日に完成された。モーツァルトは30歳になっていた。3楽章からなり楽器編成は、オーボエ2、ホルン2、フルート2、ファゴット2、トランペット2、ティンパニ、第1ヴァイオリン、第2ヴァイオリン、第1ヴィオラ、第2ヴィオラ、コントラバスで演奏時間も30分に及ぶ。この曲の完成後、プラハからモーツァルトの元に招待状が届いた。プラハで上演された「フィガロの結婚 *K. 492*」が大成功を収めたので、プラハで是非モーツァルト自身に指揮してほしいという要請であった。モーツァルトはさぞかし嬉しかったであろう。翌年の初めに、妻と共にプラハに向かった。モーツァルトは、「フィガロの結婚」の上演に先立ちこの *K. 504* を披露したのであった。つまり、この曲は以前から作曲されており、たまたま招待状が届く頃に完成したのであった。この曲がどういう目的で作曲されていたかはわかっていない。「プラハ」というあだ名は、モーツァルトがプラハでの思い出を曲にまとめたのではなく、プラハ市民に世界初演という贈り物をしたということで、このあだ名がついたと思われる。私はこの曲の第2楽章アンダンテが大好きである。この楽章は、静かな、穏やかな音楽で始まる。朝日が昇って空が明るくなり、川面が太陽に照らされてきらきらと輝いている、そんな雰囲気である。このあと穏やかな第一主題が演奏される。やがて、力強い音楽が現れ、また、穏やかな音楽へと戻る。その後、私が最も好きな所であるが、第二主題が現れ、管弦楽の合奏、その後オーボエ協奏曲風に変化する。やがて、オーボエがこの第二主題を独奏する。時折第一主題も現れる。その後冒頭部の音楽に戻って終了する。

私は1998年の秋にプラハを訪れる機会があった。毎日のようにモルダウ川にかかるカレル橋を訪れ、ゆったりとした悠久の流れを眺めていた。不思議とこの「プラハ交響曲」はプラハの街やモルダウ川の雰囲気によく合っていると思った。モーツァルトが完成させた*K. 504*の醸し出す雰囲気がたまたまプラハの街や自然に合っていたのか、それとも、モーツァルトが未来を予想する能力があったのか、神のみぞ知る事であろう。モーツァルトが200年前に訪れ、妻と共に人生最高の日々を過ごした街がここなのかと思うと、私はこみ上げるものがあった。最もモーツァルトを愛した街、プラハのことを懐かしく思い出させてくれる素晴らしい名曲である。私の愛聴盤はカール・ベーム指揮、ベルリン・フィルハーモニーの録音（CD：427241-2、ドイツ・グラモフォン、1960年、ハンブルクで録音、輸入盤）である。堂々として、端正な演奏である。ゆったりとしたテンポもこの曲に合っている。

第125章　ヴァイオリンとヴィオラのための協奏交響曲（サンフォニー・コンセルタント）*K. 364/320d*

この曲は1779年秋頃にザルツブルクで完成された。モーツァルト23歳の時であった。1778年春にモーツァルトがパリ滞在中に完成させた、「フルート、オーボエ、ホルン、ファゴットのための協奏交響

曲 *K. 297B/K. Anh. 9*」はパリでは上演されず、自筆譜も消失してしまった。モーツァルト自身、最高の自信作であったようで、ザルツブルクの父親に以下の文面の手紙を送っている。「大急ぎで作曲しなくてはならず、懸命に打ち込んでいました。そして4人の独奏者たち（フルートのヴェンドリンク、オーボエのラム、ホルンのシュティッヒ、ファゴットのリッターを指す）はみんなすっかり惚れ込んでいましたし、今でも惚れ込んでいます。」（1778年5月1日、モーツァルト書簡全集第4巻、46〜51頁）。自筆譜が消失してしまったことは本当に残念でたまらない。さぞかしモーツァルトは残念であったろう。当時は演奏会の妨害や楽譜の盗難等はごくごく当たり前のことであった。この手紙の中でモーツァルトは、パリはとても酷いところと嘆いてもいる。かくもモーツァルトの「マンハイム・パリ旅行」は散々な結果となったのである。モーツァルトは後年「オーボエ、クラリネット、ホルン、ファゴットのための協奏交響曲（*K3. 297b/K. Anh. C. 14.01*）」を作曲したと考えられている。フルートの代わりにクラリネットが加わっている。モーツァルトが記憶を頼りに編曲したのであろうか？しかしながら、その真偽については不明である。モーツァルトは「マンハイム・パリ旅行」から郷里に帰り、再びどん底から這い上がった。管楽器から弦楽器（ヴァイオリンとビオラ）に変えてこの協奏交響曲 *K. 364* を完成させたのであった。天才で努力家のモーツァルトは、不撓不屈の精神を遺憾なく発揮して作曲に精を出したのであった。完成した作品はあらゆる協奏交響曲の頂点に立つもので、多くの人の心を捉えて止まない、最高傑作となった。神様がモーツァルトに与えた試練は、傑作の誕生という形で、自身に、また後世のモーツァルティアンへのかけがえのない贈り物となって戻ってきたのである。私の友人は数あるモーツァルトの作品の中でこの曲が一番好きで、人生の分かれ道で悩んでいた時に、この曲を聴いて自分の生きる方向が見つかったと、話してくれた。この友人のみならずこの曲を宝物として大事にしている人はきっと多いのではなかろうか。楽器編成は、独奏ヴァイオリン、独奏ヴィオラ、オーボエ２、ホルン２、第1ヴァイオリン、第2ヴァイオリン、第1ヴィオラ、第2ヴィオラ、コントラバスで、全体で演奏時間は

30分に及ぶ。

第1楽章アレグロ・マエストーソ、変ホ長調。堂々とした音楽で始まり、独奏ヴァイオリンと独奏ヴィオラが明と暗の対照的な主題を提示する。管弦楽の楽器にもそれぞれ独自の役割が与えられている。時折、哀切のオーボエの響きが音楽に幅をもたらしている。その旋律はとても魅力的で、聴く人の心に悲しみが切々と響いてくる。変ホ長調という長調の調性であるのに、これほど悲しみの感情を伝えられるとは！まさにモーツァルトならではである。最終部には独奏ヴァイオリンと独奏ヴィオラのカデンツァが挿入されていて、この部分はこの楽章の白眉である。第2楽章アンダンテ、ハ短調。ハ短調の調性はモーツァルトの悲しい感情が表現されることが多いが、マンハイムでのアロイジアとの別れや就職の失敗、パリでの母の死や就職の失敗、管楽器のための協奏交響曲の初演妨害・自筆譜の消失等、辛い出来事が走馬灯のように蘇ってくるのであろうか？これほど全楽章を通して、悲しみの音楽で満たされている曲も少ない。この楽章に現れる旋律はまことに悲しくも美しい！多くの人の心を激しく揺さぶる魅力に満ち満ちている。冒頭部はあたかもため息をつくような音楽で始まる。あまりにも悲しいので、モーツァルトはこの主題を一度しか出さなかった。その後も憂い溢れる音楽が進行し、聴く人をモーツァルトの世界に閉じ込めてしまう。私はこの曲の中で第2楽章が最も好きで、長い年月繰り返し聴いている。第1楽章と同様に、最終部には独奏ヴァイオリンと独奏ヴィオラのカデンツァが挿入されていて、この部分ももの悲しく、美しく、魅力に満ち満ちている。モーツァルトの悲しみの音楽は、決して聴く人の心を撹乱するようなものではない。その美しくも悲しい音楽に聴き入って、涙がこぼれた後に、爽やかな慰めの気持ちで満たされるのである。まさに慰めと救いの音楽なのである。第3楽章はプレストで再び変ホ長調の調性に戻る。第1、第2楽章とは打って変わって明るい音楽である。爽やかなそよ風が吹き抜けるように通りすぎてゆく。モーツァルトは全ての楽章を暗く、悲しい音楽にはしたくなかったのであろう。最後は明るく締めくくり、聴く人を幸せな気持ちにさせたかったのではなかろうか。宝物の*K. 364*！モーツァルトに本当に感謝の気持ちでいっぱいである。私の愛聴盤はアイオナ・ブラウンのヴァイオリンと指揮で行われた演奏の録音である（CD：フィリップス、PHCP-9270/422670-2、1989年6月ロンドンで録音）。ヴィオラは今井信子、アカデミー・オブ・セント・マーティン・イン・ザ・フィールズ管弦楽団の演奏である。ブラウンはネヴィル・マリナーの後にアカデミーのディレクターになった、イギリスを代表する女流ヴァイオリニストである。今井信子さんは日本を代表する女流ヴィオリストで、世界の檜舞台で大活躍されている。お二人の演奏はとても素晴らしく、この曲の持っている悲しみや寂寥感を見事に表現している。管弦楽も見事で、独奏楽器と良く調和している。大変素晴らしい最高傑作なのになかなか演奏会では取り上げられることが少ないのが非常に残念である。名ヴァイオリニストと名ヴィオリストを同時に招くのが困難であるからなのか？録音は非常に多く残っているのに。

第126章　ピアノとヴァイオリンのためのソナタ第35番 *K. 379/373a*

この曲は1781年4月にウィーンで完成された。モーツァルトは25歳になっていた。「アウエルンハンマー・ソナタ」の第5番目の曲である。2楽章のみからなるが、演奏時間は18分にも及ぶ。この年の初めにはミュンヘンで、待望の悲歌劇の「イドメネオ *K. 366*」が初演され大好評を得て、モーツァルはたいそう自信がついたと思われる。3月にはウィーン滞在中のコロレド大司教よりウィーンに来るよう命令が届き、急遽ミュンヘンからウィーンに赴いた。ウィーンで演奏会を開き成功したが、大司教からはすぐにザルツブルクに戻るようにとの命令が下る。4月にこの曲が完成されていくつか演奏会も成功したものの、1ヶ月後にはとうとう大司教と決定的な衝突をしてウィーンでの独立した音楽家としての活動が始まることとなる。まさに、激動の時にこの曲が完成されたことになるが、そういった緊張感や心の葛藤はこの曲にはあまり感じられない。第1楽章アダージョーアレグロ。ゆったりとした穏やかな旋律をピアノが奏でて、その後ヴァイオリンも加わって、両者が協奏する。伸びやかで心和む音楽である。それでいてどこか厳粛な雰囲気が漂う。その後さらに重厚感が増し、音楽に幅が広がる。この曲を聴いていると、心にある不安や悲しみが消えていくようで、大変癒される。後半部は軽快なアレグロに変わる。ピアノは軽快に細かな音をつなぎ、ヴァイオリンは小刻みに律動を刻み、疾風怒濤のように突き進む。前半と後半の対比が素晴らしい。モーツァルトは新しい境地を切り開いているように思われる。第2楽章アンダンテ・カンタービレ。第1楽章の後半部とは打って変わって穏やかな癒しの音楽となっている。ピアノが主題を演奏し、ヴァイオリンが伴奏する。この主題が変幻自在に変奏されていく。ピアノが主旋律を弾いたり、逆にヴァイオリンが主旋律を弾いたりするが、変奏はモーツァルトの十八番。滑らかに音楽が展開されていく。私は最後の第五変奏が特に好きで、ピアノが奏でる旋律が聴く人の心を慰めてくれる。最後に元の主題に戻って終了する。私の愛聴盤はイングリット・ヘブラーのピアノで、ヘンリック・シェリングのヴァイオリンの演奏である（CD：フィリップス、PHCP-3888/92、1972年1月、ザルツブルク、モーツァルテウムで録音）。特に第2楽章のヘブラーのピアノは輝きがあって素晴らしい。聴く人をそっとモーツァルトの世界に引き込んでくれる。また、グリューミオーのヴァイオリンでクリーンのピアノによる録音（CD：フィリップス、422714-2、1982年スイス・ラ・ショー・ド・フォンで録音、輸入盤）もよく聴いている。クリーンのピアノの音が控えめでヴァイオリンとよく調和している。オーボエがヴァイオリン部分を演奏し、ピアノと協奏している珍しい録音（オーボエ、トーマス・インデアミューレ、ピアノ、カレ・ランダル、CD：カメラータ・トウキョウ、30CM-334、1993年4月カールスルーエ、ドイツで録音）も楽しい。オーボエの哀切の響きがこの曲にぴったりと合っている。モーツァルトの美しい音楽は楽器を選ばない。どの楽器で演奏しても美しく響くのである。この点もモーツァルトの天才たる所以であろう。

第127章　ピアノのためのロンド *K. 511*

この曲は1787年3月にウィーンで完成された。モーツァルトは31歳になっていた。この年には弦楽五重奏曲第2番*K. 515*、第3番*K. 516*、第4番*K. 516b*や、ドイツ歌曲「夕べの想い*K. 523*」、「アイネ・クライネ・ナハット・ムジーク*K. 525*」、歌劇「ドン・ジョヴァンニ*K. 527*」等の傑作が完成された。この年の初頭の「第一回プラハ旅行」では、モーツァルトは当地の人々に大歓迎され、喜歌劇「フィガロの結婚*K. 492*」の上演が大成功した。モーツァルトはどれほど嬉しかったことか！モーツァルトを心から愛してやまないプラハからウィーンに戻ってほどなくこの曲が作曲された。充実した日々を過ごしていた一方で、郷里ザルツブルクでは父が病床に伏していた。この2ヶ月後に父はついにこの世を去ってしまう。モーツァルトは4月4日に父に宛てて、「死は人生の最終目標で、恐ろしいものではあるが、心を安らかにしてくれて、慰めてくれるものである。」と書いている（モーツァルト書簡全集第6巻、384〜386頁）。この作品には、このようなモーツァルトの真摯で、敬虔なカトリック教徒の一面がはっきりと見て取れるのである。この曲にはロンドという表記があるが、軽快で明るい舞踊音楽ロンドとは思えない、ゆったりとした幻想的な音楽である。それでいて気品高く、吸い込まれるような叙情と、そこはかとない哀愁が漂っていて、なんとも美しい！素晴らしい音楽である。この曲はモーツァルトのピアノの小品の中では特に人気が高く、演奏家もよく取り上げていて録音も非常に多い。この曲を目を閉じてじっくり聴いていると、次のような景色が眼前に浮かんでくる。夜、深い霧が出ている。霧の中をゆっくりと家に向かって歩いていると、やがて少しずつ霧が晴れてきて見通しが良くなってきた。次第に穏やかな気持ちになって我が家の前にたどり着く。そんな情景である。10分ほどの短い音楽ながら、聴く人の心を捉える名曲である。私の愛聴盤はイングリット・ヘブラーの演奏である（CD:フィリップス、PHCP-3593、1977年8月、アムステルダム、コンセルトヘボーで録音）。哀愁を秘めた、気品高いこの曲を、ピアノの音の粒を揃え、真珠のような輝きで見事に演奏してくれている。聴く人をモーツァルトの世界に引き込んでくれる名演奏である。また、久元祐子さんの演奏会でこの曲を聴く機会があった。とてもしっとりとした素晴らしい演奏を聴かせていただいた。久元さんは殊の外この曲がお好きとおっしゃっていた。そう伺って私も大変嬉しかったことを今でもよく覚えている。

第128章 ドイツのモーツァルト

1998年秋にモーツァルトゆかりのドイツ諸都市（ベルリン、ポツダム、ライプツィッヒ、ドレスデン）を訪れることができた。夢のような1週間であった。ベルリンでは、ベルリン王立劇場（現国立歌劇場）、旧宮廷跡、ティアー・ガルテン（動物公園）などを訪れることができた。ポツダムでは、就職を求めてプロシャ国王ヴィルヘルム二世に謁見したサン・スーシ宮殿を訪れることができた。ライプツィッヒではゲバントハウスやモーツァルトがオルガンを弾いた聖トーマス教会を訪れることができた。ドレスデンではツヴィンガー宮殿を訪れた。モーツァルトはここで、フリードリィッヒ三世の戴冠式でピアノ演奏ならびに管弦楽指揮をした。ヘスラーとオルガンの弾き比べをした宮廷礼拝堂も見学することができた。どの場所も威厳のある建築物であった。これらの建物の多くは、第二次世界大戦の際連合軍による攻撃で甚大な被害が出た。しかし、大戦後の迅速な復旧事業により見事に修復されていた。どの建物も威厳のある素晴らしい建築物であった。ドレスデンの教会だけは再建途中であった。戦争の爆撃で砕かれたレンガが再建中の教会の脇に山積みされていた。それを全て再利用しているのであった。足りないところのみ新しいレンガを積み上げていた。私はその光景を見て戦争がいかに貴重な文化遺産を瞬時に破壊してしまうかを目の当たりにして言葉を失った。と同時に長い年月をかけても元の姿に戻るように、それも極力当時のものを使って再建するという、ドイツ人の心意気に心から尊敬の念を持ったのであった。

私はモーツァルトゆかりの地を訪れた際には、必ずモーツァルトの演奏会に行くようにしている。ベルリンではベルリン・フィルハーモニー大ホールで、アルフレッド・ブレンデルのピアノリサイタル（モーツァルトは「ピアノソナタ第16番 *K. 570*」）、ベルリン・フィルハーモニー小ホールで、アンサンブル・ウィーン・ベルリン（「弦楽五重奏曲第2番の木管五重奏版 *K. 515*」、「ピアノと管楽器のための五重奏曲 *K. 452*」、「クラリネット五重奏曲 *K. 581*」）を聴くことができた。ブレンデルの第16番は、素晴らしかったが、第1楽章のテンポが速すぎたのと、第2楽章で装飾音を多くつけすぎて、美しい旋律を壊してしまったことが残念であった。ヘブラーのピアノの音が清楚な真珠のような輝きを放つのに対して、ブレンデルのピアノの音は心にしみいる清澄な響きであった。長年の夢が叶ってブレンデルのモーツァルトを聴くことができて本当に感激であった。アンサンブル・ウィーン・ベルリンも私が長年聴きたかった演奏団体で、ヴォルフガング・シュルツ、ハンスイェルク・シェレンベルガー、カール・ライスターなど、現代を代表する演奏家の演奏を聴くことができた。それは本当に素晴らしかった。特に、私の宝物のクラリネット五重奏曲では、ライスターの見事なクラリネットの演奏に感激した。録音で聴くよりも生演奏はずっと素晴らしかった。ドレスデンでも長年の夢が叶ってゼンパー・オーパーで私の宝物の「コジ・ファン・トゥッテ *K. 588*」を観ることができた。舞台装置が貧弱であっ

た（現代的で、18世紀ナポリの風情が出ていない）ことをのぞけば満足のいくものであった。ドレスデンの管弦楽団の奏でる音楽は光輝く美しい音で、骨太であるが荒々しくなく、素晴らしかった。フリーデマン・ライアーの指揮もゆっくり目で、適度な減り張りがあって素晴らしかった。管弦楽団の中では、特にトランペットが素晴らしかった。歌手陣の中では、フィオルディリージ役のウテ・ゼルビッヒが素晴らしく、その透き通った美しい歌声に感動した。ゼンパー・オーパーの夜景も素晴らしく長く忘れることができない。モーツァルトゆかりの地でモーツァルトの音楽に浸れるひと時は、私にとってかけがえのない至福の時間である。

第129章　弦楽四重奏曲第18番 *K. 464*「ハイドン四重奏曲第5番」

この曲は1785年1月にウィーンで完成された。モーツァルトは29歳になっていた。第2楽章がアンダンテではなくメヌエットに、その代わりに第3楽章がアンダンテになっており、モーツァルトとしては珍しい楽章編成になっている。演奏時間は全体で30分にも及ぶ。私が大好きなのは第3楽章アンダンテである。この楽章だけで演奏時間は13分になる。ゆったりとした優雅な音楽で楽章が始まる。冒頭部からそこはかとない悲しみが漂う。その後この主題は明るい曲調の変奏曲に変わる。メヌエット楽章のように優美で舞踊的な音楽が進行し、この明るく伸びやかな旋律に癒される。次は田園風の音楽に変わる。ザルツブルクの郊外の田園風景が目に浮かぶ。ここの部分はやや悲しげで寂しさも感じられる。モーツァルトの弦楽四重奏曲は、聴く人の心の奥深くに入り込み深い感動を与えてくれる。私がこの楽章でも特に好きな部分である。何回聴いてもそのたびに新たな感動を覚えるのである。その後は主旋律をチェロが担当する。チェロがこの悲しみの音楽を情感たっぷりに演奏する。また、チェロが第1ヴァイオリンと対話をしているような箇所もある。次いで第1ヴァイオリンが悲しみの旋律を奏でる。その後は穏やかな心安らぐ音楽へと変化する。その後音楽は劇的に変わる。チェロが歯切れの良い音でリズムを刻み、明るい行進曲風の音楽になり、この楽章をさらに豊かなものにしてくれる。チェロの静かな伴奏の音と共に音楽が終了する。色々な表情を見せる、充実した素晴らしい音楽である。モーツァルトは心から敬愛する、「弦楽四重奏曲の父」ヨーゼフ・ハイドン大先輩に捧げるためにこの曲を最高のものに仕上げたかったのであろう。モーツァルトにしては大変珍しく、何度も書き直した跡が自筆譜に見られる。天才モーツァルトにして、この努力である。弦楽四重奏曲を至高の芸術作品にしたい、そんなモーツァルトの真摯な態度をこの曲に垣間見ることができる。私の愛聴盤はエーデル弦楽四重奏団の演奏である（CD：ナクソス、8.550540、1991年1月ブダペストで録音、輸入盤）。この音楽にはチェロの演奏がとても大事であるが、エーデル弦楽四重奏団のチェリストは柔らかい音で、天才モーツァルトの深遠な世界を見事に再現してくれている。聴くたびに感動する名演奏である。

第130章　ディヴェルティメント第11番 *K. 251*「ナンネル七重奏曲」

この曲は1776年7月ザルツブルクで完成された。モーツァルト20歳の時であった。姉ナンネルの霊名の祝日のために作曲されたので「ナンネル七重奏曲」という愛称がつけられた。オーボエ、ホルン2、第1ヴァイオリン、第2ヴァイオリン、ヴィオラ、チェロの楽器編成で6楽章からなり、演奏時間は全体で27分にも及ぶ。モーツァルトのディヴェルティメントでオーボエが加わったのはこの曲のみである。休日の朝等によく聴いている。明るく、楽しい曲で、青年モーツァルトの瑞々しい感性が光る名曲である。第1楽章モルト・アレグロ。明るくきびきびとした行進曲風の音楽である。旋律が溌剌として輝きがある。ザルツブルクの爽やかな風を肌で感じるようである。弦楽器と管楽器が良く調和していて素晴らしい。この曲を聴くといつも元気が出る。第2楽章第一メヌエット。この楽章を聴いていると、明るく穏やかで優美な旋律が素晴らしくとても癒される。後半は愛らしい、可愛らしい旋律が奏でられとても好ましい。盆踊り以外全く踊りはできない私でも踊りだしたくなる曲である。第3楽章アンダンティーノ。この作品の中で私が最も好きな楽章でよく聴いている。弦楽器の弾く旋律と管楽器の吹く旋律が美しく響き合い調和している。この主題の美しさは筆舌に尽くしがたい。ザルツブルクの美しい風景が脳裏に浮かび、幸せな気持ちでいっぱいになる。主題は何度も現れるが、合奏でもオーボエ独奏でも素晴らしい。特に、オーボエの独奏の箇所は極上の響きがあって、聴く人の心を鷲掴みにしてしまう。繰り返し聴きたくなる魅力に満ち満ちている。また、明るく流麗で美しい。その上どこか郷愁を誘われる旋律でもある。野の花を摘んだり、葉っぱで草笛を作って吹いたり、田んぼや川で魚取りに興じていた子供の頃の思い出がまざまざと蘇ってくる。なんとも懐かしい思いでいっぱいになる。この美しい旋律の音楽を聴いていると、人生はなんと素敵なものかとしみじみと思い、モーツァルトにいつも感謝するのである。この上ない芸術作品で、機会音楽や祝典音楽といった名前で呼ばないで欲しいと思うのは私だけであろうか？モーツァルトが残してくれた作品はどれも優れた、至高の芸術作品なのである。

第4楽章第二メヌエット。歯切れのいい弦楽器の音と伸びやかな管楽器の音が見事に調和していて素晴らしい。後半部は音を弱めて、穏やかな音楽になる。聴く人を平和な気持ちにしてくれる。最終部は冒頭部の力強い音楽で締めくくられる。第5楽章アレグロ・アッサイ。ロンド楽章である。きびきびとした快活な音楽が展開されていく。これが第一主題であるが、一転して第二主題は穏やかな癒しの音楽になる。この対比がとても素晴らしい。この楽章でもオーボエが美しい旋律を奏でる。第6楽章マルチア・アッラ・フランチェーゼ。行進曲風の音楽で始まる。きびきびとして溌剌とした音楽。後半部はチロル民謡も取り入れられていて、明るく、楽しい楽章である。私が最も好きな演奏は、シャンドール・ヴェーグ指揮、ザルツブルク・カメラータ・アカデミカの演奏である（CD：日本コロムビア、COCO-78057、1986年ザルツブルクで録音）。きびきびとした演奏である。明るく柔らかな弦楽器の音が好ましい。それに加えて緩徐楽章のなんとも優雅な演奏が素晴らしい！弦楽器とオーボエ、ホルンの調和も見事である。繰り返し聴いている大好きな1枚である。

第131章　フルート協奏曲第1番 *K. 313/285c*

この曲は1778年1月から2月にかけてマンハイムで作曲された。モーツァルト22歳の時であった。前年9月モーツァルトは母と共に「マンハイム・パリ旅行」に出かけた。この旅行はモーツァルトの人生にとって大きな意味のある、重要な旅となった。10月末にマンハイムに到着し、この地で4ヶ月半を過ごした。この曲はこの地で知り合った、オランダ人医師で音楽愛好家のドジャンの注文で作曲された。マンハイムで出会ったフルートの名手、ヴェンドリングに触発されて、このフルートの名曲が生まれたのであった。独奏フルート、オーボエ2、ホルン2、第1ヴァイオリン、第2ヴァイオリン、ヴィオラ、コントラバスの編成で3楽章からなり、演奏時間は全体で27分に及ぶ。第1楽章アレグロ・マエストーソ。晴れ晴れとした明るい序奏で始まる。その後フルートが独奏で第一主題を弾く。フルートの特徴を生かした、透明感溢れる、清澄な旋律が心に染みいる。音楽が展開されるにつれて、やや悲しみを帯びた旋律に移って行く。しかし、これは強い悲しみや寂寥感ではない。このフルートが奏でる、悲しげな旋律がこの上なく美しい。この後カデンツァを経て終了する。第2楽章アダージョ・ノン・トロッポ。この曲の中で私が最も好きな楽章である。静かな、ゆったりとした管弦楽の合奏で始まる。その後、フルートが美しい旋律（第一主題）を奏で、管弦楽が伴奏する。ここの部分がこの楽章で最も美しいところではなかろうか。中間部ではフルートが第二主題を演奏する。こちらはやや悲しげな旋律で、フルートが哀切の旋律を切々と奏でる。後半部で冒頭部の音楽に戻り、フルートが第一主題をのびのびと演奏する。その後のカデンツァではフルートが穏やかな旋律を披露する。そのあとフルートと管弦楽が協奏して終了する。伸びやかで透明感のあるフルートという楽器の特性を生かした素晴らしい楽章になっている。第3楽章ロンド、テンポ・ディ・メヌエット。一転して軽快で明るい音楽（第一主題）で始まる。このロンド楽章を聴いていると楽しく爽やかな気分になる。次に現れる、第二主題も明るく、屈託がない。その後やや寂しげな音楽に変わるが、すぐに明るい音楽に戻る。私はこの楽章を聴いていると、ザルツブルク近郊の美しい湖水地方が思い浮かぶ。私はザルツブルクを訪れると、大抵この湖水地方にも足を延ばしている。モーツァルトの母の故郷でもあり、モーツァルトが少年時代によく訪れたザルツカンマーグート地方である。青い空に白い雲、湖に映える美しい山々、そんな情景が浮かんできていつも幸せな気持ちになるのである。

私の愛聴盤は、ヴェルナー・トリップのフルート独奏で、カール・ベーム指揮、ウィーン・フィルの演奏である（CD：ドイツ・グラモフォン、413737-2、1975年、ハンブルクで録音、輸入盤）。フルートの独奏が素晴らしく、それを支えるベーム、ウィーン・フィルの演奏も素晴らしい。両者がよく調和している。テンポがややゆっくり目であるのもこの音楽にぴったりである。ウィーン・フィルの演奏は透明感があってとても良い。アントン・ギスラー作曲のカデンツァもとても良い。ペーター・ルーカス・グラーフの独奏で、レイモンド・レパード指揮イギリス室内管弦楽団の演奏（CD：ブリリアント・クラシックス、93290、1984年11月ロンドンで録音、輸入盤）も好きでよく聴いている。ゆったりとした演奏でこの曲の魅力を余すことなく表現している。グラーフのフルートは伸びやかで明るく清々しい。管弦楽ともよく調和している。また、イレーナ・グラフェナウアーのフルートで、イギリスのネヴィル・マリナー指揮アカデミー・オブ・セント・マーティン・イン・ザ・フィールズ管弦楽団の演奏（CD：フィリップス、PHCP-10598、１９８８年1月ロンドンで録音）も好きでよく聴いている。グラフェナウアーはユーゴスラヴィア出身の女性フルーティストである。彼女のフルートは澄んだ音で、やや悲しげな表情をしており、モーツァルトの音楽にはぴったりである。私の好きなフルーティストの一人である。グラフェナウアー自身によるカデンツァもとてもいい。マリナーの指揮も素晴らしく、テンポを速めることなく、しっかりとグラフェナウアーのフルート演奏を支えている。アカデミーの演奏も控えめで、適度な強弱と柔らかな音色が素晴らしい。なお、スイスのハインツ・ホリガーはこの曲をオーボエで演奏している。ホリガーの明朗な音色がこの曲にぴったりで、楽しい演奏になっている（ケネス・シリトー指揮、アカデミー・オブ・セント・マーティン・イン・ザ・フィールズによる管弦楽の演奏。フィリップス、PHCP-9307、１９８６年6月ロンドンで録音）。

私は実際に「なま」の演奏会でこの曲を聴く機会があった。１９９７年6月29日、千葉県の東金文化会館で、ベルリン・フィルの首席奏者エマニュエル・パユがフルートを演奏した。尾高忠明さん指揮、読売日本交響楽団の演奏で聴くことができた。妻と娘、義母と私の四人で聴きに行った。大きな会場に響くフルートの音はどこまでも澄んでいて、明るい曲想も悲しみの表現も共に素晴らしかった。管弦楽の演奏もとても素晴らしく、どうか演奏が終わらないで欲しいと何度も心の中で叫んでいた。忘れられない演奏会である。元気であった義母が、会場で会った岩手出身の友人に「うちにもモーツァルトが一人いますよ！」と言って私を紹介してくれたことを昨日のことのように覚えている。

第132章　ホルン協奏曲第1番 *K. 412/514/386b*、第2番 *K. 417*、第3番 *K. 447*、第4番 *K. 495*

モーツァルトはザルツブルク時代から親しかったイグナーツ・ロイトゲープと生涯を通じて親しい友好関係を貫いた。ザルツブルク宮廷楽団のホルン奏者であったロイトゲープは、モーツァルトの父親と同じ世代の人であったが、大変親しみやすい、陽気な性格の持ち主で、モーツァルトは小さい時から彼のことが大好きであった。そんなロイトゲープがウィーンに移住して演奏活動を続けていたのであった。ウィーンでロイトゲープと再会したモーツァルトは、どんなにか嬉しかったことであろう。このホルン協奏曲四曲は全て彼のために作曲された。モーツァルトのホルン協奏曲第1番の自筆譜には冗談混じりにロイトゲープをからかう、いたずら書きが書いてあり、二人の仲の良さが感じられて微笑ましい。ところで、この四曲のホルン協奏曲は第1番、第2番、第3番、第4番の順番でケッヘルによってまとめられたが、後の自筆譜の研究等によって、第2番、第4番、第3番、第1番の順番に作曲されたことが定説になっている。

第1番は1791年（モーツァルト35歳、独奏ホルン、オーボエ2、ファゴット2、第1ヴァイオリン、第2ヴァイオリン、第1ヴィオラ、第2ヴィオラ、コントラバスの編成で2楽章のみ、演奏時間は約9分）に、第2番は1783年（モーツァルト27歳、独奏ホルン、オーボエ2、ホルン2、第1ヴァイオリン、第2ヴァイオリン、ヴィオラ、コントラバスの編成で3楽章、演奏時間は約14分）に、第3番は1787年（モーツァルト31歳、独奏ホルン、クラリネット2、ファゴット2、第1ヴァイオリン、第2ヴァイオリン、第1ヴィオラ、第2ヴィオラ、コントラバスの編成で3楽章、演奏時間は約16分）に、そして第4番は1786年（モーツァルト30歳、独奏ホルン、オーボエ2、ホルン2、第1ヴァイオリン、第2ヴァイオリン、第1ヴィオラ、第2ヴィオラ、コントラバスの編成で3楽章、演奏時間は約16分）に作曲されたと現在考えられている。モーツァルトが残してくれたホルン協奏曲はどの曲も牧歌的で、おしゃれで、耳に心地よい素晴らしい曲である。悲しみや暗さはあまりなく、明るい希望が感じられるのもホルン協奏曲の魅力と言えよう。私が一番好きなのが第1番の第1楽章である。この楽章の主題が殊の外大好きで、何度も繰り返し聴いている。心地よく、明るく、それでいて心癒される素晴らしい曲で、私の宝物である。私はザルツブルクへ行くのに大抵ウィーンから列車を使っているが、一度だけパリから飛行機でザルツブルクに入ったことがある。オーストリアに入ると低空飛行になり、窓外におとぎの国のような景色が広がる。小さな村が点在していてとても美しいのである。どこの村にも尖った屋根の教会がほぼ中央にあり、その周りに橙色の屋根の民家が並んでいる。その周りは緑の牧草地。羊や牛がのんびりと草を食んでいる。牧草地の先にはアルプスの高い山並みが美しく広がっている。そんなザルツブルク近郊の景色を彷彿とさせる素敵な曲である。この曲を聴きながら私は幸福な一時を過ごすことができるのである。ホルン協奏曲は第1番から4番まで1枚のCDにまとめられていることがほとんどである。私の愛聴盤は、ギュンター・ヘーグナーのホルン独奏で、カール・ベーム指揮、ウィーン・フィルの演奏である（CD：ドイツ・グラモフォン、413792-2、１９８０年、ハンブルクで録音、輸入盤）。ホルンの独奏が素晴らしく、それを支えるベームの指揮も素晴らしい。テンポがゆっくり目であるのもこの音楽に合っている。ホルンの特徴を生かし、牧歌的な雰囲気を出している。ウィーン・フィルの柔らかな弦の音や、穏やかな管楽器の音もホルンの演奏を支えている。ヘーグナー自身によるカデンツァもとても良い。モーツァルトが大好きな私の親友も、このヘーグナー・ベーム盤が大好きで始終聴いているそうである。そう聞いて二人で盛り上がったことを今でもよく覚えている。好きな演奏を共有できるのはとても幸せなことである。

第133章　ヴァイオリンとヴィオラのための二重奏曲第1番 *K. 423*、第2番 *K. 424*

ヴァイオリンとヴィオラ、二つの弦楽器のみの合奏曲をモーツァルトは二曲残している。この二曲はモーツァルティアンには特別の思い入れがある曲で、それはこの曲にはモーツァルトの寛大で、心優しい人柄が偲ばれる心温まる実話があるからである。この実話はモーツァルティアンの心を暖かくしてくれる。モーツァルトは1783年の7月から10月まで妻を連れてウィーンからザルツブルクに里帰りをした。その際、かつての同僚でモーツァルトより19歳年上のミヒャエル・ハイドン（ヨーゼフ・ハイドンの弟）が病床に伏していた。コロレド大司教の命による全六曲のうち二曲が完成していなかった。なんと、モーツァルトはミヒャエルのために二曲（*K. 423*と*K. 424*）を作曲してあげたのであった。ミヒャエルはよほど嬉しかったのであろう。死ぬまでモーツァルトの手になる、この二曲の自筆譜を大切に持っていたのである。この実話は大変有名で、多くのモーツァルティアンのみならず音楽愛好家の胸を熱くしているのである。ミヒャエルの住居はザルツブルクのホーエン・ザルツブルク城の登坂口に今でも残っている。私はザルツブルクを訪れる際にはいつもこの家の前に行って、この実話のことを思い出している。3楽章からなり、演奏時間はそれぞれ15分、20分程である。

♪第1番

第1楽章アレグロ。快活な曲である。ヴァイオリンが主旋律を担当し、ヴィオラは伴奏として活躍する。明るさの中にも重厚さを感じさせる音楽である。第2楽章アダージョ。私がこの曲の中で最も好きな楽章である。ヴァイオリンが穏やかな主旋律を奏でて、ヴィオラが伴奏にあたる。ヴァイオリンの奏でる、心休まる優しい旋律が大変美しい。また、伴奏にあたるヴィオラの音楽もとても好ましい。私の宝物である。第3楽章ロンド、アレグロ。明るく希望が湧いてくる音楽。ヴァイオリンがよどみなく流れるような旋律を演奏し、ヴィオラが伴奏でしっかりと支えている。

♪第2番

第1楽章アダージョ―アレグロ。ゆったりとした落ち着いた旋律の音楽で始まる。その後アレグロに変わると、明るい希望に溢れる旋律が現れるようになる。その間にやや悲しみを秘めた旋律が挿入されている。ヴィオラがその悲しみを増す。そしてその悲しみが足早に通り過ぎていく。第2楽章アンダンテ・カンタービレ。私がこの曲の中で最も好きな楽章でよく聴いている。穏やかなヴァイオリンの美しい旋律で始まる。序奏からモーツァルトの世界にぐっと引き込まれる。ヴァイオリンが主旋律を奏でて、ヴィオラが伴奏にあたるが、何よりも奏でられる旋律が大変に美しい。この曲を聴くと、心が落ち着き、穏やかな気持ちになれる。縁の下の力持ちのヴィオラがいかに音楽に大切なのかを教えてくれる。ヴァイオリンとヴィオラによる二重奏曲の最高傑作であろう。何回も繰り返し聴いている私の宝物である。第3楽章アンダンテ・グラツィオーソ—アレグロ。主題と六つの変奏曲からなる。ヴァイオリンとヴィオラがほぼ対等に活躍する。明るく朗らかな気持ちにしてくれる楽章である。

このように*K. 423*と*K. 424*は、ヴァイオリンとヴィオラという二つの弦楽器のみで、協奏曲風の風情や、明るい室内楽風の小宇宙を見せてくれる。聴く人を飽きさせない工夫も素晴らしい。このような傑作を贈られたミヒャエルは心底感激したことであろう。厳格なコロレド大司教に叱責されることもなく、窮地を脱したミヒャエルは残りの人生をモーツァルトに感謝を捧げながら生きたことであろう。代筆であろうとモーツァルトの手から生まれた曲は、時空を超えた傑作として多くの人に夢と希望を与えているのである。ヴィオラを演奏する、私の友人に「モーツァルトの曲で、どの曲が一番好きですか?」と伺ったところ、「ヴァイオリンとヴィオラのための二重奏曲第2番*K. 424*変ロ長調です。」という答えが返ってきた。この曲を聴くと、嬉しそうな顔をして*K. 424*の作品のことを話してくれた友人のことが思い出される。私の愛聴盤は、ヴァイオリン：ギドン・クレーメル、ヴィオラ：キム・カシュカシャンによる録音である（CD：ドイツ・グラモフォン、UCCG-90616、1984年、5、6月、ウィーンで録音）。ヴァイオリンとヴィオラの息の合った演奏が素晴らしい。特に*K. 424*の第2楽章の演奏は秀逸で繰り返し聴いている。

第134章　セレナード *K. 361/370a*「グラン・パルティータ（十三管楽器のためのセレナード）」

この曲に関しては完成年月日も、誰のための音楽であるのかも不明である。ミュンヘン、ザルツブルク、ウィーンのどこかで作曲されたと考えられており、クラリネットの名手、アントン・シュタットラーの演奏会のために作曲されたとか、自身の結婚式のために作曲されたとか、諸説紛々である。「グラン・パルティータ」というあだ名は、モーツァルトの死後誰かがモーツァルトの自筆譜に書き込んだことがわかっている。また、「十三管楽器のためのセレナード」というあだ名は、十三本の管楽器によって演奏される曲なので名付けられた（実際は十二本の管楽器とコントラバスによるセレナードと呼ぶのが正しい）。当時は管楽器のみの合奏が「ハルモニー・ムジーク（Harmonie Musik）」という名前で呼ばれていて、貴族を中心に大変流行っていた。モーツァルトもこのハルモニー・ムジークを多数作曲しているが、この曲はその中でもとりわけ傑出していて素晴らしく、管楽合奏曲の最高傑作と思われる。

この曲には私の小さな思い出がある。今から50年以上前、私が大学一年生の時（1969年秋）に、小澤征爾さん、新日本フィルハーモニーの演奏会でこの曲を聴くことができた。当時ラジオの番組で『東急ゴールデン・コンサート』というクラシック番組があり、いつも楽しみに聴いていたが、そのコンサート（渋谷の旧NHKホールで行われていた）に行ける機会があった。学生でお金もなかったが、私は演奏会に行きたくて招待券応募の葉書を出した。運よくそれが当たって演奏会に行くことができたのであった。当時日本では小澤征爾さんが絶大な人気で、演奏会の切符を取るのが大変であった。この時小澤さんがこの「グラン・パルティータ」を指揮してくれたのであった。小澤さんが一人バイクでヨーロッパに武者修行に出かける前のことで、彼が日本を去ることを多くの日本人が残念に思っていたのであった。この日の演奏会は満員で熱気がすごかった。小澤さんは若々しく情熱的な指揮をしてくれて、聴衆を魅了してくれた。さらにこの演奏会では私の切符に赤い丸印がついていて何かなと思っていたところ、小澤さんの大きなポスターが当たったのであった。大勢の聴衆の中のごくわずかの人にしか当たらなかった。私は大事にこのポスターを下宿に飾っていた。若き日の懐かしい思い出である。小さな奇跡に感謝の気持ちでいっぱいであった。私はこの日から「グラン・パルティータ」が大好きになった。しかし、この曲を本当に好きになったのはそのずっと後で、20代も後半になってからであった。明るく楽しい曲という印象であったが、その中に潜む、悲しみや、寂しさ、不安などを大学一年生の私は感じ取ることができなかったのである。この曲は聴くたびにその音楽的な深みが少しずつ理解できるようになる、素晴らしい曲で、祝典音楽と呼ぶのはモーツァルトに大変失礼で、至高の芸術作品である。楽器の編成はオーボエ2、クラリネット2、ファゴット2、バセット・ホルン2、ホルン4、コントラバスからなり、全体で演奏時間はなんと50分を超える。

第1楽章ラルゴ―モルト・アレグロ。全ての楽器の合奏で始まる。音楽は荘厳で深い味わいがある。そのあとクラリネットが独奏で演奏する。クラリネットの独奏と他の管楽器との掛け合いが行われ、モルト・アレグロに変わる。明るく、華やかで、楽しい曲である。光を浴びて艶やかに輝いている朝露の高原の情景が脳裏に浮かんでくる。第2楽章第一メヌエット。明るく楽しい曲ですっかり元気になれる。春の朝、明るい陽光の差し込む窓辺から美しい湖を眺めているような気分になる。目をつぶってじっくりとこの音楽を聴いていると、ザルツブルク近郊の湖水地方（ザルツカンマーグート地方）の景色が浮かんでくる。アルペンホルンの音、カウベルの音、柔らかなそよ風に揺れる植物の姿、太陽を浴びて光り輝く水面の様子等が眼前に浮かんでくる。後半部にやや不安な音楽が挿入されるが、そのあと元の穏やかな音楽に戻り、湖水地方の美しい夕焼け空が辺り一面に広がる。第3楽章アダージョ。ホルンとファゴットの長い息の演奏の後、管楽合奏が始まり、次いでオーボエの長い、長い息の演奏が始まる。この哀切のオーボエの響きには、まるで人間の声のような哀愁が込められている。その美しさは例えようがない。この部分にはモーツァルトの美学が垣間見られる。中間部にはそこはかとない悲しみが現れる。この部分がまたとても美しいのである。その曲調のままゆったりと終了する。第4楽章第二メヌエット、アレグレット。私がこの曲の中で最も好きな楽章で、明るく、楽しく幸せな気持ちにしてくれる。冒頭部の舞曲風の音楽は特に大好きでたまらない。この曲を聴いているとザルツブルクの美しい風景が浮かんできて、すぐにでも飛んで行きたくなるのである。しかし、モーツァルトはこれだけでは曲を終わらせない。中間部では、やや悲しみや不安が顔を覗かせてくる。ここの部分がとても印象的である。そのあと冒頭部の明るい春の雰囲気に戻り、悲しみや不安を払拭してくれる。さらに、その後に現れるメヌエットは極上の美しさで、しかも明るく、愉悦に満ちている。まさにモーツァルトの天才のなせる技。悲しみも不安もメヌエットを踊って吹き飛ばそうという感じである。その後冒頭部の音楽に戻って終了する。聴く人を飽きさせないように工夫されていて、モーツァルトの優しさがにじみ出ている。この第二メヌエットはとりわけ素晴らしい傑作である。

第5楽章ロマンツェ、アダージョ―アレグレット―アダージョ。穏やかな心安らぐ音楽。しかし、中間部から不安が足早に襲ってくる。そのあと、冒頭部の音楽に戻る。最後の部分ではクラリネットが美しい旋律を奏でる。ここの部分は極上の響きで素晴らしい。この曲を聴いていると、秋の夜長に読書をしたり、音楽を聴いたりして楽しんでいるような気分になる。くつろぎのひと時を過ごし、明日への英気を養うことができる。第6楽章主題と変奏曲、アンダンテ。主題は大変愛らしく、子供達もこの曲が好きなのがよくわかる。大自然の中でザルツブルクの子供たちが楽しく遊んでいるようである。小鳥のさえずり、木々を渡るそよ風、時々やってくる、トンボや蝶々が子供達の視線を惹きつけている。人生の喜びを感じさせてくれる楽章である。ホルンの活躍が素晴らしい。その後の変奏曲の部分も素晴らしい。主題を変幻自在に変化させる、変奏の魔術師モーツァルトにとってはたやすいことであろうが、いつものことながら、変奏曲の素晴らしさにはただただ驚くばかりである。モーツァルトの音楽は愉悦に満ちていると思わざるを得ない。最終部はクラリネットが美しい旋律を奏でる。この音楽はザルツブルクの湖水地方に聴く人を連れて行ってくれる。夕陽がゆっくりと沈んで、美しい茜色の空が広がり、湖畔の街に夜が訪れる。この曲を聴くと私はいつも深く感動する。第7楽章最終曲、アレグロ・モルト。テンポの速い曲。華やかで明るい。曲の最後を飾るのにふさわしい快活な音楽でしめくくられる。高原の一日が終わり、明日への英気も養われ、希望の明日へ向かう。そんな雰囲気が感じられる音楽で、本当に素晴らしい。

私の愛聴盤は、カール・ベーム指揮、ベルリン・フィルハーモニー管楽アンサンブルの演奏である（CD：ドイツ・グラモフォン、4825034/UCCG-90633、1970年5月、ベルリン、イエス・キリスト教会で録音）。少しゆっくり目の、端正な演奏でこの曲の素晴らしさを十二分に再現してくれている。どの管楽器の演奏も素晴らしい。歴史に残る名録音と思われる。ネヴィル・マリナー指揮、アカデミー・セントマーティン・イン・ザ・フィールズ楽団員の演奏（CD：フィリップス、422505-2、1984年8月、ロンドンで録音、輸入盤）もよく聴いている。歯切れがよく、きびきびとしてしかも美しい、素晴らしい演奏である。

第135章　二幕の悲歌劇「皇帝ティートの慈悲」*K. 621*

この悲歌劇はモーツァルト最後の年、1791年の夏から秋にかけてウィーンとプラハで作曲された。この年モーツァルトは健康を損ね、貧困に喘いでいた。命の灯が消えそうなモーツァルトが最後の力を振り絞って、ローソクの炎が燃え尽きる前のように、数々の最高傑作を生み出していった。これらの作品は、モーツァルトの遺言のようでもあり、また後世の人々に希望と慰めを与える、かけがえのない宝物になっていくのである。この作品も悲歌劇の最高傑作として人類の宝物になっている。モーツァルト最後の歌劇は「魔笛 *K. 620*」であるとよく言われているが、実は「魔笛」はこの年の3月から作曲が始まっており、序曲と一部の曲を除いてこの歌劇より前に、夏には出来上がっていた。従って、実質的にはこの作品がモーツァルト最後の歌劇と言って良いであろう。

「皇帝ティートの慈悲」は、ボヘミア王レオポルト二世の戴冠式の祝典歌劇として、プラハから作曲依頼を受けて作曲された。モーツァルトは、完成間近の「魔笛」の作曲の手を一時止め、急遽8月からこの歌劇を作曲し始め、わずか18日で完成させた。作曲はプラハに行く途中の馬車の中でも続けられ、完成されたのはプラハでの初演の前日であった。9月6日にプラハ国立歌劇場で無事初演された。喜んだプラハ市民の様子が目に浮かぶようである。一方の「魔笛」はプラハから帰国後9月30日にウィーン郊外のアウフ・デア・ヴィーデン劇場で初演された。その後この劇場は手狭になったので、街の中心部に近い場所に移った。新しい劇場を「魔笛」の台本作家シカネーダーが建てたのであった。これがアン・デア・ウィーン劇場である。モーツァルトの死後、1801年に完成された。当時の建物はほとんど現存していないが、楽屋入口の門の上にある「鳥刺しパパゲーノ像」はそのまま残っている。シカネーダーを記念する像であり、「魔笛」で自らパパゲーノ役を演じたシカネーダーと、共に出演した3人の息子たちの姿が今でも残っている。第二次世界大戦で爆撃の被害を受けたウィーン国立歌劇場の代替劇場として、戦後モーツァルトの歌劇が頻繁に上演された。歌劇の上演会場は、その後修復されたウィーン国立歌劇場に戻ったが、上演の一部はその後もこの劇場で行われた。クラウディオ・アバード指揮でモーツァルトの「フィガロの結婚 *K. 492*」もここで上演された。名歌手を揃え、ウィーン国立歌劇場管弦楽団によって演奏されたこの素晴らしい上演は、レーザー・ディスク（ソニークラシカル、SRLM2016~7、1992年）で見ることができる。私も好きでよくレーザー・ディスクで見たものであった。実は、私自身も2005年の春、モーツァルトの悲歌劇「ルーチョ・シッラ *K. 135*」をこの劇場で観ることができた。木の温もりが感じられる、素晴らしい劇場である。さて、ローマ皇帝のティートはユダヤ戦争を指揮してイェルサレムを鎮圧した人物として知られている。古代ローマの町ポンペイが大噴火で埋まってしまった際には、災害復旧に寝る間も惜しんで尽力したが、激務のために早逝してしまった。大変慈悲深い皇帝として長く民衆に語り継がれて来たのである。モーツァルトはこの皇帝の物語を悲歌劇の題材に選んだ。この題材の創作者はピエトロ・メスタジオであったが、モーツァルトは改訂版をカテリーノ・マッツォーラに依頼し、三幕の原作を二幕にまとめた。そのために簡潔な台本になり音楽も映えることとなった。

♪序曲

勇壮で気品高い音楽である。悲歌劇にふさわしい音楽で、これから始まる物語に期待が高まる。時々入る、管楽器による穏やかな音楽が勇壮な音楽と良い対比をなしている。

♪第一幕

ヴィッテリア（先帝ヴィッテリオの娘、ソプラノ）は自分の父から皇位を奪ったティート（テノール）を憎んでいる。自らは皇妃となることを望み、ティートがユダヤの王女ベレニーチェを妃に迎えることに腹を立てている。ついに、ヴィッテリアは自分に思いを寄せているセスト（ティートの友人、カストラート、現在ではメゾソプラノが歌うことが多い）をそそのかして、ティートを暗殺させようとする（セストとヴィッテリアの二重唱「気のすむようにお命じなさい！」、決意を感じさせる旋律に不安や怒りが込められている）。そこにアンニオ（セストの友人で、妹セルヴィーリア（ソプラノ）の恋人、当時はソプラノが、現在ではメゾソプラノが歌うことが多い）が現れ、ティートがベレニーチェと別れたと告げる。アンニオはセルヴィーリアとの結婚を望んでいる。ところが、ティートがセルヴィーリアを妃に迎えると言及し、セストとアンニオは苦悩する。セストの動揺する気持ちを察して、ヴィッテリアはセストをそそのかして、ティートの暗殺を促す（ヴィッテリアの独唱「ああ、私を喜ばせたいとお望みなら！」、穏やかながら、切ない思いが旋律に込められている。後半の部分はやや劇的な音楽に変わり、ヴィッテリアの気持ちが強く表現されている）。アンニオとセストは二人の友情を確かめ合う（アンニオとセストの小二重唱「優しく抱き合おう！」、この音楽は短いながらも二人の友情が伝わってきて素晴らしい）。その後ティートが登場する（行進曲、皇帝の登場にふさわしい高貴で勇壮な音楽）。登場したティートを皆が讃える（合唱、「保ちたまえ、おお！」。皇帝を讃える雰囲気がよく表現されている）。ティートは玉座にある立場のつらさを語る（「比類なき玉座の」。穏やかな旋律ながら皇帝の苦悩をよく表現している）。セルヴィーリアは、アンニオを愛しているとティートに申し出る（セルヴィーリアとアンニオの二重唱「ああ！昔の愛情に免じて！」。これも穏やかな美しい旋律から二人の想いが切々と伝わってくる）。ティートはさらに民の混乱に悩む（「ああ！玉座を取り巻く」。穏やかな、美しい旋律ながら、皇帝の苦悩を見事に表現している）。

ヴィッテリアはセストに再びティートを暗殺するよう催促する。ついに、セストはヴィッテリアに従い、ティートの暗殺を決意する（セストの独唱「私は行く、でも愛しいあなたよ！」。第一幕の中で私が最も好きな曲である。何度となく聴いてはその度に深い感銘を受ける。親友ティートの殺害に行こうとするセストの苦悩を美しい旋律の中に込めている。クラリネットが美しく、悲しく響く。セストの苦しみ、悲しみを見事に表現した傑作）。セストが立ち去ると、アンニオとプブリオ（近衛隊の長官、バス）が現れ、ティートがヴィッテリアを妃に迎えると告げ、ヴィッテリアは驚愕する（アンニオとプブリオ、ヴィッテリアの三重唱「参りましょう、待って下さい、セスト！」、ヴィッテリアの動揺を音楽で見事に表現している。ヴィッテリアは自分が怒り狂って、ティート暗殺のためセストを送り出したことを後悔する。その気持ちが見事に表現されている。アンニオとプブリオは、ヴィッテリアの感情の激しさを、ティートの皇后になれる嬉しさ故と誤解する。その二人の気持ちも低音で表現されている。喜びや不安、動揺等の入り混じった感情が見事に表現されている）。セストはティートの暗殺を決行してしまい、混乱のうちに幕となる（セスト、アンニオ、セルヴィーリア、プブリオ、ヴィッテリアの五重唱と合唱「ああ、保ちたまえ、おお神々よ！」、混乱する様子が音楽で見事に表現されている）。ティートが胸を刺されて死に至ったことを嘆き悲しむ様子が見事に音楽で表現されている。素晴らしい音楽はモーツァルトならではである。

♪第二幕

アンニオは、ティートが無事だったことをセストに伝える。旅立とうとするセストをアンニオは引き止める（「ティートのそばに戻りたまえ！」）。静かな音楽の中にもアンニオのセストに対する友情が感じられる）。しかし、セストはプブリオに逮捕されてしまう（セスト、ヴィッテリア、プブリオの三重唱「もしやお顔に、辺りに吹くそよ風を感じられたら」）。序奏でクラリネットが丘に吹くそよ風の雰囲気を出しているが、ここの音楽は私の特に好きなところである。クラリネットという楽器の特性を十二分に引き出している）。ティートはセストが犯人であることを信じようとしない（合唱「感謝の念を」）。ティートを讃える音楽。後半にティートの独唱が入る。この合唱の音楽は第二幕で私が特に好きなところで、穏やかで美しく、癒しの音楽である。民の祈りの音楽の最高峰である）。プブリオはそんなティートのことを少しからかい気味に歌う（プブリオの独唱「裏切りに気づくのは遅いものです！」）。事実を認めようとしないティートを揶揄している様子を見事に表現している）。アンニオはセストの助命を嘆願する（アンニオの独唱「あなたは裏切られました！」、セストを助けるように嘆願する気持ちがよく表現されている）。ティートは親友のセストに裏切られたと衝撃を受ける（セスト、ティート、プブリオの三重唱「あれがティートの顔であろうか！」、セストもティートも、友の顔がいつもの顔ではないことに気づき動揺する。その際の心の動きが見事に表現されている）。しかし、ティートは死刑宣告への署名をためらう。ティートはセストから事情を聞きだそうとするが、セストはヴィッテリアをかばって罪をかぶる（ロンド、セストの独唱「ああ、この時間だけでも！」、死刑を覚悟したセストの気持ちを見事に表現した音楽である。管弦楽の序奏が美しい音楽を奏でる。セストの悲しみが物悲しい音楽に込められている。美しくも悲しい音楽でとても人気が高い）。ティートは友を処罰することをどうしても決意できない（「皇帝の主権にとって」）。皇帝である我が身と友に対する友情との狭間で苦しむティートの気持ちを見事に表現していて素晴らしい）。

ついで、アンニオとセルヴィーリアは、セストの助命をティートに嘆願するようヴィッテリアに頼み込む（セルヴィーリアの独唱「涙以外のことを」、セストを助けて欲しいとの気持ちを美しい旋律にのせて切々と歌う。モーツァルトの世界に浸れる至福のひと時である。第二幕で私が最も好きな曲である）。皆に押されて、ヴィッテリアはティートに自分の罪を打ち明けようと決心する（ロンド、ヴィッテリアの独唱「花の美しいかすがいを編もうと！」。この悲歌劇の中で最も有名で、最も人気が高い曲である。私も大好きである。クラリネットが美しい旋律を奏でている。高音にも低音にも対応している。歌手とクラリネットが対話しているように聴こえて最高である。その上、ヴィッテリアの感情が見事に表現されていて素晴らしい。モーツァルトならではの傑作である）。闘技場にティートが登場し（合唱「あなたが天の神々の」、ティートの登場する様子を見事に伝え、皇帝を讃えている）。ティートがまさにセストに死刑を告げようとする瞬間、ヴィッテリアは自分が首謀者であると名乗り出る。ティートは「裏切りよりも慈悲が強い！」として、すべてを許す。一同はティートを讃え、大団円となる（合唱つき、セスト、ティート、ヴィッテリア、セルヴィーリア、アンニオ、プブリオの六重唱「あなたは本当に私を許してくれました！」、幸せな結末が大好きなモーツァルトらしい。皆が救われことを音楽で見事に表現している）。いわゆる、悲歌劇と呼ばれる、歴史的・古典的題材からの歌劇であるが、あまり上演される機会がない。モーツァルティアンの一人として、この歌劇がもっと頻繁に上演され、多くの歌劇場で聴けるようになることを願って止まない。内容は決して古くなく、自分を裏切った友までも許せるかどうかという主題である。たとえ国の支配者であっても友情を取って欲しいとのモーツァルトの声が聞こえてくるようである。この当時モーツァルトはバセットホルンの虜になっていた。有名な「クラリネット協奏曲 *K. 622*」も元々は「バセットホルンのための協奏曲 *K. 621b*（未完）」であった。これにファゴットを加えて編曲し、第1楽章とし、アダージョとロンドの二つの楽章を加えたものであった。モーツァルトは、高音だけではなく低音も出せる、味わい深いバセットホルンをこよなく愛したのであろう。「皇帝ティートの慈悲」にはこの楽器を使った美しい旋律が多数現れる。レチタティーヴォは弟子に指示して代筆させた部分が多いとは言え、モーツァルトの天賦の才能を生かした、最後の歌劇で、モーツァルティアンにとってかけがえのない素晴らしい作品である。

私の愛聴盤はベーム指揮のドレスデン国立管弦楽団、ティート：ペーター・シュライアー、セスト：テレサ・ベルガンサ、ヴィッテリア：ユリア・ヴァラディ、セルヴィーリア：エディット・マティス、アンニオ：マルガ・シムル、プブリオ：テオ・アダム、ライプツィッヒ放送合唱団による録音である（CD：ドイツ・グラモフォン、POCG-2210/1、1979年ドレスデンで録音、輸入盤）。歌手を揃え、端正な音楽でこの作品の味わいを余すところなく再現してくれている。映像作品に関しては、ジェイムズ・レヴァインの指揮、ウィーン・フィルハーモニー管弦楽団による演奏、ジャン＝ピエール・ポネル演出で、ティート：エリック・タピー、セスト：タチアナ・トロヤノス、ヴィッテリア：キャロル・ネブレット、アンニオ：アン・ハウエルズ、セルヴィーリア：キャサリン・マルフィターノ、プブリオ：クルド・リドル、合唱：ウィーン国立歌劇場合唱団。ローマ古代史跡に大規模なロケを敢行して製作された映画である。ポネルによる素晴らしい演出、世界を代表する歌手そしてウィーン・フィルの演奏で原作の素晴らしさを見事に再現している。何度見てもその度に感動する（DVD：ドイツ・グラモフォン、004400734128、収録：1980年5、6月、ローマ［映像］、1980年5月、ウィーン［音声］）。

第136章

モーツァルトへの旅はオーストリア航空で

18世紀のモーツァルトの旅は、船や馬車を使って長時間をかけた命がけの旅であった。１９５０年に生まれた私が中学生の頃、海外旅行はもう船ではなく飛行機の時代に入っていた。羽田空港から世界各地に飛行機が飛ぶようになっていたのである。海外留学や国際学会発表に出かける際には、私より一、二世代前の研究者は船を利用されていたが、私が初めて国際学会で発表したのは飛行機で向かったドイツのギーセン大学で１９８３年のことであった。私の父は船乗りであったので、そんな船でのモーツァルト巡礼の旅を少年の私は想像して、憧れていた。しかしながら、実際には天候に左右される過酷な旅であったと想像される。私の初めてのモーツァルト巡礼の旅も飛行機であった。しかしながら、現在のように短時間で移動できるものではなかった。当時は南回りと呼ばれていた、東南アジアから中近東を経てフランクフルトに入る路線であった。フランクフルト空港駅から電車でフランクフルト駅に降り立った私は、その格調高い重厚な駅舎に感激した。現在では欧州でも少なくなってきた丸屋根式の駅であった。そこからドイツ国鉄、オーストリア国鉄を乗り継いでザルツブルク駅に降り立ったのであった。現在とは異なり大変時間のかかるものであったが、その分感激もひとしおであった。それ以降、何回もザルツブルクを訪れることができたが、この第一回目の感激に勝るものはなかった。その後も日本とオーストリアとの直行便はなかったので、モスクワやパリ、ロンドン、ブリュッセル、アムステルダムなどを経由して、ウィーンやザルツブルクに入った。その後オースト

挿絵4　ザルツブルクのゲトライデ通りにあるモーツァルトの生家

ここはザルツブルク一の繁華街で多くの人が行き交っている。三階（日本流に言うと四階）でモーツァルトは産声をあげた。モーツァルティアンの聖地であるが、18世紀のザルツブルク地方の民家の特徴を今に伝える貴重な文化財でもある。

リア航空のウィーン直行便ができた。初めは週三便であったが、次第に便数が増えて毎日運行されるようになった。機内ではオーストリア料理やお菓子が振る舞われ、モーツァルトの音楽を多く放送していた。まさに、機内に入るとモーツァルト巡礼の旅が始まったようであった。私はこのオーストリア航空のウィーン直行便を利用してウィーンやザルツブルク（挿絵4）等、モーツァルトゆかりの地を何回も訪れた。モーツァルトの思い出が刻まれた街で、教会や建物、自然の景色を眺めている時、私は幸せな気持ちでいっぱいになる。そればかりか、なぜか心なしか懐かしい気持ちでいっぱいになるのである。また夜には、モーツァルトの音楽を、雰囲気の良い演奏会場や歌劇場でゆっくりと楽しむことができる。私はいつも幸福な時間に感謝して、後ろ髪をひかれる思いで帰国の飛行機に乗り込むのである。時が流れると世の中も変わっていくのが常である。２０１６年に成田空港や関西空港からのオーストリア航空のウィーン直行便は全廃されてしまった。とても残念に思っていたところ、２０１８年５月には成田空港からウィーン直行便が週五便で再開された。欧州治安情勢が悪い中、また、研究に忙殺されていたため、しばらくモーツァルトへの旅から遠ざかっていたが、オーストリア航空のウィーン直行便でまた再開できる希望が湧いた。さらにその上、2019年2月17日からは全日空が羽田空港からウィーン直行便を毎日一便運行することになった。私は嬉しくて飛び上がるほどであった。しかしながら、2020年初頭から全世界で新型コロナウィルスが猛威を奮って、欧州への渡航が困難になってしまった。モーツァルト巡礼の旅が時代とともに大きく変化する中、私は生きている限り、モーツァルトの思い出が刻まれた、ゆかりの地を訪れることであろう。

第137章　ソプラノ独唱曲「願わくは、愛しい人よ」*K. 78/73b*

この作品の成立年月日は正確にはわかっていない。1765、1766、1768、1770年と諸説紛々としている。ザルツブルクで作曲されたのか、それともミラノで作曲されたのかもはっきりしていない。いずれにせよ、モーツァルトが9歳から14歳の頃に作曲されたということは、小学校四年生から中学校二年生位の少年が、恋人に別れを告げる青年の気持ちを独唱曲にできるのであるから、ただただその天才ぶりには驚くばかりである。まさに「神童」と呼ぶのがふさわしい。この曲はピエトロ・メタスタージョの古典的題材の台本「アルタセルセ」の第一幕第五場「願わくは、愛しい人よ！」に歌唱をつけたものである。ギリシャとの戦いに敗れたペルシャ王の後を継ぐ後継者の争いを扱っている。王位継承に絡む愛の葛藤が題材である。モーツァルトが作曲した部分は、王座を継承しようとしている王子アルタセルセが、対抗する兄を撃つために恋人に別れを告げる場面である。編成は、独唱ソプラノ、オーボエ2、ホルン2、第1ヴァイオリン、第2ヴァイオリン、ヴィオラ、チェロ、コントラバスで、演奏時間は5分弱である。まず、ソプラノの独唱で始まる。穏やかで祈りの音楽である。歌も大変美しいし、管弦楽の旋律も美しい。作品全般にわたって、寂しげで悲しげな雰囲気が漂う。恋人に別れを告げる王子の心情を、音楽が見事に表現している。後半部はホルンが活躍する。恋人に決意を伝えている様子が良く表現されている。男性の気持ちを歌ったものであるが、ソプラノで表現できるところが興味深い。私の愛聴盤は、ソプラノ：ルチア・ポップ、レオポルト・ハーガー指揮、モーツァルテウム管弦楽団の録音である（CD：フィリップス、422768-2、1979年ウィーンで録音、輸入盤）。私の大好きなソプラノ歌手のルチア・ポップは透明感あふれる、澄んだ美しい声で、モーツァルトの歌唱曲の世界を見事に再現している。モーツァルテウム管弦楽団の演奏もとても素晴らしい。

第138章　セレナード第7番 *K. 250/248b*「ハフナー」と行進曲 *K. 249*

この曲は1776年ザルツブルクで完成された。モーツァルト20歳の時の作品で、ザルツブルク時代を代表する名作の一つである。楽器編成は、オーボエ2、フルート2、ファゴット2、ホルン2、第1ヴァイオリン、第2ヴァイオリン、ヴィオラ、コントラバスで、8楽章からなり、演奏時間は行進曲（*K. 249*）を入れると1時間にも及ぶ。ザルツブルクのハフナー家の令嬢の結婚式のために作曲されたのでこのあだ名がついている。当時は、こうしたセレナードには通常行進曲がついていたが、「ハフナー」の場合は式の前日にモーツァルトが完成した行進曲ニ長調 *K. 249*を転用したことが記録に残っている。行進曲 *K. 249*マルチア・マエストーソ。これから始まる結婚式に夢が膨らむ。新郎・新婦が歩いて式典に登場する様子が浮かんでくるようである。中間部に挟まれた音楽は大変に美しく、早速モーツァルトの美の世界に酔いしれてしまう。

第1楽章アレグロ・マエストーソーアレグロ・モルト。華やかな結婚式の開催を告げる音楽である。快活で流れるように美しい。第2楽章アンダンテ。小規模ながらもヴァイオリン協奏曲のようである。冒頭部のヴァイオリンが奏でる音楽は流麗で美しい。心地よいそよ風が吹く春の日の朝のような雰囲気である。ヴァイオリンの甘いささやきがなんとも美しい。しかし、音楽の展開と共にモーツァルトらしいそこはかとない悲しみが漂ってくる。なんという深みのある音楽であることか！第3楽章第一メヌエットとトリオ。これもヴァイオリン協奏曲風である。冒頭からして素晴らしい音楽である。力強く重厚な旋律であるにもかかわらず、悲しみが押し寄せてくる、モーツァルトならではの音楽である。中間部は美しいメヌエット。結婚式を祝うのにふさわしい、心躍る旋律である。両者の対比がとても素晴らしい。新郎、新婦もさぞかし胸を躍らせたことであろう。

第4楽章ロンド、アレグロは明るく快活で流麗な音楽である。この楽章も独奏ヴァイオリンが活躍し、ヴァイオリン協奏曲風である。結婚式の参加者はすっかりモーツァルトの音楽の虜になってしまったことであろう。第5楽章第二メヌエット（メヌエット・ギャランティ）とトリオである。華やかな行進曲風の第一主題の後は、やや悲しげな音楽になるが、この旋律がとても美しい。モーツァルトらしい陽から陰、明から暗への変幻自在の妙。次いで第一主題に戻り、華麗にハフナー家の結婚式を祝福する。第6楽章アンダンテ。第一主題の流麗な音楽が祝典を盛り上げる。次いで、明るさの中にもそこはかとない悲しみをたたえた旋律をオーボエが奏でる。このオーボエが奏でる哀切の響きがなんとも素晴らしい！最後に第一主題に戻り、管弦楽全体の演奏となる。管弦楽の美しい演奏の中にも独奏オーボエが活躍し、オーボエ協奏曲風に変化している。オーボエの奏でる旋律は美しくも悲しい。第7楽章第三メヌエット、トリオⅠ、トリオⅡ。導入部は華やかな祝典音楽。ホルンやトランペットが大活躍し、牧歌的なザルツブルク地方の美しい風景を彷彿とさせる。第8楽章（フィナーレ）アダージョーアレグロ・アッサイ。導入部のアダージョの穏やかな音楽の素晴らしさ！二人の結婚を祝福するのにふさわしい音楽である。ここでもオーボエが活躍し、オーボエ協奏曲風である。次いで、テンポが速まり、快活な、華やかな祝典音楽が結婚式の終了を告げる。

このような素晴らしい音楽を、しかも生演奏で披露され、結婚を祝福してもらえた18世紀の人々はなんと幸せなことであったろう。しかも演奏会当日、指揮だけではなく、ヴァイオリン独奏もモーツァルト自身が行ったと言われている。モーツァルトが作曲した作品を、モーツァルトの指揮と演奏で聴きながら、人生の門出を迎えられた若者はなんと幸福であったろう！音楽は古今東西を問わず、人に寄り添ってきた芸術。幸福な時も、悲しみに打ちひしがれた時も常にそうであった。音楽によって人は人生を豊かなものにできるのである。音楽という芸術は、人の心にそっと入り込み、慰めと癒しという薬を与えてくれる。また、音楽を聴くことにより人を愛し、慈しむ心が育ち、人と人が手をつなぎ、感動を共にすることができる。とりわけ、モーツァルトの音楽は、時空を超えて、国境や宗教を越えて多くの人々の心にそっと入り込み、限りない慰めと生きる喜びを与えてくれるのである。このことは、セレナードという、いわゆる機会音楽・娯楽音楽・祝典音楽という括りの音楽でも例外ではない。その上、「ハフナー」は所々ヴァイオリン協奏曲風やオーボエ協奏曲風の味わいもあり、素晴らしい作品となっている。私の心に幸せを運んでくれる音楽の一つなのである。

たくさんの名録音が残っているが、何と言っても私が大好きなのは、ウィリー・ボスコフスキー指揮、アレフレート・シュタールのヴァイオリン独奏、ウィーン・モーツァルト合奏団の演奏である（ＣＤ：デッカレコード、KICC9215、１９７2年、ウィーン・ゾフィエンザールで録音、輸入盤）。音が美しく、アンサンブルも良い。適度な減り張りもとても心地よい。この録音を聴いているとザルツブルクの美しい景色が眼前に広がってくるようで、幸福感でいっぱいになる。行進曲*K. 249*に関しては、ハンス・グラーフ指揮、ザルツブルク・モーツァルテウム管弦楽団の演奏（ＣＤ：レーザーライト、COCO-78047、１９８８年5月ザルツブルクで録音）をよく聴いている。

第139章　レチタティーヴォとソプラノ独唱曲及びカヴァティーナ「ああ、私は前からそのことを知っていたの！私の目の前から消え去って！ああ、この波を超えていかないで！」*K. 272*

この曲は1777年の8月、モーツァルト21歳の時にザルツブルクで完成され、モーツァルト邸の音楽会で初演された。編成はソプラノ3、オーボエ2、ホルン2、第1ヴァイオリン、第2ヴァイオリン、第1ヴィオラ、第2ヴィオラ、チェロ、コントラバスで演奏時間は15分程になる。チーナ＝サンティの「アンドロメダ」第三幕第十場から題材が選ばれた。後にプラハでのモーツァルトの活躍に欠かすことのできない人物、作曲家のフランツ・クサーヴァー・ドゥーシェクとその夫人でソプラノ歌手のヨゼファーにザルツブルクで出会ったことがこの曲を誕生させるきっかけとなった。この時彼女は夫と共に郷里ザルツブルクに帰っていたのであった。ヨゼファーはもともとザルツブルクの出身で、プラハでドゥーシェクと結婚して活躍していた。モーツァルトはヨゼファーに出会って、その実力に大いに驚いたようで、彼女のためにこの曲を作曲してあげた。モーツァルトはこの時以来彼女に声楽曲を贈り続けたのであった。ヨゼファーもモーツァルトの声楽作品の紹介に努め、彼女の演奏会でモーツァルトの曲を多数取り上げてくれた。ヨゼファーはアロイジア、コンスタンツェと共に彼の人生に深く係わった女性の一人であった。パイジェッロが作曲した悲歌劇「アンドロメダ」はギリシャ神話を題材にしており、アルゴス王の娘、アンドロメダが主人公である。アルゴス王は、娘の恋人ペルセウスに、「海神の人質として捧げられた娘を助け出したら結婚させてやる。」と約束した。しかし、父はその約束を反故にしたのであった。ペルセウスは心に傷を負いさまよってしまった。アンドロメダは、そのことに対して父親に怒りをぶちまける。この場面をモーツァルトが歌曲の題材にしたのであった。レチタティーヴォでは、恋人の痛ましい状況が激しい旋律で表現される。約束を守らなかった父親に対する怒り、憎しみが音楽で表現される。次のアレグロの独唱曲では、その怒りが頂点に達する。その後のレチタティーヴォでは、恋人へのせつない気持ちが表現される。その後、私の大好きなアンダンティーノのカヴァティーナに入る。カヴァティーナとは、イタリア語で、素朴な旋律をもつ歌謡的な曲という意味である。これはソプラノの曲の中でも最も美しい音楽の一つで、私の宝物の一つである。導入部は管弦楽が演奏する。心の琴線に触れるようなこの旋律が大変美しい。その後、ソプラノが悲しみを込めて恋人を思って歌う。願いを込めるような音楽である。その後明るい曲調に変わり、オーボエが美しい旋律を奏でる。ソプラノはコロラトゥーラの技巧はないが、恋人を思う気持ちが連綿と美しい旋律で歌われる。その後テンポが速まり、アレグロで「私もあなたと共に行きたい！」と歌い上げて終了する。私の愛聴盤は、ソプラノ：ルチア・ポップ、レオポルト・ハーガー指揮、モーツァルテウム管弦楽団の録音である（CD：フィリップス、422769-2、1979年ウィーンで録音、輸入盤）。ルチア・ポップは湧き上がる怒りの感情も、穏やかな哀感も見事に表現していて素晴らしい。

第140章　弦楽四重奏曲第11番 *K. 171*

この曲は「ウィーン四重奏曲」の第二番目の曲である。1773年の8月にウィーンで完成された。モーツァルトは17歳になっていた。父親と共にこの年の3月に「第三回イタリア旅行」から帰郷した。歌劇「ルーチョ・シッラ *K. 135*」は大成功したものの、残念ながらイタリアでの就職は叶わなかった。ザルツブルクではゆっくり休む暇も無く、7月には父と共にウィーンに就職活動に向かった。2ヶ月半ほどの短い滞在ではあったが、この間に六曲もの弦楽四重奏曲、「ウィーン四重奏曲」を完成させている。モーツァルトの天賦の才能にはただただ驚かされるばかりである。どの曲も素晴らしいが、特にこの*K. 171*は私の大好きな作品である。4楽章からなり演奏時間は全体で14分程である。私はこの作品の中で特に第3楽章が好きである。この楽章はアンダンテで、冒頭部から聴く人の心を鷲掴みにするような深い悲しみの旋律が流れる。それなのにとても美しい旋律なのである。モーツァルトの弦楽四重奏曲の中でも特に悲しく、寂しい曲である。身に降りかかった不幸な出来事に耐えきれず涙をこぼしている女性の姿が目に浮かぶ。繰り返し聴いていると、最愛の娘を亡くした母親が癒えぬ悲しみに翻弄され、涙に明け暮れている姿が目に浮かぶのである。17歳の少年がどうしてこのような悲しみを五線譜に音符を散りばめて音楽に表現できるのであろうか？これは奇跡と言えないであろうか？モーツァルトがこの当時大変な悲しみの渦中にあったことは知られていないが、イタリアでの就職活動の失敗がこたえていたのであろうか？次いで、後半部はやや悲しみが癒えて、明るい兆しが垣間見えるが、それもつかの間、すぐに冒頭部の悲しみの音楽に戻ってしまう。切々と悲しみを表現するチェロの響きが素晴らしい。最後もチェロの音が涙をそっと拭うように弱い音で終了する。悲しみが癒えない感情を残しながら。私はこの曲はモーツァルトが残した弦楽四重奏曲の中でも指折りの傑作であると思うのである。この曲の愛聴盤はエーデル弦楽四重奏団の演奏である（CD：ナクソス、8. 550546、1992年11月、ブダペストで録音、輸入盤）。柔らかな弦の音、ヴァイオリン、ヴィオラ、チェロの調和、少しゆっくり目に旋律美を生かす演奏技術、優れた音楽性、どれを取っても素晴らしい。見事にモーツァルトの弦楽四重奏曲の世界を再現してくれている。この曲を聴いた回数は数えきれない。いつも悲しい気持ちでいっぱいになるが、その度に不思議と癒され、心なごむのである。

第141章　ピアノ三重奏曲第4番 *K. 542*

この曲は1788年6月、モーツァルト32歳の時ウィーンで完成された。3楽章からなり、演奏時間は全体で20分程である。この当時、モーツァルトのウィーンでの人気には陰りが見えてきて、仕事も少なくなり、家計が傾き始めていた。前年に完成した歌劇の傑作「ドン・ジョヴァンニ *K. 527*」もウィーンではそれほど流行らなかった。そんな中でも天才の作曲活動は留まるところを知らなかった。ピアノ協奏曲第26番 *K. 537*、三大交響曲（第39番 *K. 543*、第40番 *K. 550*、第41番 *K. 551*）、ピアノソナタ第15番 *K. 545* 等、各分野の最高傑作が次々に発表されて行った。この曲は三大交響曲作曲の合間に完成された。生活苦を背景にやや暗い、寂しげな音楽である。その上幻想的な雰囲気も感じられる。私はこの曲の中では第2楽章と第3楽章が特に好きである。第2楽章アンダンテ・グラツィオーソ。この楽章の演奏時間は5分程である。冒頭部は静かな、穏やかな音楽で始まる。この主題はピアノで演奏され、ヴァイオリンとチェロが伴奏する。その伴奏は時々力強い。中間部はピアノのテンポが速くなり、主題に戻る。その後主題が次々に変奏されていく。全体にわたって寂しげな幻想曲風の雰囲気が漂い、生活苦にさいなまれていた頃のモーツァルトの心情を色濃く反映しているように思われる。第3楽章アレグロ。この楽章の演奏時間は7分ほどである。明るい主題をピアノが弾き、その後ヴァイオリン、チェロと受け継がれていく。次第にチェロの音が強くなっていって、音楽は低音部が強調されたものになっていく。そのあと明るく力強い音楽で締めくくられる。後半部はピアノとヴァイオリン、チェロが均等に活躍する。この楽章を聴いていると明るい青空が眼前に広がって来て、幸せな気持ちでいっぱいになるのである。私の愛聴盤はボザール・トリオの演奏である（CD：フィリップス、422079-4、1987年5月スイスで録音、輸入盤）。プレスラーの粒の揃ったピアノの音が素晴らしい。また、コーエンのヴァイオリンも整った演奏で素敵である。グリーンハウスのチェロの演奏も素晴らしい。三人の息がぴったりと合っている名演奏である。

第142章　ファゴット協奏曲 *K. 191/186e*

この曲は1774年6月ザルツブルクで完成された。モーツァルト18歳の時であった。前年の3月には、「第三回イタリア旅行」を終え帰国した。ゆっくり休む暇もなく7月にはウィーン旅行にでかけた。マリア・テレジアに拝謁したり、演奏会を行ったりして9月には郷里に戻った。ザルツブルクに着くとすぐに、ゲトライデガッセの生家からハンニバル広場（現在のマカルト広場）に引越しをしている。前の住居よりだいぶ広く、室内楽の演奏会も開ける程の広さであった。両方の住居は現存しており、私はザルツブルクに行く時は必ず立ち寄っている。モーツァルトは、この広い住居でしばらくは作曲活動に専念することとなった。この曲は、そんなモーツァルトのザルツブルク時代に作曲された。モーツァルトはヴァイオリン、ヴィオラ、ピアノは自ら演奏していたので、協奏曲で独奏演奏することも多く、作品も当然のことながら多く残されている。しかし、管楽器は演奏しなかったので、管楽器の協奏曲はわずかしか残されていない。管楽器協奏曲は管楽器の名手に出会い、触発されて、あるいは作曲依頼されて完成したものがほとんどである。しかしながら、それらの曲は音楽史上に燦然と輝く不朽の名作ばかりで、私達は管楽器の協奏曲の傑作を後世の人々に残してくれたモーツァルトと管楽器の名手に、どんなに感謝しても感謝しきれないのである。

このファゴット（バスーン）協奏曲だけは例外的に、誰のために、また、誰に依頼されて作曲されたのか不明である。しかし、ザルツブルク宮廷楽団のファゴット奏者のために作曲された可能性は考えられる。何れにしても管楽器協奏曲の第一作となる記念碑的な作品で、重要な意味を持っているのである。後年、モーツァルトはミュンヘンで、ファゴットを巧みに演奏する音楽愛好家のデュルニッツ男爵と知り合い、ファゴット・ソナタ（*K. 292/196c*）とファゴット協奏曲を二曲作曲したことが記録に残っている。しかしながら、ファゴット協奏曲二曲は消失してしまった。残念でたまらない。これから世界のどこかで発見されることを祈りながら待っている次第である。したがって、現存するモーツァルトのファゴット協奏曲は今の所この曲のみである。独奏ファゴット、オーボエ2、ホルン2、第1ヴァイオリン、第2ヴァイオリン、第1ヴィオラ、第2ヴィオラ、コントラバスの編成で、3楽章からなり、演奏時間は全体で20分程である。第1楽章アレグロ。管弦楽による明るい、伸びやかな序奏から始まる。これが主題である。次いでファゴットの独奏が始まる。牧歌的な雰囲気であるが、どこかおどけた様子で楽しげである。ファゴットと管弦楽がよく調和している。そのあと、ファゴットが主題を独奏する。見渡す限りの草原で、牛が草を食んでいる景色が目に浮かぶ。その後、ゆったりと落ち着いた旋律のカデンツァをファゴットが演奏し、管弦楽の演奏で終了する。第2楽章アンダンテ・マ・アダージョ。この曲の中で私が一番好きな楽章である。冒頭部管弦楽が、穏やかな旋律を奏でる。優しさと美しさに満ちた素晴らしい音楽である。そのあとファゴットの独奏が始まる。主題は第1楽章に良く似ているが、弱い音で穏やかに演奏される。中間部にやや悲しげで、寂しげな音楽が現れるが、決して暗くはなく、むしろ美しい。悲しいのに美しい旋律はモーツァルトの十八番。そのあと冒頭部の音楽に戻り、伸びやかで穏やかな旋律の音楽が奏でられ、カデンツァを経て終了する。第3楽章ロンド。テンポ・ディ・メヌエット。明るく楽しい旋律を管弦楽が演奏して音楽が始まる。輝かしい人生がこれから広がってくるようである。そのあとファゴットが独奏する。テンポ良く演奏され、明るく、陽気な雰囲気を醸し出している。どこか少々おどけた様子のファゴットという楽器の特徴が良く生かされている。約4分と、短いながらもファゴットと管弦楽がよく調和していて素晴らしい。

私の好きな愛聴盤は、ディートマー・ゼーマンのファゴット独奏で、カール・ベーム指揮、ウィーン・フィルの演奏である（CD：ドイツ・グラモフォン、429816-2、1974年、ハンブルクで録音、輸入盤）。ファゴットの独奏が素晴らしく、それを支えるベームの指揮もウィーン・フィルの演奏も素晴らしい。テンポがゆっくり目であるのもこの音楽にぴったりである。ウィーン・フィルの演奏は控えめの音で、ファゴットの演奏を支えていてとてもいい。ゼーマン自身によるカデンツァもとてもいい。私は上野の文化会館小ホールでこの音楽を「なま」で一度だけ聴いたことがある。大変楽しみにしていたが、残念ながら私の好きな演奏ではなく、あまり感動することができなかった。

第143章　交響曲第15番 *K. 124*

この曲は1772年初めザルツブルクで完成された。前作の交響曲第14番*K. 114*の完成後約2ヶ月で作品が仕上がった。この年にはモーツァルトは16歳になっていた。この作品には思春期のモーツァルトの並々ならぬ決意と自信が感じられる。音楽が生き生きとしていて、活気に満ちあふれている。オーボエ2、ホルン2、第1ヴァイオリン、第2ヴァイオリン、ヴィオラ、コントラバスという小編成ながら、演奏時間は全体で15分を超える。第1楽章アレグロ。明るく屈託がない。思春期のモーツァルトの息吹が感じられる。この楽章を聴いていると、そよ風が心地よく感じられるようである。第2楽章アンダンテ。私が特に好きな楽章である。穏やかな、ゆったりとした旋律を管弦楽が奏でる。この主題が繰り返し演奏されるが、音に変化をつけて聴き手を飽きさせない工夫がみられる。また、後半ではオーボエを主役にして、この主題を用いてオーボエ協奏曲風に展開させている。私はこの曲をじっくり聴いていると、ザルツブルク近郊の景色が浮かんでくる。小鳥のさえずりに目を覚まして、さわやかな朝を迎える。窓を開けて、清々しい朝の空気をいっぱいに吸い込んでいる。清涼感に満たされる朝である。短いながらも素晴らしい曲である。ザルツブルクのホテルに宿泊して朝小鳥のさえずりで目が覚めた時の事が思い出されてくる。休日の朝に聴くのにぴったりの曲である。第3楽章メヌエット。「さあ、みんなで楽しく踊りましょう！」というモーツァルトの明るい声が聞こえてくるようである。後半、メヌエット楽章らしい美しい旋律が現れる。第4楽章プレスト。明るく、美しい曲で、未来に希望に胸を膨らませ、歩んでいこうという勇気と決意を与えてくれて終了する。今朝もカール・ベーム指揮、ベルリン・フィルハーモニーの録音（CD：ドイツ・グラモフォン、427241-2、1969年、ハンブルクで録音、輸入盤）で楽しもう。オーボエの演奏も管弦楽の演奏もとても素晴らしい。日本ではあまり演奏される機会が少ないのが残念である。私にとっては、愛おしい魅力あふれる作品である。子供から大人まで楽しめる作品でもある。

第144章 韓国ドラマ『師任堂（サイムダン）、色の日記』とモーツァルト

師任堂とは朝鮮王朝時代に生きた天才女流画家で、良妻・賢母としても韓国では大変有名である。江原道の江陵にある彼女の生家（15世紀に建造）は現存しており、彼女の描いた画が多く展示されている。また、現在韓国で使われている最高額の紙幣、五万ウォン札にその肖像画が描かれている。韓国に旅したことがある人なら誰でも一度はこの紙幣を目にしたことがあろう。この韓国ドラマ『師任堂、色の日記』は、大学美術史の女性研究者、ジュンが主人公である。はつらつと生きる現代女性である。しかし、ジュンは偶然発見された、安堅（アン・ギョン）の名画「金剛山図」の真贋を巡って

教授と対立し大学を追われてしまう。失意の主人公は、学会出張中イタリアで偶然漢文の古い日記を手にする。そこには師任堂の人生と共に、「金剛山図」にまつわる事実が克明に描かれていたのであった。この日記が「金剛山図」の真贋を明らかにしてくれるのである。現代と朝鮮王朝時代を交互に織り交ぜながら物語が興味深く進展して行く。その面白さは他に類を見ない。その上全40話全てにおいて、内容がぎっしりと詰まっていて、見る人の魂を揺さぶる。物語の展開の面白さ、最高の韓紙を完成させる場面の素晴らしさ、韓国を代表する、名男優、名女優の素晴らしい演技、映像の美しさ、衣装の素晴らしさ、音楽の素晴らしさ、込められた作者の思い、どれを取っても比類なき傑作である。とても短時間で作ったテレビ・ドラマとは思えない。このような傑作はそう容易にはできないであろう。

この物語では、朝鮮王朝時代の男女の天才画家の交流を描きながら、人間にとって最も大切なことは自分に与えられた才能をしっかりと受け止め、良き理解者と共に助け合いながらその道を全うすることであると主張しているように私には思えてならない。理解し合い、尊敬し合い、お互いに高め合うことができる人と人生を共にすることが人間の最高の幸福ではないかと訴えているように思われるのである。この思いはモーツァルトがいつもその作品や手紙の中で主張している思いと同じである。また、最晩年の傑作歌劇「魔笛 *K. 620*」の中でも、「男性と女性、これほど尊いものはない。男女の愛ほど美しいものはない！」と言っているように、まさにモーツァルトも同じ思いであった。また、この物語では、国家権力や欲深い輩によって強いられた過酷な運命に屈することなく、正義と愛を貫くことがいかに美しく、尊いことであるかと主張しているように思われる。古今東西を問わず、いつの時代にも、いかなる国にも通じる共通の主題である。権力を得た人は多分に己れの利益のことを優先し、国のこと、民のことは後回しにしてしまう。モーツァルトも、芸術を尊重せず、権力を振るうザルツブルクの大司教に屈することなく、自らの使命や名誉を守り続けたのである。多くの人はモーツァルトに対して「大司教と対立せず、ザルツブルクで静かに宮廷音楽家として生きていれば、もっと幸せな生活をして長生きできたのに！」と言う。果たして本当にそうであろうか？もしそうであったら、モーツァルトは教会音楽や祝典音楽の傑作を作り続けたであろう。しかし、ウィーンに出ることによって、より広い世界で、ピアノ協奏曲や弦楽四重奏曲、さらには前人未到の歌劇の最高傑作は生まれなかったであろう。『師任堂、色の日記』の主人公の師任堂も天才画家の宜城君（ウィ・ソングン）と出会い、彼の影響を受けることによりその才能を十二分に開花させることができたのである。

また、この物語は、人間は衣食住を整え、つつましくも温かい家庭を作り、学問、芸術を愛し、自然の恩恵に感謝しながら生きることが最も大切な生き方ではないかと主張しているように思われる。人間の本当の幸福は地位や名誉や財産を得ることではなく、家族揃っての団欒であると言っている。どんなに人から尊敬される地位や名誉を得ても、自分の愛する家族がいなければ人は本当の意味で幸福にはなれないのである。一家団欒があってこそ、人は成長し、そこから巣立ち、独立して新たな家族を得て一人前になっていく。子供は親にとって宝物であるだけではなく、国の宝でもある。一人前の人間に育てることが良い国を作っていく礎になると主張しているのである。これはまさにモーツァルトが音楽を通して主張していることと全く同じである。モーツァルトは「魔笛」を通して、高貴な人も、一般の人も等しく良き伴侶を得て家族を作り、幸せになれると言っているのである。このように、『師任堂、色の日記』は、人間の幸福についてしみじみと考えさせてくれる作品なのである。

その上、この作品は動物・植物を慈しみ、自然に囲まれて生きて行くことの大切さを説いている。物語の中でとても印象的な場面があった。紙工房の中を走り回っていたネズミを捉えた男性工員に、「逃がしてあげて！」と言った師任堂。「ネズミだって一生懸命生きているのですから！」と。師任堂は多くの人に嫌われる動物にも尊い哀れみの心を忘れなかった。このあと師任堂は植物画の中に小さな、可愛いネズミを2匹描いたのであった。紙工房で働く女性は、声を揃えて「奥様が描かれると、どうしてネズミまでこんなにも可愛いらしいのでしょうか?」と。すると師任堂がそれに答えて、「ネズミだって大切な命を全うして生きているのよ!お花を慈しむようにネズミの命も大切にしましょう!」と。人は人間がこの世の中で最も偉く、尊い生き物であると思っている。人間に少しでも悪影響を及ぼすものを害獣、害虫と呼んで目の敵にする。でも、そう呼ばれる生き物であっても尊い命を全うして生きているのである。小さな命を慈しみ、大切にすることが尊いという作者の思いが伝わってきて、この場面に妻と共にとても感動したのであった。私はこの場面を見ながら、モーツァルトのあの不朽の名作「すみれ*K. 476*」を思い出していた。野に咲く可憐な一輪のすみれに愛を注いだモーツァルトの優しさに、師任堂の優しさを重ねていた。絵画、音楽、文学、映画と表現形態こそ違え、芸術が与えてくれるのは、人間らしい優しさと周りの生物に対する慈しみの心なのではなかろうか。師任堂の絵画、モーツァルトの音楽と、表現こそ異なるものの、芸術がいかに人間の感性を育て、人間らしい愛をはぐくむかを後世の人に伝えているのである。この物語の中で、その後師任堂は三人の息子と一人の娘を連れて、「今日はこれから外に出て動物や植物を見に行きましょう。目をつぶってじっくり自然の声を聴きましょう。きっと自然の声が聴こえますよ!」と。そして絵が大好きな娘に絵を描く技術を磨くこと以上に、澄んだ二つの目でじっくりと自然を眺め、自然の声をしっかり耳で聴くことが大切であると教えている。モーツァルトも手紙の中で、ピアノや声楽の技術を磨くことはもちろん大切であるが、それ以上に音楽に感情を込める、情感の滲み出るような演奏、歌唱が最も大切であると力説している。

また、この物語の中で作者が想いを込めた点は、人は誰でも欠点を持っている。その欠点をことさら取り上げて、その人を否定するのではなく、その人の長所を評価して尊敬の念や愛を持つこと、それこそが人間同士が暖かな感情で包まれ、幸福に暮らすことができる知恵であると。これはなかなかできることではないかもしれない。しかし、この他人を受け入れる気持ちこそ人間に必要なのではなかろうか。この物語の中で、師任堂は自分の命を狙った輩にも愛の手を差し伸べた。それは、憎しみを超越した神のような愛なのかもしれない。しかし、そのような愛の気持ちを持ち続けることによって自分に関わった多くの人々に幸せをもたらすことができるのである。モーツァルトも彼の多くの歌劇作品の中で、主人公は自分を傷つけた者を許し、幸せの結末で締めくくってきた。それによってモーツァルトの歌劇は、その音楽の素晴らしさと共に、鑑賞する人を幸せな気持ちにしてくれてきた。人間皆がこの許す気持ちを持ち続ければ、犯罪や戦争のない平和な世の中が生まれるのではなかろうか。

この物語の中で作者は、多くのものを望まないこと、少ないもので満足することが人間を幸福にすると諭している。多くのお金、多くの土地や建物、多くの財宝、多くの権力を望むから人と人の争いが生まれるのである。広い土地を持っている国であるのに、さらに土地を広げて所有したいという欲にかられ、領土にしたいと侵略していく結果、国と国の戦争になるのである。人間の歴史は絶えることのない戦争の歴史であると言っても過言ではない。少ないお金、こじんまりした土地に建てた小さな家、貯金も少なく、地位や名誉や権力もない、そういう生活に満足することこそが尊いのであると諭しているのである。モーツァルトも歌曲「満足 *K. 349/367a*」の中で同じ教訓を言っている。モーツァルト自身も実生活の中で、大豪邸を得たわけでもなく、音楽家として最高の地位や名誉を得たわけでもない（当時の他の音楽家のような立派な墓もなく、一般の共同墓地に寂しく埋葬された）。しかし、妻と二人の子供に恵まれ、晩年は借金に奔走したものの、天賦の音楽の才能を生かし、音楽の世界に生き

続けることができ、不幸ではなかったであろう。師任堂も廃屋を補修して住処とし、庭で野菜を育て、子供たちを立派に育て上げた。きっと、四人の子供と預かった子供二人に囲まれて幸せな人生を送ったのではなかろうか？人間の本当の幸福とはそのようなものであろう。

また、この物語では、なぜ人間にとって学問が必要なのかを問うている。人間にとって書物を読むことがなぜ大切なのかと問うているのである。学問とは、大学や諸々の試験に合格するためにするものではない。豊富な知識をひけらかし、他人に対して優位に立つためのものでもない。人間としての教養を身につけ、自分を内側から磨き、人生を豊かにするための知恵をつけるためのものであると諭している。いくら外側を飾り立てても、それはメッキが剥がれるが如く、簡単に失われてしまうと。書物を読み、考え、たゆみない精進を重ねることにより、どんな困難も乗り越えていける知恵が備わり、光り輝く人生が必ず拓けてくると。韓国ドラマ『師任堂、色の日記』とモーツァルト、素晴らしい芸術は私達に生きる喜びと慰めを与えてくれるだけではなく、人生を生きるための知恵を与えてくれる素晴らしい伴侶でもある。

第145章　ピアノ協奏曲第3番 *K. 40*（編曲）

この曲は1767年ザルツブルクで完成された。モーツァルトは11歳になっていた。モーツァルトのピアノ協奏曲第1番 *K. 37*、第2番 *K. 39*、第3番 *K. 40*、第4番 *K. 41* の4曲は全てモーツァルト独自のものではなく、父親のレオポルトが息子に作曲指導をするため、当時の音楽を主題として与え、ピアノ協奏曲として完成させたものである。いわば練習用作品である。この *K. 40* では、第1楽章はホーナウアー（アレグロ・

マエストーソ）、第2楽章（アンダンテ）はエッカルト、第3楽章（プレスト）はエマニュエル・バッハの作品を主題に用いている。当時の作品を主題に用いているとは言え、完成された作品には、天才のひらめきが随所に見られて大変興味深い。私はこの作品の第2楽章が好きである。冒頭部の穏やかな管弦楽の演奏が素晴らしい。小学校五年生にあたる少年が、主題を与えられてこのように見事に協奏曲に仕上げられるとは、まさに神童である。その後ピアノの独奏でこの主題が演奏される。次いで穏やかな優しい旋律が管弦楽で奏でられる。心安らぐ美しい旋律である。明るい未来の扉が開き、希望の光が差し込んでくるようである。きっと自分の希望する明るい未来がこの光と共にやってくる。不安や悲しみはない。明るい未来に向かって歩んでいこうという気持ちにさせてくれる。それと同時に、私はこの曲を聴くと自分の少年時代が懐かしく思い出される。なんとも郷愁を誘う素晴らしい曲でもある。私の愛聴盤はウラジミール・アシュケナージの指揮とピアノ、フィルハーモニア管弦楽団の演奏である（CD：デッカ、425093-2、1987年ロンドンで録音、輸入盤）。アシュケナージのピアノがとてもさわやかで、この曲にぴったりである。

第146章　二つのカドリール *K. 463/448c*

カドリール（コントルダンスを伴うメヌエット）とは四人一組で踊るフランスの舞踊で、動きや足の運び等比較的自由なものであった。この曲は1783年の夏頃にウィーンで完成されたと考えられている。モーツァルトは27歳になっていた。ウィーンに定住するようになって三年目、多くの作品が完成され、演奏会にも多くの人が来てくれるようになっていた。交響曲第36番 *K. 425*「リンツ」や弦楽四重奏曲第15番 *K. 421*、第16番 *K. 428* 等が完成されていった頃である。この後、ピアノ協奏曲の傑作が次々に世に出されていくことになる。この曲はモーツァルトがウィーンに移ってから、舞踏会用に作曲した作品群の一つである。楽器の編成はオーボエ2、ファゴット、ホルン2、第1ヴァイオリン、第2ヴァイオリン、チェロ、コントラバスからなり、全体で演奏時間は約5分である。二曲とも大変美しい曲である。第1曲メヌエット。ゆったりとしたメヌエット音楽で始まる。そのあと、活発なコントルダンスに移る。このまま、メヌエットとコントルダンスの順で音楽が繰り返される。第2曲メヌエット、カンタービレ、アダージョ。第1曲と主題が良く似ているが、後半部では、コントルダンスの部分に短調の楽句が入っている。この短調の部分が大変美しいが、やや悲しげで憂いが込められている。ここの部分の素晴らしさは、転調の魔術師モーツァルトのなせる技である。私の愛聴盤は、ウィリー・ボスコフスキー指揮、ウィーン・モーツァルト合奏団による演奏である（CD：フィリップス、422646-2、1964年、ウィーンで録音、輸入盤）。愉悦に満ちた演奏でしかも輝きがある。特にオーボエの音色が美しい。楽しい気持ちにしてくれる名録音である。

第147章　レチタティーヴォとソプラノ独唱曲「アルカンドロよ、私は告白する」、「私は知らない、このやさしい愛がどこからやって来るのか」*K. 294*

モーツァルトは喜歌劇や悲歌劇、ドイツ歌芝居、歌曲等の他にも多くの声楽曲を残した。その代表が管弦楽伴奏付き独唱曲である。その中にはモーツァルトを代表する名曲も少なくない。旋律が大変美しい曲が多く、独唱の部分をオーボエやフルートで演奏し、オーボエ協奏曲やフルート協奏曲として演奏したり、声楽家のみならず演奏家の憧れの対象にもなっている。モーツァルトは西ヨーロッパを巡る大旅行としては最後となった、いわゆる「マンハイム・パリ旅行」で、音楽的にも人間的にも大きな成長を遂げた。また、このマンハイムの地で最愛の恋人、アロイジア・ウェーバーに巡り会ったことも彼を成長させる結果となった。マンハイムでの出会いからミュンヘンでの別れ、ウィーンでの再会後も彼女のために多くの作品を残した。

この作品はその第一作目となる記念碑的な作品である。1778年2月24日マンハイムで完成され、3月12日に友人のカンナビッヒ邸での音楽会で初演された。この時モーツァルトは22歳になっていた。編成は、ソプラノ独唱、フルート2、クラリネット2、ホルン2、第1ヴァイオリン、第2ヴァイオリン、第1ヴィオラ、第2ヴィオラ、チェロ、コントラバスからなり演奏時間は10分に及ぶ。当時マンハイムは欧州を代表する音楽都市で、大管弦楽団を擁する音楽の都であった。したがって、独唱曲の伴奏用としても多くの楽器が用いられている。

この作品は古代ローマを題材にしたメタスタージョの歌劇の中から取り上げられた。シチオーネの王が部下のアルカンドロに語りかける場面である。「大罪を犯した若者を見ていると不思議と優しい感情が湧いてくる。」と、アルカンドロに語りかける場面に音楽をつけたのである。したがって元々は男性の気持ちを歌ったものである。罪人の顔を見ているとわき上がってくる感情、それは、その若者が実の息子であったからであった。亡くなったと信じていた息子が、この大罪を犯した若者であることを知り、子供への愛と罪人への憎しみの気持ちとの相克に苦しむ感情も音楽に込められている。しかしながら、最後は若者を許し大団円を迎えるのである。

この物語をモーツァルトは見事な音楽で独唱曲として完成させている。冒頭部は穏やかな管弦楽の序奏で始まり、しみじみとした感情を管弦楽の伴奏に合わせてソプラノが歌い始める。次に現れるのは心弾む憧れの音楽である。若者の顔がとても美しいと思う感情が湧いてくる。ここの音楽も素晴らしい。後半部はやや寂しげな不安が漂う。それなのにこの旋律はどこまでも美しい。さらにその後はやや激しさを増した音楽となり、気分の高揚を抑えきれない。いっそう悲しみが募っていくが、最後は高らかな力強い音楽で締めくくられる。息子を受け入れるのである。モーツァルトは「幸せな結末」が大好きである。初期の歌劇作品から、最後の年の「魔笛」や「皇帝ティートの慈悲」に至るまでほとんどの作品がそうである。この作品もやはりそうで、モーツァルトの優しさがにじみ出ている。私も「幸せな結末」が大好きである。愛し、愛され、許し、許される、これこそが人間のとるべき道ではなかろうか。この作品は古代ローマの皇帝の物語を題材にしているが、自分が恋い焦がれる、想い人のアロイジアに好かれたいというモーツァルトの切なる思いが見え隠れするのである。アロイジアのためならなんでもしてあげたい、そんな思いが伝わってくるのである。きっとモーツァルトはアロイジアのそばに長くいたかったのであろう。歌唱指導、作品の贈り物はそのための口実であったに違いない。就職活動をせずに美しい少女にうつつを抜かしている息子の様子を知り激怒した父親の叱責の手紙が来なかったら、また、パリに行かなかったら、彼の人生はどのように変わっていたのであろうか?私の愛聴盤は、ソプラノ：ルチア・ポップ、レオポルト・ハーガー指揮、モーツァルテウム管弦楽団の録音である（CD：フィリップス、422769-2、1979年ウィーンで録音、輸入盤）。ルチア・ポップは私の大好きなソプラノ歌手で、澄んだ美しい声がモーツァルトの音楽にはぴったりである。心の琴線に触れるように訴える歌声がなんとも素晴らしい。

第148章　セレナード第9番 *K. 320*「ポスト・ホルン・セレナード」

この作品はザルツブルク時代のモーツァルトを代表するもので大変な人気がある。作曲経緯は良くわかっていないが、ザルツブルク大学の学生の卒業の音楽（フィナール・ムジーク）として依頼されたものと考えられている。当時の学生は試験を終えると、ミラベル庭園で大司教への御前演奏をし、行進曲を演奏しながら大学に向かい、教授の前で再度音楽を演奏するのが常であった。そのための音楽が「セレナード」と呼ばれていたのである。「ポスト・ホルン・セレナード」という愛称がついているが、郵便馬車で旅立つ学生の象徴がこのポスト・ホルンであった。卒業生が郵便馬車で旅立つとは、なんと魅力的なことではなかろうか。今日なら、さしずめ飛行機や新幹線であっという間に目的の新天地に着いてしまう。それは時間の節約という点では優れているかもしれない。しかし、夢や浪漫がないのである。なんでもかんでも速ければいいということではないであろう。自分が住んだ大学の街の景色が、次第に小さくなっていくのを見ながら、学生時代の思い出にふけったり、憧れの想い人の面影を浮かべたり、友情を育んだ友との別れを惜しんだりしたことであろう。また、郵便馬車の駅に着く頃に御者が演奏するポスト・ホルンの音色に故郷を感じたこともあろう。そんな光景を彷彿とさせてくれる素晴らしい音楽なのである。18世紀の欧州の学生には夢と浪漫があったとしみじみ思うのは私だけではないであろう。「ポスト・ホルン・セレナード」という愛称がついたのは、第6楽章（第二メヌエット）にこの楽器の独奏が現れるからであり、哀愁を帯びたポスト・ホルンのファンソァーレが素晴らしいからであろう。「ハフナー・セレナード*K. 250*」と共にザルツブルク時代を代表する傑作である。この曲は、1779年8月ザルツブルクで完成された。モーツァルト23歳の時であった。楽器編成は、フルート2、オーボエ2、ファゴット2、ホルン2、ポスト・ホルン、トランペット2、ティンパニ、第1ヴァイオリン、第2ヴァイオリン、第1ヴィオラ、第2ヴィオラ、コントラバスの大編成で、演奏時間は前後の行進曲を加えると50分を超える。

行進曲*K. 335*（*320a, No.1*）は勇壮な曲である。これから始まるセレナードの開始にふさわしい音楽である。その旋律は美しく魅力的である。しかしながら、中間部には悲しみの陰りが見られる。その後それを払拭するような明るい音楽に変わる。学生の行進する様子を彷彿とさせてくれる音楽である。第1楽章アダージョ・マエストーソーアレグロ・コン・スピーリト。ゆったりとした序奏から始まり、勇壮な音楽で祝典が開始される。力強く、きびきびとして流麗である。第2楽章第一メヌエット、アレグレット。明るく流麗な旋律の音楽で始まる。第1楽章から引き続いて溌剌とした音楽である。中間部からいかにもメヌエット音楽らしく明るく、楽しく、心弾む音楽になる。管弦楽の響きがとても美しい。そのあと冒頭部の音楽に戻って終了する。第3楽章コンチェルタンテ、アンダンテ・グラツィオーソ。私の大好きな楽章である。冒頭部は穏やかな癒しの音楽で、それでいてとても愛らしい。これが第一主題である。森の中にいて小鳥のさえずりを聴いているようで、幸せな気持ちでいっぱいになる。フルートの奏でる旋律が爽やかなそよ風を運んでくれる。第二主題はヴァイオリンによって演奏されるが、これがまたとても素晴らしい。終末部にはフルートの美しい独奏も挿入されている。何度でも聴きたくなる本当に素晴らしい楽章である。第4楽章ロンド、アレグロ・マ・ノン・トロッポ。第3楽章に続いてフルートが大活躍する。清々しく爽やかな音楽で私は大好きである。中間部には少々悲しみの陰りが見えるが、長くは続かず明るい音楽に戻る。第5楽章アンダンティーノ。この曲の中で私が最も好きな楽章で、心の琴線に触れる素晴らしい音楽である。冒頭部から悲しみがこみ上げてくる。ニ短調の調性で切々とした哀愁が漂う。中間部からさらに悲しみが増してゆく。卒業試験に合格して旅立とうとしている学生には少々重い音楽かもしれない。しかし、この音楽を聴いていると、学生時代の不幸な思い出を思い起こしたり、想い人との別れを悲しんだりしている若者の姿が彷彿とされるのである。時折入る、すすり泣くようなオーボエの響きがなんとも素晴らしく、聴く人の心を捉えて離さない。

第6楽章第二メヌエット。勇壮な音楽で始まる。ティンパニの音が高らかに響く。そのあとメヌエット音楽になる。初めは弦楽器のみで、その後管楽器も入り響きが増す。ちょうど中間部のところで高らかにポスト・ホルンが歌う。ここの部分の音楽のなんとも素晴らしいこと！そこはかとない哀愁を込めてポスト・ホルンのファンファーレが鳴り響く様は誰でもこの曲の魅力に引き込まれる。しみじみとモーツァルトの音楽の素晴らしさを感じて胸が熱くなるのである。第7楽章フィナーレ、プレスト。素晴らしい音楽も終わりに近づいた。管弦楽が勇壮な音楽を奏でる。しかしながら、時折入る管楽器がしみじみとした味わいを添えてくれる。力強く祝典音楽が終了する。行進曲：*K. 335*（*320a, No.2*）。セレナードが終了し、この行進曲にあわせてミラベル庭園まで学生が行進した。行進曲であるが、とても美しい旋律が入れ替わり現れて、聴いていて大変楽しい。最後までモーツァルトの素晴らしい音楽に送られて旅立つ当時のザルツブルク大学の学生は、なんと幸せであったことか！「なま」の音楽であり、しかもモーツァルトが丹精込めて作った曲で新しい世界に旅立てるのであるから！18世紀という時代に浪漫と郷愁を感じざるを得ないのである。

この曲には私の小さな思い出がある。それは妻と初めてお見合いをして、お付き合いを始めていた頃によくこの曲をレコードで聴いていたからである。１９７９年春のことであった。当時はまだＬＰレコードの時代でＣＤは無かった。録音もカセットで、iPodもスマートフォンも無かった時代である。この年に国立音楽大学を卒業して故郷の陸前高田に戻った妻と、知人の紹介で盛岡でお見合いをしたのが3月の末であった。とても良い人でその場で結婚をしたいと強く思った。私は週末によく盛岡か陸前高田で妻と会っていたが、電話もかけたし、手紙もよく書いていた。私がこの頃頻繁に聴いていたのが、この「ポスト・ホルン・セレナード」であった。ピアノを専攻した妻とは当時よくモーツァルトのピアノ曲の話をしていたが、器楽曲の話はあまりできなかった。この「ポスト・ホルン・セレナード」の素晴らしさを手紙で語った私に、妻は私の強いモーツァルト愛を感じてくれたようであった。この曲を聴くたびに婚約期の妻との思い出が鮮明に思い出されて懐かしい気持ちでいっぱいになるのである。私の愛聴盤は、ネヴィル・マリナー指揮、アカデミー・オブ・セント・マーティン・イン・ザ・フィールズによる演奏である（ＣＤ：フィリップス、422626-2、１９８４年6月ロンドンで録音、輸入盤）。マイケル・レアードのポスト・ホルンの演奏が見事である。全体的に愉悦に満ちた素晴らしい演奏である。時折入る短調の部分の演奏も感情がこもっていて素晴らしい。管楽器も弦楽器も演奏が素晴らしく、それをまとめているマリナーの指揮も素晴らしい。

第149章　ヴェスペレ *K. 339*

ヴェスペレ（司教でない証聖者のための盛儀晩課）とはカトリックの聖務日課において日没時にとりおこなわれる、通常6楽章からなる祈りの音楽のことである。モーツァルトはヴェスペレを二曲（1779年完成の*K. 321*と1780年完成のこの*K. 339*）作曲した。この*K.339*は9月30日の聖ヒエローニュムスの祝日のために、24歳になっていたモーツァルトが作曲したのではないかと考えられているが、自筆譜に日付は書かれていない。ザルツブルク地方の宗教曲の伝統的制約により30分ほどの短い曲になっている。第1楽章：ディクシット（主は語れり）。第2楽章：コンフィテボル（ほめたたえる）。第3楽章：ベアトゥス・ヴィル（ほめたたえよ）。第4楽章：ラウダーテ・プエリ（しもべたちよ、たたえよ）。第5楽章：ラウダーテ・ドミヌム（主をほめたたえよ）。第6楽章：マニフィカト（ほめまつる）。

私が大好きなのはこの第5楽章、ラウダーテ・ドミヌムである。へ短調、アンダンテである。ソプラノを主体とした優美なホモフォニーの音楽である。「諸々の国よ、主をほめたたえよ。諸々の民よ、主をたたえまつれ。われらに賜るそのいつくしみは大きいからである。主のまことはとこしえに絶えることがない。願わくは、聖（ちち）と聖子（こ）と聖霊として栄えあらんことを。初めにありしごとく、今もいつも世々に至るまで。アーメン」と歌っている。モーツァルトのザルツブルグ時代の宗教曲を代表する傑作の一つである。穏やかなヴァイオリンの序奏に始まり、祈りの音楽は天上的な美しさである。心洗われ、爽やかな、清々しい気持ちにしてくれる私の宝物で、いつも大切に聴かせていただいている。妻も大好きな曲で、「アヴェ・ヴェルム・コルプス*K. 618*」と同様に録音をかけると大変喜んでくれる。

この音楽の録音は大変素晴らしいものが多いが、その中で私が愛聴するのは、ソプラノ：マリア・シュターダー、指揮：フェレンツ・フリッチャイ、演奏：ベルリン放送交響楽団、合唱：RIAS室内合唱団（CD：ドイツ・グラモフォン、UCCG-3429、1960年、ベルリンで録音）の演奏である。長い時間経っても色あせぬ名録音である。素晴らしい演奏と独唱・合唱である。シュターダーの澄んだ美しい声がこの曲にぴったりである。また、ソプラノ：エディット・マティス、指揮：ベルンハルト・クリー、演奏：イギリス室内管弦楽団、合唱指揮：フィリップ・シムズ、合唱：タリス室内合唱団による録音（CD：ノヴァーリス、150064-2、1990年、ロンドンで録音、輸入盤）もよく聴いている。その上、この曲は旋律が殊の外美しいので、器楽曲としていろいろな編曲版が出ている。どれも素晴らしいが、デンマーク出身の演奏家によるフルートとオルガンの二重奏が好きでよく聴いている。編曲：ペーター・ラングベルク、演奏：フルート（ベント・ラーセン）、オルガン（ペーター・ラングベルク）による録音である（CD：クラシコ、CLASSCD385、2000年、デンマーク、ブレンドビー・ストランド教会で録音、輸入盤）。フルートが見事にソプラノ歌手の代わりをしている。また、実際にウィーンで「なま」の演奏を聴くことができた。リッカルド・ムーティー指揮、ウィーン交響楽団で聴くことができた。ウィーン楽友協会で聴くラウダーテ・ドミヌムは格別に素晴らしかった。

第150章　ピアノとヴァイオリンのためのソナタ第25番 *K. 301/293a*

この曲は1778年2月マンハイムで完成されたと考えられている。モーツァルト22歳。*K. 301–306*のいわゆる「マンハイム・パリ・ソナタ」の第一番目の作品である。前年9月、父が病床にあったため、モーツァルトは母と二人で就職活動の旅に出かけた。後の人が「マンハイム・パリ旅行」と呼んだ旅である。最初の目的地のミュンヘンでは、精一杯の努力を重ねたものの、就職活動に失敗し、失意のどん底で父親の故郷アウグスブルクに立ち寄った。ここで、いとこのベーズレと楽しい一時を過ごした。その上、シュタインが製作した新しいピアノ（フォルテ・ピアノ）にも出会うこともできた。そんなことで大いに元気を取り戻したものの、次の目的地マンハイムに向かう途中母が病気になり、また暗い気持ちになっていた。やっとの思いでマンハイムに着いたが、ここでモーツァルトは生涯忘れることのできない出会いをした。それは、声楽の才があり、見目麗しいアロイジア嬢との出会いであった。私にはこの曲にそんな悲しみと喜びが交錯する、モーツァルトの心情が色濃く反映されているように思われてならない。モーツァルトのピアノとヴァイオリンのためのソナタでは珍しくない、2楽章のみからなっているが、演奏時間は18分に及ぶ力作である。第1楽章アレグロ・コン・スピーリト。伸びやかなヴァイオリンと軽快なピアノの協奏で始まる。両者が対等の関係で美しい旋律を奏でていく。第2楽章アレグロ。冒頭部はピアノが主旋律を弾き、ヴァイオリンが伴奏する。爽やかであるが、心なしか寂しげである。しかし旋律は格別に美しい。この美しい音楽でとても癒される。後半部は大変寂しげで、悲しい音楽に変わる。ここでは、ヴァイオリンが悲しみの旋律を切々と歌い上げ、ピアノは伴奏に回っている。そのあと冒頭部の音楽に戻り、明るい曲調になり終了する。聴く人の心がゆったりと癒されていく楽章である。私の愛聴盤はイングリット・ヘブラーのピアノで、ヘンリック・シェリングのヴァイオリンの演奏である（CD：フィリップス、PHCP-3888/92、1972年1月、ザルツブルク、モーツァルテウムで録音）。ヘブラーのピアノもシェリングのヴァイオリンもこの曲にぴったりで、両者とも控えめであるが、旋律を丁寧に響かせてくれている。第2楽章の後半部の寂しげで、もの悲しい音楽を、シェリングが見事にヴァイオリンで歌ってくれている。モーツァルトも天国で「僕の曲を素敵に弾いてくれてありがとう！」と言っているであろう。

第151章　弦楽四重奏曲第7番 *K. 160/159a*

「ミラノ四重奏曲」の最後（第六番目）の曲である。モーツァルト17歳の1773年初頭にミラノで完成された。3楽章からなり演奏時間は全体で10分程である。私が特に好きなのは第2楽章ウン・ポコ・アダージョである。冒頭部から優しさに溢れている。第1ヴァイオリンが穏やかで優しい旋律を伸びやかに歌う。

その後慰めに満ちた旋律が次々に現れる。第1ヴァイオリンが奏でる主旋律に第2ヴァイオリン、ヴィオラ、チェロによる伴奏がよく調和している。旋律は優美で、慰めに満ちている。悲しみの陰りはほとんどなく、聴く人の心を安らかにしてくれる。繰り返し聴いている私の大好きな曲である。モーツァルトの弦楽四重奏曲は後期の作品（「ハイドン四重奏曲（第14番～第19番）」、「ホフマイスター（第20番）」、「プロシャ王四重奏曲（第21番～第23番）」が高く評価されている。しかし、私は前期の作品「ローディー」（第1番）やこの「ミラノ四重奏曲」（第2番～第7番）、「ウィーン四重奏曲」（第8番～第13番）も大好きである。モーツァルトの純粋な心情がよりよく現れているという点では前期の作品の方が好きである。もちろん、人それぞれ音楽の好みは違うので、どちらが好きかはその人その人の感性による。したがって、一概には言えないのであるが、前期の作品も素晴らしいと私はいつも思っているのである。この曲の愛聴盤はエーデル弦楽四重奏団の演奏である（CD：ナクソス、8.550544、1992年1月録音、ブダペストで録音、輸入盤）。柔らかな弦の音、ヴァイオリン、ヴィオラ、チェロの調和、美しい音色等、聴くたびに感動する名演奏である。

第152章

2002年　私のモーツァルトへの旅、ウィーン

2002年の秋、私はウィーンを訪れる機会があった。ウィーンに行くと必ず訪れるところがある。それは、モーツァルトのお墓がある「聖マルクス墓地」（106章の挿絵3参照）である。私は昼過ぎ、市の中心のリンクのシュトゥーベントーアから74Aのバスに乗り、終点で降りて聖マルクス墓

地に向かった。門から入りまっすぐ進むと「モーツァルトのお墓」の表示があり、左に曲がるとすぐのところにお墓がある。いつ来ても「モーツァルトのお墓」には花が絶えることなく手向けられている。花束にモーツァルトへの熱い思いを込めてしたためた紙を添えたもの、黄色の菊の花の鉢を供えたもの、紫の花と栗の実を供えたもの等、様々であった。世界中からモーツァルトを愛する人が、入れ替わり立ち替わりこの墓地を訪れ、手を合わせているかと思うと熱い思いがこみあげてくる。私も、モーツァルトの好きな色、赤のカランコエの鉢をそっと供えて、お祈りをした。「モーツァルトさん、いつも美しい音楽を聴かせて下さりありがとうございます。あなたが書き残して下さった沢山の音楽は、私にとってかけがえのない宝物です。私に生きる勇気と喜びを与えて下さいます。本当にありがとうございます。これからもずっとあなたの音楽を聴かせて下さい。モーツァルトさん、ゆっくりお休み下さい。」と。秋の陽の木漏れ日が、天才の夭折を嘆き悲しむ天使の像にさしこんでいた。雲一つない青空が広がり、木々の間を通り抜ける秋のそよ風は、優しく心地よかった。

私は、またウィーンでは必ず「フィガロ・ハウス」（2006年改修後「モーツァルト・ハウス」に名前が変わった）やその周辺を訪れる。「シュテファン大聖堂」近くのドーム小径にあるこの住居は、モーツァルトが1784年9月から1787年4月まで、2年7ヶ月を過ごしたことでよく知られている。ウィーンで唯一現存する貴重なモーツァルト住居で、今は博物館になっている。ここで、歌劇「フィガロの結婚 *K. 492*」を始めとして、ピアノソナタ第14番 *K. 457*、ピアノ協奏曲第18番 *K. 456*〜第25番 *K. 503*、弦楽四重奏曲第17番 *K. 458*「狩」、弦楽五重奏曲第2番 *K. 515*、交響曲第38番 *K. 504*「プラハ」、歌曲「すみれ *K. 476*」等多くの不朽の名作が生まれた。ここに住んでいた頃がモーツァルトにとってウィーンで一番幸せな時であったろう。ピアノをおいていた部屋の天井には、今でも漆喰装飾の美しいレリーフが残っている。ここを訪れるたびに200年以上も前のモーツァルトの作曲や演奏の様子、家族との団らんの様子等に思いを馳せざるを得ない。また、どこからともなくそっとモーツァルトの音楽が聞こえてくるような気がしてならない。この建物の周辺は、私の大好きな小径が多く、当時の面影を色濃く残している。ブルーメンシュトック小径、バル小径、モーツァルトが最後の時を迎えた住居、「クライネ・カイザー・ハウス」があったラウエンシュタイン小径等を、ウィーン滞在中はいつも歩いている。200年以上も前に、モーツァルトが朝な夕な歩いたであろう、これらの小径をゆっくりと歩いていると、なぜか懐かしく、心安らぎ、幸せな気持ちでいっぱいになるのである。

モーツァルトの思い出が色濃く刻まれた街でモーツァルトの音楽を聴く。この時間は私にとってかけがえのない、至福の時である。日本でも国内外の指揮者・演奏家によるモーツァルト演奏会を聴いて、楽しい一時を過ごすことはできる。しかし、モーツァルトゆかりの地で聴くモーツァルトの音楽には格別な味わいがある。空気も風も音も違う。モーツァルトが実際に演奏した会場もいくつかウィーンには残っていて、現在も演奏会が行われている。まず、「ウィーン・モーツァルト管弦楽団」の演奏会に行った。私はウィーンを訪れる際にはよくこの演奏会に行っている。今回、会場はウィーン楽友協会大ホールであった。この演奏団体は、少人数による室内管弦楽団で、モーツァルトの時代そのままの衣装で、かつらもかぶり、当時のサロン様式で演奏会を行う。サロン様式での演奏会とは、交響曲の一部、歌劇の序曲、歌劇の独唱曲、二重唱曲、協奏曲の一部等を織り交ぜての演奏会である。毎回どの独奏者や歌手が招待されるか楽しみにしているが、今回の独奏者はフルートのアンドレアス・プラニャフスキーであった。彼がフルート協奏曲第2番*K. 314*の全曲を演奏した。とても綺麗な音で、繊細で、心洗われる、いい演奏であった。今回一番感動したのは、ソプラノのリディア・ラトコルプであった。「ドン・ジョバンニ*K. 527*」のツェルリーナの「あそこで手をとりあって誓いをかわそう」と「恋を楽しむ乙女達よ」、「魔笛*K. 620*」のパパゲーノとパパゲーナの二重唱曲「パッ、パッ、パッ」等が歌われた。中でも圧巻は「後宮からの誘拐 *K. 384*」のコンスタンツェの「あらゆる拷問が私を待っているとしても」の独唱で、素晴らしかった。ラトコルプはこの難曲中の難曲を軽々と歌いこなし、しかも情感たっぷりに歌い上げた。技術的にも、芸術的にも素晴らしい独唱であった。ウィーン楽友協会で聴いたこの演奏会は長く忘れられない。

また、「フィガロ・ハウス（モーツァルト・ハウス）」のすぐ近くにある「ドイチェス・ハウス」に付属するサロンで「ウィーン・モーツァルト弦楽四重奏団」の演奏を聴くことができた。この「ドイチェス・ハウス」はモーツァルトがザルツブルクのコロレド大司教と決裂して、ウィーンに定住するきっかけとなった、まさにその事件の舞台である。作曲家、演奏家としての自由を求めるモーツァルトと、権力を誇示するコロレド大司教がここで衝突しモーツァルトは辞職願を提出したのであった。部屋を出る際に、大司教の侍従、アルコ伯爵がモーツァルトの尻を足蹴にした因縁の場である。この「ドイチェス・ハウス」に付属するサロンは美しい壁画が残り、実際にモーツァルトも演奏したことがある、貴重な文化遺産である。当時のまま保存されている。ここでは「ディヴェルティメント *K. 136*」と「アイネ・クライネ・ナハット・ムジーク *K. 525*」を聴くことができた。調和のとれたいい演奏であった。

私がいつも楽しみにわくわくして待っているのが歌劇である。「ウィーン国立歌劇場」の「魔笛 *K. 620*」は一番期待していた。運良く日本から切符が予約できて、平土間の12列の14番、ほぼ中央の席が取れて、私は「魔笛」を観る日が来るのを指折り数えて待っていた。しかし、残念ながら観てがっかりしてしまった。ウィーン国立歌劇場管弦楽団による演奏は良かったが、歌手は実力不足、演出は現代風で、満足できなかった。現代の大都会を思わせるコンクリートの壁四面で仕切られた空間の中やその上の金属で出来た橋の上で劇が行われ、時代は現代で、宇宙服のような衣装をまとって登場人物が現れた。神殿での儀式や、水の試練、火の試練等もなく、原作を大幅に変えてしまった。美しい音楽と演出が全くつりあっていなかった。これでは、「魔笛」の童話の世界も、「魔笛」の崇高な理念——すなわち世界には男性と女性がいて尊い存在で、理解し合い、尊敬し合い、助け合い家庭を築くことが人間の本当の幸せで、その過程には多くの困難が待ち受けてはいるものの、勇気を持って立ち向かえば必ず乗り越えられ、幸福な人生を送ることができる—は少しも伝わってこなかった。本当に、音楽、歌手、演出と三拍子そろった歌劇の上演は少ないとつくづく思った。このウィーン以来私は歌劇を観に行くことが随分と減ってしまった。

ウィーンでは教会音楽も素晴らしい。王宮の建物の南側にある「聖アウグスティン教会」で「戴冠式ミサ *K. 317*」と「レジナ・チェリ（天の女王）*K. 108*」を聴くことができたのは最高の幸福であった。「月刊ウィーン」で演奏会の予定を見たところ、日曜日のミサ曲にモーツァルトの曲は載っていなかった。それで、今回はモーツァルトの教会音楽を聴くことは諦めていた。しかし、土曜日にウィーンの旧市街地にある教会を巡り歩いていたところ幸いにも、聖アウグスティン教会の前で日曜の朝に「戴冠式ミサ」と「レジナ・チェリ」があるという張り紙を見つけることができた。次の日、わくわくする思いで教会を訪れた。アロイス・グラスナー指揮の「聖アウグスティン教会管弦楽団・合唱団」による演奏・合唱は素晴らしかった。管弦楽団の音や独唱・合唱が教会の尖塔から天に向かって上っていくようであった。残響音が長く、荘厳な雰囲気であった。二階にあるオルガンの前で演奏が行われ、管弦楽団の弦楽器も管楽器も音がとても美しく、独唱も合唱も素晴らしかった。私はウィーンの人たちと一緒に一階の椅子に座って鑑賞することができた。特にソプラノのゲルトルート・ヴィッティンガーは澄んだ美しい声で、神や、キリスト、聖母マリアを讃えた。*K. 317*のベネディクトゥスや*K. 108*の第2、3曲のように流麗な旋律を感情たっぷりに歌い上げた。神への祈りが聴き手に伝わるような素晴らしい独唱であった。私はこれまで、ザルツブルクの大聖堂やフランシスコ派教会でモーツァルト

の宗教曲の一部を聴いたことは多々あったが、全曲を聴くのは初めてであった。天に上る祈り、それを人間の言葉で表現したのが他ならぬモーツァルトであろう。残念ながら、日本ではモーツァルトの宗教曲を全曲聴ける機会はあまりない。モーツァルトの宗教曲をウィーンの教会で聴く。これこそ至福のモーツァルト体験ではなかろうか。聖アウグスティン教会を出て国立歌劇場の方に歩いて行きながら、またモーツァルトの宗教曲をウィーンの教会で聴ける日が来ることを祈らずにはいられなかった。

第153章　ピアノ三重奏曲第６番 *K. 564*

この曲は１７８８年10月モーツァルト32歳の時にウィーンで完成された。この年には、６月26日から８月10日までに三大交響曲（第39番、第40番、第41番）が完成された。わずか１ヶ月半で大作の交響曲三曲を、それも全く性格の異なる三曲を、短期間に完成させるとは！モーツァルトの天才ぶりを如実に示す例であろう。とにもかくにもモーツァルトの天賦の才能にはただただ驚かされるばかりである。しかしながら、もうすでにこの６月にはモーツァルト家の経済状態が悪化し、友人のプフベルクに借金を依頼する手紙が書かれるようになっていた。さらに、追い討ちをかけるように、６月29日には長女が亡くなっている。この曲にはそういった、モーツァルトの悲しい心情や不安な気持ちが反映されているように思われてならない。３楽章からなり、演奏時間は全体で18分程である。

第１楽章アレグロ。快活な旋律で始まる。ピアノそしてヴァイオリンが主旋律を弾く。その後三楽器が協奏する。この第一主題は愛らしくて好ましい。これが繰り返される。後半部に入ると悲しみの影がさし込むが、これが第二主題である。チェロの伴奏も悲しげである。しかしこの悲しみはそう長くは続かず、冒頭部の明るい音楽に戻る。第一主題が繰り返され、最後に高音域のチェロが第一主題を奏でるが、これが天上的な美しさで、私はこれを聴くたびに胸が熱くなる。モーツァルトが作曲したチェロの美しい旋律も本当に心が癒されるのである。第2楽章アンダンテ。この楽章だけで演奏時間が8分を超える。このK. 564の中で私が一番好きな楽章である。静かな、穏やかな音楽で始まる。次いでピアノが癒しの旋律（主題）を奏で、これをヴァイオリンが受け継ぎ、繰り返される。この叙情的な旋律は大変美しい。控えめなチェロの伴奏も音楽を支えている。そのあと高音域のチェロがこの主題を変奏する。これが私の心に最も深く響く。チェロが低音の演奏になり、やや悲しみの陰りが見えるが、それもチェロの魅力である。さらに後半部に入ってピアノが主題を変奏する。この変奏もとても美しい。そのあとやや寂しさや悲しみが漂うが、これまたとても美しい。その後明るい癒しの音楽に変奏される。最後にピアノとヴァイオリン、チェロが協奏し静かに終了する。第3楽章アレグレット。静かなピアノの音で始まり、ヴァイオリンに受け継がれる。そのあとテンポが速まり、快活な音楽になる。チェロは控えめの伴奏で、ピアノとヴァイオリンの協演の様相を呈する。後半部に入るとやや力強くなり、チェロの伴奏の音も大きくなり、主題が繰り返されて終了する。

このK. 564は最晩年のモーツァルトの作風に一致している。ピアノソナタ第15番K. 545やモテット「アヴェ・ヴェルム・コルプスK. 618」、ドイツ歌芝居「魔笛K. 620」のように純粋で澄み切った世界である。単純なものにこそ美が存在しているということを私達に教えてくれているのである。私はこの曲を聴くと心が癒され、モーツァルトの暖かい、優しい気持ちに包まれて幸せな気持ちになるのである。私の愛聴盤はボザール・トリオの演奏である（CD：フィリップス、422079-4、１９８７年5月スイスで録音、輸入盤）。三人が息のあった素晴らしい演奏をしてくれている。

第154章　オーボエ協奏曲 *K. 314/285d*　フルート協奏曲第2番 *K. 314/285d*

この曲は1778年1月から2月にかけてマンハイムで作曲された。モーツァルト22歳の時であった。モーツァルトは前年9月から母親と就職活動のため「マンハイム・パリ旅行」に出かけた。この旅行の主たる訪問地であるマンハイムで、オランダ人医師で音楽愛好家のドジャンと友人になった。ドジャンの注文でフルート協奏曲三曲の依頼を受けた。しかしながら、完成したのはフルート協奏曲第1番 *K. 313/285c* とこのオーボエ協奏曲 *K. 314/285d*（フルート協奏曲第2番 *K. 314/285d*）であった。モーツァルトはオーボエ協奏曲を長2度高く移調し、フルートに適うように編曲してフルート協奏曲第2番として、ドジャンの友人のヴェンドリングに渡したのではないかと考えられている。

モーツァルトにしては大変珍しいことで、どうして作曲を怠けていたのであろうか? いや、作曲を怠けていたのではなかった。その当時、マンハイムで活躍する、ソプラノ歌手のアロイジア・ウェーバーに出会い、彼女に夢中になってしまったからであった。明けても暮れても思うことはアロイジアのことばかり！私の好きな日本映画の『男はつらいよ』の主人公「寅さん」のようである。いわゆる「恋わずらい」であろう。モーツァルトにとって作曲とは、天から降りて来た音楽を五線譜にしたためる作業であろうが、五線譜に向かっても浮かぶのは美しい少女アロイジアの姿ばかり！「アロイジアをイタリアに連れて行って、彼女をプリマ・ドンナとして成功させてあげたい！」とまで父親に手紙をしたためたのであった（1778年2月4日。モーツァルト書簡全集第3巻、472～478頁）。この手紙を読んだ父親は激怒してモーツァルトのことを厳しく叱責するのであった（同12日。モーツァルト書簡全集第3巻、512～521頁）。時代を超越した大天才もやはり人の子であった。美しい少女に憧れるのは、青年であれば至極当然のことである。私は、逆にモーツァルトの人間味あふれる一面を知ることができてとても嬉しく思う。モーツァルトを大好きな人々、いわゆるモーツァルティアンにとっては、余計にモーツァルトが好きになるのである。そんな「恋わずらい」の最中にあっても、仕方なく五線譜に音符を書けば、そこに現れる曲は全て不滅の名曲ばかり！それこそ、天才の天才たる所以であろう。さて、この曲は、独奏オーボエまたはフルート、オーボエ2、ホルン2、第1ヴァイオリン、第2ヴァイオリン、ヴィオラ、コントラバスの編成で3楽章からなり、演奏時間は全体で24分に及ぶ。私はどちらも大好きでよく聴いているが、どちらかと言うとオーボエ協奏曲の方を頻繁に聴いている。

第1楽章アレグロ・アペルト。わくわくするような旋律の序奏で始まる。これからの人生に明るい希望の光が差し込むようである。そのあとオーボエが独奏で主題を弾く。オーボエの特徴を生かした、やや悲しげで清澄な旋律が心地よい。音楽が展開されるにつれて、悲しみが増して行く。でもこれはそれほど強い悲しみや不安ではない。しかしながら、このオーボエが奏でる旋律はなんと美しいことか！聴くたびに感動する。この後カデンツァを経て終了する。この音楽に包まれていると、幸福感を感じざるを得ないのである。第2楽章アンダンテ・マ・ノン・トロッポ。この曲の中で私が最も好きな楽章である。なんとも愛らしい、可愛らしい曲であることか！人の心の優しさを音楽で表現したらこのような音楽になるのではなかろうか。人間の心に生ずる、憎しみ、妬み、怒りなどの感情はすっかり洗い流されてしまう。しかしながら、次第に悲しみが押し寄せ、オーボエならではの哀切の響きが増してくる。その後カデンツァを経て終了する。明るさと悲しさを共に表現できる、オーボエという楽器の特性を遺憾無く発揮した素晴らしい傑作になっている。第3楽章ロンドー（ロンドのこと、フランス語）、アレグロ。軽快で明るい旋律で始まる。ロンドー楽章は楽しく爽やかな気分になる。やがてオーボエの独奏が始まり、管弦楽との掛け合いが始まる。両者の協奏も素晴らしい。よどみない、川の流れのように次々に美しい旋律が流れていく。しかし、その後悲しみを秘めた旋律も現れ、オーボエの哀切の響きが増してしまう。明るさと暗さが表裏一体なのがモーツァルトの音楽の特徴。最後はカデンツァを経て終了する。一方のフルート盤（フルート協奏曲第2番）では、やや悲しみが弱まるように私には思われる。オーボエは明るいわくわくするような喜びの表現ができる一方で、その哀切の響きによって悲しみも表現できる。一方、フルートはオーボエほど哀切の響きは強くなく、澄み切った青空をより強く感じる。どちらが好きかは聴く人それぞれの好みであろう。私はどちらかといえばオーボエ盤の方が好きである。

私の好きなオーボエ盤は、ゲルハルト・トゥレチェックのオーボエ独奏で、カール・ベーム指揮ウィーン・フィルの演奏である（CD：ドイツ・グラモフォン、413737-2、1975年、ハンブルクで録音、輸入盤）。オーボエの独奏が素晴らしく、それを支える、ベームの指揮やウィーン・フィルの演奏も素晴らしい。テンポがゆっくり目であるのもこの音楽にはぴったりである。ウィーン・フィルの管弦楽も柔らかな、美しい音でオーボエの演奏を支えている。トゥレチェックのカデンツァもとても良い。また、私の好きなフルート盤は、イレーナ・グラフェナウアーの独奏で、ネヴィル・マリナー指揮アカデミー・オブ・セント・マーティン・イン・ザ・フィールズの演奏である（CD：フィリップス、PHCP-10598、1989年12月、ロンドンで録音）。グラフェナウアーのフルートは、澄んだ音でやや悲しげな表情をしており、この音楽にはぴったりである。グラフェナウアー自身によるカデンツァも好ましい。マリナーの指揮、アカデミーの演奏も素晴らしく、テンポをゆったり目にとり、フルート独奏を支えている。

第155章　二幕のドラマ・ジョコーソ「ドン・ジョヴァンニ」*K. 527*

モーツァルトの時代、オーストリア＝ハンガリー帝国に属していたプラハは大都市ではあったが、ウィーンにはない自由な雰囲気があった。庶民は心から音楽を愛し、音楽に満たされた生活を楽しんでいた。ここプラハでは1783年にモーツァルトのドイツ歌芝居「後宮からの誘拐 *K. 384*」が上演され、以来モーツァルトは人気の音楽家であったが、1786年暮れに「フィガロの結婚 *K. 492*」が上演されるに及んでその人気は絶頂に達した。音楽を心から愛するプラハ市民は、明るく、美しく、愉快で、幸せの結末の「フィガロの結婚」を心から愛したのであった。

私は幸運にも1998年にプラハを訪れることができた。街にはモーツァルトゆかりの場所が多く、演奏会場や劇場でモーツァルトの演目が毎日多く取り上げられていた。自国のドボルザークやスメタナの演目をはるかに凌ぐ圧倒的な人気ぶりであった。実にクラシック音楽の約4割がモーツァルトの作品であった（このモーツァルト愛はウィーンをはるかに上回っており、ザルツブルクの次であると、私はその時思った）。滞在中私もプラハで毎晩モーツァルト演奏会を楽しむことができた。特に、モーツァルトの「魔笛」を、モーツァルトゆかりの歌劇場で観ることができたのは最大の感激であった。プラハでは至福の時を過ごすことができ、一生の思い出になった。そんなモーツァルト愛に溢れるプラハでは、1786年当時「モーツァルトさん、是非現地においで下さい」という熱い声が上がっていたのである。年が明けて1787年初頭、劇場関係者からモーツァルトに直接、プラハに赴いて「フィガロの結婚」を指揮していただきたいとの要請があった。この時、モーツァルトはどんなにか幸せであったろうか！おそらく人生最大の日であったのではなかろうか。モーツァルトは喜び勇んで1月8日にウィーンを発ち、11日にプラハに到着した。市民の大歓迎を受け、20日には自ら「フィガロの結婚」の指揮をとったのである。上演は大成功で何度もアンコールが繰り返されたと言う。モーツァルトは喜びと名誉でさぞかし嬉しかったことであろう。さらには、モーツァルトは新作の交響曲第38番 *K. 504*「プラハ」も別の日の演奏会で披露した。自らが指揮をとったのである。交響楽団の人数は少なかったものの、その技術、音楽性は素晴らしいもので、モーツァルトも大変感心した。この曲にもプラハ市民は熱狂し、モーツァルトの死後も繰り返し演奏された。「プラハ」というあだ名はいつから、誰が名付けたかは定かではないが、きっとプラハの一市民が、モーツァルトへの敬意を込めてそう呼んだのが始まりではないかと私は推測している。私は1998年秋にプラハで毎晩モーツァルトの演奏を聴くことができたが、その演奏はとても素晴らしかった。特に、弦の音が柔らかく、穏やかなのに、感情がこもっていて、大変感激したことをよく覚えている。事実チェコは多くの作曲家、演奏家、歌手を輩出している音楽の国なのである。

プラハ市民の圧倒的な歓迎ぶりに後押しされるかのように、モーツァルトは、プラハのイタリア劇団の座長から新作歌劇の依頼を受けた。その依頼を受けて作曲されたのが「ドン・ジョヴァンニ *K. 527*」であった。台本は「フィガロの結婚」を担当した、ダ・ポンテであった。ダ・ポンテは既存の台本に手を入れてモーツァルトと協力して「ドン・ジョヴァンニ」を世に送り出した。ウィーンに戻ったモーツァルトは忙しい中、夏から精力的に作曲を始め、プラハ旅行中にも作曲を続け、やっと初演前に完成させることができた。二幕のドラマ・ジョコーソで演奏時間は3時間に及ぶ。人間の本性を深くえぐり、それを音楽で最大限に表現した歌劇の傑作であり、モーツァルトを代表する歌劇作品の一つになったのである。初演はプラハ帝国劇場で、1787年10月29日であった。上演は大成功で、プラハ市民は熱狂した。イタリア劇団の座長も大喜びで、さらにもう一つ新作の歌劇の作曲をモーツァルトに依頼したが、この依頼をモーツァルトは断っている。ウィーンにおける「ドン・ジョヴァンニ」の上演は、やっと翌年の5月7日にかなったが、プラハほどの大成功には至らなかった。この頃からウィーンでのモーツァルト人気は一気に衰退の一途を辿っていくのである。モーツァルト自身の体調の悪化、コンスタンツェの病気、経済的危機等によって完成される作品が激減していくのである。この作品はスペインのセビリアを舞台にした、放蕩者のドン・ジョヴァンニを主人公にした物語である。あらすじと音楽は以下のようである。

♪序曲

前半部はドン・ジョヴァンニの地獄落ちの場面を思い起こさせる、緊迫感のある暗い旋律の音楽である。

迫力があり、これから始まる物語に引き込まれるようである。中間部では、悪人と善人の戦いを思わせるような緊張感を感じさせる旋律が続く。後半部から終末部にかけては、未来への希望が湧いてくる旋律に変わってゆく。やや穏やかで、明るい音楽になって終了する。モーツァルトが作曲した序曲の中では、特に暗く、緊張感のある音楽である。

♪第一幕

明け方、セビリアの騎士長（バス、ドンナ・アンナの父）の邸宅の前で、ドン・ジョヴァンニ（主役の貴族、バリトン）の従者レポレッロ（バス）は「もうこんな主人に仕えるのはいやだ！」（愚痴をこぼしているレポレッロの気持ちを諧謔的に見事に表現している）とぼやいている。ドン・ジョヴァンニは騎士長の娘であるドンナ・アンナ（ソプラノ）の部屋に忍び込んだが、彼女に騒がれ抵抗された。ドン・ジョヴァンニが逃げようとしたところへ騎士長がやって来て、彼に斬りかかるが、腕の立つドン・ジョヴァンニに逆に殺されてしまう。そこへ許嫁のドン・オッターヴィオ（テノール）が現れ、騎士長を助けようとするが、すでに息絶えていた（アンナとオッターヴィオの二重唱「なんと痛ましいことでしょう！」。二人の悲しみを音楽で見事に表現している）。アンナは悲嘆に暮れ、オッターヴィオに復讐を果たしてほしいと頼む（アンナとオッターヴィオの二重唱「無慈悲な人！」。父の死を見て取り乱す娘、アンナを慰めるオッターヴィオの心情を見事に音楽で表現していて素晴らしい）。場面は変わって街の通り。騎士長宅から逃れたドン・ジョヴァンニがレポレッロを見つける。そこへドン・ジョヴァンニが昔棄てた女のドンナ・エルヴィーラ（ソプラノ）が現れる（エルヴィーラの独唱「ああ！誰が私に告げてくれるでしょう。」）。引き続き、エルヴィーラ、ドン・ジョヴァンニ、レポレッロの三重唱「ああ！もしあの裏切り者を再び見つけたら。」（三人の気持ちを一つの音楽にまとめる素晴らしさ！）。しかしドン・ジョヴァンニはその場をレポレッロに任せて逃げてしまう。残されたレポレッロはエルヴィーラに「旦那に泣かされたのはあんただけじゃないよ。イタリアでは640人、ドイツでは231人、フランスでは100

人、トルコでは91人、しかしここスペインでは何と1003人だ。」と有名な「カタログの歌」を歌って慰めたつもりになっている（レポレッロの独唱。ドン・ジョヴァンニの悪行の様子を皮肉たっぷりに見事に表現している。それにも関わらず、音楽はこの上なく美しく素晴らしい。とても人気がある傑作である）。エルヴィーラはあきれて去っていく。場面は変わり、マゼット（農夫、バス）とツェルリーナ（村娘、ソプラノ）の新郎新婦が村の若者と共に登場し、結婚の喜びを歌っている（ツェルリーナとマゼットの二重唱および合唱「恋を楽しむ乙女たちよ！」、二人の喜びを明るい旋律にのせた名曲）。そこにドン・ジョヴァンニが現れる。早速、新婦ツェルリーナに目をつけたドン・ジョヴァンニは、彼女と二人きりになろうとして、皆を自宅に招待して喜ばせる。彼がツェルリーナを連れて行こうとするので、マゼットは拒むが、ツェルリーナ自身が大丈夫だと言う。さらに、ドン・ジョヴァンニが剣をちらつかせるので、マゼットはしぶしぶ諦め、ツェルリーナに皮肉を言って去る（マゼットの独唱「わかりましたよ、旦那！」。ドン・ジョヴァンニについていくツェルリーナに呆れて、がっかりするマゼットの気持ちを見事に音楽で表現している）。思わぬ展開に半べそをかいた彼女に早速ドン・ジョヴァンニが言いよる（ドン・ジョヴァンニとツェルリーナの小二重唱「お手をどうぞ」。ドン・ジョヴァンニがツェルリーナを誘惑する様子を美しい音楽で見事に表現している。マゼットにすまない気持ちを表すツェルリーナの心情も見事に表現されている。大変人気がある曲である）。ツェルリーナはあっけなく彼に手を取られて屋敷に向かおうとするが、そこに再び現れたエルヴィーラが、ドン・ジョヴァンニの本性を警告して、彼女を連れ去る（エルヴィーラの独唱「さあ、この裏切り者を避けて！」。不実なドン・ジョヴァンニからツェルリーナを助けようとするエルヴィーラの心情を見事に表現している）。

場面は変わって、「今日はついてないな！」とぼやくドン・ジョヴァンニの前に、復讐の炎もえたぎる、オッターヴィオとアンナが登場する。しかしアンナは今朝忍び込んで父親を殺した者が目の前のドン・ジョヴァンニとは気がついていない。ドン・ジョヴァンニは適当にごまかしてその場を去る。しかし、彼の別れ際の一言を聞いて、アンナは今朝の男がドン・ジョヴァンニであると気づく。しかし、オッターヴィオはまだ半信半疑である。そこにエルヴィーラが登場して、ドン・ジョヴァンニのことを信用しないように諭す（エルヴィーラ、アンナ、オッターヴィオ、ドン・ジョヴァンニの四重唱「お気の毒なお方、この人の不貞な心を！」。四人の心情を音楽で見事に表現している）。

次の場面では、ドン・ジョヴァンニ邸にアンナとオッターヴィオが登場する。父を殺したのがドン・ジョヴァンニであるとアンナは確信する（アンナの独唱「オッターヴィオ、私死にそう！」。今朝の忌まわしい出来事を告白する）。それを聞いたオッターヴィオは同情し、ドン・ジョヴァンニに復讐する気持ちを強く持つようになる（アンナの独唱「今こそお解りでしょう！」。悲しみと憎しみをこの上ない美しい旋律に込めた傑作である）。それにオッターヴィオが応える（オッターヴィオの独唱「あなたの心の安らぎこそ私の願いです！」。このオッターヴィオの独唱も大変美しく、慰めに満ちた旋律で傑作である。私が大好きな独唱曲である。テノールの独唱曲として大変人気がある）。場面は変わってドン・ジョヴァンニ邸の庭先。彼は招待客に酒や料理を振る舞い、有名な「シャンパンの歌」を豪快に歌う（「皆で元気に酒を飲め。わしはその間にカタログにのせる名前を増やすのだ！」。この曲は単独でも演奏会によく取り上げられ、大変人気が高い。ドン・ジョヴァンニの性格を見事に音楽で表現している傑作である）。

ドン・ジョヴァンニ邸の庭先にマゼットとツェルリーナが登場する。マゼットはツェルリーナが軽薄で不実であると怒っている。しかし、ツェルリーナが「ぶってよ、ぶってよ、私の愛しいマゼット！」（この曲もツェルリーナの感情を見事に表現していて、素晴らしい）と機嫌を取るので、単純なマゼットはすぐに機嫌をとり直す。ドン・ジョヴァンニが邸宅の中から祝宴の準備ができたとマゼットとツェルリーナを誘う。そこにエルヴィーラ、アンナ、オッターヴィオが仮面をつけてやってくる。ドン・ジョヴァンニの罪を暴くため、三人はそっと祝宴に紛れ込むのである。それを見たレポレッロが三人に踊るように誘う。一旦休憩した後、皆で踊っているとドン・ジョヴァンニはツェルリーナを別室に連れて行こうとする。悲鳴をあげる彼女。それを見た三人は仮面を脱ぎ捨て、ドン・ジョヴァンニを告発する。ドン・ジョヴァンニは、ツェルリーナを襲った真犯人がレポレッロであるとごまかそうとするが、誰もだまされない。ドン・ジョヴァンニは窮地に陥るが、大混乱の内に隙をみてレポレッロと共に逃げ出し、第一幕が終了する。

♪第二幕

場面は街の通り。夕方、ドン・ジョヴァンニはマンドリンを片手にレポレッロを従えている。エルヴィーラの家の近く。レポレッロが主人に「もうこんな仕事はいやです。お暇をもらいたい。」とぼやいている（ドン・ジョヴァンニとレポレッロの二重唱。悪事を悪事と思わないドン・ジョヴァンニの性格と不実な主人に愛想をつかしているものの、逃げるに逃げられず、困り果てているレポレッロの心情を見事に音楽で表現している）。しかし、レポレッロは最終的には金貨四枚で慰留されてしまう。今夜のドン・ジョヴァンニはエルヴィーラの女中を狙っていて、女中に近づくためには貴族の服装ではまずいとうそぶき、レポレッロの衣服を無理矢理剥ぎ取ってしまう。ちょうどその時、エルヴィーラが家の窓辺に現れた（エルヴィーラ、ドン・ジョヴァンニ、レポレッロの三重唱「ああ、静まれ、私のよこしまな心よ！」、エルヴィーラ、ドン・ジョヴァンニ、レポレッロの三人の気持ちを見事に音楽で表現している）。これ幸いと、ドン・ジョヴァンニはレポレッロをエルヴィーラの家の前に立たせて自分のふりをさせ、自分は隠れた所から、いかにも大いに反省したような嘘をつく。エルヴィーラは、ドン・ジョヴァンニが自分への愛を取り戻してくれたと信じきって、ドン・ジョヴァンニに扮したレポレッロに連れ出される。一方、レポレッロに扮したドン・ジョヴァンニは、エルヴィーラの部屋の窓の下で、エルヴィーラの女中のためにカンツォネッタを歌う（独唱「窓辺においでよ！」）。自らのマンドリンで歌うこのカンツォネッタは大変に美しい旋律である。この「ドン・ジョヴァンニ」の中でも最も美しい曲と言えよう。この美しい旋律の傑作は声楽曲としてだけではなく、数々の管弦楽曲としても演奏され、多くの録音がある）。

そこにマゼットが村の若い衆と共に登場する。棍棒や銃を持ち、「これからドン・ジョヴァンニを殺害する。」と言う。これを聞いたドン・ジョヴァンニは、レポレッロの振りをして男どもをあちこちに分散させる（ドン・ジョヴァンニの独唱「君たちの半分はこっちに行きたまえ」）。自分とマゼットだけになると、剣の背でマゼットをめった打ちにして去る。痛がるマゼットのもとにツェルリーナがやってきて、「そんな痛みはこの私が治してあげるわ！」と言って慰める（ツェルリーナの独唱「もしもあなたがお利口さんになるなら、よく効く薬をあげましょう！」）。「ドン・ジョヴァンニ」の中でも一際光る傑作で、最も有名な独唱曲である。「薬屋の歌」というあだ名で親しまれている。モーツァルティアンにも、一般の人にもとても人気がある。また、多くのソプラノ歌手にも愛されていて、単独でもよく演奏会で取り上げられている。私にはこの曲に忘れがたい思い出がある。モーツァルトゆかりのボローニャのアカデミア（現在はリスト音楽院になっている）を訪れた時のことである。モーツァルトに想いを馳せながら廊下を歩いていると、部屋から聴こえてきたのがこの「薬屋の歌」であった。ピアノの伴奏で若い声の女性がこの歌を歌っていた。透き通った声で、感情を込めて歌っていたので、私は部屋の扉の前を離れることはできなかった。大変感激したことは昨日のことのように覚えている。ツェルリーナはマゼットの手をとって自分の胸に当てる。すっかり痛みもとれたマゼットと二人でその場を去る。

一方、エルヴィーラと思わぬ逢引をする羽目になったレポレッロは、何とかごまかして彼女から離れようとするものの、運悪くアンナとオッターヴィオに出くわしてしまう。レポレッロが逃げようとすると、マゼットとツェルリーナにも鉢合わせをしてしまう。（エルヴィーラ、レポレッロ、アンナ、オッターヴィオ、マゼット、ツェルリーナの六重唱「一人で暗いところにいると」。六人の気持ちを見事に音楽で表現している）。彼がドン・ジョヴァンニだと思っているアンナ、オッターヴィオ、マゼット、ツェルリーナの四人は彼を殺そうとするが、エルヴィーラはドン・ジョヴァンニのために命乞いをする。四人は、ドン・ジョヴァンニを恨んでいたはずのエルヴィーラが彼の命乞いをすることに驚くが、ドン・ジョヴァンニ（実はレポレッロ）のことを許そうとはしない。命の危険を感じたレポレッロはついに正体を白状し、一同は唖然としてしまう。レポレッロは平謝りしつつ隙をみて逃げ出す。オッターヴィオはアンナを慰める独唱を歌う（「私の恋人を慰めて下さい」。この「ドン・ジョヴァンニ」の中の男性の独唱曲で私が最も好きな曲である。アンナを思う気持ちを美しく、慰めに満ちた旋律に込めた傑作である）。エルヴィーラは一人になり自分の気持ちを歌う（「あのひとでなしは私を欺き、不幸にした。」ドン・ジョヴァンニへの恨みと、彼を忘れられない自分の本心との矛盾に取り乱している様子が音楽で見事に表現されている）。次いで、真夜中塀で囲まれた墓場の場面。二、三の騎馬像と騎士長の像がある。ここでレポレッロと落ち合ったドン・ジョヴァンニに向かって、騎士長の石像が突然話しかけてくる。びっくりする二人が歌う（レポレッロとドン・ジョヴァンニの二重唱「偉大な騎士長様！」。恐怖に駆られる二人の会話を見事に音楽で表現している）。恐れおののくレポレッロとは対照的に、なんとドン・ジョヴァンニは騎士長の石像を晩餐に招待すると言い出し、石像はそれを承諾する。場面は変わって、アンナ邸の暗い部屋。オッターヴィオはアンナに「あなたの悲しみ、苦しみは私が慰めましょう。」と言う。アンナは「父が亡くなったので、今はあなたの愛を受け取ることができないわ。」と答える。オッターヴィオは悲しむが、オッターヴィオへの真実の愛と誠実さをアンナ自身に確信させる。アンナが答える（アンナの独唱「そう仰らないで下さい、私の愛しいお方！」）。この歌劇の中のソプラノ独唱曲で私が最も好きな曲である。アンナの悲しみに打ちひしがれる様子を、さらにはオッターヴィオを心から慕う気持ちを、美しい、慰めに満ちた旋律に込めた傑作である）。

次の場面は、ドン・ジョヴァンニ邸の大広間。晩餐会の準備が整っている。ドン・ジョヴァンニとレポレッロの他に楽師がいる。ドン・ジョヴァンニは晩餐会を始める（ドン・ジョヴァンニのフィナーレ「晩餐の支度はできた！」。晩餐会が大好きなドン・ジョヴァンニの性格を上手く表現している）。楽士が流行の音楽を演奏している。他の作曲家の歌劇の一節に続いて、モーツァルト自身の「フィガロの結婚」の中の独唱曲「もう飛ぶまいぞ、この蝶々！」が演奏されると、レポレッロが「これは有名なやつだ！」と言って皆を笑わせる。前年大流行したこの作品に託した、モーツァルトからプラハ市民へのお礼の気持ちである。そこにエルヴィーラが登場し、「生き方を変えるべきだわ！」と忠告する。ドン・ジョヴァンニがまともに相手をしないので、エルヴィーラは諦めて去ろうとするが、玄関で突然悲鳴を上げて別の出口から逃げ去る。何事かと見に行ったレポレッロもやはり悲鳴を上げて戻ってくる。約束どおりに騎士長の石像がやってきたのである。石像はドン・ジョヴァンニの手を捕まえ、「悔い改めよ、生き方を変えろ！」と迫る。ドン・ジョヴァンニは恐怖におののきながらも頑なに拒む。押し問答の後、「もう時間はない！」といって石像が姿を消すと辺り一面が炎に包まれ、地割れができる。地獄の扉が開き、悪魔の合唱が聞こえ、ドン・ジョヴァンニは地獄へと引きずり込まれる。この音楽はモーツァルトが作曲した曲の中で、最も恐ろしい音楽である。しかしながら、あくまでも音楽であり、人々の心を乱すものではない。「音楽はどんなに恐ろしい場面を表現する場合でも、あくまでも音楽であり続けなければならない。人間に楽しみや喜びをもたらすものでなければならない！」（父宛ての1781年9月26日の手紙、モーツァルト書簡全集第5巻、143～146頁）との手紙が思い出されるのである。そこへエルヴィーラ、アンナ、オッターヴィオ、マゼット、ツェルリーナが登場する。レポレッロの説明を聞き、一同はドン・ジョヴァンニが地獄に落ちたことを知る。アンナは亡き父親のためにもう1年は喪に服したい（結婚を1年延ばしたい）と言い、オッターヴィオも同意する。エルヴィーラは愛するドン・ジョヴァンニのために修道院で余生を送ると言う。マゼットとツェルリーナは家に戻ってようやく落ち着いて新婚生活を始めようとする。レポレッロは「もっといい主人を見つけよう」と言う。一同、「悪事の果てはこうになる！」と歌い、めでたし、めでたしの大団円で幕を閉じる。人間の本性を鋭くついたこの作品は、音楽史上に燦然と輝く傑作である。

私の愛聴盤は、カール・ベーム指揮、ウィーン国立歌劇場管弦楽団の演奏である。演出：ジャン＝ピエール・ポネル、ドン・ジョヴァンニ：シェリル・ミルンズ、騎士長：ジョン・マカーディー、アンナ：アンナ・トモア＝シントゥ、オッターヴィオ：ペーター・シュライアー、エルヴィーラ：テレサ・ツィリス、レポレッロ：ヴァルター・ベリー、マゼット：ダーレ・デュージング、ツェルリーナ：エディット・マティス、ウィーン国立歌劇場合唱団の合唱（CD：ドイツ・グラモフォン、POCG-2688/90、1977年ザルツブルク音楽祭で録音、輸入盤）。ゆっくりしたテンポで、丁寧な演奏である。名歌手を揃え、素晴らしい歌唱が満載である。何回も聴いている。ウィーン・フォルクスオーパー・モーツァルト・アンサンブル（フルート：ハンスゲオルク・シュマイザー、ヴァイオリン：ベッティナ・グラディンガー、ヴィオラ：ペーター・ザガイシェック、チェロ：クリストフェ・パンティロン）によるフルート四重奏曲の演奏（CD：ニンバス・レコード、NI5576、1999年、モンマウス、イギリスで録音、輸入盤）も素晴らしい。繰り返し聴いている。「ドン・ジョヴァンニ」の主な歌唱曲を情感たっぷりにフルート四重奏で演奏してくれている。ヨハン・ヴェントの編曲による。映像に関しては、指揮：ヴィルヘルム・フルトヴェングラー、ウィーン国立歌劇場管弦楽団の演奏である（演出：ヘルベルト・グラーフ、ドン・ジョヴァンニ：チェーザレ・シエピ、騎士長：デジェー・エルンシュテル、アンナ：エリーザベート・グリュンマー、オッターヴィオ：アントン・デルモータ、エルヴィーラ：リーザ・デラ・カーザ、レポレッロ：オットー・エーデルマン、マゼット：ヴァルター・ベリー、ツェルリーナ：エルナ・ベルガー、VHSビデオ：ドイツ・グラモフォンPOVG-2004、1954年10月ザルツブルク音楽祭における録画）。ドン・ジョヴァンニ歌手として名高いシエピの歌と演技を始め、すぐれた歌手陣による歌唱の素晴らしさは言うまでもない。この直後に亡くなったフルトヴェングラーの指揮姿を見ることができる貴重な録画である。今から67年前の舞台であるが、ザルツブルクのフェルゼンライトシューレを上手に用い、演出の素晴らしい作品となっている。何回見ても、この作品の素晴らしさ、人間の本性を鋭く描く演出に深く感動する。この傑作の歌劇を「なま」で観たのは一回だけである。ウィーンフォルクスオーパーで2000年秋に妻と観ることができた。舞台装置も衣装も、音楽も歌手陣も満足できなかったが、ウィーンで観ることができた思い出は一生忘れることができない。

第156章　ピアノソナタ第8番 *K. 310/300d*

この曲は1778年の夏頃にパリで完成された。モーツァルトは22歳になっていた。モーツァルトは前年9月母と二人で就職活動のために「マンハイム・パリ旅行」に出発した。この旅行は青年モーツァルトにとって就職活動の失敗、失恋、最愛の母の死という、多くの試練の旅となった。だが、その試練がモーツァルトに数々のピアノソナタの傑作を生み出すことになったのである。このピアノソナタ第8番が母親の死（1778年7月3日）の前に完成されたのか、それともその後なのかははっきりしていない。しかしながら、イ短調という調性もあって悲劇的な雰囲気が漂い、奥の深い充実した内容で多くの人の心を捉えている作品である。この曲もピアノソナタの様式に従って3楽章からできている。不安や悲しみが次から次へと押し寄せてくる、第1楽章アレグロ・マエストーソも素晴らしいが、私は第2楽章アンダンテ・カンタービレが特に好きである。冒頭部から素晴らしい。一音一音に魂がこもっているようで、旋律がすっと私の心に入り込んでくる。穏やかな静かな音楽である。第1楽章が胸に迫る緊迫感のある音楽だけに、第2楽章はほっと安らかな気持ちにしてくれる。だが、モーツァルトはそれだけでは終わらせない。中間部にはやや重苦しい、第1楽章に似た雰囲気の音楽が挿入される。その後は冒頭部の音楽に戻り、穏やかな癒しの音楽になり、静かに終了する。第3楽章プレストはロンド形式であるが、寂しさや悲しさが感じられる。この曲がパリでの母の死により生まれたという直接的な証拠はないが、そのことと無関係ではあるまい。少なくとも母は長くパリで病床に伏していたし、死も迫っていたのである。私はこの曲を聴くと、モーツァルトの悲しい気持ちと共に、人生の試練に立ち向かおうとするモーツァルトの並々ならぬ勇気と決意も感じずにはいられないのである。私の愛聴盤は、ヘブラーのピアノによる録音である（CD：フィリップス、SHM-1007、1963年ザルツブルクで録音）。この曲ほどヘブラーの演奏の素晴らしさを強く感じるものはない。50年も繰り返し聴いているが、聴くたびに新たな感動を覚える。この曲はことさら母の死と結びつけて、激しい感情表現をする演奏家が実に多い。そんな中、ヘブラーは過度の感情表現を抑え、試練を乗り越えようとするモーツァルトの勇気を感じさせてくれる名演奏なのである。

第157章　「サウンド・オブ・ミュージック」と六つのレントラー *K. 606*

この作品はモーツァルトが作曲した唯一のレントラーである。レントラーとは南ドイツ、スイス、オーストリアのドイツ語圏で踊られていた農民舞踊である。その起源は13世紀まで遡るが、モーツァルトの時代では農民のみで踊られていた。19世紀になるとテンポが速まり舞踏会でもよく踊られるようになり、ワルツの元になったと言われている。モーツァルトはこの素朴な農民音楽を至高の芸術作品に仕立てたのである。ちょうどディヴェルティメントやセレナードといった祝典音楽を至高の芸術作品に仕立てたように！舞踊のための音楽を、愉悦に満ちた明るい響きと、そこはかとない悲しみを込めた芸術作品として残してくれた。モーツァルトの舞踊音楽は永遠の命を持った芸術作品となって後世の人々への贈り物となったのである。この曲は、モーツァルト最後の年の1791年2月にウィーンで完成された。この頃モーツァルトは、宮廷作曲家としてメヌエット、ドイツ舞曲、コントルダンスなどの舞踊音楽を多く作曲していた。特に寒い冬の日の舞踏会用として作曲された。当時の人は、モーツァルトの手になる新曲で舞踊を楽しめる、とわくわくしながら寒い中会場に足を運んだことであろう。第1ヴァイオリン、第2ヴァイオリン、チェロ、コントラバスの編成であるが、管楽器のパート譜は現在残っていない。これは自筆譜が散逸したからで、現在では管楽器なしで演奏されることが多い。第1曲から第6曲までで構成されており全体で演奏時間は5分を超える。愉悦に満ちた曲で、これを聴くと人生に希望が湧いてくる。明るく楽しい曲である。しかしながら、そこはモーツァルトである、決して明るく楽しいだけでは音楽を終わらせない。そこはかとない悲しみが漂っているのである。

第1曲は、低音弦楽器がゆっくりと舞踊音楽の開始を知らせる。その後ゆったりとした美しい旋律の音楽を第1ヴァイオリンが奏でる。第2曲では少しずつこの旋律が変化してくる。第3曲は寂しげで悲しみのこもった旋律に変わる。ここの部分の旋律は天上的な美しさがあり、私がこの曲の中で最も好きなところである。ヴァイオリンが奏でる主旋律をチェロとコントラバスが伴奏で支える。第4曲は明るい曲調に戻り、活気が戻り、舞踊も佳境に入る。第5曲は明るい中にもそこはかとない悲しみが潜んでいる。第6曲フィナーレは再び明るく活気ある旋律で締めくくられる。このような素晴らしい舞踊音楽で舞踏会を楽しんだ18世紀のオーストリアの人々はなんと幸せであったろう。1965年公開のアメリカ映画「サウンド・オブ・ミュージック」は、実話をもとにしたザルツブルクの家族合唱団の物語で、日本でも多くの人々に愛されている。モーツァルトゆかりの場所も多く撮影されていて、モーツァルティアンも大好きな映画である。この物語の中で、主人公のマリアはトラップ大佐とこのレントラーを踊っていた。この曲を聴くとその情景が思い出される。多くのレントラー作品の中で、私はモーツァルトのこの曲が一番好きである。

私の愛聴盤は、ウィリー・ボスコフスキー指揮、ウィーン・モーツァルト合奏団による演奏である（CD：フィリップス、422649-2、1966年、ウィーンで録音、輸入盤）。輝きがあり、しかも愉悦に満ちた演奏である。特に第1ヴァイオリンが素晴らしい。楽しい気持ちにしてくれる名録音である。こういう良い演奏を聴いていると人生は何と素晴らしいものかとつくづく思うのである。モーツァルトの音楽を聴いて、モーツァルトと会話をして、自分の感じたことを文章にまとめていくことは何と幸せなことであろう。悲しいことも、寂しいことも、不安なこともきれいに消えていく。私はつくづくモーツァルトが人生の師であり、かけがえのない親友であると思わざるを得ないのである。

第158章　ピアノとヴァイオリンのためのソナタ第26番 *K. 302/293b*

この曲は1778年2月マンハイムで完成された。モーツァルト22歳の時であった。*K. 301-306*のいわゆる「マンハイム・パリ・ソナタ」の第二番目の作品である。2楽章のみからなっていて演奏時間は13分程である。モーツァルトの時代にはヴァイオリン・ソナタという名称はなかった。ヴァイオリン伴奏によるピアノソナタ（7～8歳で作曲した*K. 6-9*と10歳で作曲した*K. 26-31*）もしくはピアノとヴァイオリンのためのソナタ（22歳で作曲した*K. 296*から32歳で作曲した*K. 545*まで）と呼ばれていた。ヴァイオリンが主旋律を演奏し、ピアノが伴奏にあたるというヴァイオリン・ソナタという名称はベートーヴェンの時代になってからであった。いずれにせよ、ピアノとヴァイオリンのためのソナタはモーツァルトが生涯にわたって作り続けた作品群なのである。私の大好きな曲が多く、いつも聴いて楽しんでいる。この第26番も私の好きな作品の一つである。

第1楽章アレグロ。軽快なヴァイオリンの演奏で始まる。ピアノは伴奏に回る。そのあとピアノが軽快な主旋律を奏でて、ヴァイオリンが伴奏する。その後、さらにテンポが速まり、ピアノとヴァイオリンの協奏で音楽が進行する。この部分は明るく、力強い旋律で聴いていると元気が出る。その後中間部でピアノが奏でる旋律は、穏やかな中にもそこはかとない悲しみが漂っていて素晴らしい。この後、テンポが速まり、明るい曲調に戻る。第2楽章はロンド、アンダンテ・グラツィオーソである。冒頭部ピアノが主旋律を弾き、ヴァイオリンが伴奏をする。その後ヴァイオリンが主旋律を弾き、ピアノは伴奏に回る。ここの部分は暗くはないが、心なしか寂しげな旋律である。この寂しげではあるが、美しい旋律にとても癒される。中間部はピアノとヴァイオリンが交互に入れ替わって主旋律を奏でる。この部分の音楽も美しい。特に、ピアノの奏でる旋律が美しく輝いている。その後冒頭部の音楽に戻り終了する。聴く人の心を癒してくれる楽章である。この楽章を聴いていると日常の心配事や悩み事がすーっと消えていくのを感じるのである。私の愛聴盤はイングリット・ヘブラーのピアノで、ヘンリック・シェリングのヴァイオリンの演奏である（CD:フィリップス、PHCP-3888/92、１９７２年5月、ザルツブルク、モーツァルテウムで録音）。シェリングのヴァイオリンの演奏は、感情が込められていて素晴らしい。ヘブラーのピアノは軽快で音の粒が揃っていて、なおかつ真珠のような輝きがある。聴く人をモーツァルトの世界にぐっと引き込んでくれる名演奏である。

第159章　弦楽四重奏曲第3番 *K. 156/134b*

「ミラノ四重奏曲」の第2番目の曲である。モーツァルト16歳の１７７２年の暮れにミラノで完成されたと考えられている。３楽章からなり演奏時間は全体で10分程である。この曲の中で、私が特に好きなのは第1楽章と第2楽章である。第1楽章プレスト。明るい伸びやかな音楽が私を幸せな気持ちにしてくれる。青い空に小鳥が舞い、春の陽光が草原に降り注いでいるような雰囲気が感じられる。第１、2ヴァイオリン、ヴィオラ、チェロの四楽器がよく調和している。第2楽章には、最終稿と初稿があり、よく用いられるのは最終稿の方である。第1楽章とは打って変わって悲しみの音楽で始まる。しかし、すぐに明るい音楽に変わり、聴く人に希望をもたらしてくれる。明暗、陰陽の対比が見事である。ヴァイオリン、ヴィオラ、チェロがよく調和していて素晴らしい。ヴァイオリンだけが活躍するというわけではなく、ヴァイオリン、ヴィオラ、チェロも活躍する場があって、張り詰めたような緊張感が感じられる。後半部はやや不安が襲いかかる。低音のチェロが不安感を表現しているのが聴く人に伝わってくる。一方、初稿の方では第1ヴァイオリンが主旋律を弾き、第2ヴァイオリン、ヴィオラ、チェロが伴奏するという様式を取っている。前述の最終稿の方が私にとってはより魅力的な音楽になっている。私の愛聴盤はエーデル弦楽四重奏団の演奏である（CD：ナクソス、8.550542、1991年4月録音、ブダペストで録音、輸入盤）。弦の音が柔らかくまろやかである。ヴァイオリン、ヴィオラ、チェロが調和していて、聴く人に心地よく音楽が響く。少しゆっくり目に演奏して旋律美を生かす技術も素晴らしい。どれを取っても最高である。特に第2楽章の演奏は秀逸である。

第160章

日野原先生とモーツァルト

日野原重明先生は私の尊敬する医学者である。生涯医学者として現役を貫き、惜しまれつつ、2017年7月18日に105歳で天国に召された。私は日野原先生が出演なさるテレビ番組はよく拝見させていただいた。また、ご講演の録音もよく聴かせていただいた。さらに、ご高著も多数読ませていただいた。特に最後の『生きていくあなたへ』（幻冬舎、2017年9月30日発行、東京）は後進の者へのご遺言のようで、涙なしには読めなかった。この本の中に先生が残してくださったお言葉の中で、私が座右の銘にしているのが、「他人のために生きなさい！」というお言葉である。日野原先生はまさに、このお言葉通りの人生を送られた先生であった。私は、「今日の自分の一日を振り返り、私は他人のために行動できたであろうか？」と振り返るようにしている。そのように思えるようになったのは、本当にこの本のおかげである。日野原先生は神様にいただいた医学者、臨床家としての類い稀なご才能で多くの人命を救ってこられた。特に、「成人病」という名前の病気を「生活習慣病」という名前に変えることを提唱されたことは記憶に新しい。また、聖路加国際総合病院に大きなロビーを作り、非常時に緊急治療ができる設備も整えられた。これが、後のオウム真理教によるわが国最悪のテロ事件、「地下鉄サリン事件」の際に大活躍することとなったのである。日野原先生の陣頭指揮のもと、路頭に迷った多くの患者をこのロビーに受け入れ、２０００人を超える人命を救われたのであった。まさに、日野原先生は他人のために一生を捧げた医学者、臨床家であられた。

モーツァルトも神様が授けてくださった音楽の才能を生かし、想像を絶する努力を重ね、幾多の苦難を乗り越えて、類い稀な珠玉の名作を多数後世に残してくれた。モーツァルトと同時代の人や後世の人は本当に幸福である。いつでもモーツァルトの音楽を聴くことができ、生きる喜びを味わい、限りないやさしさに包まれることができるのである。まさに音楽を通して人の心を癒す「心の医者」と言えよう。人間は自分のためだけに生きるのではなく、人のためにも生きることが大切であると、日野原先生やモーツァルトは教えて下さるのである。人々が皆他人のために生きようという気持ちを持ち続け、手を繋ぎ合えば、言葉や人種、宗教の違いを超えて、世界の平和が訪れるのではなかろうか。

また、日野原先生は大の音楽好き、というよりプロの音楽家でもあられた。もともと医学よりも音楽の方がお好きで、音楽の道に進みたかったそうである。でも両親に反対され、やむなく医学の道に進まれたそうである。それでも、音楽は先生にとって人生の友であり続けた。医師としての仕事をこなしながら、作詞家、作曲家、管弦楽団の創設者、指揮者としても大活躍された。先生はモーツァルトがお好きで、ピアノ曲が殊の外お好きであられた。「アイネ・クライネ・ナハット・ムジークは楽譜なしで、指揮棒を振れますよ。」とおっしゃっていた。先生は、101歳の時に無料の「講演とクラシック演奏会」を東京国際フォーラムで開かれた。この時は1200名を招待された。午後に演奏会が始まり、ご自身の日野原祝祭管弦楽団、ヴァイオリン前橋汀子さん、指揮中島良能さんで五曲演奏された。この時最初に演奏されたのが、モーツァルトの「ディヴェルティメント *K. 136*」であった。この演奏会の後に日野原先生は、「心豊かな人生をデザインする」との題でご講演もされた。多くの人が深い感銘を受けたと聞いている。このように先生はプロの音楽家でもあられた。先生が亡くなる直前のテレビ番組『モーツァルトが作曲した全曲を聴きたい！』では、先生は「ピアノ協奏曲第11番 *K. 413*」を紹介された。「モーツァルトの曲は私自身の気分で変わって聴こえるのがとても不思議です。勇気が出たり、一緒に泣いてくれたり。まるで寄り添ってくれているみたいです。大好きなピアノ協奏曲第11番を聴いてみたくなりました。」とおしゃっていた。私もピアノ協奏曲第11番は大好きで、特に第2楽章は宝物である。安らぎと慰めを与えてくれる名曲である。先生は、モーツァルトのピアノ協奏曲第11番をお聴きになりながら天国に召されたのであろうか？日野原先生とモーツァルト、もしかしてお二人はもう天国でお会いになって音楽談義に花を咲かせていらっしゃるのでしょうか？先生とモーツァルトは私にとってかけがえのない人生の師でもある。先生、ゆっくりお休み下さい。

第161章　ピアノ協奏曲第19番 *K. 459*「第二戴冠式」

この曲は1784年の12月にウィーンで完成された。モーツァルトは28歳になっていた。この年は何と言ってもピアノ協奏曲が多く完成された年である。第14番からこの第19番まで六曲にのぼる。これほど多数作曲された年はモーツァルトと言え他に無かった。１７８４年はピアノ協奏曲の年と言って良いであろう。このK. 459は前作の第18番の完成から３ヶ月ほど経って完成した。この曲には「第二戴冠式」という愛称がついているが、この曲が１７９０年の秋、ドイツのフランクフルトでのレオポルト二世の戴冠式にモーツァルト自身によって演奏されたと考えられているからである。「第一戴冠式」は人気の高い、ピアノ協奏曲第26番K. 537である。この理由は、第26番の方が先に「戴冠式」という名前がついたからである。前作と同じように独奏ピアノ、オーボエ２、ホルン２、フルート、ファゴット２（トランペット２、ティンパニは任意）、第1ヴァイオリン、第2ヴァイオリン、ヴィオラ、コントラバスという大編成になっており、演奏時間も30分に及ぶ。私の大好きな曲である。

第1楽章アレグロ。冒頭部は行進曲風の音楽である。弦楽器に管弦楽がよく調和していて美しい。やがて主題が提示され、力強くはきはきとした旋律が展開される。いかにも「戴冠式」という名前がぴったりの楽章である。引き続いてピアノが独奏で、そのあと管楽器の伴奏を伴って演奏する。快活な音楽が進行していく。管楽器の響きが殊の外美しい。次いでカデンツァへ。そのあと管弦楽が主題を演奏して終了する。一点の曇りもない、明るい力強い音楽である。第２楽章アレグレットは爽やかな音楽で始まる。朝の高原に光が差し込み、昨日降った雨が葉の上で雨粒となって輝いている。その雨粒がそっと葉から落ちていくように感じられる。この冒頭部を聴いていると、そんな美しい情景が思い浮かぶ。色彩の魔術師モーツァルトの面目躍如たるところである。次いで、ピアノが主題を演奏する。管楽器の伴奏がとても好ましい。特にフルートが美しい。それに加えてファゴットが低音を支えている。やがてこの主題に不安がよぎり、悲しみの陰りが漂うようになる。ここは私が最も好きな部分である。やがて穏やかな最初の主題に戻る。その後、ピアノが主題を変奏し、フルートとオーボエが引き継ぐ。次いで、ピアノと管弦楽の演奏になる。この部分もとても美しい。最後に冒頭部の音楽に戻って終了する。第３楽章は快活な音楽。ピアノと木管楽器によって主題が演奏され、その後緊張感のある音楽に変化する。後半になるとこの緊張感がさらに高まってくる。ここの部分には、ヘンデルやバッハらのバロック音楽の影響が見られる。ここでもモーツァルトはピアノ協奏曲の新しい試みをしている。

私の愛聴盤はヘブラーのピアノ、ヴィトルド・ロヴィツキ指揮、ロンドン交響楽団の録音である（CD：フィリップス、DMP-10013、1965年1月、ロンドンで録音）。ヘブラーはピアノの音の粒を揃え、明るい、快活なこの音楽の素晴らしさを見事に再現してくれている。また、ヘブラーは第1楽章、第3楽章共にモーツァルトの手になるカデンツァを弾いてくれている。若き日のマウリッツィオ・ポリーニがカール・ベーム指揮、ウィーン・フィルと共演した録音（CD：ドイツ・グラモフォン、429812-2、ドイツ、ハンブルクで録音、輸入盤）も素晴らしい。ポリーニはベームの指揮に合わせてゆったりと演奏していている。このテンポ感が素晴らしく、モーツァルトの世界を見事に再現してくれている。また、VHSビデオやDVDでも映像として楽しむことができる。また、ピアノの代わりにハープで演奏している珍しい録音もある。グザヴィエ・ドゥ・メストレのハープ、イヴォア・ボルトン指揮、ザルツブルク・モーツァルテウム管弦楽団の演奏である（CD：ソニー・クラシカル、88765439922、2013年2月ザルツブルク・モーツァルテウムで録音、輸入盤）。もちろん全ての音がハープで弾けるわけではないが、素朴な感じでとても良い。この録音を聴いていると「モーツァルトは楽器を選ばない！」とつくづく感じざるを得ないのである。

第162章　交響曲第39番 *K. 543*

三大交響曲（第39番、第40番、第41番）の第一曲目を飾る曲である。1788年6月26日ウィーンで完成された。モーツァルトはウィーン時代7年目になり、32歳になっていた。楽器編成はフルート、クラリネット

2、ファゴット2、ホルン2、トランペット2、ティンパニ、第1ヴァイオリン、第2ヴァイオリン、ヴィオラ、コントラバスの大編成になっており、4楽章全体で演奏時間は30分程になる。モーツァルトの管弦楽曲の中では大変珍しくオーボエが使われていない。第1楽章アダージョ―アレグロはファンファーレのような音楽で始まる。歌劇の序曲のように荘厳で力強い。そのあと穏やかな音楽に変わり、すぐ冒頭部の音楽に戻る。その後美しい旋律の第一主題が奏でられる。ここの部分では高音楽器と低音楽器が見事に調和している。その後、勇壮な力強い音楽、第二主題に変わる。ここの箇所は後年ベートーヴェンに強く影響を与えたと思われる。ベートーヴェンの交響曲第3番「英雄」の第1楽章の冒頭部の主題は、モーツァルトのこの第二主題をそっくりそのまま使っている。ベートーヴェンはモーツァルトを心底尊敬していたのであろう。その後も弦楽器と管楽器が見事に調和して音楽が展開されていく。穏やかな音楽と勇壮な音楽がかけあいながら、時には融合しながら絶妙な協奏関係を保っている。なんと素晴らしい交響曲の世界であろうか！三大交響曲の先陣を切るのにふさわしい。

第2楽章アンダンテ・コン・モートは私がこの曲の中で最も好きな楽章である。穏やかな美しい音楽で始まり、その後悲しみを込めたやや激しい音楽に変わる。この緩―急の音楽が交互に現れる。ある時は管弦楽合奏で、またある時は木管楽器の協奏曲風に。私はこの木管楽器が協奏曲風に活躍するところが特に好きである。第3楽章メヌエット、アレグレット。力強い旋律で音楽が始まる。いわば、メヌエット音楽の序奏のようである。その後メヌエット音楽がフルートとクラリネットを中心に演奏される。ここは私が特に好きなところである。「さあ、皆さん手を取り合って楽しく踊りましょう！」とモーツァルトが誘っているようである。とても美しく、楽しい。メヌエット音楽の中でも白眉である。その後冒頭部の音楽に戻って終了する。第4楽章アレグロは諧謔性に富む楽しい楽章である。徐々に音楽が勢いを増していく様は交響曲第41番「ジュピター *K. 551*」の第4楽章に通じるところがある。そのまま力強い音楽で終了する。主題の美しさ、全体の構成、和声法、木管楽器の使用法等全て素晴らしく、古典音楽の交響曲を代表する傑作の名にふさわしい。私の愛聴盤はカール・ベーム指揮、ベルリン・フィルハーモニーの録音である（CD：ドイツ・グラモフォン、427241-2、1966年、ハンブルクで録音、輸入盤）。端正に堂々と演奏されている。フェレンツ・フリッチャイ指揮、ベルリン・フィルハーモニーの録音（CD：ドイツ・グラモフォン、UCCG-3426/449798-2、1959年11〜12月、ウィーンで録音）もよく聴いている。端正で、細やかな演奏でこの音楽の素晴らしさを見事に再現している。特に第1楽章の演奏は素晴らしい。甘美な音楽と勇壮な音楽を見事に対比させて聴く人を感動させてくれる演奏である。

第163章　ピアノとヴァイオリンのためのソナタ第24番 *K. 296/300c*

モーツァルトのピアノとヴァイオリンのためのソナタ*K. 296*と*K. 376-380*の六曲は、モーツァルトがウィーンに定住するようになってからまとめられて1781年11月にアリタリアから出版された。当時は六曲をまとめて出版するのが常であった。ピアノの生徒のヨゼファー・アウエルンハンマー嬢に献呈されたので「アウエルンハンマー・ソナタ」と名付けられた。この六曲のうちウィーンで作曲されたのは、*K. 376, 377, 379, 380*の四曲で、K. 296は1778年（モーツァルト22歳）マンハイムで、K. 378は1779年（モーツァルト23歳）ザルツブルクで完成された。この*K. 296*は「アウエルンハンマー・ソナタ」の第一番目の曲で、大変人気の高い曲である。演奏会でもよく取り上げられるし、録音も多く残っている。3楽章からなり、演奏時間も17分に及ぶ。「マンハイム・パリ旅行」の際、モーツァルト母子がマンハイムで世話になったのはゼラリウス家であった。ゼラリウスはモーツァルト母子がマンハイム滞在中に何くれとなく世話をしてくれた恩人であった。感謝の気持ちを込めてモーツァルトは、その家の娘のテレーゼ・ピエロンに熱心にピアノの指導をしてあげた。それだけではなく、この曲をテレーゼのために作曲して贈呈してあげた。モーツァルトは世話になった人への感謝の気持ちを決して忘れる人ではなかったのである。この話にはモーツァルトの心優しい人柄がにじみ出ていて、後世の私達を感動させてくれるのである。

この曲は、なんとマンハイムを出発する3日前に完成した。曲が完成した翌日に、カンナビッヒ邸での送別演奏会が開かれた。テレーゼはモーツァルトのピアノ協奏曲第7番 *K. 242*（三台のピアノのための）「ロドロン」の第三ピアノを担当し演奏した。その時の様子はパリ到着後、父に宛てたモーツァルトの手紙（1778年3月24日、モーツァルト書簡全集第4巻、14〜17頁）に詳しく書かれている。テレーゼは見事にピアノを演奏したという。当時14歳のテレーゼは、モーツァルトからこの *K. 296* のように素晴らしい曲を贈られて、どれほど喜んだことであろうか。モーツァルトがテレーゼのピアノの才能を高く評価していたのは同じモーツァルトの手紙に詳しく書かれている。第1楽章アレグロ・アッサイ。明るく軽快な曲である。心弾むピアノの音とヴァイオリンの力強い音が良く調和している。ある時は両者が対話し、またある時は両者が溶け合って小宇宙を作っている。私はこの曲を聴くと、うきうき、わくわくしてくる。よく晴れた春の日、高原にハイキングに行っているような気分になるのである。高い山々を仰ぎ見ながら、季節の花に目を奪われ、川のせせらぎに癒される、そんな情景が目に浮かんできてとても幸せな気持ちになる。素晴らしき自然讃美者、モーツァルトならではの楽章である。

第2楽章アンダンテ・ソステヌート。穏やかな優しい旋律が美しい。この旋律はモーツァルトの先生、クリスティアン・バッハの独唱曲「甘いそよ風 Dolci Auretti」である。モーツァルトはこれを主題にして、変化に富む美しい変奏曲に仕上げている。静かに語りかける、ピアノの音、それを伴奏で優しく包み込む、ヴァイオリンの音。後半部ではヴァイオリンが主役を務め、ピアノは伴奏に回る。最後に主題を再度演奏している。私の妻もこの楽章が特に好きで、私がこのCDをかけて聴いているといつも「いい曲ね！」と言って喜んでくれる。第3楽章はロンド、アレグロ。ピアノの独奏で始まる。軽快で楽しいが、どこか寂しさが漂う。ここでは、寂しげな音楽をピアノが担当し、ヴァイオリンはやや力のこもった旋律を奏でる。やがて、ピアノとヴァイオリンが協奏し、音楽を盛り立てている。その後は、ヴァイオリンが伸びやかな音楽を奏で、ピアノが伴奏する。次いで、ピアノとヴァイオリンが協奏する。最後に冒頭部の音楽に戻って終了する。多数の名録音が残っているが、私の一番の愛聴盤はイングリット・ヘブラーのピアノ、ヘンリック・シェリングのヴァイオリンによる演奏である（CD：フィリップス、PHCP-3888/92、1969年9月、ザルツブルク、モーツァルテウムで録音）。控えめで柔らかい音のシェリングのヴァイオリンの演奏に感動する。ヘブラーのピアノの演奏も音を抑えていて、協奏するヴァイオリンの音色を引き立たせている。

第164章　弦楽四重奏曲第5番 *K. 158*

「ミラノ四重奏曲」の第四番目の曲である。モーツァルト16歳、1772年の暮れに完成された。3楽章からなり演奏時間は全体で14分程である。私が大好きなのは第2楽章である。第2楽章はもの悲しい音楽。冒頭部から悲しさや寂しさに溢れている。しかし、すぐに明るい音楽に変わり、それが希望をもたらしてくれる。その後も明るい音楽と暗い音楽が交互に繰り返されて行く。明暗、陰陽の対比が見事である。四楽器が良く調和していて素晴らしい。後半部はやや不安が強くなる。低音のチェロがその響きを増していくのが良く伝わってくる。それでも明るい希望の旋律で励まそうとしている。この楽章を聴いていると陰陽の魔術師、モーツァルトという言葉がぴったりである。私の愛聴盤はエーデル弦楽四重奏団の演奏である（CD：ナクソス、8.550542、1991年4月ブダペストで録音、輸入盤）。柔らかな弦の音、ヴァイオリン、ヴィオラ、チェロの調和、緩やかなテンポ感、どれを取っても最高である。少しゆっくり目に演奏し、音楽性豊かに旋律美を生かしている。

第165章　弦楽五重奏曲第6番 *K. 614*

この曲は1791年の4月にウィーンで完成された。モーツァルト35歳の時であった。モーツァルト最後の弦楽五重奏曲である。この時モーツァルトに残された時間はあと8ヶ月ほどしかなかったのである。モーツァルト最後の年の作品を聴く時、私にはいつも抑えがたい悲しみが押し寄せて来るのである。ケッヘル番号が500番台の後半から600番台に入ると、いつもモーツァルトの死の影が私の胸に迫ってきて、悲しい気持ちを抑えることができないのである。このモーツァルト最後の年には、ローソクが燃え尽きる前のように数々の最高傑作がこの世に生み出された。ピアノ協奏曲の最高傑作である第27番 *K. 595*、ドイツ歌曲の最高傑作である「春への憧れ *K. 596*」、舞踊音楽の傑作ドイツ舞曲、*K. 600, 602, 605*、数ある宗教曲の中の最高傑作で最も人気を誇るモテット「アヴェ・ヴェルム・コルプス *K. 618*」、ドイツ歌芝居の最高傑作「魔笛 *K. 620*」、悲歌劇の傑作「皇帝ティートの慈悲 *K. 621*」、協奏曲の最高傑作クラリネット協奏曲 *K. 622*、宗教曲の最高傑作レクイエム *K. 626*、そしてこの弦楽五重奏曲第6番 *K. 614* 等である。どれをとっても珠玉の作品ばかりで、これらの曲は一貫して清澄な、透明感あふれる、天上的な美しさを持つ作品で、多くの人を感動させて止まないのである。この弦楽五重奏曲は4楽章からなり、前作に比べて明るい希望に満ちた曲調になっている。私が特に好きなのは第2楽章と第3楽章である。

第2楽章アンダンテ。この楽章だけでも演奏時間が8分を超える。静かな癒しの音楽で始まる。それでいてどこか愛らしいのである。ヴァイオリンとヴィオラが活躍するこの主題を私は大好きでよく聴いている。そのたびに癒される。その後やや不安が覗くが、それほど深刻なものではない。主題が手を替え、品を替え変奏されていく。後半チェロが少し大きめの音で伴奏に入るといっそう音楽に幅が出てくる。主題とその変奏曲という音楽であるが、暗さは少なく、明るい透明感に溢れた作品になっている。第3楽章メヌエット、アレグレット。この楽章は演奏時間が4分ほどである。明るい音楽で始まる。第1ヴァイオリンが歌うように流麗な音楽を奏でる。しかしながら、明るさの中にもそこはかとない悲しみが感じられる。伴奏も控えめである。中間部でメヌエット楽章らしい明るい舞曲風の音楽が現れて、聴き手の心は安らぐ。旋律が美しいだけではなく、楽しく踊りだしたくなるのである。しかしながら、この朗らかな音楽の部分にも悲しみが感じられる。明るい長調の調性の音楽に潜む悲しみの陰り、これこそモーツァルトの音楽の真髄であろう。モーツァルトはこの長調の音楽に潜む悲しみの陰りを最後のこの弦楽五重奏曲にも表現したかったのであろう。私の愛聴盤はエーデル弦楽四重奏団に第2ヴィオラのヤーノシュ・フェヘールヴァーリが加わった演奏である（CD：ナクソス、8.553105、1996年5月ブダペストで録音、輸入盤）。エーデル弦楽四重奏団の四人に加わったフェヘールヴァーリも団員と同じように柔らかい音で深遠なモーツァルトの弦楽五重奏曲の世界の再現に参加している。五人の息がぴったり合った素晴らしい演奏である。

第166章　ヴァイオリンとピアノのための協奏曲 *K. 315f/K. Anh. 56*

モーツァルトは「マンハイム・パリ旅行」から帰る途中、パリから直接ザルツブルクに帰るのではなく、マンハイムに立ち寄った。もちろん想い人のアロイジアに会うためであった。しかしながら、彼女には会えずに郷里へ戻ることになった。なんとアロイジア一家はミュンヘンに移っていたのであった。気を取り直したモーツァルトは、マンハイムの宮廷楽団のコンサート・マスターのフレンツェルとの協演のためにヴァイオリンとピアノのための協奏曲の作曲を始めた。1778年11月のことであった。ザルツブルクの父に宛てた12日付けの手紙（モーツァルト書簡全集第4巻、328～332頁）には、マンハイムでこの曲の作曲に着手したことが書かれている。しかしながら、何らかの理由でこの曲は完成されなかった。第1楽章アレグロの120小節（自筆譜には74小節まで管弦楽を含めて総譜ができていた）で筆が止まってしまった。完成されなかったのはとても残念であるが、複数の音楽家によって補筆された完成版があり、私たちはその演奏を聴くことができる。あくまでも補筆完成版ではあるが、この曲の素晴らしさを聴く人に届けてくれているのである。ヴァイオリンとピアノが協演し、両者を管弦楽が支えるこの協奏曲は、モーツァルトの作品の中で唯一無二のもので大変貴重で、モーツァルティアンにとってかけがえのない一曲になっている。

第1楽章アレグロ。独奏ヴァイオリン、独奏ピアノ、フルート2、オーボエ2、ホルン2、トランペット2、ティンパニ、第1ヴァイオリン、第2ヴァイオリン、第1ヴィオラ、第2ヴィオラ、コントラバスの大編成である。完成されれば間違いなく傑作になっていたことであろう。演奏時間は約12分である。導入部からなんとも愛らしい、魅力的な旋律を管弦楽が奏でる。この部分を聴いただけでも幸せな気持ちでいっぱいになり、モーツァルトの音楽の虜になる。なんと素晴らしい音楽であることか!弦楽器だけではなく、管楽器も美しい響きを奏でて味わい深い。次いでヴァイオリンが独奏する（第一主題）。とても愛らしい旋律である。その後すぐピアノの独奏になる（第一主題）。引き続きヴァイオリンが第二主題を独奏する。とても明るく晴れやかな旋律である。その後すぐピアノの独奏に変わる（第二主題）。そしてヴァイオリンとピアノの協奏。ここの部分はヴァイオリンとピアノがよく調和していて素晴らしい。二つの独奏楽器を支える管弦楽も素晴らしい。後半部に入ると明るく愛らしいだけではなく、やや寂しさや悲しみの陰りが見える。パリで最愛の母を亡くし、マンハイムでは愛しいアロイジアに再会することもできなかった。この後半部の音楽はこれらの不幸な出来事と無関係ではないであろう。かわいそうなモーツァルト!失意のまま後ろ髪を引かれながら郷里に帰らざるを得なかったのである。その後、導入部の音楽に戻り、ヴァイオリンとピアノによるカデンツァを経て終了する。私はこの曲が大変好きで繰り返し聴いている。

私の愛聴盤はヴァイオリンと指揮：アイオナ・ブラウン、ピアノ：ハワード・シェリー、管弦楽：アカデミー・オブ・セント・マーティン・イン・ザ・フィールズである（フィリップス、422670-2/PHCP-9270、1989年6月ロンドンで録音）。カデンツァおよび補筆完成盤作成：フィリップ・ウィルビー。ウィルビーは第1楽章を補筆完成させただけではなく、カデンツァまで作曲してくれた。このカデンツァがとても素晴らしく、あたかもモーツァルトが作曲したかのごとくである。アイオナ・ブラウンはイギリスを代表する名女流ヴァイオリニスト。柔らかく丸みを帯びた音がモーツァルトの音楽にぴったりである。指揮活動が忙しくなったネヴィル・マリナーの後を継いで、アカデミーのディレクターになった。ハワード・シェリーは1950年生まれのイギリスを代表する名ピアニスト。粒の揃った優しい音がモーツァルトの音楽にぴったりである。この録音で、ウィルビーはモーツァルトのピアノとヴァイオリンのためのソナタ第30番（*K. 306*）の第2楽章、第3楽章に管弦楽部分を作曲し加え、全体を3楽章構成の協奏曲として完成させている。この第2、第3楽章を聴いていると、ウィルビーの深いモーツァルト愛に感動せざるを得ないのである。第1楽章からの続きの音楽として全く違和感なく、聴く者をモーツァルトの世界に招いてくれる。ウィルビーはこの*K. 315f*にはピアノとヴァイオリンのためのソナタ（*K. 306*）の第2、第3楽章がぴったりであると考えたのであろう。両者は作曲時期も約3ヶ月しか離れていないのである。モーツァルトが完成させたら、ウィルビーのこの作品にきっと似ていたのではなかろうか。

第167章　モテット「アヴェ・ヴェルム・コルプス」*K. 618*

この曲は、モーツァルト最後の年、それも命があとわずかという時に作曲された、宗教曲の最高傑作である。わずか3分という短い曲の中にモーツァルトの天賦の才能がぎっしりと詰まっている。この曲は時代を超え、国境を越え、宗教の違いを超え、老若男女を問わず多くの人々に愛され続けている。子供達の合唱曲として、クリスマスやお正月の小さな演奏会の曲として、また大合唱団による本格的な宗教行事の曲として不動の人気を誇っている。天上的で清澄な旋律がとても美しいので、オルゴールや、フルート、ハープ、ハンドベル等多くの楽器でも演奏され親しまれている。録音も非常に多い。四部合唱で歌われ、第1ヴァイオリン、第2ヴァイオリン、ヴィオラ、コントラバス、オルガンによる編成で演奏される。ゆったりとした序奏から始まり、祈りが天上的な美しさに達するくだりは誰しも深い感動に包まれてしまう。私の妻は高校時代に合唱部に所属していて、何度となくこの曲のピアノ伴奏をしたそうである。そのためこの曲には特別な思いがあるようで、私がこの曲をかけると、いつも「あー、アヴェ・ヴェルム・コルプスね！」と言って耳を傾けてくれる。懐かしそうに、愛おしそうに聴いてくれて、喜んでくれる。その姿を見て私もいつも嬉しく思うのである。本当に誰にでも愛される素晴らしい曲なのである。

この曲にはモーツァルトの優しい人柄を示す心温まる実話がある。当時モーツァルトの妻コンスタンツェは体調を崩しており、ウィーン郊外の温泉保養地バーデンに投宿し温泉治療をしていた。この曲は、ここでのコンスタンツェの生活のために、何くれとなく世話をしてくれた、バーデン・シュテファン教会のアントン・シュトル牧師にお礼の品として捧げられたものである。このような素晴らしい曲を贈られた、シュトル牧師はどれほど嬉しかったことか！そんな実話が残るモーツァルトゆかりの地をぜひ訪れてみたいと、長年夢に抱いていたのであるが、私は1998年の秋、ついにこの地を訪れる機会に恵まれた。ウィーンの中心地から路面電車で乗り換えなしで行ける所であった。ウィーンの街を通り過ぎるとすぐに美しい田園風景が窓外に広がってきた。景色を楽しみながら30分ほど揺られてゆくとバーデンに到着した。バーデンの駅を降りて10分程歩くとこのシュテファン教会があった。小さなカトリック教会ではあるが、モーツァルトの時代そのままに残っていて、内部は荘厳な雰囲気であった。教会の壁の銘板に、確かにモーツァルトがシュトル牧師に1791年6月17日アヴェ・ヴェルム・コルプス*K. 618*を寄贈したと書いてあった。私は、モーツァルトが何度となく訪れた、この教会の中に入ってモーツァルトの時代に想いを馳せた。湧き上がる感動で胸がいっぱいになった。目をつぶって静かに集中していると何処からともなく「アヴェ・ヴェルム・コルプス」が聴こえてくるように思われた。日本人に馴染みの深い硫黄の匂いが漂うこの温泉保養地バーデンでの秋の一日を、私は生涯忘れることができない。私の愛聴盤はラファエル・クーベリック指揮、バイエルン放送交響楽団の演奏、レーゲンスブルク大聖堂聖歌隊の合唱の録音である（CD：ドイツ・グラモフォン、POCG-9294/437595-2、1973年、2月ミュンヘンで録音）。澄み切ったこの音楽を、見事な指揮と管弦楽、合唱で再現している。何回聴いてもその度に感激する素晴らしい演奏である。

第168章 ラファエロとモーツァルト

ルネッサンスの天才ラファエロは、1483年にイタリアのウルビーノ、現在はマルケ州に属する、アドリア海に近い美しい町に生まれた。詩人で画家の父から絵の手ほどきを受け、父の死後はティモテオ・ヴィッティに学んだ。1500年以前に、近くのペルージァに移りペルジーノの弟子になり、ここで宗教画を初めて描いた。1504年にフィレンツェに移ってからは、フラ・ヴァルトロメオやレオナルド・ダ・ヴィンチの影響を受けながら、多くの肖像画や宗教画（聖母子画）の傑作を生み出していった。１５０９年にはローマに移り、肖像画や宗教画の他に天井寓意画や壁画の傑作を完成させていった。しかしながら、惜しまれつつ１５２０年、37歳の若さでこの世を去った。ラファエロは短い生涯に実に多くの傑作を残し、人間美の理想的な表現を追求して、端麗・典雅な様式を完成させ、イタリア・ルネッサンスの黄金期を築いた。私はラファエロの絵が好きである。欧州を訪れる際には、各地の美術館にラファエロの絵をよく見に行っている。これまで、ロンドンの国立美術館（ナショナルギャラリー）、ウィーンの美術史美術館、ドレスデンのツヴィンガー宮殿付属美術館、ミュンヘンのアルテ・ピナコテーク、ヴァチカンの美術館、フィレンツェのウフィッツー美術館やパラティーナ美術館、パリのルーブル美術館等でラファエロの肖像画や宗教画を見ることができた。ラファエロの絵を見て得られた感動は長く忘れることができない。

私は、ラファエロの絵の中で特に聖母子画が好きで、その中でもとりわけ、ウィーンの美術史美術館にある「草原の聖母」の絵が好きである。ウィーンを訪れる際には必ず見に行っている。１９９４年の秋に初めてウィーンを訪れ、美術史美術館でこの絵に巡りあった時の感動は今でも忘れることができない。優美でそれでいてそこはかとない悲しみを秘めた聖母マリアの顔、伏し目がちに幼子キリストを優しく見つめるマリアのまなざし、マリアがキリストにそっとそえた手、母の手の中、幸せそうな幼子キリストの姿等、人物が生き生きと描かれている。背景も美しい。草原には所々木々が繁り、赤い花や白い花が咲き、遠くには湖が見える。湖畔には村が広がり、村の先には緑から青へと変化するなだらかな丘陵地帯が見られる。さらに、その先に青い空が広がる。マリアの着衣の青と背景の青が見事に調和している。私は、ウィーンの美術史美術館で初めてこの絵を見た時、感動のあまり絵の前からなかなか立ち去ることができなかった。聖母マリアやキリストを讃える宗教画であるにもかかわらず、なんと優しい人間味にあふれているのであろう！身近な人間的実在を持った聖母子を描いていると私には思えたのであった。

私が、ラファエロの絵をじっと眺めていると、どこからともなくモーツァルトのヴァイオリンと管弦楽のためのアダージョ *K. 261* が聴こえてきた。優しい慰めに満ちたモーツァルトの緩徐楽章の曲が！この曲とラファエロの「草原の聖母」は、私になんとも似た感情と安らぎを与えてくれるのである。絵画と音楽、表現の仕方は違っていても両者は同じように人間の心を豊かにし、慰め、勇気づけてくれるものである。ラファエロの絵もモーツァルトの音楽も、キャンバスに絵の具で表現するのか、五線譜に音符で表現するのかの違いこそあれ、同じ芸術的感動を与えてくれる。いみじくもモーツァルトは手紙の中で次のように言っている。「ぼくは詩的なものを書けません。詩人ではありませんから。ぼくは表現を巧みに描きわけて影や光を生み出すことはできません。画家ではないからです。そればかりかぼくは、ほのめかしや身ぶりでぼくの感情や考えを表わすこともできません。ぼくは踊り手ではありませんから。でも、音でならそれができます。僕は音楽家ですから。」（1777年11月8日、マンハイムから父へ、モーツァルト書簡全集第3巻、229〜230頁）。そう、モーツァルトは微妙な心の動きや感情をきめ細かに、しかも、生き生きと音楽で描くことができた天才であった。ラファエロが絵の具で表現できたように。モーツァルトの音楽もラファエロの絵も私にとって、そばにいてくれるかけがえのない友のように思われてならないのである。

第169章　ディヴェルティメント第17番 *K. 334/320b*「ロービニッヒ」

大変有名で多くの人に愛されているモーツァルトを代表する作品の一つである。第3楽章は特に有名で、単独で「モーツァルトのメヌエット」という題までつけられて演奏会で頻繁に演奏される。また、演奏会のアンコールでもよく演奏される。私も子供時代から今日に至るまで60年の長きにわたって絶えず聴いては癒されている、まさに宝物の一曲である。母と一緒に就職活動のために向かった「マンハイム・パリ旅行」は、就職活動の失敗、アロイジアとの失恋、母の死と、最悪の結果となってしまった。しかし、この旅行は音楽的にも人間的にもモーツァルトを大きく成長させることになったのである。失意のどん底から這い上がったモーツァルトが、ザルツブルクのロービニッヒ家のために作曲したことから「ロービニッヒ」というあだ名がついている。完成した日は定かではないが、1779年から1980年（モーツァルト23〜24歳）にかけて、ザルツブルクで作曲されたと考えられている。楽器編成は、ホルン2、第1ヴァイオリン、第2ヴァイオリン、ヴィオラ、コントラバスという小編成ながら、6楽章で演奏時間は45分にも及ぶ。

第1楽章は第1ヴァイオリンが第一主題を静かに弾き始める。冒頭部から心をわしづかみにされるほど素晴らしい音楽である。その後、第2ヴァイオリンが第二主題を奏でる。このところは甘美な、愛らしい旋律である。その後冒頭部が再現される。第2楽章は主題とその六つの変奏曲から構成される。変奏の魔術師モーツァルトの面目躍如たる楽章である。第3楽章の第一メヌエットは優しく穏やかな美しい旋律で、しかも明るく幸福感に満ち満ちている。「モーツァルトのメヌエット」というあだ名で親しまれ、子供から大人まで誰にでも愛される名曲である。ただ、この曲を聴いて「モーツァルトの曲は子供っぽい。」と言い、聴くことをやめてしまう人がいるのは大変残念である。私には、大変楽しく、愛らしく、幸せな気持ちにしてくれる宝物である。当然のことながら、オルゴール、ハープ、グラスハーモニカ、フルート、ハンドベル等色々な楽器で演奏されていて、演奏家にも大変愛されている。第4楽章アダージョ。とりわけ美しい旋律が光る楽章で、典雅な響きが素晴らしい。第1ヴァイオリンが奏でるこの旋律は、モーツァルトらしく心なしか悲しさ、寂しさを誘う。第5楽章の第二メヌエットも愛らしい。しかしながら、この快活なメヌエット音楽に挟まれた、そこはかとない悲しみが漂う、短調のトリオが素晴らしく、見事な対比をなしている。転調の魔術師モーツァルトの真骨頂である。第6楽章はロンド、アレグロ。終末を飾るのにふさわしい、晴れやかな祝典風の音楽である。とても素晴らしいザルツブルク時代の名曲である。私はこのディヴェルティメントの最高傑作を機会音楽とか、祝典音楽とか呼ばないで欲しいと常々思っている。かけがえのない、至高の芸術作品なのである。

この作品は星の数ほど多くの録音が残っている。その中でも私の愛聴盤はウィリー・ボスコフスキー指揮、ウィーン・モーツァルト合奏団による録音である（CD：デッカ、UCCD-7097、1974年12月、ウィーンで録音）。愉悦に満ちた素晴らしい演奏で頻繁に聴いている。テンポ感もとてもいい。ディヴェルティメントという音楽の楽しみを余すところなく再現してくれている。フィルハーモニア・カルテット・ベルリンにヴォルフガング・ギュトラーのコントラバス、ノルベルト・ハウプトマンとディーター・フィッシャーのホルンが加わった演奏もよく聴いている（CD：デノン、COCO-75309、1981年9月、西ベルリンで録音）。この録音も弦楽器が柔らかな音でディヴェルティメントの素晴らしさを見事に再現してくれている。二人のホルンの響きも大変良い。特に第4楽章の演奏が白眉である。ゲルハルト・ヘッツェル率いるウィーン室内合奏団による録音（CD：デノン、COCO-70441、1991年4～5月、ウィーンで録音）もよく聴いている。ヘッツェルはウィリー・ボスコフスキーの後ウィーン・フィルのコンサート・マスターを長く務めた。カール・ベーム時代のウィーン・フィルを支えた名ヴァイオリニストである。彼が、1992年ザルツブルク近郊のザンクト・ギルゲンの山で崖から転落して亡くなったのは大変な衝撃的事件であった。本当に残念であった。音が何よりも綺麗で艶やかで、モーツァルト愛を感じさせてくれる演奏が多かった。私は、1977年4月1日に東北大学の大学院から岩手大学の助手になることができた。2年後の1979年4月6日に盛岡の県民会館大ホールに、なんとゲルハルト・ヘッツェル率いるウィーン室内合奏団が来てくれたのである。その晩はモーツァルトのディヴェルティメント*K. 136*とクラリネット五重奏曲*K. 581*の演奏で、素晴らしい演奏会であった。両作品とも大変素晴らしい演奏で感激した。ヘッツェル氏の誠実で実直な人柄を遠くからでも感じることができた。この日の演奏会のパンフレットは私の度重なる引越しにも関わらず失われることはなかった。この日のアンコールに演奏してくれたのが、この*K. 334*の第3楽章（モーツァルトのメヌエット）であった。私は嬉しくて飛び上がりたいほどの感激であった。端正な中にも愉悦に満ちた素晴らしい演奏であった。この思い出は40年以上経っても忘れることはできない。

第170章　ソプラノ独唱曲「あなたは情熱的な恋人のように律儀な心の持ち主」*K. 217*

この曲は1775年10月、モーツァルト19歳の時にザルツブルクで完成された。この年は、ヴァイオリン協奏曲の第1番から第5番までが一気に完成された。この*K. 217*はヴァイオリン協奏曲第3番と第4番の間に完成された。この頃モーツァルトは、弦楽器の伴奏を用いて流麗な旋律を歌うのはお手の物であった。題材となったカルロ・ゴルドーニ作の喜歌劇「ドリーナの結婚」の中の第一幕第四場に使用するために作曲された。編成は、独唱ソプラノ、オーボエ2、ホルン2、第1ヴァイオリン、第2ヴァイオリン、第1ヴィオラ、第2ヴィオラ、チェロ、コントラバスで、演奏時間は約8分である。若い女性のドリーナが愚かな求婚者を軽くあしらう場面に曲がつけられた。「あなた、今は忠実ね。いちずに燃える恋人として。けれどいったん私の夫に決まったら、どんなことをなさいます？お変わりになるかしら？仰って。その時どうなるでしょう？忠節をお守りになるかしら？（石井宏訳）」。導入部は憧れを抱かせるような、ゆったりとした（アンダンティーノ・グラツィオーソ）素晴らしい旋律である。そのあとソプラノが美しい旋律を歌う。若い女性が男性から求愛される気持ちを歌っている。管弦楽と歌唱が見事に調和している。そのあとテンポが速くなり（アレグロ）、コロラトゥーラ技巧が発揮される。とても流麗な音楽である。その後テンポが遅くなり（アンダンティーノ・グラツィオーソ）、穏やかな癒しの音楽となる。次いで管弦楽が美しい音楽を奏でるが、それと調和するソプラノの歌唱が素晴らしく、コロラトゥーラの技巧が冴え渡る。最終部は再びテンポが速まり（アレグロ）、挿入部（非常にゆっくりとしたテンポでしみじみと女心を歌う）を経て、力強い音楽で締めくくられる。若い女性が男性に対して結婚を自分の意志で決めるとの決意を表していると思われる。このように美しい管弦楽の伴奏のもと、アンダンティーノ・グラツィオーソとアレグロを交互に配置し、華やかなコロラトゥーラ技巧も駆使して、若い女性の感情を見事に表現している。一般的に、器楽曲に関しては、モーツァルトは若い年齢で大家の域に達していたが、声楽曲に関しては「クレタの王イドメネオ *K. 366*」まで待たなければならなかった、成熟した大人になって初めて感情を声楽曲として自由に表現できるようになった、とはよく言われることであるが、果たして本当にそうであろうか？この *K. 217* を聴いていると、19歳の天才モーツァルトが声楽曲に関しても、すでに大家の域に達していて、優れた感情表現をできるようになっていたと、私は思わざるを得ないのである。私の愛聴盤は、ソプラノ：エディト・マティス、レオポルト・ハーガー指揮、モーツァルテウム管弦楽団の録音である（CD：フィリップス、422769-2、1979年ウィーンで録音、輸入盤）。エディト・マティスは澄んだ綺麗な声で、モーツァルトの世界を見事に再現している。

第171章　ヴァイオリン協奏曲第3番 *K. 216*

この曲は1775年ザルツブルクで完成された。モーツァルト19歳。この年にはヴァイオリン協奏曲の第1番～第5番が立て続けに完成された。このヴァイオリン協奏曲第3番は、他のヴァイオリン協奏曲と同じように、独奏ヴァイオリンに、オーボエ2、ホルン2、第1ヴァイオリン、第2ヴァイオリン、第1ヴィオラ、第2ヴィオラ、コントラバスという編成からなっている。しかしながら、この曲のみ第2楽章はオーボエの代わりにフルートが使われている。このフルートが第2楽章を充実させていると私は思っている。第1番、第2番のヴァイオリン協奏曲と比べて管楽器の使用に長足の進歩が見られる。この後、モーツァルトは交響曲や協奏曲、歌劇作品等においても管楽器の使用に天賦の才能を遺憾なく発揮していくことになる。その意味で記念碑的な作品と言えよう。しかし、それだけではなく、旋律の美しさ、優美さにおいてあらゆるヴァイオリン協奏曲の中で頂点の作品と思われる。第1楽章アレグロは溌剌とした第一主題で始まる。明るく伸びやかで快活な音楽が心地よい。とても牧歌的な雰囲気で、ザルツブルク近郊のザルツカンマーグート地方の湖の景色が眼前に広がってくるようである。次に現れる素朴な第二主題と見事な対比を示している。第3楽章アレグロはロンド楽章であるが、最初のロンド主題の後に色々な旋律が現れる。私は優雅なメヌエット風の旋律が好きである。最後にロンド主題に戻る。豊富な内容に富んだ力作である。このように第1、第3楽章も素敵であるが、私はとりわけ第2楽章アダージョの、独奏ヴァイオリンと管弦楽が奏でる優美な旋律が大好きである。目をつぶってじっくりこの曲に耳を傾けるひと時は、私にとって至福の時である。途中この優美な穏やかな第一主題が悲しみを帯びた旋律へと変化する。この変化もとても好ましい。最後に元の第一主題に戻って終了する。私は20代の後半ヴァイオリンの曲となると、この第3番の第2楽章ばかり聴いていていた。爾来40年以上折に触れて聴いている。それほど好きな音楽である。私の友人もこの曲が大好きと言ってくれ、「最近はこの曲ばかり聴いているのですよ。」と、誇らしげにこの第3番のレコードを見せてくれた。レコードの時代からCDの時代に移って久しいが、レコードの音も親しみやすかった。古くても味わい深いものは無くなってほしくないものである。今でもこの曲を聴くとこの友人のことを思い出すのである。私の愛聴盤はピンカス・ズーカーマンのヴァイオリンと指揮、セント・ポール室内管弦楽団の演奏である（CD：ソニークラシカル／レガシー、SBK89841、1982年、ニュー・ヨークで録音、輸入盤）。ゆっくりしたテンポでモーツァルトのこの曲の素晴らしさを余すところなく再現してくれている。ズーカーマンの穏やかで、控えめで、優美なヴァイオリンの演奏が好ましい。

第172章　ピアノとヴァイオリンのためのソナタ第34番 *K. 378*

モーツァルトは終生ピアノを演奏し、ピアノのための作品を一生にわたって作曲した。ピアノはモーツァルトが最も愛した楽器であったろう。それに対してヴァイオリンは20代の初めにはもう演奏することをやめてしまった。その後はヴィオラを演奏していた。ヴァイオリン協奏曲も第7番（*K. 271a*、疑作とされている）を最後に作曲されなくなってしまった。父親にヴァイオリンを真剣に弾かないことを手紙（アウグスブルク滞在の息子宛1777年10月18日、モーツァルト書簡全集第3巻、155～163頁）でとがめられたモーツァルトは、ますますヴァイオリンを弾かなくなってしまったのではなかろうか。しかしながら、モーツァルトは決してヴァイオリンが嫌いになったわけではなかった。というのは、モーツァルトはその後もヴァイオリンの美しい曲を作曲し続けたからである。その代表は何といってもピアノとヴァイオリンのためのソナタであろう。モーツァルトは、このピアノとヴァイオリンのためのソナタをわずか7歳の少年期から晩年に至るまで、生涯を通じて作曲したのであった。最後の曲（第43番 *K. 547*）は1788年、モーツァルト32歳の時の作品であった。このピアノとヴァイオリンのためのソナタの中にはきら星の如く輝く珠玉の名曲が多数あり、私にとってかけがえのない宝物になっている。モーツァルトの時代には、「ヴァイオリン伴奏付きのピアノソナタ」（ヴァイオリンはフルートでも可）とか「ピアノとヴァイオリンのためのソナタ」という様式で作曲、演奏されていた。ピアノがヴァイオリンの伴奏をし、「ヴァイオリンソナタ」と呼ばれるようになったのはベートーヴェンの時代になってからであった。この第34番も、ヴァイオリンがピアノの伴奏をしたり、ピアノがヴァイオリンの伴奏をしたり、両者が響き合って一体となって小宇宙を作ったり、まさにピアノとヴァイオリンのためのソナタなのである。

この第34番は、1779年（モーツァルト23歳）から1780年（24歳）にかけてザルツブルクで作曲されたと考えられている。いわゆる「アウエルンハンマー・ソナタ」の第四曲である。1781年（25歳）にウィーンに定住するようになってからウィーンの「アルタリア」から作品Ⅱ（六曲）として出版されている。作品Ⅱ（*K. 296, K. 376-380*）はウィーンにおけるピアノの弟子のヨゼファー・アウエルンハンマーに献呈されたのでこの愛称がついた。

モーツァルトは、1777年（21歳）から1778年（22歳）にかけて「マンハイム・パリ旅行」に出かけたが、この旅行は、恋人アロイジア・ウェーバーとの別れ、最愛の母の死、就職活動の失敗等、モーツァルトにとって大変辛い旅となった。しかし、モーツァルトはこの旅のおかげで人間的にも、音楽家としても大きく成長した。「マンハイム・パリ旅行」後、故郷ザルツブルクの宮廷音楽家・作曲家として復帰したモーツァルトは、旅で得た体験を自らの音楽に取り入れ、多くの優れた名曲を次々に完成させていった。そんな充実した日々もつかの間、日に日にザルツブルクの大司教コロレドとの確執が高まっていった。作曲時間や様式に制限の多い宗教曲ではなく、大好きな歌劇を自由に作曲したい欲求を抑えきれず、悶々とした日々を過ごしていた。そんな日々であったにもかかわらず、この作品は青年モーツァルトのみずみずしい感性が冴え渡り、豊かな叙情性に満ちた素晴らしい作品になっている。私はこの作品を奏鳴曲「春」（スプリング・ソナタ）と呼びたい。皆が待ち望む、うららかな春の叙情をこれほどまでに美しく音楽で表現した曲が他にあろうか。モーツァルトのピアノとヴァイオリンのためのソナタの中で、私が最も好きな作品で、最も長い時間聴いている曲である。あらゆるピアノとヴァイオリンのためのソナタの最高傑作に違いないと私は思っている。3楽章からなり演奏時間は20分ほどである。

第1楽章アレグロ・モデラート、変ロ長調、4分の4拍子。明るい希望に満ちた第一主題がピアノ（ヴァイオリン伴奏）、ヴァイオリン（ピアノ伴奏）の順で奏でられ、次いで、暖かく抒情的な第二主題が同じようにピアノ、ヴァイオリンの順で奏でられる。繰り返しの後、第二主題が悲しみを帯びた曲想に変わり、ピアノ（ヴァイオリン伴奏）、ヴァイオリン（ピアノ伴奏）と引き継がれて、最後に第一、二主題が奏でられて終わる。第2楽章アンダンティーノ・ソステヌート・エ・カンタービレ、変ホ長調、4分の4拍子。ゆったりとしたくつろぎを感じさせる第一主題をピアノ（ヴァイオリン伴奏）とヴァイオリン（ピアノ伴奏）が交互に奏でる。やや活気のある第二主題をヴァイオリン（ピアノ伴奏）が奏で、その後、へ短調に転調して、第二主題がそこはかとない悲しみを秘めた旋律に変化する。このあたりの転調の妙が素晴らしく、転調の魔術師、モーツァルトの面目躍如といったところである。その後、カデンツァを経て、第一主題が第二主題を中間に取り入れながら、ヴァイオリン、ピアノの順で奏でられて終了する。第3楽章変ロ長調、アレグロ、8分の3拍子、ロンド楽章。明るく、軽快な第一主題がピアノ（ヴァイオリン伴奏）で奏でられ、ヴァイオリン（ピアノ伴奏）に引き継がれる。第二主題も同じように奏でられ、第一主題に戻って終わる。何とも心温まる、ほのぼのとした幸福感を与えてくれる曲である。

私は20代の後半から30代の半ばにかけて、東北の盛岡で9年間暮らした。私は、仙台の東北大学大学院の学生から幸運にも職を得て、岩手大学で研究と教育活動に専念していた。盛岡は、独身時代から、新婚時代へと、青春の思い出が刻まれた懐かしい街である。北国、盛岡の春は美しい。梅、桜、桃、りんごと、春を代表する木の花や、水仙、すみれ、たんぽぽ等の草の花が一斉に咲き始める。つい二、三日前まで日陰に雪が残っていたのに、と驚くほど突然に春がつぼみを開く。野も里も一面、花に彩られた景色。白や桃色の花に加えて、そこここにレンギョウやマンサクの黄色い花が咲き、美しい対比をなしている。目をつぶってゆったりとこの曲に聴き入っていると、懐かしい盛岡の春の景色が目の前に浮かんでくる。第1楽章を聴いていると、青い空に白い雲が浮かび、真っ白な雪をいただいた岩手山がくっきりとその雄姿を現してくる。北上川も雪解け水を集めてとうとうと流れている。ソメイヨシノの木々が古い城下町のたたずまいに、ひとつ、また、ひとつと、満開の花を咲かせていく。花びらは、春のそよ風に吹かれてひらひらと舞い降りてくる。生きていることの幸せを自然が私に語りかけてくれる。第2楽章に入ると、盛岡の家の庭でくつろぐ家族の姿が浮かんでくる。2歳になった娘が、暖かい春の陽射しに誘われて庭に出て遊んでいる。水仙の花や春蘭の花を摘んでうれしそうに顔を近づけている。妻は、そんな娘を幸せそうに見ながらそばで見守っている。春の陽射しの中、家族のいる幸せな風景がゆっくりと流れていく。生きていくうちには、たくさんの悲しいこと、つらいことがあるが、暖かい春の陽射しはそんな悲しみも苦しみも優しく包み込んでくれる。第3楽章に入って、そんな春が通り過ぎていく様子が目に浮かぶ。いつまでも桜の花を愛でていたくても、強い春風が花びらを連れて行ってしまう。花吹雪が舞い、辺り一面が桃色一色になり、足早にいとおしい春が通り過ぎていく。モーツァルトの音楽は、私にとって懐かしい北国の春の一頁を思い出させてくれ、心を温めてくれるかけがえのない宝物である。

人間にとって本当の幸せとは何であろうか？人生に希望や目標を持たず、その日暮らしの刹那的な生き方をすることであろうか？事業に成功し、富を得て、贅沢三昧な暮らしをすることであろうか？はたまた、国を支配する政治家となって国内外に向けて権力をふるうことであろうか？いや、そうではないであろう。人間にとって本当の幸せとは、自然や芸術を愛し、人間らしい喜びと誇りに満ち、他者に対する思いやりを忘れず、愛する家族に囲まれて暮らすことではなかろうか？モーツァルトの音楽を聴いていると、音楽の女神、ミューズが現れ、微笑みかけてくれ、そう言っているように私には思われてならない。ピアノとヴァイオリンのためのソナタK. 378は、そんなミューズの子、モーツァルトを身近に感じさせてくれる最高傑作の一つなのである。私の愛聴盤はイングリット・ヘブラーのピアノで、ヘンリック・シェリングのヴァイオリンの演奏の録音である（CD：フィリップス、PHCP-3890/432715-2、1969年9月、ザルツブルク、モーツァルテウムで録音）。ヘブラーのピアノは真珠のような輝きがあって素晴らしい。シェリングのヴァイオリンの演奏も控えめながら、旋律を美しく奏でている。聴く人をそっとモーツァルトの世界に引き込んでくれる名演奏である。天国のモーツァルトも「僕の曲を素敵に弾いてくれてありがとう！」と言っているであろう。ワルター・クリーンのピアノ、アルトゥール・グリューミオーのヴァイオリンによる録音（CD：フィリップス、422714-2、1982年スイス・ラ・ショー・ド・フォンで録音、輸入盤）もよく聴いている。グリューミオーのヴァイオリンは伸びやかで明るく、艶やかである。クリーンのピアノは控えめであるが、粒が揃っていて、表情豊かである。ピアノとヴァイオリンがよく調和している。

第173章　ディヴェルティメント *K. 287/271b/271H*「第二ロドロン」

モーツァルトのザルツブルク時代の音楽を代表する作品群にディヴェルティメントと呼ばれる音楽がある。これは誕生日、霊名の祝日等の記念日に演奏される祝典音楽の一つである。今日では一般的にディヴェルティメントという名前で表記されるが、以前は「喜遊曲」という素晴らしい訳語があった。なんと美しい響きのぴったりした訳語であることか！音楽とは喜び、楽しみであり、楽器や自分の声で遊ぶものであろう。まさに、モーツァルトのディヴェルティメントは喜遊曲の中の最高の音楽であろう。このような美しい日本語が次から次へと消えていくのを悲しむのは私一人だけであろうか？日本人はもっと自国の文化や言葉を大切にすべきであろう。もう、この喜遊曲という言葉を聞かなくなってしまったことが私には残念でたまらない。さて、この曲はホルン2、第1ヴァイオリン、第2ヴァイオリン、ヴィオラ、コントラバスの小編成の曲であるが、6楽章からなり、演奏時間は全体で30分にも及ぶ。オーボエがなくても十分に音楽の幅は広がっており、私の好きな曲である。1776年6月ザルツブルクで完成された。モーツァルト21歳の時の作品である。「第二ロドロン」というあだ名がついているように、ザルツブルクの貴族アントニア・ロドロンの霊名の祝日のために作曲された祝典音楽の二つの作品のうちの第二作目である（第一作はディヴェルティメントK. 247）。

第1楽章アレグロは心弾む祝典風の曲である。第2楽章アンダンテ・グラツィオーソ。この楽章は主題と六つの変奏曲からなっている。この楽章を聴いているとザルツブルクの美しい風景が眼前に浮かんでくる。青い空とゆったりと流れる白い雲、ザルツァッハ川の流れ、中世を思わせる城や教会の雄姿、背後に迫るオーストリア・アルプスの山々、さらに、近郊に広がる美しい湖や山々、そんな景色が次から次へと浮かんでくる。第3楽章第一メヌエットでは優雅な舞踏会へと誘われ、しばし18世紀のヨーロッパの人々の暮らしの映像が浮かんでくる。第4楽章はゆったりとした楽章で、この作品の中で私が最も好きな楽章である。穏やかで、心休まる美しい旋律にのって、そこはかとない悲しみの旋律が忍び寄る。この両者がなんと美しく調和していることか！まさに陰陽の魔術師モーツァルトの面目躍如たるところである。祝典音楽や機会音楽等と言われてひとまとめにされるような音楽ではない。多くの人に感動を与える至高の芸術作品で、この上ない安らぎと慰めの音楽である。後半部のヴァイオリンの独奏部も素晴らしい。第5楽章第二メヌエット。明るく、楽しげな旋律に心が弾んでくる。踊りたくなるような旋律にあふれている。第6楽章はアンダンテ、アレグロ・モルト、アンダンテ、アレグロ・モルトとテンポが変化する。アンダンテの主題はやや暗い、重苦しい音楽であるが、それをアレグロ・モルトの明るい音楽が打ち消してくれる。やがて、田園風景が広がるような、牧歌的な曲に変わる。ホルンの響きが心地よい。その後アンダンテの短い音楽が鳴り、再びアレグロ・モルトの明るい祝典風音楽に変わり、終末を迎える。なんとも素晴らしい傑作である。私の愛聴盤はシャンドール・ベーグ指揮、ザルツブルク・モーツァルテウム・カメラータ・アダデミカの1988年、9

月の録音である（CD：カプリッチョ、10271、ミルシュタット、シュティフツ教会で録音、輸入盤）。この音楽の素晴らしさを十二分に再現している名演奏である。

第174章　ピアノ協奏曲第26番 *K. 537*「戴冠式」

この曲は1788年2月モーツァルト32歳の時に完成された。ウィーンにおけるモーツァルトの人気に陰りが見え始め、ピアノ協奏曲を初演する場でもあった予約演奏会もめっきり人が集まらなくなってしまった。ウィーンの聴衆は熱しやすく、冷めやすかったのである。予約演奏会の激減と共に生活苦が始まり、次第に借金生活を余儀なくされていくのである。もちろん、モーツァルトの作曲が歌劇や交響曲、弦楽五重奏曲に向けられていたのも事実ではあったが。楽器編成は独奏ピアノ、オーボエ2、ホルン2、フルート、ファゴット2、トランペット2、ティンパニ、第1ヴァイオリン、第2ヴァイオリン、ヴィオラ、コントラバスの大編成になっており、演奏時間も30分を超える。私の大好きな曲である。1790年秋、フランクフルトでのレオポルト二世の戴冠式を祝う演奏会でピアノ協奏曲第19番 *K. 459*「第二戴冠式」と共に演奏するために作曲されたものである。曲が完成されたのはこの第26番がずっと後なのであるが、「戴冠式」というあだ名が先にこちらの曲につけられたので、第19番 *K. 459* は「第二戴冠式」と呼ばれるようになったのである。

第1楽章アレグロは明るい力強い音楽である。祝典音楽にふさわしい華やかで、流麗な音楽である。管弦楽が、次いでピアノが奏でる主題は明るく、希望に満ち満ちている。私は20代まではモーツァルトのピアノ協奏曲の中でこの曲が一番好きであった。特にこの第1楽章が大好きで頻繁に聴いていた。明るく朗らかな旋律が私の人生の夢を応援してくれているようで、聴くたびに勇気と力が与えられた。しかしながら、30代以降年齢を重ねるにつれて、ゆったりとした緩徐楽章の曲を好むようになり、さらにその上、憂いを秘めた、悲しみの曲をより頻繁に聴くようになっていった。人生も70年になると、そんな青春時代を思い出させてくれる曲の一つとなった。もちろん今でも時々聴いては、勇気と力をいただいている。人間の本質は変わらないものの、音楽の好みは年齢と共に微妙に変化するものであると感じざるを得ないのである。

第2楽章ラルゲットは、50代になって私がこのK. 537の中で最も好きな楽章になった。速い楽章の第1楽章と対照的に非常にゆっくりとしたこの楽章が、殊の外心休まる、癒しの音楽となっている。ピアノが奏でる穏やかで優しい行進曲風の主題がなんとも素晴らしい。第二主題は透明感あふれる、爽やかな旋律で、そよ風が吹き抜けるようである。これもまた素晴らしい。その上、そこはかとない悲しみが漂っている。そんな素晴らしい旋律に酔いしれていると、音楽は第一主題に戻る。ピアノが、ついで管弦楽が、最後にピアノと管弦楽が協奏してこの楽章を締めくくっている。モーツァルトの才能は際限なく素晴らしく、聴く人の心を幸せの花でいっぱいにしてくれる。20代の私は、恥ずかしながらこの楽章の素晴らしさを本当には理解できなかった。第1楽章の方をより好み、この楽章はどちらかというと聴くことが少なかった。歳を重ねると共にこの楽章の素晴らしさが次第にわかるようになっていったのである。第3楽章アレグレットはロンド楽章。明るく祝典音楽らしい華やかさでこの曲を締めくくる。上品であるが、力強くこの楽章の最後を飾るように。そしてピアノ次いで管弦楽がこの楽章を締めくくっている。モーツァルトはレオポルト二世の戴冠式を祝う祝典音楽としての特徴を生かしながらも、深い芸術性をこの作品に込めたのではなかろうか。私はそう感じざるを得ないのである。私の愛聴盤はヘブラーのピアノ、ヴィトルド・ロヴィツキー指揮ロンドン交響楽団の録音である（CD：フィリップス、DMP-10017、1967年11月、ロンドンで録音）。この曲にはモーツァルトはカデンツァを残しておらず、楽譜には第1楽章のみカデンツァの表示があるので、ヘブラーは主題をやや変奏曲風に発展させた音楽でカデンツァを弾いている。

第175章　ドイツ歌曲「ラウラに寄せる夕べの想い」*K. 523*

この曲は1787年夏にウィーンで完成された。モーツァルト31歳の時の作品である。これは、「太陽が沈み夕焼け空になり、月が輝き始める。このように人生も過ぎていくのである。私もいつかはこのように死んで天国に行くのである。友よ、私の墓前で涙を流しておくれ。あなたが流してくれる涙は真珠の王冠となって私を輝かせてくれるのである。」と切々に歌う曲である。この曲を作曲する直前にモーツァルトは父を失っている。父の葬儀に行くことができなかったモーツァルトは、悲痛な思いであったろう！晩年は疎遠になってしまったとは言え、モーツァルトの天才を誰よりもいち早く見抜き、己の人生を犠牲にして、息子のために全身全霊で尽くして、モーツァルトの天賦の才能を開花させてくれた一番の大恩人である。父を思い出しながらモーツァルトはこの曲を作曲したのであろうか？誰にとっても肉親との別れは最も辛いものである。私自身も父を失って大変悲しかった。もっと色々なことを話したかった。もっと色々と教えてもらいたかった。いつも懐かしい父の遺影に手を合わせて、一日の出来事を報告しているが。

私はこの曲を聴くたびに心が震え、深い感動を覚える。曲の冒頭は静かな穏やかな旋律で始まる。このピアノの伴奏が始まると目の前に夕焼け空が浮かんでくる。モーツァルト色に染まる茜色の空が寂しそうである。やがて徐々に悲しみが増して行く。目をつぶってじっと聴き入っていると、亡くなった最愛の人を悼み、悲しみをこらえきれずに墓前で涙をこぼしている、そんな人の姿が目の前に現れてくるのである。本当に悲しい曲である。それなのに、なぜこれほどまでに美しいのであろうか！前半部はとにかく悲しい音楽が続いていくが、後半に入ると、やや明るくなってくる。「あなたの思い出を大切に私は生きていきます！」との思いを伝えたいかのように聴こえる。そのあと悲しみをこらえて曲が終了する。わずか5分ほどの短い音楽ながら、モーツァルトの天賦の才能が凝縮されている。モーツァルトの悲しい曲は涙がこぼれたあと、心が優しくなり、癒されている。それは旋律が美しいからであろうが、これこそがモーツァルトの音楽の不思議な力なのではなかろうか。私は、「すみれ *K. 476*」、「春への憧れ *K. 596*」と並んでこの曲をモーツァルトの三大歌曲と呼んで、いつも大切にしている。かけがえのない宝物である。この三曲を歌曲の最高傑作と呼ぶのに異論を唱える人はいないであろう。私の愛聴盤はオランダのエリー・アメリンクの歌唱である（CD：フィリップス、PHCP-3581~2、１９７７年8月、オランダ、アンヘルム、ムジス・サクルムで録音）。やや寂しげな、透き通った美しい歌声がこの曲にはぴったりである。ダルトン・ボールドウィンのピアノ伴奏も控えめでとても素晴らしい。

第176章

ボローニャのモーツァルト

モーツァルトの音楽の形成にはイタリア音楽が欠かせなかった。ゲルマン的な崇高で凛々しい旋律に、イタリア的な歌う旋律が加わったのである。イタリア旅行後のモーツァルトの音楽には、随所に流れるように美しい旋律がきら星のように輝き始めた。音楽に心を込めることによりモーツァルトの音楽はいっそう高みに達したのである。モーツァルトは父と共に13歳から三度にわたって、インスブリュックからブレンナー峠を越えてイタリアへ旅した。モーツァルトはイタリア各地で大歓迎され、ピアノやオルガンの演奏を行ったり、作曲の依頼も受けたりした。さぞかし自分のピアノやオルガンの演奏に自信を持ったことであろうし、作曲にも自信を持ったことであろう。また、多くの演奏会に行ったり、本場の歌劇を見に行ったりもした。イタリアでの音楽体験はモーツァルトの音楽を飛躍的に成長させた。三度のイタリア旅行の成果は、後に歌劇、ピアノ協奏曲、交響曲、宗教曲等の傑作となって世に出されていくことになるのである。モーツァルトは生涯にわたってイタリアを愛し続け、イタリアで活躍することを強く望んでいた。その願いは実現しなかったものの、ザルツブルクやウィーンで、イタリア音楽の素晴らしさを取り入れた多くの傑作を完成させ、後世の人々にかけがえのない贈り物として残してくれたのであった。

イタリアの各都市の中でもとりわけ、ボローニャはモーツァルトの思い出が深く刻まれた街である。この街でモーツァルトは貴重な音楽体験をしたのであった。「天才のことは天才にしかわからない!」とはよく言われることであるが、当時、ヨーロッパ音楽の中で最も尊敬されていたマルティーニ神父は、14歳のモーツァルトの類い稀なる才能を高く評価し、モーツァルトをボローニャ・アカデミア・フィルハルモニカの会員に認定したのであった。当時としては全く異例のことであった。さらに、少年モーツァルトに懇切丁寧に作曲の指導もしたのである。モーツァルトは生涯にわたってマルティーニ神父を師と仰いでいた。私は、いつかボローニャの街を訪れてモーツァルトの思い出が刻まれた場所を訪ねてみたいと切望していた。2012年の秋についに実現した。ボローニャの街は比較的小さく十分に歩いて回ることができた。旧市街地は中世の面影を色濃く残していて感動的であった。モーツァルト父子が泊まったホテルのあった場所の壁は黄色に塗られていた。そのすぐ近くのサン・フェリーチェ通りの24番地には旧パラヴィッチーニ伯爵の館が当時の姿のまま残っていた。ここで伯爵は1770年3月26日に街の貴族を150人も招待し、モーツァルトの演奏会を開催してくれた。この中には、なんとマルティーニ神父も含まれていたのであった。200年以上も前にモーツァルト父子がこの通りを馬車で走り、宿に泊まり、パラヴィッチーニ伯爵の館で音楽会を行った日のことを想像し、しばし幸福な一時を過ごした。

それから、サン・ジャコモ・マッジョーレ教会とそれに付属したアカデミア・フィラルモニカ（現ロッシーニ音楽院）を訪れた。教会はすぐわかる場所にあった。教会の中は厳かな雰囲気であった。ここでモーツァルトがオルガンを弾いたと思われる。ロッシーニ音楽院は昔の雰囲気をそのまま残しており、回廊式の廊下がとても美しかった。廊下をさらに進んで行くと、日曜日なのに遠くの方から女性の声がするではないか。なんとモーツァルトの歌劇「ドン・ジョヴァンニ *K. 527*」の第二幕、第二十三曲、ツェルリーナの独唱曲「薬屋の歌（Vedrai, carino）」ではないか！私はうれしくなって扉の前に佇み、ソプラノの声に聴き入った。ピアノの伴奏もとても素晴らしかった。ピアノの伴奏はロッシーニ音楽院の先生であろうか？そのソプラノの歌声は透き通るような美しい声で、伸びやかで清楚な感じがした。適度な減り張りもあり、とても素晴らしかった。すぐれた技術だけではなく、感情表現も素晴らしく、最後まで聴き入った。その後しばらく待っていたが、ツェルリーナの独唱曲が終わるともう歌声は聴こえなくなった。遙か遠くの東洋の国から来た、たった一人のモーツァルティアンのためにマルティーニ神父が引き合わせてくれたのであろうか？私にとっては二度と経験することのできない貴重な時間で、感動で胸が震えた。この小さな奇跡を私は長く忘れることはできない。小さな奇跡を起こして下さったボローニャの街に感謝の気持ちでいっぱいであった。

私はそれから、近くにある、サン・ジョヴァンニ・イン・モンテ教会を訪れた。モーツァルトの時代そのままに残っていた。モーツァルトはここでオルガンを弾いている。すぐ近くのサン・ドメーニコ教会も当時のまま残っており、モーツァルトはここで荘厳ミサ曲と晩課を聴いている。最後にすぐ近くの大聖堂へ向かった。修復中で外も中も見ることができなかったのが残念であった。モーツァルトはここでも宗教曲を聴いている。２００年以上も前の街の様子が、ほぼそのまま残っていて、モー

ツァルトの思い出が刻まれている。本当に素晴らしいことで、私は興奮覚めやらぬ気持ちでいっぱいで、後ろ髪を引かれる思いでボローニャの街をあとにした。

第177章　ピアノと管弦楽のためのロンド *K.* 382

ウィーン時代二年目、モーツァルト26歳の時の1782年春に完成された。この曲は、独奏ピアノ、オーボエ2、ホルン2、フルート、トランペット2、ティンパニ、第1ヴァイオリン、第2ヴァイオリン、ヴィオラ、コントラバスの大編成で、ロンド単楽章ながら演奏時間は10分を優に超える。ウィーンで自立したモーツァルトはザルツブルク時代に作曲したピアノ協奏曲も自らの演奏会でよく演奏していた。ピアノ協奏曲第5番 *K. 175* もウィーンの聴衆に披露されたが、その際に *K. 175* の第3楽章の代替曲としてこの *K.* 382 は披露された。演奏時間は、ピアノ協奏曲第5番の第3楽章（ロンド）の2倍を超える長さとなっている。随所に工夫が見られる素晴らしいロンド楽章になっている。とても人気の高い曲で録音も多く、演奏会でもよく取り上げられる。

まずは行進曲風の音楽で始まる。この主題を管弦楽が奏でた後ピアノが、次いでピアノと管弦楽が奏でる。堂々とした、明るく楽しい曲である。その後、やや淋しげな旋律が展開される。このアダージョの部分がとりわけ素晴らしい。ピアノと管弦楽の掛け合いが秀逸である。その後冒頭部のアレグロの主題に戻り、明るく、力強い音楽になる。ピアノと管弦楽の演奏の後にピアノ単独の演奏が入り終了する。ロンドであるにも関わらず中間部にアダージョの部分を入れて音楽に幅をもたせていて素晴らしい。私は20代まではこの曲が大好きで、ピアノ協奏曲第26番 *K.* 537「戴冠式」と一緒によく聴いていた。将来への明るい希望を持たせてくれるようで、いつもこの曲を聴くと元気が出た。30代以降、年を重ねるにつれて、このロンドの中間部のアダージョの部分に心惹かれるようになった。もちろん明るい希望に満ちた旋律のところが嫌いになったわけではない。年を経て色々な経験を重ねるにつれ、このアダージョの部分の音楽の素晴らしさがやっとわかるようになったと言えよう。作曲家の作る曲も年齢とともに変わるものであるが、聴き手の私達も音楽の感じ方が年齢と共に変化するのである。もちろんモーツァルトの音楽が大好きであることにはなんら変わりはないのであるが。モーツァルトが70歳まで生きてくれて曲を作り続けてくれていたら、どんな曲が生まれたであろう！そう思うと天才の夭折が残念でたまらない。私の愛聴盤はヘブラーのピアノ、アルチェオ・ガリエラ指揮、ロンドン交響楽団の録音である（CD：フィリップス、DMP-10009、1967年8月、ロンドンで録音）。ヘブラーはピアノの音の粒を揃え、この明るい音楽の素晴らしさを見事に再現してくれている。

第178章　交響曲第25番 *K. 183/173dB*

この曲は1773年秋ザルツブルクで完成された。モーツァルトは17歳になっていた。この年は弦楽四重奏曲十曲、弦楽五重奏曲一曲（第1番）、交響曲十四曲、行進曲二曲、ディヴェルティメント七曲、セレナード二曲、宗教曲九曲、ピアノ協奏曲一曲（第5番）等が完成され、実に実り多き年であった。この年を代表する名曲がこの交響曲第25番である。オーボエ2、ファゴット2、ホルン4、第1ヴァイオリン、第1ヴィオラ、第2ヴィオラ、コントラバスの小編成ながらも、4楽章全体で演奏時間は25分にも及ぶ。私は特に第1楽章と第2楽章が好きである。第1楽章はアレグロ・コンブリオ。聴く人の心を鷲掴みにする冒頭部の第一主題がなんとも素晴らしい。この第一主題は繰り返し何回も現れる。疾風怒涛のような音楽にも関わらずなんと美しいことか！第二主題はその不安や焦りを吹き飛ばすような力強い音楽！この二つの主題が繰り返されるが、単なる繰り返しではなく、管楽器を巧みに用いて聴く人を飽きさせない工夫がされている。特にオーボエの響きが素晴らしい。随所に現れるオーボエの哀切の響きがこの音楽に幅と奥行きをもたらしている。オーボエと管弦楽が見事に調和しているのである。モーツァルトの音楽の特徴である、流麗さと管楽器の華麗な響きが見事に結実している楽章である。途切れなく押し寄せる音楽が聴く人の心を捉えて離さない、モーツァルトの音楽の真髄がここに見られる。また、この楽章を最後まで聴いていくと、困難や危機的状況を乗り越えようとする強い意志が感じられて勇気付けられるのである。

モーツァルトは中音部や低音部の音を充実させるために、第1ヴィオラ、第2ヴィオラ、ホルン4と数を増やしている。この点からもト短調の曲調を見事に生かしていると言えよう。モーツァルトは多数の交響曲を作曲したが、短調の作品は交響曲第40番 *K. 550* とこの曲の二曲のみである。そこで両者はよく比べられて、「40番ト短調交響曲」に対して「25番小ト短調交響曲」というあだ名がついているが、このようにあだ名をつけるのは、モーツァルトに対して大変失礼であると思われる。若い時の作品で、小編成の交響曲と言って「小ト短調」と呼んで欲しくはないのは私一人だけであろうか?

さて、第2楽章はアンダンテ。第1楽章から一転して穏やかな音楽で始まる。美しい主題が現れる。目をつぶってこの音楽を聴いていると、ザルツァッハ川の清流やアルプスを背に中世の趣を残す街、ザルツブルクの景色が浮かんでくる。ここでも第1楽章と同様にオーボエが効果的に使われていて、オーボエ協奏曲の趣がある。オーボエが奏でる旋律が繰り返し演奏された後、やや悲しみが加わっていく。低音弦楽器の響きが悲しみを切々と歌い、そのまま終了する。モーツァルトの天賦の才能が遺憾無く発揮されている傑作と思われる。私の愛聴盤はカール・ベーム指揮、ベルリン・フィルハーモニーの録音である（CD：ドイツ・グラモフォン、427241-2、1969年、ハンブルクで録音、輸入盤）。端正な演奏が素晴らしい。聴くたびに胸を打たれる名演奏である。

第179章　ピアノソナタ第10番 *K. 330/300h*

1781年5月モーツァルトは、父親の猛反対を押し切って、ザルツブルクのコロレド大司教と決裂して、ウィーンで独立した音楽家として活動を始めた。かくしてモーツァルトは、故郷に別れを告げた。モーツァルト25歳の時であった。ウィーンでピアノの生徒を取り生計を立てていたが、それに加えて、演奏会、楽譜出版と音楽活動に精を出していた。権威主義的な大司教の圧力からも解放され、また、父親の監視からも解放され、自由に羽を伸ばし、天賦の才能をこの音楽の都、ウィーンで遺憾なく発揮していくこととなるのである。この曲が書かれる前年には、コンスタンツェと結婚し、希望に溢れる新婚生活を始めていた。ピアノソナタ第10番*K. 330*、第11番*K. 331*、第12番*K. 332*は従来1778年にパリで完成されたと考えられていたが、自筆譜やその紙の透かし模様等の研究によって1783年ウィーン生活3年目に完成されたと考えられるようになった。かくして、ピアノソナタの三大傑作、*K. 330, K. 331, K. 332*がこの世に生まれることになったのである。第10番のソナタはその第一番目の作品で、3楽章からなり15分ほどの長さになっている。

第1楽章アレグロ・モデラート。軽快な音楽で始まる。管弦楽では表現が困難な音楽で、ピアノならではの32分音符を多用して、旋律が軽やかに流れていく。まさにピアノの魔術師、モーツァルトの面目躍如といったところである。この音楽を聴いていると、人生に希望が満ち溢れ、幸福な気持ちになる。うきうきして楽しい気分になる。これからどのような人生が開けていくのか、どのような素晴らしい人との出会いがあるのかと。この美しくも愛らしい音楽が私に幸せな気持ちを運んでくれる。いつも大事にしている私の宝物である。私は、この楽章を聴いていると、綺麗な海か湖、それとも山か川に行きたくなるのである。美しい自然は人々に幸福感をもたらしてくれるのである。第2楽章アンダンテ・カンタービレ。ゆったりとした音楽が穏やかな心の平和をもたらしてくれる。やや悲しげな音楽も現れるが、人生への明るい希望がそれを打ち消してくれる。それでも、時折忍び寄る不安な気持ちや悲しみは拭い去ることはできない。モーツァルトのアンダンテ・カンタービレの音楽は、このようにそこはかとない悲しみが漂う旋律が多く、そこがまた、モーツァルトの音楽のたまらない魅力になっている。第3楽章アレグレット。第2楽章の悲しみ、寂しさを打ち消してくれる明るく、楽しい音楽である。弾むような軽快な音楽が聴く人の心を明るくしてくれる。私の愛聴盤はヘブラーの録音である（CD：フィリップス、SHM-1008、1963年ザルツブルクで録音）。40年以上も繰り返し聴いているが、聴くたびに新たな感動を覚える。ヘブラーはこの曲が持っている魅力を余すことなく再現してくれている。

第180章　ピアノとヴァイオリンのためのソナタ第28番 *K. 304/300c*

この曲は1778年マンハイムとパリで作曲され、パリで完成されたと考えられている。モーツァルトは22歳になっていた。青年モーツァルトは、マンハイムで運命の出会いをした、アロイジア・ウェーバー嬢と一緒にイタリアに行って、彼女を歌劇場のプリマ・ドンナにしたかった（1778年2月4日父親宛の手紙、モーツァルト書簡全集第3巻、472～477頁）。しかし父親レオポルトはこの手紙に激怒した（2月12日父親から、モーツァルト書簡全集第3巻、512～521頁）。モーツァルトは、泣く泣く父親の言葉に従って就職活動にパリに向かったのであった。青年モーツァルトにとっては悲しみの別離であった。そんな悲しみの気持ちがこの曲には込められているように思われてならない。この作品は *K. 301-306* のいわゆる「マンハイム・パリ・ソナタ」の第四番目の作品である。この時期のモーツァルトのピアノとヴァイオリンのためのソナタの特徴である、2楽章のみからなっていて、演奏時間も13分と短い。しかし内容はすこぶる充実していてモーツァルトのピアノとヴァイオリンのためのソナタを代表する一曲でとりわけ人気が高い。私の親しい友人は、この曲を初めて聴いて鳥肌が立って第1楽章の主題が頭から長く離れなかったと言っていた。それ位の衝撃であったのである。この友人に限らず、この曲がモーツァルトのピアノとヴァイオリンのためのソナタの中で一番好きという人が大変多い。音楽愛好家のみならず演奏家にも人気が高く、よく演奏会でも取り上げられ、録音も非常に多い。モーツァルトのピアノとヴァイオリンのためのソナタでは唯一の短調の作品でもある。

第1楽章アレグロ。この楽章の人気の秘密は、何と言っても冒頭部の旋律であろう。この旋律が忘れられないほど印象深く、心の琴線に触れるからであろう。繰り返し演奏されるこの主題はピアノで、またヴァイオリンで演奏されるが、どちらの楽器でも深く聴く人の心に入りこんで刻まれる。この曲の調性はホ短調というモーツァルトのピアノとヴァイオリンのためのソナタの中では大変珍しい調性である。これほどまでに悲しい曲なのに大変美しいのは、この調性所以であろうか?ミュンヘンでの就職活動の失敗やマンハイムでのアロイジアとの悲しい別れといった経験がこの曲に深く反映されているのではなかろうか。第2楽章テンポ・ディ・メヌエット。この楽章もホ短調である。ピアノの音が切々と悲しみを表している。父親の猛反対で結ばれる見込みのない、アロイジアとの悲恋の結末を暗示しているかのようである。この楽章の人気は、モーツァルトの経験と聴く人の人生が重なり合うからではなかろうか?秋の午後に、枯れ葉が音も無くはらはらと散っていくような、切ない初恋!あの、誰しもが経験する、叶うことのないほろ苦い初恋を思い出させてくれる曲なのである。それでも中間部からはやや明るい曲調になり、失恋の痛手に苛まれ、悲しみのどん底にある人を励ましてくれる。モーツァルトの音楽には必ず救いがある。モーツァルトはこの旋律で自分自身も励ましていたのではなかろうか?勇気を奮い立たせていたのではなかろうか?「そんなに悲しむことないよ。きっとまた良い出会いがあるよ!」と言っているかのようである。多くの人に感動を与えて止まない、ピアノとヴァイオリンのためのソナタの傑作である。さすがにこの曲は星の数ほどたくさんの録音が残っている。その中で、私が一番好きでよく聴いているのが、イングリット・ヘブラーのピアノで、ヘンリック・シェリングのヴァイオリンの録音である（CD：フィリップス、PHCP-3888/92、1972年5月、ザルツブルク、モーツァルテウムで録音）。ヘブラーのピアノは控えめの音で、抑え気味に悲しみを表現している。また、シェリングのヴァイオリンの演奏も控えめであるが、感情が込められていて素晴らしい。二人の演奏は聴く人をモーツァルトの短調の世界にぐっと引き込んでくれる名演奏である。

第181章　ピアノのための小品 *K. 33B*

1763年6月に始まったモーツァルト一家四人（父、母、姉とモーツァルト）の西ヨーロッパへの大旅行、いわゆる「西方への大旅行」はなんと3年半にも及んだが、ザルツブルクに戻る際、オランダ、フランスを経由してスイスにも立ち寄った。7歳で旅に出たモーツァルトはこの時10歳になっていた。ここで作曲されたのがこの *K. 33B* である。わずか1分ほどの短い音楽であるが、モーツァルトの天賦の才能の片鱗が見て取れる貴重な作品である。軽快で弾むような音楽であるが、なんとも愛らしい曲なのである。聴く人を幸せにしてくれる。モーツァルトは頭に浮かんできた旋律をそのまま楽譜にしたためたようであるが、単純なものにこそ芸術の真髄があることを如実に示している例であろう。ピアノに向かって微笑んでいる、可愛らしい少年モーツァルトの姿が目に浮かぶようである。私の愛聴盤は、スタニスラフ・ブーニンのピアノの演奏である（CD：EMIクラシックス、TOCE-11195、2DJ-4110、1991年2月八ヶ岳音楽堂で録音）。この曲に関しては、ブーニンの演奏が私はとても好きである。ブーニンはこの可愛らしい音楽を晴れやかに、しかも繊細に演奏している。ピアノの音も実に綺麗で、味わい深い名演奏で何回も聴いている。

第182章　弦楽四重奏曲第4番 *K. 157*

「ミラノ四重奏曲」の第三番目の曲である。モーツァルト16歳、1772年の暮れにミラノで完成された。3楽章からなり演奏時間は全体で10分程である。私が特に好きなのは、第1楽章と第2楽章である。第1楽章アレグロ。明るく伸びやかな音楽。希望に溢れ、幸せが到来する予感がする。青い空がどこまでも広がり、春の陽光に新緑が輝いているようである。四つの弦楽器がよく調和していて美しい。モーツァルトらしい流麗な音楽が聴く人の心を幸せにしてくれるのである。第2楽章アンダンテは一転して悲しい音楽。第1ヴァイオリンが切々と悲しみの旋律を奏でる。しかし、悲しい音楽なのになんとも美しい。そこはかとない哀愁も漂っている。後半に入るとチェロも悲しい音楽を奏でるようになり、寂しさもさらにつのっていく。静かに悲しみの雰囲気のまま音楽が終了する。この楽章には明るい希望の光は一度たりとも現れない。モーツァルトが作曲した弦楽四重奏曲の中でも特にもの悲しく、寂しさを表現している作品の一つであろう。この当時こらえきれないほどの悲しみをモーツァルトは抱えていたのであろうか？16歳のモーツァルトは脳裏に浮かんだ旋律を、そのまま弦楽四重奏曲の緩徐楽章に用いたのではなかろうか。私の愛聴盤はエーデル弦楽四重奏団の演奏である（CD：ナクソス、8. 550541、1990年11月ブダペストで録音、輸入盤）。柔らかな弦の音、ヴァイオリン、ヴィオラ、チェロの調和、明るい旋律も悲しい旋律も豊かに表現できる演奏技術、優れた音楽性、どれを取ってみても最高である。幾度となく聴いている愛聴盤である。

第183章　弦楽五重奏曲第3番 *K. 516*

この曲は1787年5月にウィーンで完成された。モーツァルト31歳の時であった。この頃モーツァルト家の家計は火の車で、友人のプフベルクに宛てた借金の依頼の手紙が多数残されている。モーツァルトは弦楽五重奏曲を早く完成させて、その出版の収入でプフベルクに借金を返済したかったようである。しかしながら、なかなか思うようにはいかなかったのである。そういった生活苦が音楽にも現れたのであろうか？この曲はモーツァルトの曲の中でも特に暗さや不安、悲しみが色濃く現れている。それなのに音楽はどこまでも美しい。4楽章からなり、演奏時間は何と33分にも及ぶ。私が特に好きなのが第3楽章と第4楽章である。第3楽章アダージョ・マ・ノン・トロッポ。この楽章だけでも演奏時間が8分程になる。静かな癒しの音楽で始まる。この楽章を聴いていると平和な日々に感謝する気持ちが湧いてくる。この楽章ではチェロの伴奏が目立っているが、ヴァイオリンが弾く第一主題は、この上なく美しく、悲しい。そのあとチェロが不安な気持ちを表現し、やや暗さが増してくる。中間部でも、チェロが低音を響かせ、厚みのある音楽が展開される。後半部に入ると第二主題をヴィオラが奏でる。その後この第二主題がヴァイオリンとヴィオラの二重奏で変奏されていく。悲しみや不安は消えずにそっと音楽が終了する。

第4楽章アダージョ—アレグロ。この楽章の演奏時間は11分にも及ぶ。チェロのピチカートを伴奏にして第1ヴァイオリンがゆったりと行進曲風の音楽を奏でる。次いで、第1ヴァイオリンが切々と悲しみの音楽を奏でる。これがなんとも美しい。この部分には宗教曲的な雰囲気があり、「魔笛*K. 620*」の中の「僧侶の行進」を思わせる音楽である。この後音楽が一変して明るいアレグロの音楽に変わる。この音楽も美しく素晴らしい。弾むような、軽快な音楽に様変わりするのである。ト短調からト長調への華麗な変身！ビロード色の悲しみから黄金色の喜びへの変化の妙！転調・陰影の魔術師モーツァルトならでは。その後、このロンド風の明るい旋律が少しずつ変化しながら繰り返されていく。時々入る、チェロの伴奏にも工夫が見られる。その後第1ヴァイオリンと交代して、第1ヴィオラがその旋律を演奏する。チェロの伴奏も強弱をつけて、音楽の幅はさらに広がり、弦楽五重奏曲の深遠な世界は終了する。なんとも深みのある充実した音楽であることか！私の愛聴盤はエーデル弦楽四重奏団に第2ヴィオラのヤーノシュ・フェヘールヴァーリが加わった演奏である（CD：ナクソス、8.553104、1994年2月ブダペストで録音、輸入盤）。エーデル弦楽四重奏団の四人に加わったフェヘールヴァーリも団員と同じように柔らかい音で深遠なモーツァルトの弦楽五重奏曲の世界の再現に参加している。五人の息がぴったり合った名演奏である。

第184章 お風呂とモーツァルト

日本人とお風呂は切っても切れない。お風呂に入ると疲れが取れ、明日への活力が生まれる。それだけでは無い。皮膚の皮脂腺や汗腺から老廃物を含んだ脂や汗が出て体の掃除になる。日本人の寿命が長いのはこのお風呂の習慣が一つの要因であろうと私は常々考えている。シャワーのみの欧米型との決定的な違いではなかろうか。私は、春と秋は39度、夏は38度、冬は40度のお風呂に入っている。一般的な温度より低い。この低めのお風呂に20〜30分ほど入ることによって、頭皮、脇の下等に多く存在する複雑汗腺（アポクリン腺と呼ばれている）から、老廃物や毒物等を含む大粒の汗が出て、健康を維持することができるのである。複雑汗腺は毛包や皮脂腺につながっていてこの複雑汗腺と皮脂腺から汗や脂になって毛穴から老廃物が排出されるのである。低めの温度のお風呂に長く入ることが肝要で、これにより複雑汗腺から老廃物が出てゆく。一方、熱いお風呂には、人間は長くは入れず、単純腺（エクリン腺と呼ばれる、直接表皮に開口している）から小粒の汗がすぐに出てしまう。この汗は老廃物をあまり含んでいない。これは単純腺は毛包とつながっておらず、直接表皮を通って小粒の汗が放出されてしまうからである。私はいつも塩化第一鉄と塩化第二鉄の水溶性二量体鉄塩、フェラス・フェリック・クローライド（ＦＦＣ、三重県の株式会社赤塚植物園の製品）を加えてお風呂に入っている。このお風呂に20～30分ほど入ると、頭皮や脇の下から、大粒の汗がほとばしり出て、体が芯から温まる。まさに家庭で味わえるＦＦＣ温泉なのである。日本に多数存在している温泉は鉄やカルシウム、マグネシウム等の無機物（ミネラル）が豊富で、ＦＦＣと同じように汗が多量に出て健康になると思われる。お風呂は人間の健康の源と言えよう。

さらに、私は普通入浴時にAppleのiPodを小さなスピーカーに差し込み、浴室の前室から、モーツァルトの音楽を流している。心安らぎ、汗も多く出て、さっぱりする。まさに癒しの時間である。それだけではなく、このモーツァルトの音楽を加えたお風呂の時間は私の生物学研究のためのいろいろな着想を与えてくれる。研究がとどこおっている時はそれを超えるための着想を、うまくいっている時はさらなる飛躍のための着想を得ることがとても多いのである。私にとって入浴の時間は欠かせない、大切な時間なのである。もし、モーツァルトの時代に各家庭にお風呂があって、モーツァルトが毎日入浴を楽しんでいたら、さらに多くの音楽作品が生まれたのではないかと私は思っている。夫人のコンスタンツェは病気療養のため度々ウィーン郊外のバーデンに長く滞在していたが、モーツァルトにもバーデンの温泉に度々入ってもらいたかった。もっと長生きしてくれたのではと思うのである。今晩は、モーツァルトの歌劇の独唱や重唱を二本のフルートで演奏したＣＤ（ハルモニア・ムンディー、RPC32903.04、ドン・ジョバンニ*K. 527*、魔笛*K. 620*、後宮からの誘拐*K. 384*、フィガロの結婚*K. 492*の編曲盤。フルートは工藤重典さんとジャン－ルイ・ボーマディエ、１９９１年10月フランス・ヴァンセ

ンヌで録音、輸入盤）を聴きながらお風呂を楽しんだ。モーツァルトの音楽とＦＦＣのお風呂で汗や脂がたくさん出て、疲れが取れた。まさに癒しのひと時であった。

第185章　ピアノと管楽器のための五重奏曲 *K. 452*

この曲は１７８４年の3月末にウィーンで完成された。モーツァルトは30歳になっていた。３楽章からなり、演奏時間は全体で25分程である。五重奏曲といっても弦楽器は一つも使われておらず、ピアノとオーボエ、クラリネット、ホルン、ファゴットの四管楽器から構成されている。大変珍しい曲でこの種の作品は大変貴重である。モーツァルトもこの編成では唯一この曲しか残していない。モーツァルトが心身ともに健康で、順調な音楽活動を展開していた頃の作品である。この年には、ピアノ協奏曲第14番 *K. 449*、第15番 *K. 450*、第16番 *K. 451*、第17番 *K. 453*、第18番 *K. 456*、第19番 *K. 459*、ピアノソナタ第14番 *K. 457*、ピアノとヴァイオリンのためのソナタ第40番 *K. 454*、弦楽四重奏曲第17番 *K. 458*「狩」など傑作が次々に生まれた。モーツァルトがウィーンで最も幸福であった頃のことである。

この曲は4月1日、早速ブルク劇場での演奏会で自身によるピアノの演奏で初演された。この日に新作のピアノ協奏曲第15番と第16番も一緒に披露された。この日は拍手喝采の鳴り止まぬ演奏会になった。モーツァルトは、ザルツブルクの父に宛て、この日の演奏会の様子を手紙にしたためた。「僕のピアノと管楽器のための五重奏曲は大喝采を博しました。僕はこの曲を、これまで作曲した作品の中で最高の作品と考えております。」（１７８４年4月10日、モーツァルト書簡全集第5巻、４９５〜４９７頁）。モーツァルトが自分の作品を手紙で自慢することは珍しいが、さすがにこの作品には並々ならぬ自信と満足を感じていたのであろう。

音楽の大天才が言うのであるから当然のことではあるが、モーツァルトの音楽を聴くことを生き甲斐にしている私にもこの作品の素晴らしさは容易に理解できる。主役のピアノに、オーボエ、クラリネット、ホルン、ファゴットの管楽器が加わって絶妙な調和の世界が作られている。ひとたびこの曲を聴くとその魅力の虜になり、何度も聴かないではいられない。主役のピアノに対して、それぞれの管楽器はピアノの旋律に合わせて協奏したり、単独の演奏をしたり、対等な関係になっている。ピアノと管楽器の組み合わせが微妙に変化し、典雅な響きが広がりセレナードのような風情も醸し出している。四種の管楽器が対等に、しかもそれぞれの音色の魅力を十二分に生かしながらピアノと協奏している様は、モーツァルトの天賦の才能と淀むことのない探究心の賜物であろう。モーツァルトは管楽器の特徴を熟知しており、交響曲でも協奏曲でも管楽器を効果的に使っている。このK. 452も「管楽器活用の魔術師」としてのモーツァルトの面目躍如たる作品である。室内楽の最高傑作の一つであろう。ベートーヴェンは心からモーツァルトを尊敬していたが、モーツァルトの音楽がベートーヴェンに与えた影響は計り知れない。それは交響曲、歌劇、ピアノソナタ、ピアノ協奏曲など多岐にわたるが、この室内楽曲もそうである。まさに、ベートーヴェンは12年後の１７９６年にこの曲をもとに、楽器編成も、調性も、楽章の構成も、主題の設定までも同じ作品16を書いている。いかにベートーヴェンがモーツァルトの作品を研究していたかを如実に示している。

第1楽章ラルゴーアレグロ・モデラート。ゆったりとした静かな音楽で開始される。ピアノと管楽器によって奏でられる音楽はこの上なく美しい。高原に朝が来て、太陽が燦々と光を放ち、木々がそよ風に揺れている。草原にはヒツジやヤギが草を食んでいる。そんな牧歌的な雰囲気が漂っている。ピアノはもちろんのこと、オーボエ、クラリネット、ホルン、ファゴットの管楽器も美しい旋律を奏でてくれる。私はこの曲を聴いていると、爽やかな風が吹く高原に佇んで、くつろいでいる気分になる。心底幸せな気持ちになるのである。何度聴いてもその度に感動する素晴しい楽章である。第2楽章ラルゲット。このK. 452で私が一番好きな楽章である。第1楽章と同じく牧歌的な雰囲気である。ピアノの音の上に、クラリネット、オーボエ、ホルン、ファゴットと、それぞれの管楽器の個性を生かした旋律が歌い継がれていく。このところはこの世のものとも思えないくらい美しく心地よい。五つの楽器が響き合って、モーツァルトならではの美の世界が作られている。第3楽章アレグレット。ロンド風の軽快な音楽である。ピアノと管楽器が見事に調和して、明るくのびのびとした最終楽章になっている。

私の愛聴盤はアルフレッド・ブレンデルのピアノ、ハインツ・ホリガーのオーボエ、エドゥアルト・ブルンナーのクラリネット、ヘルマン・バウマンのホルン、クラウス・トゥーネマンのファゴットによる録音である（CD：フィリップス、420182-2、1986年7月ロンドンで録音）。ピアノの名手と管楽器の名手による豪華な共演が素晴らしい。ゆっくり目の演奏で、ピアノも管楽器も決して強い音ではなく、穏やかに適度な強弱をつけて演奏してくれている。ブレンデルのピアノは明るく、粒が揃っていて、響きもよくこの曲にぴったりである。その上、五人のアンサンブルがよく整っていて素晴らしい。私の大好きな一枚である。私はこの一枚を何回も繰り返して聴いては、その度に深く感動している。「なま」の演奏ではベルリン・フィルハーモニーの小ホールで聴いた演奏が一番印象に残っている。1998年の秋の事であった。世界を代表するアンサンブル・ウィーン－ベルリン（ピアノ：シュテファン・ヴラーダー、オーボエ：ハンスイェルク・シェレンベルガー、クラリネット：カール・ライスター、ホルン：シュテファン・ドーア、ファゴット：ミラン・トゥルクヴィック）の演奏を聴くことができた。大変素晴らしい演奏で一生の思い出になった。演奏終了後若手ピアニストのヴラーダーの肩をポーンとたたいて「とても良かったよ！」と祝福していた、オーボエ奏者のシェレンベルガーのことも強く印象に残っている。私の好きなオーボエイストのシェレンベルガーの「なま」の演奏を初めて聴けて大変感激した。五人の演奏家によるアンサンブルの素晴らしさ、柔和な音、音の響き、ゆっくり目のテンポといい、モーツァルトの演奏にはぴったりであった。忘れられないベルリンの夜になった。

第186章　教会ソナタ第1番 *K. 67/41h*、第12番 *K. 263*、第14番 *K. 278/271e*、第15番 *K. 328/317c*

モーツァルトは教会ソナタを十七曲残している。すべてザルツブルクの大司教の命で作曲された。教会ソナタという作品は当時ミサ曲のグロリアとクレドの間で演奏されたものである。声楽を伴わず1楽章のみからなり、ソナタ形式をとるため「教会ソナタ」と呼ばれている。短い音楽の中にもモーツァルトの瑞々しい感性が光る曲が多い。モーツァルトはどんな作品の作曲にも決して手を抜かなかったのである。私は第1番、第12番、第14番、第15番が特に好きである。

第1番：この曲は1766年から1767年あるいは1771年から1772年にかけて作曲されたと考えられている。アンダンテで楽器編成は、第1ヴァイオリン、第2ヴァイオリン、コントラバス、オルガンで、演奏時間は3分程である。ゆったりとして、穏やかな旋律を弦楽器とオルガンが奏でる。この曲を聴いていると爽やかなそよ風が頬を撫でてくれるようで心安らぐ。第12番：この曲は1776年12月頃完成されたと考えられている。アレグロで楽器編成は、トランペット2、第1ヴァイオリン、第2ヴァイオリン、コントラバス、オルガンで、演奏時間は6分程である。冒頭部は明るい流麗な旋律を管弦楽とオルガンが奏でる。この親しみやすい、優しい旋律を聴いていると神様が近くにおられるような気がしてくる。中間部も引き続き明るい旋律であるが、やや穏やかな曲調になる。後半部に入ると清涼感漂う旋律が現れ、心穏やかになる。オルガンは宗教的な雰囲気を醸し出している。第14番：この曲は1777年4月頃完成されたと考えられている。アレグロで楽器編成はオーボエ2、トランペット2、ティンパニ、第1ヴァイオリン、第2ヴァイオリン、チェロ、コントラバス、オルガンで、演奏時間は4分程である。冒頭部は力強い旋律を管弦楽とオルガンが奏でる。第一主題は明るいがやや不安な表情も示している。第二主題は明るく歌劇の独唱曲を思わせる、歌う旋律である。明るい流麗な旋律で神様を讃えているように思われる。中間部に入るとそこはかとない悲しみがよぎる。後半部では第一主題、第二主題という順で繰り返されフィナーレを迎える。第15番：この曲は１７７９年初頭に完成されたと考えられている。アレグロで楽器編成は第1ヴァイオリン、第2ヴァイオリン、コントラバス、オルガンで、演奏時間は7分程である。冒頭部はスタッカートぎみに演奏していく。この曲ではオルガンの響きが強調される。主題は弦楽器主体で端正な音楽である。その上、オルガンの演奏が宗教曲独特の雰囲気を出していく。最終部も弦楽器とオルガンの演奏が調和して、モーツァルト独自の宗教曲の世界を形成する。

特にバロック音楽を愛好する方からモーツァルトの宗教曲は世俗的で、歌劇の独唱曲のようであるとの意見を聞くことが多い。でも神様を讃え、崇拝するのに重厚で厳粛な音楽のみが好ましいのであろうか？私にはそうは思えないのである。私にはモーツァルトの宗教曲がすーっと入って来て心を癒してくれる。優しい、美しい音楽で神様を讃えてもいいのではないか、と私は常々思っている。教会ソナタは声楽を伴わない宗教曲であるが、通常の声楽を伴う宗教曲と同じような感動を私に与えてくれるのである。私の愛聴盤はヘルムート・ヴィンシャーマン指揮、オーボエ：ダニエル・コルゼンパ、ドイツ・バッハ・ゾリステンの演奏である（CD：フィリップス、422-521-2、１９７２年8月オーストリア・リンツで録音、輸入盤）。端正で調和の取れた演奏である。

第187章 「泉のほとりで」の主題による六つの変奏曲 *K. 360/374b*

この曲はモーツァルト25歳の１７８１年夏にウィーンで完成されたと考えられている。モーツァルトはフランスの歌曲（アリエット）「泉のほとりで」を主題に選んで、ピアノとヴァイオリンによる見事な変奏曲に仕上げた。モーツァルトの変奏曲の中でも私が特に好きな曲でよく聴いているが、私の妻もこの曲がとても好きで、居間でこのCDをかけるといつも「とっても良い曲ね！」と言って喜んでくれる。この歌曲では、恋に破れ恋人との思い出が忘れられない悲しみが切々と歌われる。冒頭部「泉のほとりで」の主題をピアノが弾いてヴァイオリンが伴奏に回る。この主題は美しくも悲しい音楽で、多くの人の心を捉えて離さない。モーツァルトのおかげでこのアリエットは永遠の命を授けられることとなったのである。ピアノが主旋律を弾いてヴァイオリンが伴奏することによって音楽の幅が増したと思われる。第一変奏では主題がやや明るい曲調になる。ピアノが主役である。第二変奏はヴァイオリンが主役になる。次第に強くなっていく悲しみをヴァイオリンが切々と歌う。第三変奏では主役がピアノに変わる。悲しみの中にも希望の光が少し差し、悲しみを乗り越えようとする勇気が感じられるようになる。第四変奏もピアノが主役である。旋律は三連音符が多く現れ、細やかな音で主題を変奏していく。第五変奏もピアノが主役であるが、悲しい音楽がなんと見事に明るい音楽に変ってくる。その変幻自在ぶりにはただただ驚くばかりである。ピアノが輝き、希望が溢れてくる。第六変奏では、ヴァイオリンが主役を務め、悲しみはおさえつつも主題の特徴を生かしたまま、静かに終了する。モーツァルトの変奏曲の中でも特に秀逸な一曲で大変素晴らしい。私の愛聴盤はイングリット・ヘブラー（ピアノ）とヘンリック・シェリング（ヴァイオリン）の二人による演奏の録音である（CD：フィリップス、PHCP-3888/92、1972年9月、ザルツブルク、モーツァルテウムで録音）。ヘブラーのピアノの演奏も、またシェリングのヴァイオリンの演奏も感情が込められていていてとても素晴らしく、見事にモーツァルトの世界を再現してくれている。

第188章　オーボエ、クラリネット、ホルン、ファゴットのための協奏交響曲 *K. 297B/K. Anh. 9*

この曲はもともとフルート、オーボエ、ホルン、ファゴットのための協奏交響曲（サンフォニー・コンセルタント）として、1778年4月にパリで完成されたと考えられている。モーツァルト22歳の時で、母と一緒の「マンハイム・パリ旅行」の最中であった。モーツァルトはマンハイムからパリに着いて、多くの音楽関係者に出会った。公開演奏会「コンセール・スピリッチュエル」の支配人ル・グロもその一人であるが、このフルート、オーボエ、ホルン、ファゴットのための協奏交響曲は彼の依頼で作曲されたことがわかっている。モーツァルトも満足できる出来栄えで、当時の管楽器の名手によってパリで演奏される予定であった。しかしながら、演奏会は開かれず自筆譜も消失してしまった。恐らく誰かの妨害によってこのような事態になってしまったのではなかろうか。当時はこのようなことは決して珍しくはなかった。大変残念至極である。パリはモーツァルトにとって試練と悲しみを与える街なのであった。このように誠に残念ながら、自筆譜が消失してしまったが、19世紀半ばにこの曲が発見された。これはこの消失したフルート、オーボエ、ホルン、ファゴットのための協奏交響曲の編曲版と考えられていて、演奏会ではよく演奏され、録音も多い。独奏オーボエ、独奏クラリネット、独奏ホルン、独奏ファゴット、オーボエ2、ホルン2、第1ヴァイオリン、第2ヴァイオリン、ヴィオラ、コントラバスの編成で3楽章からなり、演奏時間は全体で32分にも及ぶ。

第1楽章アレグロ。明るく軽快で独奏管楽器と管弦楽がよく調和して心地よい。中間部はやや悲しげな表情を示すが、後半部は冒頭部と同じように明るい音楽で終了する。第2楽章アダージョ。私は特にこの楽章が好きで、管楽器による寂しげな旋律が大好きである。オーボエ、クラリネット、ホルン、ファゴットがそれぞれ独奏するが、全てが美しくも悲しい。管楽器活用の魔術師モーツァルトならではの事。第3楽章アンダンティーノ・コン・ヴァリアツィオーニ。四つの管楽器の特徴がよく生かされ、ある時は合奏で、またある時は独奏で演奏される、各楽器の音色がよく生かされた優れた作品になっている。私の愛聴盤は、オットマール・スウィートナー指揮、ドレスデン州立歌劇場管弦楽団による演奏である（CD：キングレコード、KICC3640、1975年3月、ドレスデン・ルカ教会で録音）。アルフレート・ドルクスドルフ（オーボエ）、カール・シュッテ（クラリネット）、ギュンター・シャフラート（ホルン）、ハインツ・ヴァプラー（ファゴット）の独奏が素晴らしい。管弦楽との協奏も見事である。私は千葉県の東金でベルリンフィルの団員による演奏でこの曲を「なま」で聴くことができた。管楽器と弦楽器の調和がとれたとてもいい演奏で、思い出に残っている。

第189章　ピアノ協奏曲第4番 *K. 41*（編曲）

この曲は1767年夏、11歳のモーツァルトによってザルツブルクで完成された。父親のレオポルトが息子に当時流行の音楽を主題として与え、ピアノ協奏曲として完成させたものである。第1楽章アレグロ・マエストーソはホーナウアー、第2楽章アンダンテはラウバッハ、第3楽章プレストはホーナウアーの作品を主題に用いている。楽器編成は、独奏ピアノ、フルート2、ホルン2、第1ヴァイオリン、第2ヴァイオリン、ヴィオラ、コントラバスの小編成で、演奏時間は15分弱である。私はこの作品の第2楽章が好きである。管弦楽が奏でる旋律は悲しい。聴く人の胸に悲しみが押し寄せるように迫ってくる。この主題が第2楽章を通して演奏される。管弦楽の演奏の後、この主題をピアノが演奏する。やがてピアノと管弦楽が協奏し、音楽が盛り上がる。ピアノ協奏曲第1番から第3番まで使っていたオーボエの代わりにフルートを用いたことにより、管弦楽の響きに輝きが出ていて素晴らしい。管楽器の使用法にたけていたモーツァルトの天賦の才能を、もうすでにこの作品に見てとれるのである。当時の音楽を主題に用いているとは言え、天才のひらめきが随所に見られて大変興味深い。私の愛聴盤はイングリット・ヘブラーのフォルテ・ピアノで、エドゥアルト・メルクス指揮カペッラ・アカデミカ・ウィーンの演奏である（CD：フィリップス、DMP-10006、1973年10月ザルツブルクで録音）。上品にしかも情緒たっぷりに演奏していて素晴らしい。第3楽章のカデンツァはヘブラー作曲のものである。

第190章　八つのメヌエット *K. 315g/315a*

この曲は1773年、モーツァルト17歳の時にザルツブルクで完成されたと考えられている。現存する楽譜はピアノのためのメヌエット*K. 315g*とされているが、曲の特徴から管弦楽曲として作曲された可能性も考えられる。したがって、演奏や録音ではエリック・スミスによる編曲版、管弦楽曲*K. 315a*がよく用いられる（全体で演奏時間は16分程）。いずれにせよ、単なるメヌエットで終わらず、幸福感を与えてくれる楽しい曲になっている。私も管弦楽曲*K. 315a*の方をより頻繁に聴いている。

第1曲は舞踏会の始まりを告げる音楽である。堂々として力強い。後半部は華麗なメヌエット音楽。その後冒頭部の音楽に戻って終了する。第2曲は流麗な音楽で始まる。その後メヌエット音楽になる。フルートが活躍して舞踏会を盛り上げる。その後冒頭部の音楽に戻って終了する。第3曲は開始の音楽がとても魅力的である。その後メヌエット音楽になる。穏やかで安らぐ音楽である。第4曲は勇壮な音楽で始まる。金管楽器が大活躍する。中間部では穏やかな旋律の音楽になるが、その際フルートが大活躍する。第5曲は流麗な音楽で始まる。中間部では木管楽器が活躍する。木管楽器のための協奏曲風で楽しく幸せな気持ちになる。その後冒頭部の音楽に戻る。第6曲は力強く変幻自在な音楽である。中間部のフルート協奏曲風の旋律が美しい。第7曲はアルプスの風景を彷彿とさせる音楽で始まる。ホルンが活躍することで爽やかで晴れ晴れとした雰囲気を醸し出している。中間部の音楽はフルートとティンパニが諧謔的な旋律を奏でて聴く人を楽しい気分にしてくれる。第8曲はこの曲の中で私が最も好きな曲である。冒頭部では主題を管弦楽が奏でる。この主題はやがて少しずつ変化する。その後フルートが活躍するが、フルートが奏でる旋律は諧謔的で楽しい。最後は冒頭部の音楽に戻り終了する。とにかく明るく楽しい曲で幸福な気持ちでいっぱいになる。

一方、ピアノで演奏される（*K. 315g*）ことももちろんある。演奏会で取り上げられることは稀であるが、録音は多い。私はピアノ曲としてもとても好きである。モーツァルトのピアノ小品には素敵な作品が多いが、その中でも私はこの曲が特に好きで、よく聴いている。愉悦に満ちた音楽が聴く人の心を和らげ、幸せな気持ちにしてくれる。この曲を聴くとモーツァルトに感謝する気持ちでいっぱいになるのである。管弦楽曲*K. 315a*の方の私の愛聴盤は、ウィリー・ボスコフスキー指揮、ウィーン・モーツァルト合奏団による演奏である（CD：フィリップス、422645-2、１９６６年、ウィーンで録音、輸入盤）。愉悦に満ちた演奏でしかも輝きがある。弦楽器も管楽器も見事な演奏である。楽しい気持ちにしてくれる名録音である。一方、ピアノの小品としての*K. 315g*は、スタニスラフ・ブーニンのピアノ演奏（CD：東芝、EMI TOCE-11195、１９９１年2月、八ヶ岳音楽堂で録音）をよく聴いている。ブーニンは力を抜いて、ピアノの粒を揃え、適度な減り張りで素晴らしい演奏をしている。私にとって理想的なモーツァルトのピアノ演奏である。八ヶ岳音楽堂で録音されたのも、この曲の雰囲気に合っていて良かったのではないかと思われる。

第191章　ヴァイオリンと管弦楽のためのアダージョ *K. 261*

１７７３年、モーツァルトは第三回イタリア旅行より郷里に戻り、ザルツブルク宮廷音楽家として勤め始めた。モーツァルトは19歳になっていた。１７７４年の暮れから１７７５年の初めにかけてモーツァルトは、ミュンヘンで自作の喜歌劇「偽りの女庭師*K. 196*」を初演し大成功した。大いに自信を持ったに違いない。この年には、ヴァイオリン協奏曲第2番*K. 211*、第3番*K. 216*、第4番*K. 218*、第5番*K. 219*と立て続けにヴァイオリン協奏曲の名作が生み出された。翌1776年20歳になったモーツァルトは、ピアノ協奏曲第6番*K. 238*、第7番*K. 242*、第8番*K. 246*やハフナー・セレナード*K. 250*等ザルツブルク時代の名作を始め、多くの行進曲、ディヴェルティメント、教会ソナタなどを完成させ、実り多い充実した一年を送った。この*K. 261*は、この年の秋から暮れにかけて作曲された（自筆譜には完成日付が無い）。ザルツブルク宮廷楽団のコンサート・マスターであったアントーニョ・ブルネッティーのために、ヴァイオリン協奏曲第5番*K. 219*の第2楽章アダージョの代替楽章として書かれたという説があるが、定かでは無い。父レオポルトが1777年9月25日にミュンヘン滞在中の息子に宛てた手紙（モーツァルト書簡全集第3巻、40～44頁）の中で書かれている「ブルネッティーのためのアダージョ」はこの曲を指すと考えられている。叙情的で深い味わいを持った曲で大変人気があり多くの録音が残っている。楽器編成は独奏ヴァイオリン、フルート2、ホルン2、第1ヴァイオリン、第2ヴァイオリン、ヴィオラ、コントラバスである。約8分の短い音楽ながらしみじみとした、深い味わいのある作品で、私の宝物である。4分の4拍子をとり、8小節の短い展開部を持つソナタ形式で書かれている。

慈愛に満ちた優しい旋律が美しい第一主題を管弦楽が奏で、ついでヴァイオリンが独奏する。目をつぶってじっくり聴いていると、モーツァルトが「そんなに悲しむことはないよ、明るい気持ちになってね！」と慰めてくれているようである。引き続き、明るく、伸びやかな、希望あふれる曲想の第二主題をヴァイオリンの独奏と管弦楽が奏でる。ヴァイオリンと管弦楽の見事な調和！モーツァルトが「悲しみはいつか消えていくから、それまでじっと耐えていようね！」と言っているようである。中間部では、第二主題がそこはかとない悲しみを秘めた美しい旋律へと展開される。モーツァルトが「でもね、君の悲しみはよくわかるよ。どうしても癒えない傷というのはあるね。僕も想い人に失恋した時は天と地がひっくり返ったようだったよ。

そんな時は我慢しないで涙を流していいのだよ。そうしたら少しは楽になるからね！」と言っているようである。なんと心揺さぶられる音楽であることか！再現部では、第一主題、第二主題がヴァイオリン独奏と管弦楽で奏でられ、カデンツァを経て、最後に第一主題が静かに、ゆっくりと奏でられて終わる。心の琴線に触れる素晴らしい曲ではなかろうか。この曲は星の数ほどあるヴァイオリン協奏曲の中で最高傑作であると思っている。何度も繰り返し聴いていて、私のかけがえのない人生の友である。

　この曲には、私のささやかな思い出がある。全国展開している日本の大手家具・雑貨店の「ニトリ」に妻と買物に行った時のことである。なんと館内放送にこの曲が流れていたのである。モーツァルトの曲、それも私の大好きなこの*K. 261*が流れていたので感激した。日本ではザルツブルクやウィーン、プラハ等の街と比べ、公共の場でモーツァルトの音楽が流れているのは大変稀である。モーツァルトの音楽が流れていれば、買物も食事もどんなに楽しいことかと常々思っている一人である。店内でこの曲に聴き入ってしまい、その場に立ち止まって動けなくなってしまった。もちろん私が買い物に行くからと、それに合わせて選曲して下さったのではないのであろうが……。「ニトリ」という会社の、買物客に対する温かい心遣いに感謝の気持ちでいっぱいであった。穏やかな気持ちにさせてくれながら、ゆったりと買物ができるのは買物客にとっては嬉しいものである。その日は一日温かい気持ちでいっぱいであった。

　人生には悲しい出来事が多く、その度に人は旅に出たり、浴びるようにお酒を飲んだり、寝込んだりと、色々と苦しみ、悩み、絶望の底から這い上がろうとする。でも、私はいつもそのような時はこの曲を聴いて悲しみが通り過ぎるのをじっと待っている。ラファエロの「草原の聖母」を思わせる、慈愛に満ち満ちた美しい旋律が私の心を温め、慰めてくれるのである。雑念を捨てて、静かにこの曲に聴き入っていると、ラファエロの「草原の聖母」の絵が浮かんでくる。慈愛に満ちた美しい第一主題はマリア様そのものだし、明るく伸びやかな第二主題は、幸せに満ちた母子の姿を思わせる。ヴァイオリンと管弦楽の見事な調和は、人物と背景の草原との見事な調和を思い起こさせる。憂いを秘めた悲しみの旋律は、マリア様の悲しみを秘めたほほえみを思い起こさせる。マリア様は、幼子キリストにこれから待ち受けている苦難の日々を思い、心が痛むのであろうか?この曲の終末部に、あの慈愛に満ちた美しい第一主題が再現され、静かに、ゆっくりと奏でられ、悲しみを包み込むように、ラファエロの絵はマリア様の悲しみを優しく包み込んでいる。私の愛聴盤はピンカス・ズーカーマンのヴァイオリンと指揮、セント・ポール室内管弦楽団の演奏の録音（CD:ソニークラシカル/レガシー、SBK89841、1982年、ニュー・ヨークで録音、輸入盤）で、ゆったりとしたテンポでこの曲の素晴らしさを余すところなく再現してくれている。ピンカス・ズーカーマンの穏やかで、柔らかな、控えめなヴァイオリンの音色も素晴らしい。私の理想とするモーツァルト演奏である。フランスのレジ・パスキエ（ヴァイオリン）、ピエール・バルトロメー指揮リエージュ・フィルハーモニー（オーヴィディス・ヴァロワ、V4796、1998年、オーヴィディス、フランスで録音、輸入盤）もよく聴いている。この演奏もアダージョの指定通りにゆっくりと演奏してくれている。ヴァイオリンの独奏も管弦楽の演奏も素晴らしい。

第192章 郵便馬車とモーツァルト

私の好きな歌に「あこがれの郵便馬車」（作詞丘灯至夫、作曲古関裕而）がある。友や恋人からの便りが郵便馬車に運ばれて届くのを待ち焦がれる人々の気持ちを歌った名曲である。岡本敦郎さんの歌唱が素晴らしい。私は郵便馬車の時代に生まれ育ったわけではないが、物心ついた頃からラジオでよく聴いていた。小学生になって、日本はテレビの時代になり、「懐かしのメロディー」の時代になった。ラジオ歌謡の時代に流行した曲はいい曲が多く、中でも岡本敦郎さんの「白い花の咲く頃」（作詞寺尾智沙、作曲田村しげる）、「高原列車は行く」（作詞丘灯至夫、作曲古関裕而）やこの曲を聴くのが楽しみであった。私はこの歌を聴くと、モーツァルトの時代に思いをはせる。今日では、成田空港や羽田空港からウィーン空港まで直行便が飛んでいて、行きたくなればいつでもウィーンに飛んでいくことができる。ウィーンから飛行機を乗り継ぐか、列車でザルツブルクまでもその日のうちに行くことができる。快適な空間でおいしい食事やモーツァルトの音楽、映画を楽しみながら、わくわくしながら到着する。大変ありがたいことである。しかし、モーツァルトの時代、旅は命をかけた一大行事であった。モーツァルト一家は旅の前に、ザルツブルク郊外のマリア・プライン教会（第8章参照）に旅の安全祈願によく行った。わくわくする旅行というよりは命をかけた大冒険であった。主たる交通機関は馬車であった。この馬車による旅がどれほど過酷なものであったか、想像に難くない。ザルツブルクからウィーンまで、今日では飛行機で30分、電車や車なら2、3時間ほどで行ける。しかし、モーツァルトの時代はまる3日もかかった。ましては遠い、イギリスやイタリアになると7～12日もかかった。現在のように道路が舗装されているわけではなく、ほとんどが砂利道の悪路であった。腰にかかる負担は大変なものであったろう。モーツァルトが短命であったのも、背が低いままであったのも、少年時代からのこの馬車による過酷な旅が原因であったと思われる。

確かに科学技術の進歩は人間に多くの便利さと豊かさをもたらした。しかしながら、すべての物事に正と負、陽と陰、明と暗があるように、飛行機でさっと目的地に着くよりも馬車でやっと目的地にたどり着いた方が達成感は大きいのではなかろうか？その感動は言葉では言い尽くせないものであったろう。

手紙もそうである。今は、コンピューターやスマートフォンを使って瞬時に世界各地に電子メールという形で手紙を送れる時代になった。私どものように生物学の研究に携わってきた者にとって、これほどありがたいことはない。1980年頃まではヨーロッパやアメリカの学術雑誌に生物学の研究論文を投稿する際には、原稿一部に加えて、写しを二、三部つけて（図や写真は原稿と同じものを）航空便で送ったものであった。7～10日かかってやっと先方の編集局に届く。それから査読が始まるのである。一回で受理されることはまず無く、何回も書き直し、要求された追加実験等も加え、やっと受理されることが常である。ところが今では、コンピューターを使って瞬時に研究論文をヨーロッパやアメリカの学術雑誌に投稿することができる。早ければ1～2ヶ月で査読に合格して受理される。受理の連絡も電子メールで送られてくる。ありがたいことこの上ない。特に日本のような島国ではこの電子メールが大きな力になる。しかしながら、これもいい点ばかりではない。論文が受理された時の喜びが昔に比べてずっと小さいのである。昔は論文が受理されると飛び上がるほどうれしく、そのうれしさが数ヶ月続いたものであった。

科学技術の進歩は人間に便利さをもたらす一方、喜びや人間性をも奪う危険性をはらんでいるのである。手紙も同じである。その人の個性がにじみ出た、美しい字でしたためた、丁寧な手紙をいただいた時の感動は、美辞麗句を並べた活字の電子メールをいただいた時よりうれしく感動的である。そして、手紙は条件さえよければ長く保存できるのである。メールは読み終わった後で削除してしまうことが多い。電話もメールもなかったモーツァルトの時代、連絡手段は手紙のみであった。モーツァルトは筆まめな人であったので、旅先で家族や友人、恋人にあてて多くの手紙を書いた。その手紙は大半が残っているのである。この手紙は曲が完成された日付を知る手がかりになるだけでなく、モーツァルトの人となり、音楽論、時代の背景、気候、風土、自然環境等、多くのことが手に取るようにわかる貴重な資料、文化財なのである。

この手紙を運搬していたのが郵便馬車であった。当時ヨーロッパ各地には郵便馬車が停車する所があって、そこで手紙を投函できた。郵便馬車が到着すると御者がポストホルン（郵便ラッパ）を吹いて人々に知らせたのである。モーツァルトの代表的なセレナード、「ポストホルン・セレナード *K. 320*」の第6楽章（第二メヌエット）にはこのポストホルンが出て来て、音楽に趣を添えている。今日でもオーストリアの郵便ポストにはこのポストホルンの絵が描かれている。日本では北海道に郵便馬車があったことが歴史資料に残されている。

モーツァルトの手紙には、その優しさが手にとるようにわかるものが多い。モーツァルトが22歳の時就職活動で訪れていた、パリで客死した母のことを、「今、お母さんは重い病気です。回復するように祈っています。」と、父親が大きな衝撃でうちのめされないように気遣った手紙（1778年7月3日モーツァルト書簡全集第4巻131～136頁）は読むたびに深い感動を覚える。さらに、父への手紙と同時に、母が亡くなったことをザルツブルクにいる親友のブリンガー神父に伝え、「父に母の死を受け入れる心の準備をさせて下さい。」と書いた手紙（同137～139頁）にもモーツァルトの人柄がにじみ出ていていつ読んでも胸が熱くなる。また、思いを寄せていたアロイジア・ウェーバーがさっぱり手紙をくれないのをやきもきしながら書いた催促の手紙も残っている（1778年7月30日の手紙、モーツァルト書簡全集第4巻、185～188頁）。また、ウィーン時代の多忙を極めていた時は、ほんの少しの時間で走り書きをして、郵便馬車の出発に間に合わせた手紙も多かった。

今日の日本でも何日も待ちわびてやっと届いた手紙、美しい字で書かれた手紙、相手の優しさがにじみ出た手紙等を手にした時の感動は、活字が並んだ電子メールとは比べものにならないほど大きいものなのではなかろうか。電子メールがどんなに便利で、早くても手紙文化が廃れないように私達は

努力したいものである。そんなことをモーツァルトの音楽を聴きながら思わずにはいられないのである。決して郵便馬車とポストホルンを古き良き時代への郷愁を誘う懐古趣味として終わらせず、私達は古い文化を大切にする心を失いたくないものである。

第193章　ピアノ協奏曲第21番 *K. 467*

この曲はあまりにも有名で、あまりにも多くの人々に愛されている、モーツァルトを代表する傑作である。モーツァルトの曲の人気投票をするといつも上位に上がり、ピアノ協奏曲では、第20番 *K. 466* と人気を二分している。この曲は1785年の3月にウィーンで完成された。モーツァルトは29歳になっていた。前作のピアノ協奏曲第20番の完成からわずか1ヶ月しか経っていない。しかもこの時期は歌劇「フィガロの結婚 *K. 492*」の作曲に専念していた時期でもある。寝る間も惜しんで作曲に専念していた「フィガロ・ハウス（2006年以降モーツァルト・ハウスと名前が変わった）」でのモーツァルトの日々の生活が想像される。この時期は心身ともに健康で、作曲に、演奏に、才能を遺憾なく発揮していたモーツァルトの絶頂期であったろう。喜歌劇の大作にして最高傑作の「フィガロの結婚」の作曲とこのピアノ協奏曲第21番の作曲が同時進行していたとは！ただただ天才の能力に驚くばかりである。この曲にはモーツァルトの天才ぶりが遺憾なく発揮されていると思わざるを得ないのである。この曲も第20番と同様に予約演奏会のために作曲されたが、これもまた初演の前日の3月9日に完成した。初演の場所はブルク劇場であった。第20番と同じように独奏ピアノ、オーボエ2、ホルン2、フルート、ファゴット2、トランペット2、ティンパニ、第1ヴァイオリン、第

2ヴァイオリン、ヴィオラ、コントラバスの大編成になっており、演奏時間も30分になる。私の大好きな曲の一つである。

第1楽章アレグロ・マエストーソは明るい行進曲風音楽で始まる。管弦楽が美しく響く。特にホルンとフルートが効果的に使われている。管楽器の使用にモーツァルトの天賦の才能が十二分に生かされているのである。それによって音楽の響きに幅が広がり、聴く人を爽やかな気持ちにしてくれるのである。モーツァルトの音楽が時空を超えて、老若男女に愛されている理由の一つがここにあるのではなかろうか。この出だしの部分だけでも聴く人に明るい希望を持たせてくれるのである。次いで、ピアノの演奏が始まり、明るい旋律の主題をじっくりと聴かせてくれる。しかしながら、その後この主題が悲しみを秘めた短調に変化して行く。晩年の交響曲の傑作、第40番ト短調*K. 550*の第1楽章の主題に似ている。ゆっくりと進む悲しみではなく、やや足早に通り過ぎて行く悲しみが！しかしこの短調の音楽はそう長くは続かない。すぐに明るい旋律で打ち消されて行く。ここでも転調の魔術師、モーツァルトの才能は遺憾無く発揮されている。この転調の魔術が聴く人の心を捉えてやまないのである。次いで力強い音楽が演奏され、カデンツァを経て終了する。モーツァルトはここではカデンツァを残していない。それは、この曲が演奏会の前日に完成されたことによる。おそらくモーツァルトはカデンツァの部分は演奏会当日即興演奏したものと思われる。楽譜が残っていないのが残念でたまらない。

第2楽章アンダンテは私がこの曲の中で最も好きな楽章で、宝物である。なんと美しくも悲しい音楽であることか！なんとも郷愁を誘われる素晴らしい音楽である！モーツァルトがもしこの曲一曲（そういうことは実際にはなかったのではあるが）しか残さなかったとしても、永遠にモーツァルトの名は不滅のものとなったであろう！目をつぶってこの楽章をじっと聴いていると、私の脳裏には日本の冬の夜空が浮かんでくる。それも子供の頃に郷里の横浜市の郊外、金沢区六浦町で見た、あの冬の夜空である。当時は工場もビルも街灯もほとんどなかったので、横浜の郊外でも星がたくさん夜空に輝いていた。家にはお風呂がなかったので、弟や友達とよく近所の銭湯に行った。銭湯から出て家までの道すがら、北斗七星やオリオン座が綺麗に見えたものであった。その頃が懐かしく、愛おしい！私はこの曲を聴くたびに少年時代に見た冬の夜空を思い出すのである。この類い稀な美しい旋律は、人類すべての人々に与えられたモーツァルトからの贈り物に違いない。

私の北海道の友人の一人は、絵画が大好きで、自身でも絵をたくさん描いている。その友人のお宅を訪ねたことがある。その友人のリンゴ園を訪ねたり、色々なことを話したり、美味しい北海道の味覚をいただいたりして、楽しいひと時を過ごして千葉に帰宅した。1週間ほど経ってその友人が撮って下さった写真をDVDに入れて送って下さった。北海道の美しい写真と共にそのDVDには、なんとこの第2楽章が流れていたのである。私がモーツァルトファンであることをその友人は良く知っていたが、私への贈り物にこの曲を入れてくれたのであった。絵をこよなく愛する友人にもモーツァルトのこの曲は愛されていると知り、大変うれしかった。この曲にはそんな小さな思い出も残っている。また、この音楽は、1967年のスウェーデン映画『みじかくも美しく燃え』等の映画音楽、テレビの宣伝音楽などにも多用されている。多くの人がこぞって使っているが、それは当然至極のことであろう。第3楽章アレグロ・ヴィヴァーチェ・アッサイはロンド楽章で、力強い音楽である。第1楽章同様モーツァルトはカデンツァを残していない。悲しみや心配事はほとんど現れず、晴れ晴れとして終末を迎える。明るくこの協奏曲が締めくくられている。

この曲には優れた録音が多数残っているが、私の愛聴盤はヘブラーのピアノ、ヴィトルド・ロヴィツキー指揮、ロンドン交響楽団の録音である（CD：フィリップス、DMP-10014、1968年1月、ロンドンで録音）。ヘブラーの粒の揃ったピアノとロンドン交響楽団の管弦楽がよく調和していて素晴らしい。第1楽章の終末部、ヘブラーは自身が作曲したカデンツァを弾いている。主題をやや変奏曲風に発展させている。上品ではあるが、やや力を込めてこの楽章の最後を飾るように演奏している。また、第3楽章の終末部でも、自らの作曲したカデンツァを弾いている。これもまた素晴らしい。また、この曲の第2楽章を、ピアノではなくヴァイオリンで演奏している珍しい録音がある（CD：ナクソス、8.550414、1990年4月、スロヴァキアで録音、輸入盤）。西崎崇子さんのヴァイオリン、ヨハネス・ヴィルトナー指揮、カペラ・イストロポリターナの演奏（サン・サーンス編曲）である。とても素晴らしい。もちろんヴァイオリンで全ての音が弾けるわけではないが、この曲の雰囲気を見事にヴァイオリン協奏曲として再現している。美しい旋律はヴァイオリンで演奏しても美しいのである。「モーツァルトは楽器を選ばない！」という名言がこの録音でも証明されている。

第194章　交響曲第29番 *K. 201/186b*

この曲は1774年春にザルツブルクで完成された。モーツァルト18歳の時の作品である。この年は交響曲、ピアノソナタ、行進曲、ディヴェルティメント、セレナード、宗教曲等が多数完成され、実り多き一年であった。この年を代表する名曲がこの交響曲第29番である。オーボエ2、ホルン2、第1ヴァイオリン、第2ヴァイオリン、ヴィオラ、コントラバスの小編成ながらも、4楽章全体で演奏時間は25分に及ぶ力作である。前年に作曲された交響曲第25番と共にザルツブルク時代を代表する交響曲で、私は第1楽章と第2楽章が特に好きである。第1楽章はアレグロ・モデラート。冒頭部は穏やかな雰囲気で始まる。そのあと伸びやかな明るい曲調に変わる。この楽章をじっくり聴いていると、心地よい春のそよ風が吹き抜ける高原の景色が脳裏に浮かんできて、幸せな気持ちでいっぱいになる。そのあと冒頭部の音楽に戻って終了する。第2楽章はアンダンテ。この楽章もゆったりとした穏やかな音楽で始まる。静かで心休まる曲である。この楽章を聴くと、平和な日々に感謝する気持ちでいっぱいになる。次いで、弦楽器が奏でる旋律はやや悲しみや不安を感じさせる。しかしながら、大変美しく、聴く人の心を癒してくれる。これにさらにオーボエの哀切の響きが加わり、ますます美しさを増していく。その後、さらに悲しみが増すが、すぐに冒頭部の音楽に戻る。この冒頭部の旋律が繰り返されるが、最後にオーボエが高らかに歌い、終了する。モーツァルトの癒しの音楽の中でも特に好きでよく聴いている。聴くたびに癒される名曲である。モーツァルト研究家の井上太郎氏の講演会に伺ったことがあるが、井上氏はこの29番が大好きで中期交響曲の傑作であると言われていた。そのお言葉を聞いて大変嬉しかったことを今でも良く覚えている。今夜もカール・ベーム指揮、ベルリン・フィルハーモニーの演奏（CD：ドイツ・グラモフォン、427241-2、1968年、ハンブルクで録音、輸入盤）で楽しもう。穏やかでゆったりした演奏が素晴らしい。1977年4月私は東北大学の大学院から盛岡の岩手大学に職を得て、研究・教育活動を始めた。独身時代はモーツァルトの演奏会があると一人でよく演奏会場に足を運んだ。1978年11月28日、ワルシャワ・フィルハーモニー室内管弦楽団の演奏会（岩手県民会館）で、この交響曲第29番全曲を聴くことができた。少人数の室内管弦楽団で、丁寧な、穏やかな演奏でとても素晴らしかった。盛岡はいい演奏会がよく開催される素晴らしい街であった。岩手県民会館は、住んでいた家から自転車で10分程の所にあり、切符を取るのも楽であった。自転車で演奏会に頻繁に行けていた頃が懐かしく思い出される。

第195章　ピアノソナタ第15番 *K. 545*

この曲は1788年春ウィーンで完成された。モーツァルトは32歳になっていた。この年は交響曲第39番 *K. 543*、第40番 *K. 550*、第41番 *K. 551*、ピアノ協奏曲第26番 *K. 537*「戴冠式」、ピアノ三重奏曲、コントルダンス、ドイツ舞曲、カノン等の名作が生まれた年であった。しかし、忘れてならないのがこのピアノソナタ第15番もこの年に生まれたことである。ピアノソナタという範疇の作品は比較的創作開始が遅く、1775年モーツァルトが19歳になって、第1番から第5番までが完成されたのであった。創作開始は遅かったものの、晩年に至るまでピアノソナタの作曲が行われることとなった。モーツァルトのピアノソナタにも私の大好きな曲が多く、最愛の一曲を選ぶのは困難であるが、もし一曲だけを選ぶとしたら今はこの曲を選ぶ。それほど好きである。このソナタが大好きになったのは30代以降であった。それまでは、第10番*K. 330*、第11番*K. 331*、第12番*K. 332*が大好きであった。もちろんこの三曲が嫌いになったわけではなく、相変わらず大好きであるが、第15番を聴くことがとても多いのである。

モーツァルトがこの曲に「初心者のための小さなソナタ」との副題を添えたように、超絶技巧もなく、平易に書かれている。リコーダーでも一部は演奏することができる。しかも、「モーツァルトのソナチネ」として広く知られていて、ピアノを勉強する生徒は必ず習う曲である。しかしながら、弾くのは大変難しいようで、ピアニストの久元祐子さんは少々呆れたような表情で「モーツァルトはどうしてこんなに難しい曲にソナチネという題をつけたのでしょうかね！」とレクチャー・コンサートでおっしゃっていた。妻にも聞いたが、「とても難しく人前で弾けるようになるのは容易ではないわ。」と言っていた。そう言って私のためにはごく一部しか弾いてくれなかった。私も数え切れない程たくさんのピアニストの録音や「なま」の演奏をこれまで聴いてきたが、心底感動するような演奏は本当に少なかった。音が少なく曲調の変化も抑揚もそれほど多くなく、簡潔にまとまっているので、音の不揃いがあったり、綺麗でない音が一つでもあると音楽全体が壊れてしまうからであろうか。音の粒を揃え、抑揚を最小限にし、それでいて無味乾燥にならないように音楽を作り上げることは至難の技であろうか。「モーツァルトは聴くのは天国、弾くのは地獄！」とよく言われるのもわかるような気がする。ともあれ、平易、簡潔な小宇宙にこそモーツァルトの天賦の才能がきらきらと輝いているのである。このことを最も明確に示している曲の一つがこのピアノソナタ第15番であろう。聴く人にとってこれほど簡潔で美しいピアノ曲も少ないのではなかろうか。

第1楽章アレグロ。「単純なものに真の美があり、芸術の真髄がある！」ことを、この楽章ほど明確に示してくれるものは他にないであろう。簡潔で優雅な気品に満ちた主題がなんとも美しい。それでいて、そこはかとない悲しみが漂っている。この悲しいのに美しい、美しいのに悲しい音楽こそはモーツァルトの真骨頂であろう。老若男女を問わず聴く人の心に安らぎを届けてくれる。演奏にはピアノの音の粒が揃っていて、透き通るように輝いている音であることが大事であろう。第2楽章アンダンテも素晴らしい。この小宇宙にモーツァルトの歌う旋律が展開されている。この愛らしい主題はモーツァルトのピアノソナタの作品の中でもひときわ輝いている。さらに中間部には悲しみの影がよぎり、音楽の幅が広がっている。第3楽章は軽快なロンド。アレグレットでややゆっくり目の音楽。短いながらも躍動感にあふれ、愉悦に満ちている。この曲が作曲された1788年はウィーンでのモーツァルト人気に陰りが見えてきた頃で、演奏会の開催や楽譜の販売が思うようにいかず、借金は溜まる一方であった。そんな生活苦の中にあってもモーツァルトの天賦の才能は、ますます磨きがかけられ、円熟味が増していった。わずか10分ほどの小宇宙の中に込められたモーツァルトの芸術の真髄をこの曲に見いだせるのである。私はこの作品をあらゆるピアノ曲の最高傑作と思っている。かけがえのない私の宝物である。

私の愛聴盤はヘブラーの演奏である（CD：フィリップス、SHM-1010、1968年ザルツブルクで録音）。この曲ほどヘブラーの演奏の素晴らしさを感じるものはないであろう。音の粒を揃え、真珠のような輝きで、適度な減り張りをつけて、この曲の素晴らしさを十二分に再現している。40年以上も繰り返し聴いているが、聴くたびに新たな感動を覚える名演奏である。また、非常に珍しいところでは、この曲をハープ（グザヴィエ・ド・メーストレ）で弾いた演奏があり、よく聴いている（CD：ソニー・クラシカル、88765439922、2013年2月ザルツブルク・モーツァルテウムで録音、輸入盤）。ハープの素朴な感じがとてもいい。「モーツァルトは楽器を選ばない！」とつくづく感じざるを得ないのである。

第196章　ピアノとヴァイオリンのためのソナタ第31番 *K. 404/385d*

この作品の作曲時期については諸説あって不明確であるが、1788年頃ウィーンで作曲されたと考えられている。モーツァルト32歳の時である。第1楽章アンダンテと第2楽章アレグレットからなり、アンダンテの最後の2~3小節をアンドレが補筆して完成させた。全体で4分ほどの短い音楽ながら、モーツァルトの優しさがにじみ出ている作品である。録音はあるものの、演奏会で取り上げられる機会がないのが、残念でたまらない。どうか演奏会でも取り上げて欲しいと私は常々願っている。第1楽章は優しい、愛らしい音楽である。穏やかで心慰められる旋律をピアノが主に演奏し、ヴァイオリンが伴奏する。次いで、ピアノとヴァイオリンの役割が逆転し、やがてピアノとヴァイオリンの協奏に変わる。最後はヴァイオリンが主に演奏し、ピアノは伴奏に回る。2分ほどの短い音楽の中に、モーツァルトの天才ぶりが凝縮されて表現されている。第2楽章は、軽快で弾むような旋律をピアノが演奏し、ヴァイオリンが伴奏する。次いで、ヴァイオリンが主役を務め、ピアノが伴奏にあたる。その後、ピアノとヴァイオリンの協奏に変わる。これから明るい未来が開けてくるように感じられ、元気になれる。2分ほどの短い音楽の中に、モーツァルトの才能が輝いている。音楽は長ければいいというものではないであろう。短いながらも大曲を凌駕する作品は多く存在する。特に、モーツァルトは簡潔な作品の中に宇宙の広がりを感じる作品が実に多い。歌曲の傑作「すみれ *K. 476*」もモテットの傑作「アヴェ・ヴェルム・コルプス *K. 618*」もピアノ・ソナタの傑作第15番 *K. 545*「ソナチネ」もそうで、枚挙にいとまがないくらいである。絵画もそうであろう。60センチ四方ほどの小さな絵画が、天井画のような壮大な作品を凌駕するものも多い。ラファエロやフェルメールの作品のように！音楽や絵画の真の価値はその時間的な長さや空間的な大きさではなく、その中に込められた作者の魂であろう。このK. 404を何度も聴いているとそう思われてならないのである。

また、この作品を聴いていると、実にモーツァルトという人は心優しい人で、天真爛漫で、一生子供のような純粋な心を持ち続けた人であったと思われてならない。「魔笛K. 620」の音楽を聴いていると誰しもがそう思うであろう。この曲も「魔笛」と同じように天真爛漫で、一生子供のような純粋無垢な心を持っていた、モーツァルトという人の人柄が偲ばれてならない。純粋無垢な子供がモーツァルトのピアノ曲を素晴らしく演奏することができたり、モーツァルトの音楽を好んだりする理由がわかるような気がする。私の愛聴盤は、ロナルド・ブラウティハムのピアノ、イザベル・ファン・クーレンのヴァイオリンの演奏（CD：フィリップス、422515-2、1990年7月、ドイツ・ドレスデンで録音、輸入盤）である。クーレンはオランダを代表するヴァイオリニストで、ザルツブルク・モーツァルテウムでシャンドール・ヴェーグに師事した。ブラウティハムもオランダを代表するピアニストで古典派の演奏に定評がある。ブラウティハムのピアノもクーレンのヴァイオリンも控えめで、それでいて音に輝きがあって、この曲にぴったりである。繰り返し聴いている私の宝物である。

第197章　フルートと管弦楽のためのアンダンテ *K. 315/285e*

この曲は1778年1月から2月にかけてマンハイムで作曲された。モーツァルト22歳の時であった。この曲は、フルート協奏曲第1番*K. 313/285c*の第2楽章の代替楽章として、あるいはドジャンの注文で作曲しかけた「幻のフルート協奏曲第3番」の一部ではないかと考えられている。それはともかく、後世の私達にとっては、かけがえのない宝物の一曲である。わずか6分程の短い音楽ながら、フルートの特徴を生かした素晴らしい傑作となっている。楽器は独奏フルート、オーボエ2、ホルン2、第1ヴァイオリン、第2ヴァイオリン、ヴィオラ、コントラバスの編成である。主題はなんとも愛らしい、可愛らしい旋律である。明るく、透明感あふれる主題は一回聴いただけでも心を鷲掴みにされるほどの魅力に満ち満ちている。私はこの曲を聴いていると、マネーの名画、「笛を吹く少年」の絵が浮かんでくる。この名画は可愛い少年が一生懸命フルートを演奏している瞬間を捉えたものと思われるが、少年はモーツァルトのフルートの曲を演奏しているかのように私には思われてならない。調性もハ長調で、優しい音楽で書かれ、聴く人をこの上ない極上の美の世界に誘ってくれる。中間部には悲しみの旋律が演奏され、モーツァルトの短調の世界の美にも感動する。モーツァルトが大好きな私の親友もこの曲が大好きと言っていた。私はその友人の心の暖かさにはいつも感動している。彼に会うとモーツァルトの話で盛り上がり、楽しい一時を過ごすことができる。

この曲は大変な人気で多くの録音が残っている。そんな中で私の愛聴盤は、イレーナ・グラフェナウアーの独奏で、ネヴィル・マリナー指揮アカデミー・オブ・セント・マーティン・イン・ザ・フィールズの演奏である（CD：フィリップス、PHCP-10598、１９８８年1月ロンドンで録音）。グラフェナウアーのフルートは、澄んだ音で悲しげな表情をしており、この音楽にはぴったりである。グラフェナウアー自身によるカデンツァもとてもいい。マリナーの指揮やアカデミーの演奏も素晴らしく、テンポをゆったり目にとり、適度な減り張り・強弱と柔らかい音色でフルートの独奏を支えている。また、私は実際に演奏会でもこの曲を聴く機会があった。１９９７年6月29日、千葉県の東金文化会館で、ベルリンフィルの首席奏者エマニュエル・パユのフルート独奏、尾高忠明さん指揮、読売日本交響楽団の演奏で聴くことができた。妻と娘、妻の母と私の四人で聴きに行った。大きな会場に響くフルートの音色はどこまでも澄んでいて、悲しみの表現も素晴らしかった。管弦楽の演奏もとても素晴らしく、「どうか演奏が終わらないで欲しい！」と、これほど強く思ったことも少ない。忘れられない思い出である。

第198章　二幕の喜歌劇「コジ・ファン・トゥッテ」*K. 588*

この作品は、モーツァルトの六大歌劇（「イドメネオ*K. 366*」、「後宮からの誘拐*K. 384*」、「フィガロの結婚*K. 492*」、「ドン・ジョヴァンニ*K. 527*」、「コジ・ファン・トゥッテ*K. 588*」）」、「魔笛*K. 620*」）の中では、生前も死後もあまり評価されてこなかった作品である。20世紀になってやっと評価されるようになった。ダ・ポンテの台本によるモーツァルト歌劇三部作（「フィガロの結婚」、「ドン・ジョヴァンニ」、「コジ・ファン・トゥッテ」）のうち最後の作品である。この台本は、ダ・ポンテによってすべて書かれた。モーツァルトは１７８９年秋から翌年の初頭にかけて精力的にこの作品の作曲を行った。特に妨害もなく順調に進み、ウィーンのブルク劇場で１７９０年1月26日に初演された。これが、モーツァルトがブルク劇場で自作歌劇を上演する最後の機会となった。モーツァルトは１７８８年、89年と相次いで息子を亡くし、悲しみの中にいた。さらに追い打ちをかけるように、予約演奏会が激減し、一家の経済状態は悪化の一途をたどっていった。打開策のために行われた演奏旅行も目立った成果を上げることができなかった。さらに、１７９０年に至ってはモーツァルトにしては大変珍しく筆が進まず、完成作品が極端に減少した。経済状態悪化に加え、自身の健康状態がすぐれなくなったのが大きな原因であろう。モーツァルトが生きられる時間はもうあとわずかしか残っていなかったのである。そんな厳しい現実とは裏腹に、完成された「コジ・ファン・トゥッテ」は喜歌劇の魂とも言える、至高の音楽に彩られた傑作になっているのである。特に重唱の美しさは比類がない。また、六人の登場人物の個性を見事に音楽で表現し、人間の本性を鋭く突いたこの作品は長い喜歌劇の歴史の中でも燦然と輝く傑作で、多くの人の心を捉えてやまないのである。

♪序曲

モーツァルトの序曲の中では際立って個性があり、おしゃれで、粋な音楽である。ナポリの美しい景色を彷彿とさせる音楽である。この音楽を聴いただけでも心を鷲掴みにされてしまう。

♪第一幕

舞台は18世紀末のナポリ。街のとある喫茶店での場面。青年士官フェルランド（テノール）とグリエルモ（バス）は、老哲学者ドン・アルフォンソ（バス）の、「女性は必ず心変わりするもの！」という主張に対して、「自分達の恋人に限ってそんなことはない！」と言い争っている（フェルランド、グリエルモ、アルフォンソの三重唱「私のドラベッラはそんなことはできない！」。粋でおしゃれな音楽に一気に引き込まれる）。続いてアルフォンソ、フェルランド、グリエルモが歌う（三重唱「貞節な女性など何処にいるの？」。二人の青年士官と老哲学者の会話を見事に三重唱に仕上げている。素敵な音楽である）。アルフォンソは、自分の主張を証明するために、二人に賭けをしようと提案し、二人はアルフォンソの提案を受け入れることとする（フェルランド、グリエルモ、アルフォンソの三重唱「私のドラベッラにはセレナードを用意しよう！」）。場面は変わって海辺の庭園。そこにフィオルディリージ（グリエルモの恋人、ソプラノ）とドラベッラ（フェルランドの恋人、メゾソプラノ）姉妹がいる。二人はそれぞれの恋人の肖像画をじっと見つめながら、自分達と恋人の愛を讃えて、自分達ほど幸せなものはいないと歌う（フィオルディリージとドラベッラの二重唱「こんな素敵な人、他にいるかしら？」、透明感溢れる美しい旋律に二人の姉妹の恋する気持ちを乗せている。素晴らしい二重唱である）。現代のようにスマートフォンの写真を眺めるのではなく、肖像画を眺めて想い人のことを思っていたとは！何とも微笑ましく、優しい時代であった。古き良き時代が偲ばれる。

そこに暗い顔をしたアルフォンソが現れ、「フェルランドとグリエルモが国命で戦場に赴くことになった！」と伝える（アルフォンソの独唱「このことはどうしても言えない！」。アルフォンソの悲しい気持ちをやや諧謔的に表現している）。姉妹の前にフェルランドとグリエルモが現れ、別れを嘆き悲しむふりをする（グリエルモ、フェルランド、アルフォンソ、フィオルディリージ、ドラベッラの五重唱。「彼女のもとに近づいていけない！」、悲しい別れの音楽である）。港に船が着き、兵士たちがやってくる（兵士たちの合唱「私の兵士生活よ！」）。兵士の生活も捨てたものではない！と歌う）。四人の恋人たちが愛を誓い合いながら別れを告げる（フィオルディリージ、ドラベッラ、グリエルモ、フェルランド、アルフォンソの五重唱「私は毎日手紙を書くわ！」と合唱「私の兵士生活よ！」、恋人同士の別れを、少し茶化すように音楽で見事に表現している）。二人の青年は出発して船が遠ざかっていく。アルフォンソは笑いが止まらない。兵士たちが出発した後で、残された三人は航海の無事を祈る（フィオルディリージ、ドラベッラ、アルフォンソの三重唱「海よ、静かなれ！」、ナポリ湾の静かな波とそよ風を思わせる大変美しい旋律で、私が殊の外好きな曲である。大変素晴らしい三重唱である）。

場面は変わって、フィオルディリージ、ドラベッラ姉妹の部屋。女中のデスピーナ（ソプラノ）は、「二人に毎日こき使われて本当に大変だわ！」と愚痴をこぼしながら働いている。そこに姉妹が嘆きながら帰ってくる。ドラベッラは、絶望の歌を歌う（独唱「私は死ぬほど辛い！」、諧謔的な音楽がこの茶番劇の様子をうまく表現している）。デスピーナは、「男は他にもいるでしょう。」と言い、「つまみ食いをしたら。」とまで勧める（デスピーナの独唱、「男や兵士の貞節なんて！」）。二人の女性をからかいながら朗々と歌う。見事な音楽である）。そこにアルフォンソが入ってくる。アルフォンソはデスピーナに金貨をあげてまるめこみ、芝居に協力させる。アルフォンソは「アルバニア人」に変装したフェルランドとグリエルモをデスピーナに紹介する。そこに二人の姉妹が現れ、二人の男を追い出そうとするが（アルフォンソ、フェルランド、グリエルモ、デスピーナ、フィオルディリージ、ドラベッラの六重唱「私の友人を紹介しよう！」）。六人の会話を音楽で見事に表現していて素晴らしい）。アルフォンソは「二人は私の古い友人。」と偽る。変装した二人は姉妹に求愛するが、フィオルディリージは貞節を誓う独唱曲「私の決意は岩のように固く！」を力強く歌う。グリエルモは求愛の独唱曲「そんなつれないことを！」を歌うが、姉妹は怒って立ち去ってしまう。

二人の青年は賭けに勝ったと高笑いするが（アルフォンソ、フェルランド、グリエルモの三重唱「笑っていて本当にいいのか?」」。フェルランド、グリエルモの勝ち誇る気持ちとアルフォンソの「これからが勝負!」という気持ちをうまく音楽で表現している)。アルフォンソは芝居を続けるように命じる。ここでフェルランドは真実の愛を歌い上げる(独唱曲「我々の宝物からの愛の息は」。二人の青年の喜びを高らかに歌っている)。一方、アルフォンソは姉妹を陥落させる計画をデスピーナと二人で進める。姉妹は庭で恋人を想う気持ちを歌う(フィオルディリージ、ドラベッラの二重唱「少しの時間のうちにずいぶん色々なことが変わったわ!」。恋人への気持ちは変わらないと歌う)。そこへ変装したフェルランドとグリエルモが現れ、二人にふられた絶望のあまり毒を飲んだふりをする。姉妹は驚き、変装した二人に同情し始める。その後、二人は床に倒れる。そこへ医者に変装したデスピーナが現れ、「磁気療法」を二人にほどこす。すると二人はのたうちまわる。デスピーナは、苦しむ二人を支えるように姉妹に命ずる。意識を取り戻した二人は立ち上がり姉妹に愛を迫り、幕となる。

♪第二幕

場面は変わって姉妹の部屋。デスピーナはフィオルディリージとドラベッラに「もっと気を抜いて楽になさい。」と勧め、「恋する女の子はうまく立ちまわるすべを覚えなければなりませんわ!」と歌う(諧謔味たっぷりに歌う。この独唱曲は脇役のデスピーナの重要性をよく示している)。姉妹は互いに「どちらを選ぶ?」と尋ね、ドラベッラは「栗色の髪のお方(実際はグリエルモ)」(ドラベッラ、フィオルディリージの二重唱。後ろめたさはあるものの冒険したい二人の心情を音楽で見事に表現している)。フィオルディリージは「ブロンドの方(実際はフェルランド)」と実際と逆の恋人を選んでしまう。アルフォンソは姉妹を庭へ誘う。変装したフェルランドとグリエルモが木管楽器の調べに乗って現れる(フェルランドとグリエルモの二重唱「心地よいそよ風よ!」、ここでもモーツァルトの大好きな「そよ風」が歌われる。「フィガロの結婚」でも伯爵を騙すために、伯爵夫人とスザンナが手紙を書く場面で、その文面にも「そよ風」が現れ、音楽で美しく歌われる。ここでは男性二人が「そよ風」

を歌う。モーツァルトにとっては「そよ風」はもっとも身近で心地よい自然であったのではなかろうか）。姉妹と二人の青年がなかなか打ち解けないため、アルフォンソとデスピーナが四人をまとめようとする（アルフォンソ、フェルランド、グリエルモ、デスピーナの四重唱「お手をどうぞ、こちらに！」）。フェルランドとフィオルディリージは庭に散歩に出かける。残されたグリエルモがドラベッラを誘惑すると、ドラベッラはついに陥落してしまう（グリエルモとドラベッラの二重唱「私の心を捧げよう！」、二人の気持ちが一つになるところを見事に音楽で表現している）。一方、フィオルディリージはフェルランドの求愛を頑固拒絶する。その後一人になって揺れ動く心を歌う（ロンド「あなたの気持ちを受け止められなくて！」、彼を拒む一方で、彼にも心が動いている様子を音楽で見事に表現している）。

フェルランドとグリエルモは互いの首尾を報告する。グリエルモはフィオルディリージの貞節を喜ぶが、フェルランドはドラベッラの心変わりに衝撃を受ける。グリエルモはフェルランドを慰めるために歌う（「女性は多くの男性とつきあうもの！」）。フェルランドは「いとも簡単に裏切られた。」と嘆く。アルフォンソはさらに作戦を実行し続けると宣言する。場面は変わって姉妹の部屋。ドラベッラは、悩むフィオルディリージに向かって、恋の楽しさを陽気に歌う。フィオルディリージは貞節を守るために恋人グリエルモのいる戦場へ行こうと決意して、軍服や剣を身につける。しかし、そこに現れたフェルランドの激しい求愛によって、フィオルディリージもついに陥落してしまう（フェルランドとフィオルディリージの二重唱「私はすぐに真の愛の抱擁で包まれるでしょう。」）。賭けに勝ったアルフォンソは、互いに認め合いそれぞれの恋人と結婚するよう提案する。そして天下を取ったように高らかに歌う（アルフォンソ、フェルランド、グリエルモの三重唱、「女はみなこうしたもの！」、女性のさが、いや人間のさがを見事に音楽で表現している）。場面は変わって大広間。二組の結婚式の準備が進められている。召使いも楽師もいる。フィオルディリージとフェルランド、ドラベッラとグリエルモの恋人同士が登場する。そこに公証人に扮したデスピーナが現れ、二組の恋人同士は結婚証明書に署名する。そこに兵士たちの歌声が響き、婚約者たちが戻ってきたことを知らされ、姉妹は呆然とする。変装を解いたフェルランドとグリエルモが現れる。二人の青年は結婚証明書を見つけて激怒するが、姉妹はひたすら平謝りする。そこですべての作戦の種明かしがなされ、一同和解して大団円となる。イタリアのナポリを舞台にした、男女二組の恋愛物語であるが、人間の本性を鋭く突いた傑作である。イタリア語の「コジ・ファン・トゥッテ」とは、「女はみんなこうしたもの」という意味であるが、「フィガロの結婚」の中で音楽教師のドン・バジーリオがスザンナや女性に対して放った言葉である。ここから「コジ・ファン・トゥッテ」が生まれたのである。

この作品は何と言っても重唱が大変美しい。フィオルディリージとドラベッラ姉妹の二重唱、フェルランドとグリエルモの二重唱、フェルランドとグリエルモそれにアルフォンソによる三重唱等、美しさに酔いしれてしまう。モーツァルトは少年の日、父レオポルトと二人でこの地を訪れ、歌劇誕生の地、ナポリで歌劇を鑑賞し、美しいナポリ湾の景色に感動した（1770年6月5日姉ナンネルに宛てた手紙、モーツァルト書簡全集第2巻、142~144頁）。その少年の日の経験が見事にこの「コジ・ファン・トゥッテ」として誕生したのである。フィオルディリージ、ドラベッラ、アルフォンソの三重唱「海よ、静かなれ！」はこの作品の中でも白眉である。波静かなナポリ湾の景色を見事に表現した傑作と言えよう。私は2007年秋にこの地を訪れる機会があった。ナポリ湾と遠くのヴェスヴィオ火山の景色を見て大変感動した。モーツァルトが眺めたであろう、ナポリ湾の景色を私も実際に見ることができ大変感激したことは決して忘れることができない。

録音に関して私の愛聴盤はCDでは、カール・ベーム指揮、ウィーン・フィルハーモニーの演奏である。フィオルディリージ（グンドラ・ヤノビッツ）、ドラベッラ（ブリギッテ・ファスヴェンダー）、フェルランド（ペーター・シュライアー）、グリエルモ（ヘルマン・プライ）、デスピーナ（ペリー・グリスト）、アルフォンソ（ローランド・パネライ）、ウィーン国立歌劇場合唱団による、１９７４年のザルツブルク音楽祭での録音である（ドイツ・グラモフォン、429874-2、輸入盤）。当時を代表する歌手を集め、見事な歌唱となっている。ベームの指揮もウィーン・フィルハーモニーの演奏も素晴らしい。映像に関しては、ニコラウス・アーノンクール指揮、ジャン・ピエール・ポネル演出、ウィーン・フィルハーモニーによる演奏で、フィオルディリージ（エディタ・グルベローヴァ）、ドラベッラ（デローレス・ジーグラー）、フェルランド（ルイス・リマ）、グリエルモ（フェルッチョ・フルラネット）、デスピーナ（テレサ・ストラータス）、アルフォンソ（パオロ・モンタルソロ）、ウィーン国立歌劇場合唱団による録音である（ＶＨＳ、ユニテル、POVL-2007/8、１９８８年）。歌手陣も演奏も素晴らしい。その上、ポネルの演出が良く、原作の素晴らしさを見事に再現してくれている。映像に関してはこの映像を最もよく見ている。また、フルート四重奏（ヨハン・ヴェント編曲による）による演奏も素晴らしく、よく聴いている。フルートが主旋律を奏でて、ヴァイオリン、ヴィオラ、チェロが伴奏している。代表的な全13曲がおさめられていて、十分にこの歌劇の雰囲気を楽しむことができる。この作品の素晴らしさをフルート四重奏で見事に再現してくれている。ヴォルフガング・シュルツのフルートとウィーン・フィルハーモニー弦楽三重奏団による弦楽三重奏（ヴァイオリン：ペーター・ヴェヒター、ヴィオラ：トビアス・リー、チェロ：タマーシュ・ヴォルガ）の演奏（カメラータ・トウキョウ、CMCD-28124、２００６年ウィーンで録音）である。歌劇場での実体験では１９９８年秋ドレスデンのゼンパー・オーパーでの舞台が思い出に残っている。舞台装置や衣装には十分満足できなかったが、歌手もドレスデン歌劇場管弦楽団の演奏も素晴らしく、大変感激したことを昨日のことのように覚えている。管弦楽の音がきらびやかに輝いているのである。粋で諧謔性に溢れるこの作品にぴったりの演奏であった。

第199章　クラリネット協奏曲 *K. 622*

モーツァルトにとって、クラリネットは特別な楽器であった。高音から低音まで出せるこの楽器を彼はこよなく愛したのであった。有名なクラリネット奏者のアントン・シュタットラーとの出会いが、モーツァルトに不朽の名作を残すことになったのである。1789年モーツァルト33歳の時の作品であるクラリネット五重奏曲 *K. 581* とこの1791年モーツァルト最後の年、35歳の時の作品であるクラリネット協奏曲 *K. 622* がモーツァルトのクラリネットの曲の人気を二分している。どちらが好きか、どちらが優れているか等モーツァルティアンの間で意見が交わされているが、私にとっては、どちらとも最高傑作で、かけがえのない宝物であるとしか言いようがない。嬉しい時も、悲しい時も、気持ちが塞いでいる時もこの二曲で癒される。本当にこの上ない素晴らしい作品である。

このクラリネット協奏曲は、ドイツ歌芝居の「魔笛 *K. 620*」や悲歌劇の「皇帝ティートの慈悲 *K. 621*」の後の作品で、清らかで、美しく、透明感溢れる曲である。しかしながら、大変寂しく、悲しい曲でもある。モーツァルト白鳥の歌である。楽器編成は、独奏クラリネット、フルート2、ファゴット2、ホルン2、第1ヴァイオリン、第2ヴァイオリン、第1ヴィオラ、第2ヴィオラ、コントラバスで、演奏時間は全体で30分にも及ぶ。

第1楽章は、穏やかで明るい音楽である。クラリネットや管弦楽が奏でる、澄み切った音楽に耳を傾けていると、心が洗われる思いである。しかしながら、明るい音楽に潜んでいる悲しみを感じざるを得ないのである。

そして第2楽章。私は特にこの第2楽章が好きである。穏やかなクラリネットの独奏で静かに音楽が始まる。この冒頭部からすっかり心を奪われてしまう。その後を受け継ぐ管弦楽の演奏する音楽のなんと神々しく美しいことか！私はいつもこの第2楽章の冒頭部の音楽の天上的な美しさに、湧き上がる感動を抑えることができないのである。もし天国に上る階段があるとしたら、まさにこの音楽こそはそれを表現しているように思われてならない。この音楽のように一歩一歩空に向かって伸びていくように思われる。目をつぶってじっくり聴いていると、その階段を一歩一歩ゆっくりと登っていくような気がしてならないのである。人生の終焉を迎える寂寥感に苛まれながらも、それを乗り越えた、悟りを開いた境地のように感ずるのである。あらゆることに感情が揺れることなく、達観した境地のように思われてならない。これはモーツァルト自身の境地を反映しているのではなかろうか。この楽章を聴いていると次のような景色がよく浮かんでくる。広い野原をゆっくりと歩いて行くと眼前に美しい湖が見えてくる。その湖に山々が映っている。やがて茜色の夕日が静かに沈んで、ゆっくりと一日が暮れていく。そんな情景を見ながらこの楽章の音楽の終末を迎えるのである。

第3楽章は明るいクラリネットの独奏で始まり、そのあと管弦楽が続き、明るいまま音楽が進行する。朝日が昇ってあたりが明るくなり、希望あふれる新しい日が始まる。そう！勇気が湧いて悲しみを乗り越えられそう！こうして日々を明るく暮らしていこうと。この楽章を聴いていると、そういったモーツァルト自身の決意のようなものが感じられるのである。

私にとってこの曲が宝物になったのは、40代になってからである。身近な人の死に直面してこの曲の素晴らしさがやっとわかるようになった。70歳になった今でもこの曲は人間の死や天国の世界を考えさせてくれる優れた最高傑作なのである。

私の愛聴盤は、アルフレット・プリンツのクラリネットの独奏で、カール・ベーム指揮ウィーン・フィルの演奏である（ＣＤ：ドイツ・グラモフォン、413792-2、１９８０年、ハンブルクで録音、輸入盤）。クラリネットの独奏が素晴らしく、ベームの指揮のもと美しい管弦楽の響きもこの上なく素晴らしい。テンポがゆっくり目であるのもこの音楽にぴったりである。クラリネットの特徴をよく生かしている。ウィーン・フィルの柔らかく穏やかな管弦楽の演奏もプリンツのクラリネットとよく調和している。歴史的名盤であろう。

また、ポール・メイエのクラリネットの独奏で、デイヴィッド・ジンマン指揮、イギリス室内管弦楽団の演奏（CD:デノン、COCO-70621、413792-2、1979年9月、ウィーンで録音）もよく聴いている。クラリネットの独奏が素晴らしく、管弦楽の響きも良い。

第200章

「どじょっこふなっこ」の思い出

ヴァイオリン協奏曲第7番 *K.271a/271i*（偽作）

モーツァルトが作曲したヴァイオリン協奏曲は第5番までで、第6番と第7番は偽作とされている。それは両方とも自筆譜がなく、モーツァルトによる真作であるとの確固たる証拠がないからである。偽作と言われてから録音もほとんど出ず、演奏会でも取り上げられることはほとんどなくなってしまった。私は個人的に第6番はモーツァルトの作品ではないと思うが、この第7番はモーツァルトの作品であると思っている。あくまでも私の60年にわたるモーツァルト体験からそう思うのであるが。目をつぶってじっとこの作品を聴いていると私には真作であると思われてならないのである。将来自筆譜が発見されることを切に祈っている。さて、この曲は1907年にブライトコップ・ウント・ヘルテルから出版されて「第7番」という名前で知られるようになった。1980年代までは演奏会で演奏されたり、録音も出ていた。そもそもは1840年頃フックスやゾーゼーによって発表された、モーツァルト自筆譜からの写譜がこの曲の元になっている。それによるとモーツァルト21歳の1777年7月16日にザルツブルクで完成されたそうである。しかし、それを裏付ける証拠は何も残っていないのである。1775年3月に三幕のドラマ・ジョコーソ「偽りの女庭師 *K. 196*」上演後ミュンヘンから郷里に戻って1777年9月に母と「マンハイム・パリ旅行」に出かけるまでの2年半はザルツブルクで家族と一緒に過ごしていたため、手紙がほとんど残っていないのである。したがって、モーツァルトがこの時期ヴァイオリン協奏曲を作曲していたという直接的な証拠がないのである。しかしながら、私は偽作であろうとなかろうと、純粋に音楽に向き合うことが大切であると思っている。私はこの作品が好きで、モーツァルトの声が聴こえるのである。

楽器編成は、独奏ヴァイオリン、オーボエ2、ホルン2、第1ヴァイオリン、第2ヴァイオリン、ヴィオラ、コントラバスで3楽章からなり演奏時間は約28分である。第1楽章アレグロ・マエストーソ。この楽章だけで演奏時間は10分に及ぶ。冒頭部は管弦楽の歯切れの良い音楽で始まる。その後、ヴァイオリンの独奏が始まり、管弦楽と協奏する。時折入るオーボエとホルンの響きが美しい。モーツァルトの自然描写は本当に素晴らしい。ヴァイオリンの独奏は高原の爽やかな風を感じさせてくれる。第1楽章を聴いただけで、私にはモーツァルトの声が聴こえるように思われてならない。後半に入るとそこはかとない悲しみの影が差して来る。独奏ヴァイオリンも管弦楽もそろって短調の世界に入る。ここも私が好きなところで、転調の魔術師モーツァルトならではの味が出ていると思われる。最後にカデンツァを経て終了する。第2楽章アンダンテ。演奏時間は8分程である。この曲の中で私が最も好きな楽章である。冒頭部日本人には懐かしい旋律が奏でられる。岡本敏明先生作曲の童謡・合唱曲の「どじょっこふなっこ」である。子供の頃に野に出て遊んだ日々への郷愁が湧き上がる。これがこの楽章の主題で、何回も変化を付けて繰り返される。この主題は「どじょっこふなっこ」の旋律に良く似ている。その後モーツァルトの大好きなつなぎの音楽になる。次いで、ヴァイオリンと管弦楽の協奏が始まる。大変美しい旋律で心洗われる。その後主題が弦楽器のピチカートにのって独奏ヴァイオリンによって奏でられる。モーツァルトの美の世界に酔いしれる一時である。その後、そこはかとない悲しみの旋律が独奏ヴァイオリンで歌われるが、ここもとても美しい。次いで、主題が弦楽器のピチカート、さらには独奏ヴァイオリンと管弦楽で奏でられる。その後、カデンツァを経て再度主題を奏でて終了する。大変素晴らしい楽章で私の大切な宝物である。

この楽章を聴くと妻の恩師である岡本俊明先生のことが思い出される。義父は岩手の大船渡で小学校の校長をしていたが、1974年頃小学校の行事の一環として音楽会を開催することを岡本先生にお願いした。義父は岡本先生が大船渡に音楽会に来られた際に大変親しくなったそうである。妻は高校年生当時、岩手の陸前高田から土曜日に夜行列車に乗って東京に向かい、日曜日の午前と午後にピアノのレッスンを受けていた。その後また夜行列車で陸前高田に戻り、そのまま月曜日の朝、学校の授業に出ていたそうである。そうして受験まで頑張ったと聞き、新幹線のない時代に大変努力したものと、私は尊敬の念を持ったものであった。妻は残念ながら国立音楽大学に合格できなかった。しかし、入学の夢は捨てきれず、東京に出て尚美高等音楽院（現在尚美学園大学）音大受験科で一年間勉強し受験に備えた。東京に出てから、義父は岡本先生に「私の娘は国立音楽大学の受験を再度希望しています。先生にピアノや音楽理論のご指導をお願いできませんでしょうか?」と聞いたところ、先生は快諾して下さったそうである。岡本先生は、この1975年3月には長年教鞭を取られた国立音楽大学で定年を迎えられ、東京のご自宅におられた。

こうして妻は国立音楽大学の受験のため、ピアノのみならず受験に必要な音楽の勉強の指導を岡本先生に仰ぐことができるようになった。月に一、二回のレッスンを受けたのであるが、先生は長時間懇切丁寧に指導して下さったそうである。先生は「褒めて育てる」という教育方針で、決して「そこがダメ！」ということはおっしゃらなかったそうである。妻は次第に自信を持って音楽の勉強ができるようになったそうである。その上、先生のご自宅の近くにあるおいしいレストランを教えて下さったり、東京での色々な演奏会や合唱大会などにお誘い下さったそうである。入学試験前には「大丈夫、きっと受かりますよ！」と何度も励まして下さったそうである。そして見事に念願の大学に合格できた。岡本先生の写真を拝見すると、お会いしたことのない私でも先生の優しいお人柄が伝わってくるように思われた。岡本先生は国立音楽大学で多くの後進を育てられた。1977年妻は大学二年生の時に授業を受けている教室で、先生が亡くなられたことを知ったそうである。1979年3月妻は無事大学を卒業して郷里の陸前高田に戻った。妻はその直後知人の紹介で私と盛岡でお見合いをして、秋に結婚した。義母も「岡本先生に二人の結婚式においでいただけたらどんなにか良かったのに！」とよく私に話してくれた。妻は先生の思い出話をよく話してくれたし、写真や思い出の品も私に見せてくれたものであった。

さて、「どじょっこふなっこ」に話を戻そう。岡本俊明先生は1907年に宮崎にお生まれになった。高等学校は福島で過ごされ、1929年に国立音楽大学の前身の東京高等音楽学校を卒業された（第一回卒業生）。卒業後すぐに、創立間もない玉川学園の音楽教員になられた。玉川学園では生徒に合唱の指導をされ、全国に合唱公演に出かけられた。1942年から千葉工業大学の前身の興亜工業大学の音楽教員を経て、戦後は国立音楽大学の設立に携わられ、1950年から同大学で教鞭を取られ、1975年に名誉教授になられた。2年後の1977年にお亡くなりになった。先生は多くの校歌、合唱曲を残された。「どじょっこふなっこ」は次のような縁で誕生した。岡本先生は、玉川学園の生徒を率いてよく公演に出かけられたが、1936年春の第一回目の公演旅行は東北であった。先生のご一行は最初秋田の小学校に立ち寄りご公演を行われた。夜は歓迎会となり、そこで同小学校の教諭が詩吟調で、秋田に古くから伝わる民謡の「どじょっこふなっこ」を歌った。その歌を聴かれて先生は「どじょっこふなっこ」の詩をメモしながら即興で「どじょっこふなっこ」を合唱曲として作曲され、歓迎会終了までに完成されたそうである。歓迎会の最後に混声三部合唱曲として「どじょっこふなっこ」を披露されたそうである。翌日移動中の車内でも練習を繰り返され、次の訪問地であった秋田県本荘高等女学校では混声四部合唱として初演なさった。その後NHKの『みんなのうた』や『おかあさんといっしょ』等でこの「どじょっこふなっこ」が放送され、国民的な童謡、合唱曲として広く知られるようになったのである。秋田の四季の様子を歌った民謡が岡本先生の西洋音楽と結びついてこの「どじょっこふなっこ」が生まれたわけであるが、遠く離れたザルツブルクと秋田で似たような旋律の音楽が生まれたことは大変興味深い。音楽には国境がないことを示す一つの例であろう。私はこの楽章を聴くたびに妻から聞いた岡本先生のことを懐かしく思い出すのである。

第3楽章アレグロ、ロンド。演奏時間は10分程である。明るくきびきびとしたロンド楽章である。管弦楽の演奏で始まり、独奏ヴァイオリンと管弦楽の演奏が続く。流麗な旋律を歌いつないで行く。珍しいことに中間部にヴァイオリンのカデンツァが入る。その後、第1楽章に似た雰囲気の音楽に変化する。後半部に入るとやや情熱的な旋律が現れ、青年モーツァルトの覇気が感じられる。最終部にもヴァイオリンのカデンツァが入る。ここの部分もモーツァルトの若き血潮のほとばしりが感じられる。その後冒頭部の音楽に戻って終了する。私の愛聴盤は、ヴァイオリン：ジャン＝ジャック・カントロフ、レオポルト・ハーガー指揮オランダ室内管弦楽団の演奏である（CD：デノン、COCO-75535、1986年6月アムステルダムで録音）。きびきびとした若々しい活気あふれる演奏である。それでいてゆったりと旋律を歌うところもあって好ましい。特に第1、第2楽章の演奏が秀逸である。

第201章　十六のメヌエット *K. 176*

この曲は1773年12月、モーツァルト17歳の時にザルツブルクで完成された。この曲の作曲動機についてははっきりしていないが、年末の大舞踏会のために作曲された可能性が考えられる。この年の夏の2ヶ月にわたるウィーン旅行の成果は色々な作品に見られるが、この曲もその一つであろう。この曲が完成される前に、初めて全てモーツァルトの手になるピアノ協奏曲第5番K. 175（ピアノ協奏曲第1番から第4番までは、父親の指導のもと当時の作曲家の作品を主題に用いて協奏曲を完成させた）が完成されている。また、この曲が完成される2ヶ月ほど前には交響曲第25番*K. 183/173dB*が完成している。*K. 183*は、第1楽章が印象的で「小ト短調」というあだ名がついている中期の名作である。この*K. 176*はこれらの名作にも引けを取らないほど素晴らしい作品である。舞踏音楽が優れた芸術作品に仕上げられている。モーツァルトは旅行から帰るたびにその音楽をさらなる高みに押し上げているのであるが、この作品も例外ではない。弦楽器や管楽器の使用法に長足の進歩が見られ、変幻自在に音楽の色調を変える、モーツァルトならではの世界が完成されつつあるのを感じる。それだけではなく、聴く人を幸せな気持ちにさせてくれる、モーツァルトの癒しの音楽の世界が発展してきているのである。楽器編成は、フルート2（またはオーボエ2）、ファゴット、ホルン2（またはトランペット2）、第1ヴァイオリン、第2ヴァイオリン、チェロ、コントラバスで全体で30分近くになる。

第一曲は優しく、愛らしい曲で聴いていると大変微笑ましい。子供のような気持ちを一生持ち続けたモーツァルトならではの曲で、私は大好きである。第二曲はメヌエットらしい、踊りだしたくなる音楽である。後半はゆったりとした優雅なメヌエット音楽に変わる。18世紀のザルツブルクの舞踏会場に招待されたような気分になる素晴らしい音楽である。第三曲はやや力強い音楽である。低音の旋律と高音の旋律がうまく調和している。第四曲は穏やかなメヌエット音楽。楽しそうにメヌエットを踊っている若者の姿が目に浮かんでくる。第五曲は舞踏会場で楽しそうにメヌエットを踊っているような曲である。フルートが活躍して音楽に奥行きが見られる。第六曲は力強く重厚感のある音楽。後半部はゆったりとした田園風の音楽に変わる。ここでもフルートが活躍する。そのあと冒頭部の音楽に戻って終了する。第七曲は快活な音楽で始まる。ここではホルンが活躍する。短いながらも実に味わいがある。第八曲はカッコウの鳴き声のような音楽で始まる。アルプス地方の夜が明けて朝が来る様子が浮かんでくる。愉悦に満ちた親しみやすい曲である。第九曲はメヌエット音楽で、どこか喜びに溢れる曲である。そのあとホルンが高らかにアルプスの風を吹き込む。私がこの曲の中で最も好きな音楽である。第十曲はやや特異的な印象で、重厚感のある音楽である。第十一曲では、弦楽器と管楽器が対話しているようなところが見受けられる。後半はホルンが活躍してザルツブルクに吹く爽やかな風を思わせる。第十二曲はややテンポが速いメヌエット音楽。後半部はファゴットが低音の音楽を奏でて音楽に幅をもたせている。第十三曲は印象的な主題の音楽で始まる。浪漫派の音楽を先取りしているような旋律が魅力的である。この主題が繰り返された後に穏やかな、癒しの旋律に変わる。第十四曲は歯切れの良い、きびきびとした音楽である。活気溢れるメヌエットが踊られている様子が目に浮かぶ。第十五曲も快活な音楽で、舞踏会も終末に向かうような気がする。後半部は穏やかな、ゆったりとした音楽になり、ホルンが活躍する。第十六曲は舞踏会の終末を飾るのにふさわしく、堂々として勇壮な曲である。中間部に歯切れの良い魅力的な音楽が挿入されていて音楽に幅が生まれている。この*K. 176*の中でも特に秀逸な曲である。聴き手を飽きさせない、モーツァルトの心優しさがにじみ出ている。

人間にとって真の優しさとは何であろうか？真の優しさとは、相手のことを思いやる気持ちではなかろうか。相手のことを慈しみ、愛する気持ちを持っている人こそ、真に優しい人なのではなかろうか。私はモーツァルトの音楽を聴いていると、聴く人の心を暖かくしようというモーツァルトの気持ちが伝わってくる。

舞踊音楽では踊る人や舞踏会に参加する人に喜んでもらえるように努力していると思われてならないのである。モーツァルトこそ、真に優しい心を持った人であったに違いない。私の愛聴盤は、ウィリー・ボスコフスキー指揮、ウィーン・モーツァルト合奏団による演奏（CD：フィリップス、422645–2、1966年、ウィーンで録音、輸入盤）。愉悦に満ちた演奏で、しかも整った美しさがある。特にフルートやホルンの音色が美しい。こういう名演奏を聴いていると楽しく、幸せな気持ちでいっぱいになる。

第202章　ドイツ歌曲「春への憧れ」*K. 596*

1791年、モーツァルト最後の年は、ろうそくの炎が燃え尽きる前のように、モーツァルトの手から多くの傑作が生まれた。ドイツ歌曲の傑作、「春への憧れ *K. 596*」もその一つである。この *K. 596*は「春 *K. 597*」、「子供の遊び *K. 598*」と共に1月14日にウィーンで完成された。これらはモーツァルト最後の歌曲となった。3分ほどの子供のための歌曲とは言え、簡潔な中にも詩情があふれ、実に味わい深い作品となっている。私の宝物の一つである。「春への憧れ」は、10日前に完成した、天上的な美しさを持つ、モーツァルト最後のピアノ協奏曲第27番 *K. 595*の第3楽章の主題を用いている。へ長調、8分の6拍子である。春を待ち望む子供の心を歌ったクリスティアン・アドルフ・オーヴァーベックの、4行、10節の詩（1776年）に旋律を付けたものである。私たちが小学校の音楽の時間に習った、「五月の歌」はこの曲のことで、青柳善吾氏による日本語の美しい訳詞がついている。ザルツブルクでも正式な「春への憧れ」ではなく、「五月の歌」として親しまれていて、町の広場の時計台のカリオンが春にこの曲を演奏している。ザルツブルク滞在中は、この素朴なカリオンの音色にしばし時を忘れて聴き惚れてしまう。モーツァルティアンならずとも旅人も、しばしこのカリオンの音色に癒されるのである。また、私たちが小学校の音楽の時間に習った、「早春賦」（吉丸一昌詞、中田章曲）にもこの曲の影響が見られ、雰囲気がよく似ているのである。

私は20代の後半から30代の後半まで、岩手県の盛岡市に9年間住んでいた。東北大学の大学院を卒業して岩手大学の生物学教室の助手の職を得て、研究や教育に携わっていた。盛岡に住んで3年目の春に岩手県の陸前高田市出身の女性とお見合いをし、その年の秋に結婚した。結婚して優しくかわいらしい妻の愛に包まれて身も心も温まるようになったものの、独身時代の冬はつらかった。私は横浜に生まれ、千葉、仙台を経由して北上し盛岡に住むようになった。寒さにはだんだん慣れていて冬には自信があった。しかしながら、盛岡の冬は仙台とは比べものにならないくらい寒く辟易した。家の中が氷点下になるのである。私が住んでいたのは、岩手大学のある上田のすぐ近くの西下台という町で、盛岡では比較的暖かいところであった。それでも、北上川のすぐ近くであったので底冷えがした。前日に沸かしたお風呂の水の表面が次の日の朝には凍っていた。年末に横浜に帰って正月明けに戻ると、毛布にくるんで冷蔵庫の外に置いておいた野菜や果物は完全に凍っていた。しかし冷蔵庫の中に入れておいたものは凍っていなかった。まさに「温蔵庫」なのであった。盛岡の冬は雪も多く積もり、屋根の軒からは地上に着きそうな長い氷柱ができた。真冬には氷柱の一部を割って玄関から家の中に入ったものであった。その長い氷柱や屋根の雪が3月になると大きな音を立てて地面に落ちるのであった。「春への憧れ」の曲を聴くたびに盛岡で過ごした冬のことが思い出され、懐かしい気持ちでいっぱいになる。

子供のための歌曲ということで、親しみやすく、暖かい春を待ちわびる子供の心を明るく描いている。しかし、モーツァルトはそれだけでは作品を終わらせない。この曲を歌曲の最高傑作に仕上げているのはモーツァルトの天才のなせる技！悲しみを秘めた、透明感溢れる音楽はモーツァルト自身の気持ちを反映しているのではないかと感じざるを得ないのである。自らの命が、ろうそくの炎が消えていくが如くに失われていくことを覚悟している。でも希望は捨てたくない。神様が与えて下さった才能をもっと生かして音楽活動を続けていきたい！もっと長く家族と春を迎えたい！そんなモーツァルトの「生への憧れ」を感じさせる作品なのである。

私の愛聴盤は、オランダのエリー・アメリンクの録音である（CD：フィリップス、PHCP-3581~2、1977年8月、オランダ・アンヘルム・ムジス・サクルムで録音）。透き通った美しい歌声がこの曲にぴったりである。ダルトン・ボールドウィンのピアノ伴奏も控えめでとても素晴らしい。40年以上聴き続けている私の愛聴盤である。この曲は旋律が特に美しいので、歌唱曲としてだけではなく、いろいろな楽器で演奏されて録音されている。そんな中で、グラスハープとチェンバロによる二重奏（青島広志による編曲）はとても素晴らしい。グラスハープ：高橋美智子（日本のマリンバの第一人者、クリスタル・マリンバやグラスハープの製作にも参画されている。グラスハープを現代に蘇らせたブルーノ・ホフマン（1913～1991）の継承者）、チェンバロ：青島広志、録音：キングレコード（KICC118、1994年東京で録音）。透明感あふれる旋律を透き通ったグラスハープの音色で楽しめる一枚である。亡くなる年の1791年、モーツァルトは「グラスハープのための幻想曲ハ長調 *K. 616a*」や「グラスハープのためのアダージョとロンド *K. 617*」、「グラスハープのためのアダージョ *K617a*」等を作曲し、グラスハープをこよなく愛していた。

第203章　ピアノとヴァイオリンのためのソナタ第43番 *K. 547/374e*

モーツァルトのピアノとヴァイオリンのためのソナタの最後の作品である。モーツァルティアンにとっては各々の範疇での最後の作品には特別の思いがある。それは、この範疇の作品では、もうこの後にモーツァルトの作品が存在しないという寂寥感である。この作品はモーツァルト32歳の1788年7月にウィーンで完成された。この年はモーツァルト家の経済事情が悪化して、生活が困窮し始めた時期である。それにもかかわらず、この年にはピアノ協奏曲第26番*K. 537*「戴冠式」や交響曲第39番*K. 543*、第40番*K. 550*、第41番*K. 551*等の傑作が次々に世に出されていった。この作品がどのような目的で作曲されたのかは良くわかっていないが、モーツァルトの自作品目録には「初心者のためのヴァイオリン付きの小ソナタ」と記されている。ハ長調の「ピアノソナタ第15番*K. 545*」と対をなしている。この曲は全楽章とも、ヘ長調に統一されており、緩－急－変奏という、子供時代の作風に戻っている。その当時、子供のための音楽をモーツァルトが作曲していたのと無関係ではないであろう。*K. 545*と同様に、「少ない音符と少ない変化で初心者でも弾けるように」と楽譜に書かれているが、弾く人にとっては、減り張りを極力最小限にして、無味乾燥にならず、気品高く弾くのは至難の技であると、演奏家は口を揃えて言っている。*K. 545*と同様に私の大好きな曲で、宝物である。なんとも愛らしい曲なのである。この曲を聴くと、妻にピアノを習っていた、娘の少女時代のことが懐かしく思い出されてならない。妻に叱られながらも健気にピアノに向かっていた幼い娘の姿が目に浮かぶのである。演奏時間は全体で18分にも及ぶ。

第1楽章アンダンティーノ・カンタービレ。ピアノが癒しの音楽を奏でる。旋律は美しくてなんとも愛らしい。春を待ちわびた子供が春の到来を体いっぱいに感じて嬉々としているようである。「ヴァイオリン付きの小ソナタ」とモーツァルトは書いているが、ヴァイオリンは伴奏に徹しているわけではない。そこはモーツァルト！絶妙にヴァイオリンを活躍させている。ヴァイオリンがイタリアの音楽を思わせる旋律を歌うところが素晴らしいのである。その後はほとんどピアノが愛らしい旋律を奏でて、ヴァイオリンは伴奏に徹する。いくつもの愛らしい旋律が入れ替わり立ち替わり現れる。わずか4分ほどの小宇宙になんと多くの芸術が凝縮されていることか！モーツァルトの天才をこれほど強く感じる曲も少ないのではなかろうか？

第2楽章アレグロ。快活で力強い音楽である。ヴァイオリンの伴奏が力強さを示している。弾むようなピアノの音にはヴァイオリンが控えめに伴奏をしている。両者の関係が素晴らしい。

第3楽章は主題と変奏曲、アンダンティーノである。主題は穏やかなピアノの音で奏でられる。その旋律には透明感があって、晩年のモーツァルトの特徴がよく表れている。この主題が変幻自在に変奏されていく。全部で六つの変奏曲である。私が特に好きなのが、第三、第四、第五、第六変奏である。第三変奏はヴァイオリンの伴奏に力が入っていて、素晴らしい。第四変奏ではピアノは伴奏に回って、ヴァイオリンが愛らしい旋律を奏でる。第五変奏でピアノの演奏に戻り、悲しみの音楽へと変わる。最後の第六変奏は圧巻で、ヴァイオリンとピアノが対等に魅力的な旋律を奏でる。愛らしさに華やかさが加わり大団円を迎える。なんとも素晴らしい音楽で、聴く人に喜びと幸せを与えてくれる。この曲を目をつぶってじっくり聴いていると、最後のピアノとヴァイオリンのためのソナタであるという思いがこみ上げてくる。どの範疇の作品でも、モーツァルトの最後の曲はどれも傑作揃いで、最後の力を振り絞って湧いてきた旋律を五線譜に書きとめた姿が彷彿とされ、悲しみが押し寄せてくるのである。私の愛聴盤はイングリット・ヘブラー（ピアノ）とヘンリック・シェリング（ヴァイオリン）の二人による演奏の録音である（CD：フィリップス、PHCP-3888/92、1972年5月、ザルツブルク、モーツァルテウムで録音）。ヘブラーのピアノの演奏も、またシェリングのヴァイオリンの演奏も素晴らしく、見事にモーツァルトの音楽を再現してくれている。

第204章　オッフェルトリウム・ミセリコルディアス・ドミニ（主の御憐みを）*K. 222/205a*

オッフェルトリウムとは教会音楽の小品で、カトリックのミサ曲で入祭唱の次に入る曲であるが、独立した曲として作曲されることも多々あった。モーツァルトはオッフェルトリウムを六曲残してくれた。この*K.* 222は曲想が美しく、対位法を多用しており作曲技法上も充実していて私の好きな作品である。この曲は1775年初頭モーツァルト19歳の時に完成された。モーツァルトはこの年の3月にミュンヘンで三幕のドラマ・ジョコーソ「偽りの女庭師 K. 196」を上演したが、この歌劇の依頼主でもある、バイエルン選帝侯マクシミリアン三世の依頼でこの K. 222 が作曲され、ミュンヘンで同月に上演された。上演の評判については残念ながら記録が残っていない。モーツァルトは上演後すぐにミュンヘンからザルツブルクに戻ったのである。しかし、モーツァルトはこの曲に自信と愛着があったようで、翌年9月4日ボローニャの恩師マルティーニ神父に贈呈し批判を仰いだ（モーツァルト書簡全集第3巻、23～25頁）。全文イタリア語で書かれたこの手紙は、ザルツブルク在住で手紙が極端に少なかった頃の貴重なモーツァルトの資料であるだけではなく、天才の真摯な姿に触れることのできる貴重な財産にもなっている。私は学問や芸術に携わる者の姿勢に関するモーツァルトの考えに心底感激するのである。「私どもがこの世に生きておりますのは、たえず勤勉に学ぶためであり、また、論議をたたかわせることによりおたがいに啓蒙しあい、学問ならびに芸術をたえず前進させんがために努力を続けるためであります。ああ、いとも尊敬すべき尊師とお話しし、また論議をたたかわせることができますよう、もっとお近くにいたいと、私は幾度となく望んでみたものでありました」。この手紙の文章に私は大変心を打たれた。二十歳になったばかりの青年とは思えないほどの内容ではなかろうか。時代を超越した天才モーツァルトにしてこの努力である。この言葉通りモーツァルトは最後の最後まで音楽の勉強・作曲を続けた。病に倒れ、死の床にあっても「レクイエム K. 626」の作曲を続けたのである。「レクイエム」は完成されることなく「ラクリモーサ（涙の日々）」で絶筆となった。モーツァルトのこの真摯な姿は、後進の者が見習うべき手本と思われる。天才とは神様が与えて下さった才能を大切に育み、努力を惜しまない人のことを言うのではなかろうか。モーツァルトは芸術だけではなく、学問においてもこのような姿勢が大切であると言っている。私は生物学・基礎医学をこれまでずっと勉強してくることができたが、このモーツァルトの言葉を羅針盤として、生きている限り、生物学・基礎医学の前進にほんのわずかでも寄与できるように努力を続けたいと強く思うのである。

なんと、その年の12月ボローニャのマルティーニ神父からモーツァルトの元に手紙が届いた（18日付、モーツァルト書簡全集第3巻、27〜28頁）。神父は、「この曲には、現代音楽が要求するところのものすべて、良い和声、熟達した転調、ヴァイオリンの節度ある動き、諸声部の自然な変化、それに無理のない見事な声部処理が見られるので、大変喜んでいます。ボローニャでチェンバロ（ハープシコード）を楽しく聴かせてもらってからというもの、作曲でも大いに進歩されたことを喜んでいます。」と指導してから6年経った愛弟子の進歩について賞讃を惜しまなかった。それだけではなく、愛弟子に最大級の励ましを送ったのである。「訓練をなおいっそう続けられるよう願っています。音楽は生きている限り、訓練と大変な研究が必要とされるのがその本性であるからです。」と手紙を締めくくっている。事実モーツァルトは恩師の言葉を胸に努力を惜しまなかった。この後モーツァルトの宗教曲は、歌劇や交響曲、協奏曲、室内楽と同様に、時代を超越した最高傑作を私達に残してくれたのである。

私はこのモーツァルトの手紙とマルティーニ神父の手紙をとても愛読している。二人の音楽に対する真摯な姿に深く胸を打たれるだけではなく、深い師弟愛にも感動するのである。学問も芸術も人間から人間に伝えられて育まれる。大変ありがたいことに私は多くの恩師に指導を仰ぐことができた。私が現在あるのは、大学生の時の恩師の山口武雄先生（千葉大学・放射線医学総合研究所）、大学院生の時の恩師の故竹内拓司先生（東北大学大学院）、アメリカ留学時の恩師、故サボ先生（ハーバード大学）や故キュヴェイドー先生（ブラウン大学）のおかげである。モーツァルトもマルティーニ神父の指導と激励のおかげで宗教曲のみならず多くの範疇の作品を生み出すことができたのであろう。その上、この曲は後進の大作曲家ベートーヴェンに大きな影響を与えたと思われる。ベートーヴェンの代表作である第9交響曲の第4楽章の合唱部分、有名な「喜びの歌」の前半はこのオッフェルトリウムとほとんど同じである。ベートーヴェンは心からモーツァルトを尊敬していたが、この曲を通してモーツァルトとベートーヴェンの師弟愛が生まれたのではなかろうか。四部合唱で楽器編成は、第1ヴァイオリン、第2ヴァイオリン、ヴィオラ、コントラバス、オルガンである。演奏時間は約8分である。

冒頭部は管弦楽と四部合唱による荘厳な旋律で始まる。すぐその後に現れる美しい曲想の主題が特に印象的である。ベートーヴェンの第9交響曲第4楽章の「喜びの歌」は、この主題にそっくりである。その後四部合唱が入る。次いで主題が再びヴァイオリンで奏でられ、男声合唱が主体になる。中間部に入ると深い祈りの音楽へと移っていく。三度目に現れる主題は変奏され、やや悲しみを帯びてくる。最終部では四度目に現れる主題が深い悲しみに増大され、心打たれる。フィナーレは大合唱になって神を讃える。このオッフェルトリウムの主題はやや悲しみをたたえたヴァイオリン主体の音楽であるが、ベートーヴェンはこれを歓喜の歌に発展させたのであろう。モーツァルトを尊敬してやまなかったベートーヴェンがモーツァルトのこの曲から啓示を受けて自分の音楽へと発展させたのではなかろうか。私の愛聴盤はヘルベルト・ケーゲル指揮、ライプツィッヒ放送交響楽団、ライプツィッヒ放送合唱団の演奏である（CD：フィリップス、422-753-2、1974年11月、ライプツィッヒで録音、輸入盤）。厳かな中にも明るさや悲しみを秘めた素晴らしい演奏で、この隠れた名曲を見事に再現してくれている。

第205章　ピアノとヴァイオリンのためのソナタ第32番 *K. 376/374d*

この曲は1781年夏にウィーンで完成された。モーツァルトは25歳になっていた。この年の5月にモーツァルトはウィーンでコロレド大司教と決定的な衝突をして、ついにウィーンに定住することとなった。そんなモーツァルトの動揺した心情を反映してか、この曲の第1楽章はやや不安な気持ちや暗い気持ちが反映されているように思われる。「アウエルンハンマー・ソナタ」の第1番目の曲である。3楽章からなり演奏時間は16分に及ぶ。第1楽章アレグロ。明るく軽快な曲である。ピアノが心弾む主旋律を演奏し、ヴァイオリンが伴奏する。その後ヴァイオリンとピアノが主役を交代する。長い冬が去り、春が訪れてきたように感じられる。春は良い天気の日ばかりではない。時に大雨を降らすこともある。厚い雲から大粒の雨が降ってきて、乾燥した大地に潤いをもたらす。大地が水を得て息を吹き返し、緑が鮮やかになり、花も蕾を膨らませてきた。こんな美しい自然の風景が眼前に浮かんでくる。ピアノもヴァイオリンも休むことなく、この流麗な音楽を紡いでいく。モーツァルトの音楽は、美しい自然描写の音楽であると思われてならない。

第2楽章アンダンテ。私がこのソナタの中で最も好きな楽章である。穏やかな優しい旋律が殊の外美しい。力強く、やや不安がよぎる第1楽章とは対照的に穏やかな癒しの音楽である。初めピアノが主旋律を奏で、ヴァイオリンは伴奏を、そのあと主役が交代する。静かで、情緒的で、気品に満ち満ちている。慰めにも溢れている。それでいてどこか郷愁を誘う素晴らしい音楽である。一日中外で遊んでいた、私の子供時代の事が懐かしく思い出される。この音楽では、ピアノやヴァイオリンの音はやや抑えた演奏が好ましい。強く演奏すると音楽を壊してしまうからである。第3楽章ロンド、アレグレット・グラツィオーソ。ピアノの演奏から始まる。軽快で楽しいが、どこか寂しさが漂う。その後、ピアノとヴァイオリンの協奏が始まる。明るく軽快な音楽で、楽しくて踊り出したくなる。明るく屈託のない流麗な音楽に私は勇気付けられ、励まされるのである。私の愛聴盤は、イングリット・ヘブラーとヘンリック・シェリングによる録音である（CD：フィリップス、PHCP-3888/92、1972年1月、ザルツブルク、モーツァルテウムで録音）。特に第2楽章の演奏が素晴らしい。ここではヘブラーが見事にピアニッシモの演奏を、またシェリングが弱音のヴァイオリンの演奏を披露してくれている。二人の演奏は素晴らしく見事にモーツァルトの音楽を再現してくれている。

第206章　ピアノと管弦楽のためのロンド *K. 386*

この曲は1782年の秋ウィーンで完成された。モーツァルトはウィーン時代2年目に入り、26歳になっていた。ウィーンでの生活も軌道に乗り始め、作曲に演奏会に多忙の日々を送っていた。ドイツ歌芝居の傑作「後宮からの誘拐 *K. 384*」や交響曲の傑作第35番「ハフナー *K. 385*」、さらにはピアノ協奏曲第12番 *K. 414* 等の傑作が次々と生み出されていく中、この曲はピアノ協奏曲第12番の第3楽章ロンドの代替楽章として作曲されたものと考えられている。独奏ピアノ、オーボエ2、ホルン2、第1ヴァイオリン、第2ヴァイオリン、ヴィオラ、コントラバスの編成で、演奏時間は8分ほどである。冒頭部から甘美な旋律が流れてくる。モーツァルトはこの年の8月にはコンスタンツェと結婚式を挙げており、人生で最も幸福な時であったろう。コンスタンツェとの愛を育んでいたモーツァルトの心情がこの旋律に込められているように思われてならない。独奏管楽器と管弦楽の調和が素晴らしい。その後、この愛らしいロンド主題をピアノが管弦楽の伴奏を伴って演奏する。やがてこの主題が変奏されて展開していく。軽やかで、穏やかで、それでいて愛らしい音楽が心に染み入る。その後、やや重厚で、不安げな旋律が現れるが、長くは続かない。すぐに冒頭部の音楽に戻り、聴く人の心に明るい光を投じて終了する。私の愛聴盤は、ヘブラーのピアノで、アルチェオ・ガリエラの指揮、ロンドン交響楽団の演奏である（CD：フィリップス、DMP-10009、1967年8月、ロンドンで録音）。ヘブラーはピアノの音の粒を揃え、一つ一つの音に真珠のような輝きを持たせている。明るいこの音楽の素晴らしさを見事に再現してくれている。今夜もヘブラー、ロンドン響の録音で楽しもう。

第207章　ピアノとヴァイオリンのためのソナタ第36番 *K. 380/374d*

この曲は1781年4月ウィーンで完成された。モーツァルト25歳の春であった。「アウエルンハンマー・ソナタ」の最後の第六番目の曲である。前年の秋、モーツァルトの悲歌劇の傑作「クレタの王イドメネオ *K. 366*」の初演のためミュンヘン入りしていたが、この年の初めにはザルツブルクから父と姉もミュンヘン入りして、二人が見守る中、「イドメネオ」は大成功したのであった。

モーツァルトは、その後ザルツブルクのコロレド大司教の命によりミュンヘンからウィーンに赴いた。コロレド大司教の叔父の邸宅「ドイチェス・ハウス」に滞在し、4月8日にそこでこの *K. 380* を初演した。シュテファン大聖堂のすぐ近くにあるこの「ドイチェス・ハウス」に私はウィーンを訪れる際にはよく立ち寄っている。正面から中に入ると目の前に中庭があり、右手には小さな演奏会場がある。当時の面影を残すモーツァルティアンの聖地である。この演奏会場で何度となくモーツァルトの作品を聴けた。妻と二人でウィーンを訪れた際にも、ここでの演奏会に足を運んだ。当時のまま残るこの貴重な建物は18世紀の香りがする素晴らしい建物で、特に演奏会場は素晴らしい。モーツァルトのことを思いながら、その室内楽の作品を聴くひと時は格別なものがある。また、この演奏会場は、日本映画「寅さん」の第41作「男はつらいよ　寅次郎心の旅路」（ウィーンが舞台、1989年8月上映）でも取り上げられた。マドンナ役の竹下景子さん演じる江上久美子の恋人役のチェロ奏者ヘルマンが、モーツァルトの弦楽四重奏曲を演奏している場面であった。私は妻とこの映画を映画館で見て、「ドイチェス・ハウス」の演奏会場を懐かしく思い出しながら感激したのを昨日のことのように覚えている。

さて、この一ヶ月後（5月9日）ザルツブルクのコロレド大司教の帰還命令に逆らったモーツァルトは、この「ドイチェス・ハウス」でコロレドと決定的な衝突（屈辱と激しい暴言を浴びせられた）をすることにより、ウィーン定住を決意することとなったのである（同日、父宛ての手紙、モーツァルト書簡全集第5巻、44〜47頁）。翌10日コロレド大司教側近のアルコ伯爵に辞職願を出したが受け入れられなかった。その夜からモーツァルトは体調を崩し、翌日まで寝込んだ。体調が回復し、モーツァルトは3通の陳情書を作成し、アルコ伯爵に5回も提出したものの、やはり受け取られなかった。やっと6月8日になって辞職願は受理された。しかしながら、その際この「ドイチェス・ハウス」でアルコ伯爵に尻を足蹴にされ、部屋から追い出されたのであった。こうして郷里を捨ててウィーン定住を始めることになったモーツァルト、大変な心労ではあったが、自由を得て、自分の好きなように音楽活動ができるようになったのである。この辺の事情はモーツァルトの手紙に詳しく書かれている（同月9日父宛て、モーツァルト書簡全集第5巻、72〜75頁）。この大変な時期にモーツァルトに宿を提供してくれ、何くれとなく援助してくれたのが、あのアロイジアの母であった。アロイジアは歌劇場専属歌手になったミュンヘンでモーツァルトを軽く鼻であしらい、失恋させたが、活躍の舞台をミュンヘンからウィーンに移していた。それで一家もウィーンに移り住んでいたのであった。彼らの住居があの有名な「神の目館」であった（第220章、挿絵5参照）。ここで将来の妻となるコンスタンツェと出会うこととなるのである。この一ヶ月の出来事に関しては、前述のモーツァルトの手紙に詳しく書かれていて、モーツァルティアンの大切な手紙になっている。それにしてもコロレド大司教と共にアルコ伯爵は、モーツァルトをいじめた、名悪役として歴史にその名を刻むこととなったのである。

この曲にはそんなモーツァルトの心労、不安な心情、暗い気持ちや悲しい気持ちが込められていると、私には思われてならない。特に第2楽章を聴いているとつくづくそう思うのである。3楽章からなり演奏時間は19分に及ぶ。第1楽章アレグロ。第2楽章アンダンテ・コン・モト。第3楽章ロンド（アレグロ）である。私はこの曲の中で第2楽章と第3楽章が特に好きである。第2楽章はとても悲しい音楽である。贖うことができない運命に苛まれているような感じである。身に降りかかる不幸を嘆き悲しんでいるようでもある。そんな悲しい音楽なのに、なぜこれほどまでに美しいのであろうか? この曲を聴いていると悲しい音楽なのに、不思議と心が癒されていくのである。それはモーツァルトの音楽が持っている不思議な力によるのであろう。冒頭部では、主旋律が始めはピアノ、そしてヴァイオリン、さらにピアノと、順に演奏されていくが、後半部では、ほとんどヴァイオリンが主旋律を演奏していて、ピアノは伴奏に徹している。後半部の音楽を表現するのにはピアノよりもヴァイオリンの方が適していると、モーツァルトは思ったのではなかろうか。モーツァルトのピアノとヴァイオリンのためのソナタの中でも名曲中の名曲である。第3楽章は明るい曲で、ピアノが弾むような旋律を演奏し、そのあとヴァイオリンが主旋律を奏で、その後、ピアノとヴァイオリンの協奏が行われる。穏やかで心和む音楽である。日々の生活は楽しく希望に満ちている。多くは望まない、つつましい暮らしにこそ真の幸福があると、モーツァルトが言っているように聴こえる。人生の応援歌のように思われるのである。モーツァルトに激励されているように感じるのは私だけではなかろう。私の愛聴盤はイングリット・ヘブラーとヘンリック・シェリングによる演奏である(CD:フィリップス、PHCP-3888/92、1972年9月、ザルツブルク、モーツァルテウムで録音)。ヘブラーのピアノの演奏も、またシェリングのヴァイオリンの演奏もとても素晴らしい。特に第2楽章の演奏が素晴らしい。見事にモーツァルトの音楽を再現してくれている。

第208章

愛犬コロとモーツァルト

かけがえのない家族の一員であった犬のコロ（シーズー）が平成14年（２００２年）２月21日（木曜日）夜10：15頃息を引き取った。ガンに冒され体が弱り果て、だんだんと衰弱していくのが、その当時は痛いほど良くわかった。その日の夜はもうコロの命があとわずかとはっきりわかった。夜10：00をまわってコロは、だんだんと呼吸が弱くなってきた。もうだめかと思っている間もなく、体が反り返り、大きな息を一回吸ったかと思うと、すーっと息が止まった。コロは12歳11ヶ月の命を全うして天国に上っていった。春休みで実家に帰っていた大学三年生の娘も含めて、妻と三人でコロの最期を看取ることができた。私達はお湯でコロの体を綺麗にふいてやり、毛も綺麗にとかしてあげた。祭壇を作り、元気であった頃の写真を飾り、好きな食べ物や水を供え、お線香をあげてコロの冥福を祈った。私はモーツァルトのレクイエム*K. 626*をかけて、コロの霊を慰めてあげた。「ラ・クリモーサ（涙の日々）」の部分ではあふれ出てくる涙をどうしても抑えることができなかった。レクイエムが終わって、生前コロが大好きであったモーツァルトのピアノソナタ第12番*K. 332*をかけてあげた。翌日の午後、私は仕事を半日休んでペット霊園に妻と娘を連れて三人で出かけた。霊園の職員と私達は遺体を棺に入れ、コロの好きだった食物や写真、散歩の紐、服、それに花等をたくさん入れてあげて、最後の別れを惜しんだ。20分位たって骨だけになったコロを三人で骨壺に入れ本堂で拝んでもらった。霊園の職員は私達に慰めの言葉をかけてくれて、とても優しかった。私も家族も愛するコロとの別れにあふれる涙をどうしてもこらえることができなかった。2月末とは思えない穏やかな、暖かい日の午後だった。初七日を過ぎて霊園の共同墓地にコロの遺骨を埋葬した。

思えば一人っ子の娘のために弟代わりにと、妻にせがまれて飼い始めたコロであった。我が家に初めてコロがやってきた日のことを、私は今でも忘れることができない。私が「ただいま！」と言って玄関を開けて入ると、体長20センチ位のシーズーの子犬が尻尾を振ってちょこちょこ歩いてきた。私に近づいてきて手をなめまくった。私がソファーに座って膝の上にのせてあげると気持ち良さそうに寝てしまった。爾来コロは私に大変なついて、帰宅する頃になると玄関で座って待っていた。私が「ただいま！」と言って玄関を開けると尻尾を振って喜んでくれた。コロは丈夫に育ってますますかわいくなっていった。コロとの早朝の散歩や休日の散歩は私にとってかけがえのないもので、時間のたつのを忘れて歩いたものであった。コロも「散歩に行こう！」と言うと尻尾を振って喜んだ。夜も一緒に寝て、暑い夏は枕元で、寒い冬は布団の中で私の体に身を寄せて寝ていた。コロと一緒の公園は楽しかった。ボールを投げては取ってきて、また投げては取ってくる、ボール遊びが大好きで、広い公園に遊びに行くのをコロも私達も楽しみにしていた。ペットと泊まれるホテルを探しては、鬼怒川や伊豆高原、軽井沢などに一緒に旅行して、私達の人生にかけがえのない思い出をつくってくれた。

コロはモーツァルトの音楽が大好きであった。コロが我が家にやってきてから、私がいつもかけているモーツァルトの音楽をコロも一緒に聴きながらすっかり気に入ってくれた。モーツァルトの音楽が流れると「あー気持ちがいい！」という表情をして、いつの間にか、すやすやと寝てしまった。コロは特にモーツァルトのピアノソナタ第12番*K.* 332が大好きで、第2楽章に聴き惚れていた。休日にコロと聴くモーツァルトは私にとってかけがえのないものであった。そんなコロもいつの間にか歳をとり、悪性リンパ腫に冒されてしまった。妻は千葉から往復6、7時間をかけて神奈川の獣医大学の病院に何度となくコロを治療に連れて行ってくれ、献身的な看護をしてくれた。しかしながら、妻の努力も大学の先端医療もコロのガンの進行を止めることはできなかった。亡くなる2ヶ月前頃には、あれだけ好きだった散歩にももう行けなくなってしまった。それでも家の中を歩いたり、食事をとったりすることはできていたが、亡くなる3日ほど前には、歩くことも食べることもできなくなってしまった。スポイトで口に入れてあげた水だけで生きていた。愛犬を失った家族の悲しみは容易に癒すことはできない。心の中にぽっかりと空いた大きな穴をふさぐことは容易にはできなかった。でも、私達は動物の霊の存在を信じているので、コロの写真に向かって話をしたりして、少しずつ悲しみを乗り越えようと努めていた。私達はコロに多くのことを教えてもらった。人を思いやる優しい気持ちを。コロはいつも私達に心和む幸福な家庭の安らぎを与えてくれた。モーツァルトの音楽が神様からの贈り物であるように、犬もまた神様から人間への愛の贈り物なのではなかろうか。亡くなったコロの霊を慰めるのも、コロを失って癒えない悲しみを慰めてくれるのもモーツァルトの音楽であった。悲しみを癒してくれたのが、モーツァルトのオーボエ四重奏曲*K. 370*であった。心にしみいる第2楽章の哀切のオーボエの響きは、何度も聴くうちにコロを失った私の悲しみを少しずつ癒していってくれたのである。

第209章　ピアノ協奏曲第8番 *K. 246*「リュッツォウ」

この曲は1776年初頭ザルツブルクで完成された。モーツァルトは20歳になっていた。ザルツブルクのホーエン・ザルツブルク城の司令官、リュッツォウ伯爵の夫人（父親レオポルトのピアノの弟子）のために作曲されたと考えられている。そのためこの名前がついている。モーツァルトは翌年秋にはミュンヘンの音楽会でこの曲のピアノ独奏を行っている。2年後秋からの「マンハイム・パリ旅行」の際にもこの曲の楽譜を持って行った。さらに、1781年春ウィーンに移り住んでからも父親にこの曲の総譜を送ってくれるように依頼していることから、お気に入りの曲であったと思われる。演奏会でもよく取り上げた。その証拠に複数のカデンツァが残っている。楽器編成は、独奏ピアノ、オーボエ2、ホルン2、第1ヴァイオリン、第2ヴァイオリン、ヴィオラ、コントラバスの小編成ながら実に味わい深い作品となっている。演奏時間は全体で約20分である。

第1楽章アレグロ・アペルト。快活で明るく爽やかな音楽である。後半部には悲しみの陰りが見られるが、すぐに明るい曲調に戻る。そよ風が心の中をそっと吹き抜けるようである。カデンツァを経て終了する。第2楽章アンダンテ。私は、モーツァルトのゆったりとした緩徐楽章が殊の外好きであるが、この曲も例外ではない。冒頭部は管弦楽のゆったりとした演奏から始まる。第一主題は伸びやかで優美であるが、どこか牧歌的で郷愁を誘う。ザルツブルク近郊の景色が浮かんできて幸福感に包まれる。音楽の進行とともにテンポが速まり、旋律が生き生きとしてくるところも聴きどころである。この第一主題をピアノが穏やかに、ゆったりと演奏する。ピアニッシモは殊の外美しい。ついで、管弦楽とピアノが会話をしたり、一緒に歌ったりする。第二主題は第一主題に似ているものの、やや悲しみを帯びている。この短調への転調が素晴らしく、「転調の魔術師」モーツァルトの真骨頂であろう。その後、第一主題に戻りカデンツァを経て終了する。穏やかな気持ちにしてくれる素晴らしい楽章である。第3楽章はロンドである。ピアノの奏でる音は穏やかで繊細である。この楽章も音楽は決して派手ではなく、華美でもなく、控えめで明るく、爽やかである。私の愛聴盤はヘブラーのピアノ、アルチェオ・ガリエラ指揮ロンドン交響楽団の録音である（CD：フィリップス、

DMP-1008、1965年7月、ロンドンで録音)。へブラーはモーツァルトに忠実に第1、2楽章のカデンツァをモーツァルトの手になるものを弾いてくれている。控えめなものの、粒を揃え、真珠のような輝きのある音で見事にこの曲を再現してくれている。殊の外ピアニッシモが素晴らしい。モーツァルトのピアニッシモを演奏してへブラーの右に出る人はいないであろう。モーツァルトもきっと天国で「僕のピアノ曲を見事に弾いてくれてありがとう!」と言っているのではなかろうか。

第210章　モーツァルト青春の喜び、ピアノ協奏曲第11番 *K. 413/387a*

モーツァルトの音楽を聴いている時、私はいつも幸福である。私は常々モーツァルトの音楽をかけがえのない宝物としている。いつも感謝の気持ちを込めてモーツァルトの音楽に耳を傾けている。ピアノ協奏曲第11番もそんなかけがえのない私の宝物の一つである。モーツァルトの音楽とは生きる喜びであり、それを聴いていればいつも私の心は幸せでいっぱいである。さて、この曲は1782年暮れ、モーツァルト26歳の時に完成されたと考えられている。楽器編成は、独奏ピアノ、オーボエ2、ファゴット2、ホルン2、第1ヴァイオリン、第2ヴァイオリン、ヴィオラ、コントラバスで、3楽章からなり、演奏時間は25分にも及ぶ。

明るく、溌剌としたピアノが喜びを表現する第1楽章や、やや力強く青春の息吹を感じさせる第3楽章もいいが、何と言っても私は第2楽章が好きである。第2楽章ラルゲットはモーツァルトの青春の喜びに満ち満ちている。大司教の圧力や父親の監視のもと、いつも音楽のみならず生活面でも大きな制約を受けて過ごしていたモーツァルトであったが、大司教からも、また、父親からも離れて、文字通り自由の身になったモーツァルト!そんなモーツァルトの青春の喜びが私にも伝わってくるのである。管弦楽が奏でる冒頭部のゆったりとした美しい音楽!なんと素晴らしい旋律であることか!どこか懐かしく郷愁も誘われる。次いでピアノがのびのびとした明るい第一主題を奏でる。この癒しの音楽を聴いていると私の心の中に喜びが満ちあふれてくる。それだけではなく、穏やかな、ゆったりとした音楽を聴いていると心の平和が訪れる。人を憎んだり、世の中を恨んだり、人の悪口を言ったり、そんな気持ちは一瞬にして消え去っていく。新たに人に対する温かい感情と人生への希望が湧いてくる。つくづく人生っていいものだと思わせてくれる。それと共にこの曲は青春の賛歌でもある。モーツァルトは自分自身の経験も踏まえ、異性に憧れる気持ちを音楽にしたためたようにも思われてならない。私の尊敬する医学博士の故日野原先生は、このピアノ協奏曲第11番がとてもお好きとおっしゃっていた。先生がこの曲がお好きと聞いて私は大変嬉しくなったことをよく覚えている。音楽を愛する気持ちは尊いものであることを改めて先生から教えていただいたように思われてならない。

私の愛聴盤は、イングリット・ヘブラーのピアノ、コリン・デイヴィス指揮、ロンドン交響楽団の１９６５年10月の録音である（CD：フィリップス、DMP-10009、ロンドンで録音)。私はこの演奏を聴くと、穏やかな、心安らかな気持ちになり、平穏な日々に心から感謝する。今日も目をつぶってじっくりとこの曲に聴き入った。ヘブラーはカデンツァもモーツァルトの手になるものを使っている。穏やかな美しい演奏である。演奏会でなかなかこの曲が取り上げられないのがとても残念である。内田光子のピアノ、ジェフリー・テイトの指揮、イギリス室内管弦楽団の録音も素晴らしい（CD：フィリップス、473889-2、１９８８年5月ロンドンで録音、輸入盤)。内田の繊細かつ細やかなピアノが素晴らしく、イギリス室内管弦楽団の管楽器も美しく響いており、名演奏と思われる。第２楽章の演奏は秀逸である。

第211章　行進曲 *K. 215*

モーツァルトの行進曲は楽しい。代表的な喜歌劇である「フィガロの結婚K. 492」では、フィガロとスザンナの結婚行進曲がこの歌劇に彩りを添えている。ドイツ歌芝居「魔笛 *K. 620*」では僧侶の行進曲が素晴らしく、荘厳な雰囲気を醸し出している。また、同じくドイツ歌芝居「後宮からの誘拐 *K. 384*」では、太守セリムが登場する行進曲が歌芝居を盛り上げている。そういった、喜歌劇や歌芝居に彩りを添える行進曲はモーツァルトのウィーン時代の作品であるが、ザルツブルク時代には、セレナードやディヴェルティメント、カッサシオンといった音楽にはつきもので、モーツァルトは多くの作品を残した。行進曲はこれらの曲の前座として、また時として最後によく演奏されたのであった。この曲もセレナードニ長調 *K. 204* の前座として演奏されたと考えられている。特にセレナードは、貴族の結婚式や大学の卒業式、祝典などでよく演奏された。ザルツブルク大学の卒業式では、ミラベル宮殿から楽隊が先導し、音楽を奏でながら、その後を卒業生たちがついて、大学講堂まで行進したと伝えられている。モーツァルトの行進曲に合わせて街を行進し、卒業式に臨んだ。モーツァルトの曲で卒業式に出席することができた当時の学生はなんと幸せであったか！行進曲 *K. 215* もザルツブルク大学の卒業式の祝典用に1775年、モーツァルトが19歳の時に作曲された。この曲を聴いていると、私が何度となく訪れたザルツブルクの景色、特に大学講堂やザルツァッハ川、ミラベル宮殿などが思い出されて、とても幸せな気分になる。楽器編成は、オーボエ2、ホルン2、トランペット2、第1ヴァイオリン、第2ヴァイオリン、第1ヴィオラ、第2ヴィオラ、コントラバスで、演奏時間は2分程である。管楽器が美しい旋律を奏でて皆の行進を楽しくさせているようである。

私達の世代は、小学校や中学校でよく行進の練習をさせられたものであった。春や秋の運動会には長時間をかけて、行進の練習をさせられた。いつも同じ音楽で、一糸乱れぬ軍隊のように、「前へならえ！進め！」などと号令をかけられ、よく行進させられ、辟易した思い出がある。でも、モーツァルトの行進曲は違う。実に楽しく、浮き浮きする。明るい気持ちになって自由に歩きたくなるのである。元気がない時、気持ちが塞いでいる時、この曲を聴くと、とても元気になる。この短い行進曲の中にも天才のひらめきが随所に見られる。私の愛聴盤は、ハンス・グラーフ指揮、ザルツブルク・モーツァルテウム管弦楽団による演奏である（CD：レイザー・ライト、COCO-78047、1988年5月ザルツブルクで録音）。颯爽として華麗な演奏で、楽しく朗らかな気持ちにしてくれる。

第212章　交響曲第31番 *K. 297/300a*「パリ」と羽生結弦選手

1778年22歳のモーツァルトは大都市パリで就職活動をしていた。就職活動は芳しくなかったので、パリジャンの好みに合った交響曲を作曲してコンセール・スピリチュエルで演奏した。演奏が終わると聴衆は拍手喝采で大成功であった。モーツァルトは大喜びして、パレ・ロワイヤルでおいしいアイスクリームを食べたという。モーツァルトの手紙を読むと、この時の彼の喜びようが生き生きと伝わってくる（7月3日父宛て、モーツァルト書簡全集第4巻、131～136頁）。私は1997年の秋にこのパレ・ロワイヤルを訪れることができた。今もパリに残っていて、私はしばしモーツァルトの時代に想いをはせた。パリではその当時既にアイスクリームという食べ物があったのである。甘党のモーツァルトはアイスクリームを食べたくて、パレ・ロワイヤルに直行したのであろうか？モーツァルトの喜びようが想像できる。この曲はモーツァルトの曲の中でも特に明るく力強く、晴れ晴れとした曲である。私は特に第2楽章が大好きである。第一主題が美しく、弦楽器と管楽器の掛け合いが好ましい。私の愛聴盤はカール・ベーム指揮、ベルリン・フィルハーモニーの録音である（CD：ドイツ・グラモフォン、427241-2、1966年、ベルリンで録音、輸入盤）。モーツァルトの世界を端正に、真摯に再現してくれている。モーツァルトは音楽の天賦の才能を、父レオポルトの指導や想像を絶する努力で開花させていったのである。神様に与えられた才能を生かして、誠心誠意努力を積み重ねたものだけが到達できる幸せの瞬間であったろう。

我が国にもこのような立派な青年がいる。フィギュア・スケートの羽生結弦選手である。２０１８年2月17日は日本の歴史的な一日となった。彼はフィギュア・スケートでオリンピック二大会連続優勝という歴史的快挙を成し遂げたのである。彼は前年の11月練習中に四回転ジャンプに失敗して右足首に大怪我をしてしまった。誰しもがオリンピックには間に合わないと思って諦めていた。しかし彼は負けなかった。オリンピックという大舞台に実戦なしの状態で臨んだのである。2月16日のショート・プログラムも、この日のフリー・プログラムも見事な演技であった。それも万人の心を揺さぶる素晴らしい演技で優勝したのである。優勝後に記者の質問に答えて、羽生選手は「生きていて良かった。スケートができて良かった。今日は一番幸せな日です。」と涙ながらに答えていた。

羽生選手はこれまでも多くの試練に遭遇してきた。彼は東北の宮城県仙台市の出身で自身も２０１１年3月11日、練習中に東日本大震災に遭遇してしまった。それで家族共々避難生活を余儀なくされた。仙台のスケート練習場は地震で壊れ、使えなくなってしまった。また、大会の演技前の6分間練習の際に、中国の選手と激突して大怪我を負ったこともあった。羽生選手はこういった多くの試練を乗り越えてきた。しかし、羽生選手と言えども、今回のオリンピック直前の右足首の大怪我には、どんなにか苦しんだことであろう。ジャンプの時に右足で着氷できるのだろうか? 2月16、17日はそんな多くの人々の不安を払拭する素晴らしいジャンプと演技であった。不撓不屈の精神であらゆる困難を乗り越えてきたからこそ本番で大成功したのであろう。日々の絶え間ない努力の賜物であろう。モーツァルトと同じように神様に与えられた才能を、最大限の努力と不撓不屈の精神で乗り越えてきた羽生選手だからこそできたのではなかろうか。モーツァルトは音楽という芸術の世界で、羽生選手はフィギュア・スケートという芸術的運動競技の世界で、このことを私達に示してくれた。天才とは天賦の才を生かし、育み、想像を絶する厳しい研鑽を積むことができる人のことを言うのであろう。努力を惜しまない天才は、自分自身を幸福にするだけではなく、周りの人にも挑戦する勇気と生きる喜びを与えてくれる。音楽の天才、モーツァルトもフィギュア・スケートの天才、羽生選手も、分野は異なれ、多くの人々に人生の意味を教えてくれる人なのではなかろうか。私達は二人の天才から多くの教訓を得ることができるのである。

第213章　ドイツ歌曲「すみれ」*K. 476*

この曲は1785年の6月8日にウィーンで完成された。ウィーン定住生活も5年目を迎え、モーツァルトはもう29歳になっていた。あまりにも有名で、あまりにも多くの人々に時代を超えて愛され続けている、モーツァルトを代表する歌曲である。3分にも満たない短い音楽の中にモーツァルトの天才がきらきらと輝いている。ヴォルフガング・フォン・ゲーテの詩にモーツァルトが音楽をつけたものである。当時はこの詩に多くの作曲家が音楽をつけたが、ゲーテは殊の外モーツァルトのこの作品を好んだと言われている。

冒頭部は牧歌的な音楽で始まり、野に咲く可憐な一輪のすみれと羊飼いの少女の様子が明るい旋律で歌われる。ついで間奏にのってその少女が歌いながら近づいて来る。その様子が音楽によって見事に表現されている。すみれは「この少女に摘まれて胸にあててもらえれば嬉しい！」と思っている。でも、すみれは少女に全く気づかれず、踏みつけられて死んでしまう。それでもすみれは「少女に踏まれて死ぬのなら本望！」と喜びを表す。ゲーテの詩はここで終わっている。しかし、モーツァルトはこの後、「かわいそうなすみれ！それは本当に可愛らしいすみれであった！」という2行の詩を付け加えた。ここにつけられた旋律が誠に美しくも悲しく、涙を誘う。この音楽が加わることによって作品全体に奥行きが広がり、深い味わいが生まれてくる。なんとも心優しい詩を付け、美しい音楽を付け加えたことか！私はこの歌曲を聴くたびに、美しい音楽もさることながら、モーツァルトの心の優しさにも感激する。本当に素晴らしい。歌曲の最高傑作である。いつ聴いても私の心は幸福感で満たされるのである。

「モーツァルトの興味は常に人間に向けられていた。一方で、自然にはほとんど向けられていなかった」と多くの人が言っている。でも、果たして本当にそうであろうか？「モーツァルトは自然にも並々ならぬ興味を持っていた」と私は常々思っている。こう思うのは私一人だけであろうか？眼前に広がる野原はどこまでも続いている。そよ風も心地よく、草が風に揺られている。そんな中にひっそりと咲いていた一輪の可憐なすみれ。そのすみれが無残にも少女に踏まれて死んでしまう。それでも、少女に踏まれたことに喜びを示す健気なすみれ。自然に興味を持っていなければ決して音楽には表現できないのではなかろうか。すみれを擬人化して音楽に表現できるのは、人間観察に優れていたモーツァルトならではと言えるが、モーツァルトが自然を愛し、自然を大切に思っていたからこそ深い味わいの歌曲が生まれたのではなかろうか。

いみじくも、モーツァルトは手紙の中で語っている。「ぼくは詩的なものを書けません。詩人ではありませんから。ぼくは表現を巧みに描きわけて影や光を生み出すことはできません。画家ではないからです。それればかりかぼくは、ほのめかしや身ぶりでぼくの感情や考えを表わすこともできません。ぼくは踊り手ではありませんから。でも、音でならそれができます。僕は音楽家ですから。」（１７７７年11月8日、マンハイムから父宛て、モーツァルト書簡全集第3巻、２２９〜２３０頁）。まさにモーツァルトは、彼にしか表現できない音楽を私たち後世の者に残して下さった。モーツァルトの音楽は、人類への尊い贈り物なのである。モーツァルトは自分のことを詩人ではないと謙遜しているが、決してそうではないと思う。この「すみれ」もそうであるが、彼の多くの歌劇の台本には彼の手が加わっている。可愛がっていた愛鳥が死んだ際にも、その死を悼む見事な詩を書き残している。モーツァルトは、詩人としても素晴らしい才能を持っていた人なのである。「すみれ」の優れた録音は多数残っている。その中で私が最も好きなのは、オランダのエリー・アメリンクの録音である（CD：フィリップス、PHCP-3831〜2、１９７７年8月、オランダ・アンヘルム・ムジス・サクルムで録音）。透き通った美しい歌声がこの曲にぴったりである。ダルトン・ボールドウィンのピアノ伴奏も控えめでとても素晴らしい。40年以上長く聴き続けている私の愛聴盤である。

第214章　ピアノソナタ第16番 *K. 570*

この曲は1789年初頭ウィーンで完成された。モーツァルト33歳の時の作品である。演奏時間は16分程である。当時はウィーンでのモーツァルトの人気に陰りが見えてきて、生活は苦しくなり始めていた。健康面でも不安を覚えるようになっていた。そんな理由からか、この年に完成した作品は極めて少ない。しかしながら、この曲を初めとして、弦楽四重奏曲第21番「プロシャ王第1番 *K. 575*」や独唱曲、ドイツ舞曲、それに室内楽の最高傑作、クラリネット五重奏曲 *K. 581* 等が完成した年でもあった。この年に完成された作品は澄み切った美しさと、そこはかとない悲しみを込めた、実に味わい深い不朽の名作が多いのも事実である。第1楽章アレグロ。主題は穏やかで幸福感をもたらしてくれる旋律である。透明感溢れ、きらきらとピアノの音が輝いている。しかし、決して派手ではなく、素朴で、聴く人の心を温めてくれる音楽である。第2楽章アダージョ。この曲の中で私が最も好きな楽章である。静かで穏やかな音楽で始まる。主題が変化しながら、その間に趣の異なる音楽が挿入されている。後半部は圧巻で、美しい悲しみの音楽に変わる。切れ目なく襲いかかる不幸な出来事に押しつぶされそうである。それにも関わらず音楽はとても美しい。そのあと主題に戻って、悲しみを乗り越える勇気を感じさせる音楽に変わる。明るい未来への希望を持たせてくれるように。第3楽章アレグレット。力強い音楽で始まる。それでいて弾むような音楽である。私はこの音楽を聴いているととても元気になる。

私は1998年秋にベルリンを訪れる機会があった。ベルリン・フィルハーモニーの大ホールでオーストリアの名ピアニスト、アルフレッド・ブレンデルのピアノリサイタルを聴くことができた。大変貴重な体験であった。現代を代表する名ピアニストの演奏を聴けるとあって興奮気味であった。日本人も多く聴きに来ていた。私の大好きなピアノソナタ第16番を「なま」で、それも音楽の都、ベルリンで聴けるとは！大変楽しみにしていた。ブレンデルは美しい音で第1楽章の音楽を再現してくれた。しかし、第2楽章の演奏にはがっかりしてしまった。この楽章の主題の旋律に装飾音を多くつけて、美しい音楽を壊してしまった。私は大変残念でたまらなかった。満足できずにホールを後にしたことを今でもよく覚えている。モーツァルトの音楽は必要最小限の音符で完成されたものであるので、技巧に走り、手を加えて、装飾音をつけすぎると、モーツァルトの音楽を壊してしまうということを再認識した次第であった。私の愛聴盤はヘブラーの録音である（CD、フィリップス、SHM-1010、1964年ザルツブルクで録音）。40年以上も繰り返し聴いているが、聴くたびに新たな感動を覚える。ヘブラーの粒の揃った、透き通ったピアノの音がこの音楽にぴったりである。音がきらきらと輝いている。しかし、決して派手ではなく、つつましげである。まさに真珠の輝きのようである。特に第2楽章の演奏は秀逸である。

第215章　二つのヴァイオリン、オーボエ、チェロと管弦楽のためのコンチェルトーネ *K. 190/186E*

この曲は1774年5月末にザルツブルクで完成された。モーツァルト18歳の時であった。三つの楽器、ヴァイオリン、オーボエ、チェロによる協奏曲はこの曲のみで、モーツァルティアンにとって大変貴重な曲である。「コンチェルトーネ」とは「大協奏曲」という意味のイタリア語である。「第三回イタリア旅行」と「ウィーン小旅行」から帰郷し、ザルツブルクにしばらく腰を落ち着かせていた時期に作曲された。一家は、前年にゲトライデ通りの生家からハンニバル広場（現在のマカルト広場）に引っ越した。狭かった生家から小さな演奏会も開ける大きな住居に引越しできて、さぞかしモーツァルトは作曲に専念できたことであろう。この年には交響曲第29番*K. 201*、ファゴット協奏曲*K. 191*、ピアノソナタ第1番*K. 279*、第2番*K. 280*、第3番*K. 281*、第4番*K. 282*、第5番*K. 283*等の名作が生まれた。楽器編成は、独奏第1ヴァイオリン、独奏第2ヴァイオリン、独奏オーボエ、独奏チェロ、オーボエ2、ホルン2、トランペット2、第1ヴァイオリン、第2ヴァイオリン、第1ヴィオラ、第2ヴィオラ、コントラバスで、演奏時間は全体で30分程である。

第1楽章アレグロ・スピリトーソ。この楽章だけで9分程になる。冒頭部は爽やかな旋律の主題が管弦楽で奏でられる。次いでヴァイオリンやオーボエの独奏が始まる。ヴァイオリンとオーボエが美しく、爽やかな旋律を奏でてくれる。オーボエが演奏すると心に爽やかな風が吹き抜けるようである。しかし、中間部のヴァイオリンの奏でる旋律はどこか寂しげで悲しい。後半部もヴァイオリンとオーボエが交互に、また時に合奏して盛り上げる。二つの独奏楽器を支える管弦楽との協奏も好ましい。ヴァイオリンとオーボエのカデンツァを経て終了する。第2楽章アンダンティーノ・グラツィオーソ。この楽章は11分程である。冒頭部は優しく慰めに満ちた旋律で、管弦楽によって奏でられる。穏やかでゆったりとした癒しの音楽である。それに加えて、自由な雰囲気で心が温まる。次にヴァイオリンが独奏する。大変美しい旋律である。次に独奏第2ヴァイオリンがやや寂しげな旋律を奏でる。その後、オーボエがゆったりとした穏やかな旋律を奏でて、その後ヴァイオリンと協奏する。オーボエとヴァイオリンが会話するようなところもある。中間部にはやや悲しみの影が差す。独奏チェロが控えめに参加する。ヴァイオリンの奏でる旋律は美しくも悲しい。オーボエの奏でる旋律も心なしか寂しさが漂う。その後の独奏楽器の奏でるカデンツァはやや寂しげである。次いで管弦楽の演奏で終了する。第3楽章テンポ・ディ・メヌエット。この楽章も11分程である。冒頭部は管弦楽によるやや勇壮で力強い音楽で始まる。次いで、行進曲風の主題が管弦楽で演奏される。それとは対照的なメヌエット風の舞踊音楽が交互に現れる。その後、ヴァイオリンの独奏が始まり、オーボエに引き継がれる。さらに第1ヴァイオリン、第2ヴァイオリン、チェロへと受け継がれる。最終部、チェロが活躍し、オーボエと協奏するところはこの楽章の中の白眉である。カデンツァはなく、管弦楽が主題を繰り返し終了する。

私の愛聴盤は、独奏第1ヴァイオリン：フランコ・グッリ、独奏第2ヴァイオリン：ピエロ・トーゾ、独奏オーボエ：パオロ・ブルネッロ、独奏チェロ：ジャンニ・キャンパン、ブルーノ・ジェランナ指揮、パドヴァ室内管弦楽団の演奏である（CD：キングレコード、KICC9308/10、1987年4月、イタリア・パドヴァで録音）。独奏者の演奏も管弦楽の演奏も素晴らしい。自由で伸び伸びとしているが、そこはかとない悲しみが漂うこの音楽を見事に再現してくれている。なかなか演奏会で取り上げられる機会が少ないのが残念である。

第216章

『野菊の墓』の思い出
――フルートとハープのための協奏曲 *K.299/297c*

この曲は協奏曲としては大変珍しいフルートとハープ二つの独奏楽器を用いた協奏曲である。1778年当時「マンハイム・パリ旅行」に出かけていたモーツァルトは、父親の命令に従ってマンハイムを出て3月にパリについた。想い人のアロイジア・ウェーバー嬢の元を離れ、就職活動に励むためであった。心に悲しみを抱いたまま、父の命令で就職活動に励んだ。幸い、旧知の友人グリムの紹介で、ド・キーヌ公爵と知り合った。彼はベルリンとロンドンでフランス大使を務めた役人であったが、フルートの名手でもあった。彼の娘もハープを好んで演奏し、一家で音楽を楽しんでいた。そんな関係からド・キーヌ公爵の息女はモーツァルトの弟子になった。ド・キーヌ公爵はモーツァルトの才能にいたく感激し、フルートとハープ両方が活躍する協奏曲の作曲を依頼した。当時パリでは、フルートもハープも大変人気の高い楽器で、この組み合わせも決して珍しくはなく、多くの貴族が家庭や社交会で親しんでいた。アロイジアへの思いを捨てきれないモーツァルトが、泣く泣くマンハイムから父親の厳命に従ってパリに赴いてくれたおかげで、私たち後世の者は、この比類なき、流麗、典雅な不朽の名作を聴くことができるのである。なんという幸せなことであろうか！パリの人達にもモーツァルトの父親にも感謝しなくてはいけないと思うのである。フルートのための音楽、ハープのための音楽の最高傑作が世に生まれたのである。

私の友人の中にはモーツァルトの曲の中でこの曲が一番好きと言う人も多い。その気持ちは痛いほどよくわかる。もちろん多くの人に愛されていて、日本に限らず世界中で人気が高く、演奏会でもよく取り上げられ、録音の数も非常に多い。「モーツァルトの曲の中で最も好きな曲は？」と人気投票をすると必ず上位にあがってくる。親しみやすく、明るく、幸福感に満ち満ちた作品であると多くの人が言っている。しかしながら、決してそれだけではないのである。私はこの作品が親しみやすく、明るく、幸福感に満ちているから人気が高いという意見には全く異論がない。しかしながら、この作品の素晴らしさは、明るく、優雅で、心地よい響きの音楽に秘められた、悲しさ、寂寥感ではなかろうか。幸せに満ちた旋律の中に人間の生きる悲しみが切々と歌われているからではなかろうか。明るい第1楽章、第3楽章の中にもそこはかとない寂寥感が漂う。さらに、最も美しい旋律にあふれ、最高傑作となっている第2楽章は、殊の外寂寥感が漂い悲しい。出だしのところから、悲しみがそっと静かに押し寄せてくる感じである。この情感はとても素晴らしく、心をわしづかみにされてしまうのである。フルートの独奏にもハープの独奏にも両者の協奏にも、また管弦楽全体の演奏にも、美しくも悲しい雰囲気が漂っているのである。モーツァルトの曲の中でこの曲が最も好きと言う私の親友も

「廣部君、モーツァルトのフルートとハープのための協奏曲は悲しいね！本当にモーツァルトは悲しいね！」と私にしみじみと話してくれた。私も親友の意見に大賛成で、この曲が多くの人の心に染み込む、美しくも悲しい音楽であると強く思う一人である。

伊藤左千夫の名作『野菊の墓』は、私が高校時代から何度となく読んだ愛読書である。私が高校生や大学生の時代には、多くの若者がこの小説を愛読したものであった。青小年のための推薦書にあがっていてとても有名であった。この名作の舞台となった、「矢切の渡し」や松戸、市川に是非行ってみたいと私は常々願っていたが、千葉大学の四年生の時に実現した。私は大学卒業後仙台の東北大学大学院に進学することが決まっていたので、千葉を去る直前の1974年3月にこの『野菊の墓』ゆかりの地を訪れた。東京の葛飾柴又から「矢切の渡し」で渡し船に乗り対岸の千葉県市川市に入った。『野菊の墓』の中の文章を思い出しながらゆっくりと景色を眺めて、『野菊の墓』の文学碑や伊藤左千夫記念館を訪れた。千葉を去る前に『野菊の墓』ゆかりの地を訪れることができて私はとても嬉しかった。実は、私はこの「フルートとハープのための協奏曲」の雰囲気が小説『野菊の墓』にぴったりであると思っていたのである。この『野菊の墓』は木下惠介監督が『野菊の如き君なりき』（松竹映画、1955年）の名前で映画化しており、私は映画館では見られなかったものの、大学卒業後テレビで見たことがあった。伊藤左千夫の名作『野菊の墓』の世界をできる限り忠実に再現した、とてもいい映画であった。この映画全編にわたって流れていたのが、なんとこのモーツァルトの「フルートとハープのための協奏曲」の第2楽章であった。特に映画の重要場面では、この音楽が強く鳴り響き、悲しい物語を一層際立たせていた。まさに素晴らしい選曲であると私はつくづく思った。木下惠介監督は人情を美しい映像で描ける素晴らしい監督であったと思わざるを得ない。私はこのモーツァルトの「フルートとハープのための協奏曲」の第2楽章を聴くたびに、『野菊の如き君なりき』の映画の一場面や、小説『野菊の墓』を愛読していた青春の日々のことを懐かしく想い出すのである。

また、この曲には他にも小さな思い出がある。たまたま、テレビで動物の番組を見ていた時のことである。家の中でヤギを飼っている女性の話題が取り上げられていた。その女性は愛するヤギとの二人暮らしで、そのヤギを我が子のように可愛がっていた。食事の世話から昼寝の世話まで。また、くつろぎの時間に、この女性は、なんとモーツァルトのこの「フルートとハープのための協奏曲」の第2楽章をヤギに聴かせていたのであった！ヤギは気持ち良さそうに、「あーいい気持ち！」といった表情をして、いつの間にかすやすやと寝てしまった。そう！モーツァルトの曲は動物をも癒してくれるのである。飼い主の女性は「この子にはいつもこの曲をかけてあげているのですよ。すやすや寝てくれるのですよ」とにこにこしながら話していた。私は嬉しくてたまらなかった。この番組は、また私の愛犬コロのことを鮮明に思い出させてくれた。私の愛犬コロのお気に入りの曲はモーツァルトのピアノソナタ第12番*K.* 332の第2楽章であった。この曲を聴くとコロはいつも「あー、いい気持ち！」という表情をして、私に寄り添ってすやすやと寝入ってしまうのであった。コロのことが懐かしく、愛おしく思い出された。「モーツァルト効果」というものに否定的な人が多いことは確かである。でも私は「人間にいいものは、動物にも、植物にもいいに決まっている！」といつも思っている。

私の愛聴盤はオットマール・スウィートナー指揮、ドレスデン州立歌劇場管弦楽団による演奏の録音である（キングレコード、KICC3640、１９６１年4月17、18日、ドレスデン・ルカ教会で録音）。ドレスデン州立歌劇場管弦楽団の首席奏者のヨハネス・ワルター（フルート）とユッタ・ツォフ（ハープ）の演奏が素晴らしい。スウィートナーの指揮もドレスデン州立歌劇場管弦楽団の演奏もとても素晴らしく、モーツァルトの不朽の名作を忠実に再現してくれている。ベーム指揮、ウィーン・フィルハーモニー管弦楽団の演奏（CD：ドイツ・グラモフォン、413552-2、１９７６年ハンブルクで録音、輸

入盤）もよく聴いている。ヴォルフガング・シュルツ（フルート）とニカノール・ツァバレータ（ハープ）がよく調和していて素晴らしい。ゆっくり目のベームの指揮もウィーン・フィルの端正な演奏もとても素晴らしい。また、フランスのジャン＝ピエール・ランパル（フルート）、リリー・ラスキーヌ（ハープ）、パイヤール指揮パイヤール室内管弦楽団の録音（エラート、2292-45832-2、1964年フランスで録音、輸入盤）も素晴らしい。特に第2楽章がよく、フルートもハープも素晴らしい演奏で見事にモーツァルトの世界を再現してくれている。ベルリン・フィルのエマニュエル・パユ（フルート）、マリー＝ピエール・ラングラメ（ハープ）、クラウディオ・アバド指揮ベルリン・フィルハーモニーの録音（EMI、7243-5-56365-2-2、1997年、ベルリンで録音、輸入盤）もよく聴いている。特に第2楽章が素晴らしく、フルートとハープ、管弦楽の調和が見事である。アバドの指揮も素晴らしい。それから、アイルランド出身でベルリン・フィルの首席フルート奏者を務めた、ジェイムズ・ゴールウェイ、マリーサ・ロブレスのハープ、エドゥアルド・マータの指揮、ロンドン交響楽団の演奏（タワーレコード・RCA、TWCL-1015、1978年東京で録音）もよく聴いている。特に第2楽章が素晴らしい。ゆっくりしたテンポでこの音楽の悲しみを見事に再現した名演奏と思われる。フルートとハープの息もぴったりで、これほど第2楽章の秘めた悲しみを引き出せる演奏はそうはないであろう。独奏楽器と管弦楽の調和も見事である。そして最後には、イレーナ・グラフェナウアーのフルート、マリア・グラーフのハープで、ネヴィル・マリナー指揮、アカデミー・オブ・セント・マーティン・イン・ザ・フィールズの演奏もよく聴いている（CD：フィリップス、PHCP-10598、1988年1月、ロンドンで録音）。特に第2楽章が素晴らしい。グラフェナウアーのフルートの音色はこの曲にぴったりで、グラーフのハープも美しく、第2楽章は出だしからこの演奏の魅力に引き込まれてしまう。明るい中にもそこはかとない悲しみをたたえたこの名曲を見事に再現している。

第217章　交響曲第41番 *K. 551*「ジュピター」

この作品はウィーン時代の7年目、モーツァルト32歳の1788年8月10日に完成された。前作の交響曲第40番 *K. 550* 完成後、なんと半月で完成された。しかも交響曲第番とは全く性格が異なる交響曲である！モーツァルトが時代を超越した天才であることの証の一つであろう。楽器編成は、オーボエ2、ホルン2、フルート、ファゴット2、トランペット2、ティンパニ、第1ヴァイオリン、第2ヴァイオリン、ヴィオラ、コントラバスの大編成である。全4楽章からなり演奏時間は30分に達する。「ジュピター」というあだ名は、この堂々として端正な曲がギリシャの最高神ゼウス（英語のジュピター）の名にふさわしいからと言われている。しかしながら、私はこの曲を聴いていると、大宇宙の広がりを感じて、「木星」（英語のジュピター）というあだ名の方がふさわしいと常々思っている。何れにせよ素晴らしい曲で、あらゆる交響曲の頂点に君臨する曲であることには異論がないであろう。私がこの曲の中で一番好きなのは第2楽章のアンダンテ・カンタービレである。堂々として、力強く、均整のとれた、第1、3、4楽章に挟まれたこの緩徐楽章は、ライン川の悠久の流れを感じさせてくれる。聴く人の心を癒してくれる音楽である。冒頭部はゆったりとした、穏やかな音楽で始まる。それに対して、迫り来るような速いテンポの曲が現れる。中間部は悲しみが怒涛のように押し寄せてくる。そのあと、オーボエが癒しの旋律を奏でて、最後に冒頭部の主題に戻って終了する。自然を描いた絵画のような雰囲気のある素晴らしい楽章である。

私にはこの「ジュピター」にまつわる小さな思い出がある。私は、1997年の秋にザルツブルクを訪れる機会があって、街の見学や演奏会などを楽しんだ。さらに、近郊にも足を延ばすことができた。ザルツブルクの駅から出ている路線バスで、モーツァルトの母親の生家があるザンクト・ギルゲンを訪れた。ザルツブルクの街を通り過ぎると素晴らしい景色が広がっていき、私は心躍る思いであった。バスの窓外からはザルツカンマーグート地方の絵葉書のように美しい風景を眺めることができた。オーストリア・アルプスの山々やヴォルフガング湖が美しくとても感激した。山や湖が大好きな私にとって夢のような景色を楽しみながらザンクト・ギルゲンへ1時間ほどでつくことができた。湖のほとりに母の生家があり、ヴァイオリンを弾く少年モーツァルトの像（表紙の絵）や、姉ナンネルの名前がついた喫茶店もあり、モーツァルティアンの聖地となっている。私は写真を撮りながら聖地をゆっくりと散策することができた。お土産屋が立ち並ぶ町を散策していると、小さな商店があった。この商店に入った時のことである。お店の主人が何か鼻歌を歌っているではないか！それだけではなく「ジュピター」の第4楽章が流れていたのである。私は嬉しくなって買い物をするよりその音楽にうっとりと聴き惚れていた。この曲が流れている間ずっと、店の主人は音楽に合わせて鼻歌を歌い続けていたのであった。日本の商店ではほとんどモーツァルトの曲が流れていることはなく、ゆっくり買い物を楽しむという雰囲気はないが、ここザンクト・ギルゲンではモーツァルトの「ジュピター」を流している。モーツァルトの音楽が日常生活の一部になっていることを知り、大変感激したことを昨日のことのように覚えている。自国の文化を大切に守り、次世代に伝えていくことはとても大切なことで、人間が継続して努力していかなければ文化は失われてしまう。一度失われてしまった文化を再生させることは難しい。ザルツカンマーグート地方の美しい湖水地方の景色と共にこの「ジュピター」との出会いも決して忘れることはできないのである。

私の愛聴盤はカール・ベーム指揮、ベルリン・フィルハーモニーの録音である（CD：ドイツ・グラモフォン、427241-2、1962年、ハンブルクで録音、輸入盤）。端正で堂々とした演奏が素晴らしい。「ジュピター」は星の数ほど多くの録音が残っているが、その中でも私はこの録音が最も好きである。

第218章　ピアノソナタ第11番 *K. 331/300i*

この曲は1783年モーツァルト27歳の時の作品と考えられている。前作のピアノソナタ第10番 *K. 330* と同時期に作曲されたと考えられている。あまりにも有名で、あまりにも多くの人に愛されている名曲中の名曲。モーツァルトの曲の人気投票をすると、必ず上位に上がってくる。「トルコ行進曲」のあだ名で親しまれている第3楽章アレグレットは独立して演奏、録音されることが大変多い。子供のピアノの発表会でもよく取り上げられる。演奏時間は全体で23分を超えるほど長い。第1楽章アンダンテ・グラツィオーソ。モーツァルトのピアノソナタの中では大変珍しく第1楽章が緩徐楽章で、しかも変奏曲である。この楽章の主題は平易な音楽で書かれているが、気品があって心休まる、素晴らしい癒しの音楽である。この主題が変幻自在に変化していく様にはただただ驚かされるばかりである。まさに変奏の魔術師、モーツァルトの面目躍如たるところである。モーツァルトにとって、主題があればそれをピアノで変奏するのは朝飯前のことであったろう。演奏会ではよく即興的に変奏した事が知られている。楽譜にしなかった変奏はどれだけ存在していたのか、想像に難くない。

この楽章には私の小さな思い出がある。中学二年生のことであった。音楽の教科書にこの楽章の主題が載っていたのである。当時の中学校では、リコーダーを平易にした、スペリオパイプという楽器が音楽の授業で使われていた。私は、岩井先生とおっしゃる女性の音楽の先生のおかげで、すっかり音楽が好きになっていたが、この主題をスペリオパイプで何回も練習していくうちに吹けるようになってしまった。モーツァルト大先生の曲が演奏できたと、すっかりご機嫌になっていた当時の自分が懐かしく思い出されて幸せな気分になるのである。と同時に私にモーツァルトの音楽の素晴らしさ、楽しさを教えて下さった恩師、岩井先生のことを懐かしく思い出すのである。何回も繰り返し聴いている私の大切な宝物の一つである。

第2楽章は珍しくメヌエットである。単純素朴な舞曲という感じではなく、ピアノの奏でる旋律が極めて洗練されていて、聴く人を楽しませてくれる。その上、幸福感や満足感も与えてくれる優れた楽章である。そして第3楽章はあまりにも有名なアレグレット(「アラ・トルカ」、トルコ風という意味)である。当時のウィーンはトルコとの関わり合いが、良きにつけ、悪しきにつけ多かった。この第3楽章はトルコの軍楽隊の音楽から得た着想をモーツァルトが自分の音楽にしたものと思われる。前年に完成した、トルコを舞台にしたドイツ歌芝居の傑作、「後宮からの誘拐 *K. 384*」と共に、トルコの音楽から着想を得た音楽の傑作として、モーツァルトの音楽の中で異彩を放っている。モーツァルトは後世の我々にかけがえのない宝物を残してくれたのである。私が小学校5年生の時に母が買ってくれた、今では懐かしいプラスチックでできた「ソノシート」のクラシック名曲集にこの曲が入っていた。それが、私とモーツァルトとの最初の出会いでもあった。子供心に「いい曲だな」と思って何度も聴き惚れていた、あの頃が今でも懐かしく思い出される。何回も聴いたのでソノシートはすり減って鳴らなくなってしまった。

また、この楽章を聴くと私の娘の子供の頃のことをよく思い出す。妻にピアノを習っていた娘がこの第3楽章を発表会で演奏したのである。母親からピアノを習うのは大変なことで、母親は我が子ということで力が入りすぎるし、子供の方は甘えがどうしても出てしまう。結局娘はピアノを習うことをやめてしまったのであるが、40年ほど経っても娘にはモーツァルトの思い出は残っているようで、久しぶりに私に会った時、「モーツァルトのピアノソナタを聴かせて!」と言ってくれた。私はとてもうれしくなってモーツァルトが娘に伝わっていたと納得したのであった。演奏会で娘が弾いてくれたこの楽章はとても良かった。純粋な子供が弾いてくれるモーツァルトのこの楽章は私の心に優しく響いてくれたのであった。

私の愛聴盤はやはりヘブラーの演奏である。この曲ほどヘブラーの演奏(CD:フィリップス、SHM-1008、1966年ザルツブルクで録音)の素晴らしさを感じるものはない。第1楽章の気品のあるピアニッシモ、変奏部分の演奏の素晴らしさ、第3楽章の最適のテンポ感、どれをとっても素晴らしく、40年以上も繰り返し聴いている。聴くたびに新たな感動を与えてくれる不滅の名盤である。辻井伸行さんの演奏も素晴らしい。純粋な透き通った音でこの曲を再現してくれている（CD：エイベックス、AVCL-25765、２０１２年3月ベルリンで録音）。一音一音丁寧に真心を込めて弾いてくれているのが、良く伝わってくる演奏である。

第219章　クラリネット五重奏曲 *K. 581*

この曲はモーツァルト33歳の１７８９年秋にウィーンで完成された。死の直前に完成されたモーツァルト白鳥の歌、「クラリネット協奏曲 *K. 622*」と人気を二分する、晩年の室内楽の最高傑作である。モーツァルト晩年の特徴である、美しい悲しみの音楽をクラリネットほど見事に表現できる楽器は他にないのではなかろうか。私はこの曲を聴くたびにそう思われてならない。１７８９年と１７９０年は、モーツァルトとしては大変珍しく、完成された作品が極端に少ない。その原因は、ウィーンにおけるモーツァルト人気の陰りや彼自身や妻の病気、さらには貧困によるものと思われる。この年の夏にはコンスタンツェが重病（足の感染症）にかかり、医療費がかさみ家計は火の車であった。モーツァルトはこの危機を凌ぐため予約演奏会を開こうとしたが、最盛期には１７０名もの愛好家が名を連ねたものの、予約したのはたった一人だけであった。その人は、ウィーンに移り住んで以来の親友、スヴィーテン男爵であった。モーツァルトの受けた衝撃はどれほどのものであったろう。そのことを思うと大変胸が痛む。窮地に陥ったモーツァルトは友人のプフベルクに５００フローリン（約２５０万円に相当）の借金を依頼している（１７８９年7月12日、モーツァルト書簡全集第6巻、５２９～５３２頁）。この手紙は、モーツァルティアンにとっては、大切な手紙の一つであって、コンスタンツェが激痛に苦しんでいる様子や、その際にモーツァルトが絶望し、狼狽している様子が書かれてあり、モーツァルティアンの悲しみを誘う。モーツァルトは何度もプフベルクに懇願の手紙を出し、やっと送られてきたのはわずか150フローリンであった。どんなにか苦しかったことであろう！モーツァルトの気持ちを思うと心が痛むのである。妻と子供を支えるために奔走しているモーツァルトの姿が目に浮かぶ。幸い8月に入ってコンスタンツェは奇跡的に回復し、ウィーン郊外の温泉保養地バーデン（主治医のクロセット博士おすすめの硫黄泉）へ湯治に出かけた。当然のことながら出費はかさみ、さらに貧困がひどくなっていったのである。このような絶不調の中にあってもモーツァルトが完成させた音楽は、時代を超越する、室内楽の最高傑作を生み出すことになるのである。私はこの曲をどれほど多くの演奏家の録音で何回聴いたかわからない。何回演奏会で聴いたかもわからない。私にとってかけがえのない宝物なのである。四つの楽章からなり全体で演奏時間は35分を超える。

第1楽章アレグロは優しく穏やかな極上の美しい音楽である。ゆったりとした弦楽合奏の序奏で入り、そこにクラリネットが加わり全体で調和した美しい音楽が展開されていく。第一主題のあと、チェロのピチカートにのって現れる第二主題と、それを受けて答えるクラリネットの美しさはこの世のものとも思われない。聴くたびに感動で心が震える。美しくも悲しい音楽なのに、なぜこれほどまでに心を落ち着かせてくれて慰めてくれるのであろうか？第2楽章ラルゲットも極めて美しい音楽である。静かな優しい序奏から始まる。クラリネットが始めから弦楽器と協奏する。悲しげで寂しさを感じるが心は落ち着く。そのあと第1ヴァイオリンが美しい旋律を奏でて、クラリネットが追奏する。完璧な美の世界である。この美の世界を低音で支えているのが、ヴィオラやチェロである。命の炎が少しずつ消えていく悲しさを嘆くモーツァルトの絶唱であろうか。目をつぶってこの音楽にじっと耳を傾けていると次のような景色が浮かんでくる。静かに夕暮れが迫り、夕焼け空に鳥が飛んでいる。家々に灯りがともり、帰宅を急ぐ人々の影が次第に伸びてくる。穏やかに幸せな一日を暮らせたことへの感謝の祈りが聞こえてくるようである。クラリネットと弦楽器が奏でる優しい、静かな音楽に心洗われるのである。

私の大好きな日本映画『男はつらいよ』の第45作「寅次郎の青春」（1992年12月）にこの第2楽章が使われていた。宮崎を旅行していた寅さんが理髪店に入り、散髪している場面であった。この理髪店の女主人がこの第45作のマドンナ役の風吹ジュンさんである。彼女が寅さんの髪を切りながらCDラジカセをかけると、なんとこの第2楽章の冒頭部分が流れたのである。旅先の疲れを癒すべく入った理髪店で散髪してもらい、すっかりくつろいでいる寅さんの気持ちを表現するのにもってこいの音楽である。「さすがに西洋音楽にも造詣の深い、山田洋次監督ならでは！」と映画館で妻と二人感激したのを今でも忘れることができない。そんな心洗われる、まさに神様からの贈り物なのである。

第3楽章メヌエット、アンダンテも穏やかな曲である。前半部の第一トリオは、悲しみを誘う旋律。その悲しみが次第に大きくなっていく。弦楽器が中心に奏でられる。後半部の第二トリオではやや明るく希望が湧いてくる。クラリネットが明るい春の陽光を感じさせてくれる。「さあ、踊りましょう。悲しみを吹き飛ばしましょう！」とモーツァルトが誘ってくれているようである。第1ヴァイオリンとクラリネットが中心になってメヌエット音楽を美しく奏でる。第4楽章アレグレット・コン・ヴァリアツィオーニは主題とその変奏曲からなる。小鳥のさえずりを感じさせる愛らしい主題の演奏から始まる。次にやや力のこもった変奏へと受け継がれる。弦楽器だけの演奏からクラリネット中心の演奏、さらにはクラリネットと弦楽器の協奏へと変化をつけている。第三変奏でヴィオラが弾く旋律は悲しみの極みを感じさせ、第2楽章同様、秋の夕暮れの景色が私には浮かんでくる。最後は、音楽が終わるのを惜しむかのように次第に小さな音になって終了する。

私の愛聴盤は、アカデミー室内アンサンブルの演奏である（クラリネット：アントニー・ペイ、第1ヴァイオリン：アイオナ・ブラウン、第2ヴァイオリン：マルコム・ラッチェム、チェロ：デニス・ヴィゲイ、CD：フィリップス、PHCP-3590、1979年9月ロンドンで録音)。星の数ほど多くの録音がある中、私が最も好きでよく聴いているのがこの録音である。アントニー・ペイの柔らかく、まろやかなクラリネットが素晴らしい。高音も低音も美しい。また、アイオナ・ブラウンのヴァイオリンの演奏も穏やかで、適度な減り張りがあって素晴らしい。クラリネットと美しく協奏している。ややゆっくり目の演奏が、この曲の魅力を十二分に引き出している。全体の調和も見事で、素晴らしい。

「なま」の演奏では、盛岡の岩手県民会館大ホールで1979年4月6日行われた、ウィーン室内合奏団(Wiener Kammerensemble)の団員による演奏が最も素晴らしかった。私が東北大学の大学院生から岩手大学の助手になって三年目の春のことであった。この演奏会の知らせを受けてすぐにいい席を予約した。4月6日が来るのを首を長くして待っていたのである。ウィーン・フィルの長い歴史の中で、私が最も好きであった時代を代表する楽団員が盛岡に来たのである。重ねて私は、3月末にお見合いをしてすぐに結婚が決まっていたので、喜びは最高潮に達していた。クラリネット：アルフレート・プリンツ、第1ヴァイオリン：ゲルハルト・ヘッツェル、第2ヴァイオリン：ヴィルヘルム・ヒューブナー、ヴィオラ：ルドルフ・シュトレンク、チェロ：アダルベルト・スコチッチの五人による演奏であった。クラリネット五重奏曲は国内外を問わず大変な人気で、私は「なま」の演奏会でも国内外数えきれないほど聴くことができ、最高の幸せを感じた。その中で私が最も感激したのが、この五人による演奏であった。プリンツの清澄な響きのクラリネットの演奏、ヘッツェルを中心とした柔らかくまろやかな弦楽器の演奏がとてもよく調和していて素晴らしかった。たまたま会場におられた岩手大学の先生もとても「いい演奏であった」と言ってくれた。生涯忘れられない演奏会である。

第220章　三幕のドイツ歌芝居 *K. 384*「後宮からの誘拐（逃走）」

私はこの歌芝居にはとても懐かしい思い出がある。中学二年生の時の音楽の岩井先生（女性）が授業の時にレコードでかけて下さったのが、この歌芝居の序曲であった。初めて聴いた時楽しく、明るく、素敵な曲と感じてとても感動したことを昨日のことのように覚えている。岩井先生は「モーツァルトという音楽家は、神童と呼ばれていて、5歳でピアノ曲を作曲した天才です。この曲は歌劇の序曲と言って、歌劇の最初に演奏される曲です。当時ウィーンはトルコ趣味が流行っていて、この音楽にもトルコ趣味が取り入れられています。」とお話しして下さった。私は、「トルコの影響」という言葉に大変興味を持ち、小学校五年生の時に初めて聴いた「トルコ行進曲」のことを思い出していた。この曲を聴くと少年時代の思い出が鮮明に蘇ってくるのである。と同時に素晴らしい音楽の先生に出会えたことに感謝の気持ちでいっぱいになるのである。

さて、モーツァルトの生前最も人気が高く、上演回数も多かった歌劇作品がこの「後宮からの誘拐」であるが、この作品を観ているとその理由がわかる。老若男女が楽しめ、音楽も歌唱も素晴らしく、幸せな結末故であろう。この音楽の特徴は、何と言ってもトルコ音楽の影響であって、モーツァルトはトルコの楽隊音楽を自分の世界に取り入れて、ドイツ風に調理したのであった。通常の管弦楽（フルート2、オーボエ2、クラリネット2、バセットホルン2、ファゴット2、ホルン2、トランペット2、ティンパニ、第1ヴァイオリン、第2ヴァイオリン、第1ヴィオラ、第2ヴィオラ、チェロ、コントラバス）にバスドラム、シンバル、トライアングル、ピッコロを加えて、見事に異国情緒漂う魅力的な作品に作り上げたのである。ウィーン生活2年目にしてモーツァルトが熱望していた歌劇作品の注文を受けたのである。張り切らないわけがない。わずか1ヶ月半の間にこの作品を「神の目館」（挿絵5）で完成させたのである。18世紀のトルコの後宮を舞台にしたこの傑作は見所、聴きどころが満載である。

♪序曲

トルコの楽隊音楽を思わせる華やかで、活気のある序奏で始まる。その後歌劇の中で使われている穏やかな優しい音楽に変わる。次に冒頭部の音楽に戻り終了する。モーツァルトの歌劇作品の序曲の中では「フィガロの結婚 *K. 492*」序曲と人気を二分するほどで、演奏会でも単独でよく取りあげられている。

♪第一幕

トルコの後宮にベルモンテ（スペインの貴族、テノール）が婚約者コンスタンツェ（ソプラノ）に会いにやって来る。コンスタンツェはイギリス人の召使いブロンデ（ソプラノ）と共に海賊に捕われ、太守セリム（セリフのみの役）に売られたのであった。ベルモンテは長旅の末にやっとセリムの後宮の門にたどり着いた（独唱「ここで会えるはずだ！」）。やっとの思いで後宮にたどり着いた安堵の気持ちと、これからコンスタンツェに会えるという歓喜の思いが美しい旋律に込められている。テノールの素晴らしい独唱曲である）。そこに後宮の番人オスミン（バス）がイチジクを摘みにやってくる（独唱「かわいい子を見つけたら！」）、気性の荒いオスミンにもこんな一面があるのかと思わせ

挿絵5　ウィーンのコールマルクト通の近くにある「神の目館」
ここはウェーバー家が住んでいて、モーツァルトは下宿していた。将来の妻コンスタンツェ・ウェーバーと親しくなっていった。「後宮からの誘拐 K.384」もここで作曲され、モーツァルティアンの聖地でもある。

る曲)。しかし、オスミンはベルモンテの挨拶を無視する。ベルモンテは召使ペドリッロ(テノール)の情報を聞き出そうとする(ベルモンテとオスミンの二重唱「おまえの歌はもうたくさんだ!」)。二人の感情を見事に音楽で表している。テノールとバスが調和しているだけではなく、二人の感情までもが見事に音楽で表現されている。その上、旋律がとても美しい)。

ベルモンテはなんとか中に入り込もうとするもオスミンに阻まれてしまい、挙げ句の果てにオスミンの怒りをかってしまう(独唱「こういう風来坊の連中ときたら」)。オスミンの憎めない性格がよく出ている音楽で、どこか諧謔的で、聴いている人の心をとらえてしまう)。そこへペドリッロがやってきて、ベルモンテはペドリッロと再会することができた。ベルモンテはペドリッロからコンスタンツェの無事を聞き安堵する。二人は相談してコンスタンツェを救出することにする(ベルモンテの独唱「コンスタンツェよ、君に再会するのだ!」)。「魔笛*K. 620*」の主人公タミーノが歌う「なんという美しい絵姿なのか!」に匹敵する、青年の恋する気持ちを美しい旋律に込めた傑作。私が第一幕の中で最も好きな曲である)。ペドリッロはベルモンテを後宮の中に入れるための算段をする。

二人は後宮の建物の陰に隠れる。そこにセリムがコンスタンツェと共に登場する。合唱(「偉大な太守を歌で迎えよう!」)。トルコ音楽の影響を受けた華やかで、歯切れの良い音楽。太守の登場する場面としてこれ以上の音楽は無いであろう)。セリムはコンスタンツェに「なぜ今でも悲しんで、涙の日々なのか?どうして私に心を開いてくれないのか?」と問う。コンスタンツェはそのセリムの求愛を断固拒み、「ベルモンテ!」と叫ぶ(独唱「ああ私は恋をして本当に幸せでした!」)。大変美しい曲で人気が高い。「愛する人と離れ離れになっていることがこんなにも辛いものとは!」と歌う。コンスタンツェの悲しみ、苦しみを見事に表現している名曲。管楽器の響きも素晴らしい。コロラトゥーラ・ソプラノの難曲の一つであろう)。ペドリッロの勧めでセリムはベルモンテをイタリアの建築家として雇うことにする。しかし、オスミンはどうしてもベルモンテを後宮に入れようとしない（オスミン、ベルモンテ、ペドリッロの三重唱「とっとと失せろ！」。この曲も大変諧謔的で魅力的である。中に入れまいとするオスミンと、なんとか突破しようとするベルモンテ、ペドリッロの様子が見事に音楽で表現されている）。この曲で幕となる。

♪第二幕

後宮の庭の場面。オスミンとブロンデがいる。オスミンはブロンデに求愛するも、あっさり拒否される（ブロンデの独唱「優しくして喜ばせて」。「イギリス人の女性は優しい気持ちや親切な気持ちで接してくれる人には心を寄せますが、あなたのようにがさつで荒っぽい人にはなびかないのよ！」と美しい管弦楽の伴奏を伴って歌う）。この後、オスミンとブロンデの口論が続き、ブロンデはペドリッロが好きと言う（オスミンとブロンデの二重唱「俺は行くよ、でもペドリッロはやめておけ！」。バスとソプラノの相対する音楽が一つに溶け合う素晴らしさ！また、後半には異国情緒漂う魅力的な旋律が現れる。モーツァルトの素晴らしい音楽に、ただただ驚くばかりである）。場面は変わってコンスタンツェの部屋。コンスタンツェは悲嘆に暮れながらブロンデを迎える（コンスタンツェのアリア「悲しみが私の宿命となった」。美しい旋律の序奏で始まる。その後、「私はベルモンテと離れ離れになって後宮に閉じ込められている。本当に悲しみの極致にいるのよ。」と嘆く。すすり泣くような悲しみの音楽！モーツァルトの十八番である）。ブロンデはコンスタンツェに暗くなる前に一緒に逃げようと誘う。ところが部屋を出るとすぐにセリムに捕まってしまう。セリムは暴力を使うと脅すが、コンスタンツェは苦痛も死も恐れないと答える（コンスタンツェの独唱「どんな拷問が待っていようとも！」。「後宮からの誘拐」の中でも最も有名な曲で大変人気が高い。序奏から終末部まで完璧な作品で素晴らしい。「どんな拷問も暴力も私は少しも怖くはない。私はベルモンテ一人を待っているの！」と強い女性の意気を示している。女性の強い意思を表す音楽とベルモンテへの想いを切々と伝える音楽の対比がなんとも素晴らしい）。

次いでペドリッロとブロンデがいる場面。ペドリッロは恋人のブロンデに会い、ベルモンテが来たので四人で逃亡する準備をしていると伝える。ブロンデは大喜びする（ブロンデの独唱「幸せと喜びが！」。一点の曇りもなく、喜びが身体中に満ち溢れる様子がよく伝わってくる。それでいて旋律は大変美しい。管楽器の独奏も深い味わいを添えている）。ペドリッロは「作戦があるのでブロンデはコンスタンツェを連れて先に逃げて。」と伝える。ペドリッロの独唱（「さあ戦いだ！」。なんとしても成功させて、二組の恋人同士が逃走できるようやってみると決意を示す）。ペドリッロはオスミンを誘って酒をたっぷり飲ませ、眠らせようとする。ペドリッロとオスミンの二重唱（「バッカス万歳！」。この音楽も楽しくて、陽気な音楽で踊り出したくなるようである。酒の神様「バッカス」も私達を許して下さると主張する）。作戦はまんまと成功し、ベルモンテはコンスタンツェとめでたく再会する（ベルモンテの独唱「喜びの涙が流れる時」。序奏の音楽の何と美しいこと！愛しいコンスタンツェとついに再会し、歓喜の涙を流しているベルモンテ。本当に辛い体験であったと訴える。ベルモンテの気持ちを美しい旋律で見事に表現している）。

次いでベルモンテ、コンスタンツェ、ペドリッロ、ブロンデの四重唱（「あー、私のベルモンテ！愛しいお方！」。大変美しい四重唱である。二組の恋人同士が再会できた、この上ない喜びを見事に音楽で表現している。喜びが十二分に表現された後、不安を感じさせる音楽に変わる。ベルモンテとペドリッロは、コンスタンツェとブロンデの貞節を疑い始めたからである。コンスタンツェとブロンデは「私達はベルモンテとペドリッロのことだけを一途に想っているのに。何てひどいことを言うの！」と残念がる。それを聞いてベルモンテとペドリッロは疑ったことを謝り、二組とも和解する）。一同めでたし、めでたしで幕を迎える。

♪第三幕

ベルモンテとペドリッロがはしごを持って後宮の庭にやってくる（ベルモンテの独唱「お前の力が頼りだ」。愛の力で後宮からコンスタンツェを救出できると祈りの気持ちを表す。優しい静かな音楽であるが、ベルモンテの意気込みを見事に表現している。私の好きな曲である）。ペドリッロは、ベルモンテに後宮からの逃げ道を教える。

ベルモンテは先に逃げていく。ついで、ペドリッロがマンドリンを弾きながら歌う（独唱、ロマンツェ「ムーア人の国に囚われ」。この国に囚われてからの日々のことを述懐しながら、故郷にブロンデと帰国できることに喜びを表す）。ベルモンテはコンスタンツェを連れ出すことに成功するが、ペドリッロがブロンデと逃げ出そうとするときにオスミンは目を覚まし、オスミンに捕まってしまう（オスミンの独唱「ああ勝利だ！」。どこか憎めない性格のオスミンが手柄を立てたことに満足している様子が見事に音楽で表現されている。陽気で楽しい音楽で素晴らしい）。残念ながら、ベルモンテとコンスタンツェも衛兵に連行される。

場面は変わってセリムの部屋。セリムはオスミンに「この騒ぎは何か？」と聞く。セリムはベルモンテ、コンスタンツェ、ペドリッロ、ブロンデの四人が逃走したことをオスミンから知らされる。連行された四人の前にセリムが登場する。セリムに名前を聞かれたベルモンテは「自分の姓はロスタードス！」と答える。ベルモンテが仇敵の息子であると知り、死刑を命令しようとする（ベルモンテとコンスタンツェの二重唱「何という運命だろう！」。二人の諦めの気持ちがよく表現されている。二人は「ここで一緒に死ねるのなら、なんの悔いもない。むしろ喜びいっぱいで死ねる！」と歌う。この曲も大変美しい二重唱で私の大好きな曲である）。しかし、一度退席してオスミンと戻ってきたセリムは改心し、ベルモンテとコンスタンツェだけではなく、ペドリッロとブロンデをも釈放する。残忍な処刑を楽しみにしていたオスミンは狼狽する（フィナーレ、ベルモンテ、コンスタンツェ、ペドリッロ、ブロンデ、オスミンの五重唱と合唱「ご恩は決して忘れません！」。セリムが与えてくれた恩赦に対して、ベルモンテ、コンスタンツェ、ペドリッロ、ブロンデの順でそれぞれ感謝の気持ちを表す。その後、オスミンの悔しさが素晴らしい音楽で表現されるが、四人の感謝の気持ちに打ち消され、一同大団円を迎える。後宮の全員が現れ、太守セリムの慈悲を讃える。トルコ風の音楽で最後をまとめている）。モーツァルトらしい「幸せの結末」である。私も「幸せの結末」が大好きである。このドイツ歌芝居を観た全ての人が幸せな気持ちで会場を後にすることであろう。

私の愛聴盤は、カール・ベーム指揮、ドレスデン国立歌劇場管弦楽団の演奏、ベルモンテ：ペーター・シュライアー、コンスタンツェ：アルリーン・アウガー、ペドリッロ：ハラルト・ノイキルチュ、ブロンデ：レリ・グリスト、オスミン：クルト・モル、セリム：オット・メリーズ、ライプチッヒ放送合唱団の歌唱（CD：ドイツ・グラモフォン、429868−2、1973年9月ドレスデン、ルカ協会で録音、輸入盤）。歌手を揃え、丁寧な演奏でモーツァルトの傑作を忠実に再現している。何回聴いてもその度に感動する名盤である。特にシュライアーのベルモンテ、モルのオスミンが素晴らしい。この録音で主役のベルモンテを演じ、歌ったシュライアー氏は、私の大好きなテノール歌手であった。1935年当時の東ドイツのマイセンに生まれ、ヨーロッパのみならず、世界で活躍された。澄んだ美しい声で表現力も豊かな素晴らしいテノール歌手であったが、2019年12月25日糖尿病が悪化してドレスデンで亡くなられた。モーツァルトのテノール歌手として、この「後宮からの誘拐」のベルモンテ役や「魔笛 *K. 620*」タミーノ役など素晴らしい上演や録音をされた。バリトンのモーツァルト歌手のヘルマン・プライ氏といい、テノールのペーター・シュライアー氏といい、素晴らしい歌手が一人、また一人と亡くなられて行くのは大変寂しい限りである。氏の冥福を心からお祈りする次第である。ウィーン・フォルクスオーパー・モーツァルト・アンサンブル（フルート：ハンスゲオルク・シュマイザー、ヴァイオリン：ベッティナ・グラディンガー、ヴィオラ：ペーター・ザガイシェック、チェロ：クリストフェ・パンティロン）によるフルート四重奏曲の演奏（CD：ニンバス・レコード、NI5576、1999年、モンマウス、イギリスで録音、輸入盤）も素晴らしい。繰り返し聴いている。「後宮からの誘拐」の序曲や主な歌唱曲を情感たっぷりに演奏してくれている。ヨハン・ヴェントの編曲による。映像に関しては、カール・ベーム指揮、バイエルン国立歌劇場管弦楽団の演奏、アウグスト・エファーディング演出、ベルモンテ：フランシスコ・アライサ、コンスタンツェ：エディタ・グルベローヴァ、ペドリッロ：ノルベルト・オルト、ブロンデ：レリ・グリスト、オスミン：マルティ・タルヴェラ、セリム：トーマス・ホルツマン、バイエルン国立歌劇場合唱団の歌唱（DVD：ドイツ・グラモフォン、UCBG-9114、1980年4月25日ミュンヘンのバイエルン国立歌劇場にて生録音）。丁寧な演奏で歌手陣も素晴らしい。舞台装置も衣装も大変良い。晩年のベームがゆったりしたテンポで、この音楽の素晴らしさを余すところなく表現している。歌手陣の中では特にコンスタンツェ役のグルベローヴァが素晴らしい。当日は最高の出来であったようで、会場も大拍手鳴りやまず、楽団員も足で床を叩いて賞賛していた。この上演を豊かなものにしている功労者の一人でもある、タルヴェラのオスミンも素晴らしい。美しいバスの歌声とともにオスミンになりきった演技も特筆される。何回も聴いて、その度に感動する。

第221章　交響曲第40番 *K. 550*

この曲は、1788年7月25日にウィーンで完成された（ウィーン時代七年目、モーツァルト32歳）。前作の交響曲第39番が完成されてからわずか1ヶ月で完成されたことからも、モーツァルトの天才ぶりがうかがえる。オーボエ2、ホルン2、フルート、ファゴット2、第1ヴァイオリン、第2ヴァイオリン、ヴィオラ、コントラバスの編成で、演奏時間は30分程である。翌年モーツァルトはクラリネット追加版も発表している。今日ではこのクラリネット追加版がよく演奏される。あらゆる交響曲の中で私が最も好きな曲である。この曲は10代の頃から大好きで70歳になった今でも変わらずに大好きな曲である。交響曲の中で好きな曲を一曲だけ持って無人島に行くとしたら、私は迷わずこの曲を持って行くことであろう。私の大学時代の友人もこの曲が大好きで、「41番ジュピター *K. 551* は僕には明るすぎて、40番がとっても性に合う」と言っていた。このように、この曲は大変多くの人に愛されていて、演奏会でも多く取り上げられ、録音も星の数ほど多い。モーツァルティアンの中では、ジュピター *K. 551* と人気を二分している。人気投票でも必ず上位に上がるほど多くの人が大好きな曲である。その理由は、第1楽章の冒頭部の音楽がなんとも美しくも悲しいからではなかろうか。悲しみが軽やかに通り過ぎていく、そんな雰囲気が老若男女を問わず、多くの人の心に染み入るからではなかろうか。モーツァルトの音楽の一つの到達点を示している傑作と思われる。

第1楽章は悲しみの音楽で始まる。大変人気の高い楽章でモーツァルトを代表する作品である。モーツァルトはこの楽章の速度指定をモルト・アレグロと表記した。速度が速すぎない、ややゆったり目の演奏が私は好きである。アレグロとは「快適に」という意味で、プレスト（速く）とは全く異なる。「快適に」という意味も時代によって変わるものと思われる。現代のように飛行機や新幹線が主な移動手段の時代とは異なり、馬車や船が一般的な移動手段であったモーツァルトの時代のことを考えると、ややゆったり目の速さがいいのではないかと私は常々思っている。このややゆったり目の速度により、この曲の持っている、悲しさ、哀切さ、寂しさがより強く伝わってくるのである。おそらく、モーツァルトがアレグロ・モルトではなく、モルト・アレグロと表記したのも「あまり速く演奏しないでね！ほどほどにね！」との気持ちからではなかろうか。何れにせよ、聴く人にとって一番感動した演奏の速さが一番いい速さなのではなかろうか。私はこの楽章を聴くと亡くなった人達の思い出が蘇ってくる。私の人生で出会った多くの素晴らしい人達の懐かしい笑顔と共に、共有した人生の一部が思い出されるのである。懐かしく、温かい気持ちになり、モーツァルトに感謝の気持ちでいっぱいになるのである。

第2楽章アンダンテも好きである。冒頭部から穏やかで、優しい音楽が展開される。物悲しく、寂しげな音楽であるが、決して暗くはない。フルートが効果的に使われているのもこの楽章の特徴である。フルートが管弦楽と見事に響き合って、フルート協奏曲風の雰囲気を醸し出している。本当に素晴らしい楽章である。第3楽章はメヌエット。メヌエット音楽に加えて、低音弦楽器が奏でる旋律がフルートに受け渡されるところと、ホルンの穏やかな響きのところが特に好きである。第4楽章アレグロ・アッサイは第1、3楽章と同じト短調の調性である。やや重厚な第一主題と明るく、愛らしい第二主題の対比が見事である。第1楽章の寂寥感を再現させて終了する。

私の妻には二人の兄がいた。上の兄は日本の演歌が大好きで、男性歌手の演歌をよく聴いていた。そんな演歌好きな義兄がこの40番のレコードを持っていて、よく聴いていたそうである。義兄はモーツァルトの悲しみの音楽にも心から共感されていたのではなかろうか。私よりは3歳年上で、私と同じように秋に生まれた人であった。素朴で物静かな人であったが、話をすると優しさがよく伝わってきた。思いやりのあるとてもいい人であった。しかし、43歳という若さで急性心不全で亡くなってしまった。突然逝ってしまった義兄のことを思い、妻も義母も嘆き悲しんだ。葬儀の夜は5月上旬にもかかわらず、寒の戻りで千葉でも底冷えのする夜であったが、長い弔問客の列は途絶えることがなかった。義兄の人柄が偲ばれる葬儀であった。妻は悲しみの日々に明け暮れ、兄の死をなかなか受け入れることができなかった。この40番を聴くたびに早逝した義兄のことが懐かしく思い出される。私は毎日その義兄の遺影に手を合わせている。

私の愛聴盤はカール・ベーム指揮、ベルリン・フィルハーモニーの録音である（CD：ドイツ・グラモフォン、427241-2、1962年、ハンブルクで録音、輸入盤）。端正な演奏が素晴らしい。ゆっくりとしたテンポがこの曲に合っている。フェレンツ・フリッチャイ指揮、ウィーン交響楽団の録音（CD：ドイツ・グラモフォン、UCCG-3426/449798-2、1959年11月、ウィーンで録音）もよく聴いている。きめ細かく丁寧な演奏でこの音楽の素晴らしさを見事に再現している。特に第1楽章の演奏は秀逸である。ゆったりとしたテンポで聴く人を感動させる演奏になっている。この音楽に最適と思われるテンポである。フリッチャイは、ハンガリーのブダペストに生まれ、ドイツ、オーストリアを中心にヨーロッパ中で指揮者として活躍したが、白血病を発症し、胃腸の手術も繰り返し、満身創痍で48歳という若さで1963年、惜しまれつつ亡くなった。亡くなる年にモーツァルト・メダルを受賞している。「モーツァルトは絶対的な音楽である！」という信念のもとに、ヨーロッパ中の歌劇場でモーツァルトの歌劇を指揮し、交響曲やミサ曲等の名演奏も録音で残してくれた。名指揮者の夭折が残念でたまらない。

第222章　ピアノソナタ第12番 *K. 332/300k*

１７８３年に立て続けに完成されたピアノソナタの最高傑作三曲（第10番 *K. 330*、第11番 *K. 331*、第12番 *K. 332*）のうち最後の曲である。１７８１年ウィーンで独立した音楽家として活動を始め、翌年にはコンスタンツェと結婚し、希望に満ちた生活を送っていた、ウィーン3年目の作品である。第1楽章アレグロ、第2楽章アダージョ、第3楽章アレグロ・アッサイで演奏時間も20分に及ぶ。私は特に第2楽章が大好きである。第2楽章はゆったりとした優しい音楽。陰影に富んでいて聴く人の心を捉えて離さない。モーツァルトのピアノソナタの中でもとりわけ上品で美しい傑作である。第1楽章と第3楽章がテンポの速い、元気いっぱいの曲であるので、中間楽章のこのアダージョの美しさが一層際立っている。聴く人の心を癒してくれる最高の音楽である。悩み事がある人には優しくいたわってくれ、失恋の痛みに耐えきれない人には一緒に泣いてくれる、そんなモーツァルトの緩徐楽章の代表作であろう。

私にはこの楽章に特別の思い出がある。私が40歳の頃、私たち家族の元に可愛い子犬がやって来た。シーズーのこの子犬は特に私に懐いてくれて、いつでも、どこでも私のそばを離れなかった。その愛犬コロのお気に入りがこの曲であった。私は休日にはよくこの曲のCDをかけていた。そのうちコロもこの曲が大好きになって、この曲をかけると、「あー、そーそー、これこれ、嬉しいな、いい気持ち！」といった表情をしてくれた。そのうち私の傍らで気持ち良さそうに眠りに入るのであった。私はこの曲を聴くたびに可愛かったコロのことを思い出す。もしかしたら、この曲をかけるたびにコロは天国から舞い降りて来て、私と一緒に聴いてくれているのかもしれない。

この曲ほどヘブラーの演奏（CD：フィリップス、SHIM-1009、1964年ザルツブルクで録音）の素晴らしさを強く感じるものはない。気品高く、真珠のような輝きを持ったヘブラーのピアノの音はこの曲の素晴らしさを余すところなく再現してくれている。特に第2楽章の演奏は絶品である。

第223章　四幕の喜歌劇「フィガロの結婚」*K. 492*

ウィーンに移って四年目の1785年の秋、29歳のモーツァルトのもとに夢のような話が舞い込んだ。当時ウィーンで大人気の台本作家のロレンツォ・ダ・ポンテから「フィガロの結婚」を作曲してくれないかとの申し出であった。ボーマルシェの原作を元にダ・ポンテが書いた台本をイタリア語の喜歌劇として完成させてほしいというものであった。モーツァルトは欣喜雀躍して作曲にとりかかった。当時のウィーンでは、宮廷の歌劇はほとんどイタリア人によって牛耳られており、モーツァルトが入る隙はなかったのである。一度入り込めば、ありとあらゆる妨害に遭うのが常であった。したがって、1786年の新しい歌劇上演の新作演目（プレミア）として自分の作品を発表できることは、本当に特別のことであったのである。モーツァルトは約半年かけて1786年4月29日にこの「フィガロの結婚」を完成させた。モーツァルトは1785年から1786年にかけて健康にも恵まれ、次から次へと傑作を完成させていった。この中にはピアノ協奏曲第20番*K. 466*、第21番*K. 467*、第22番*K. 482*、第23番*K. 488*、第24番*K. 491*、第25番*K. 503*番、弦楽四重奏曲第18番*K. 464*、第19番*K. 465*、第20番*K. 466*、ピアノ三重奏曲第2番*K. 496*、第3番*K. 502*、ピアノ四重奏曲第1番*K. 478*、第2番*K. 493*、ドイツ歌曲「すみれ*K. 476*」、「ケーゲルシュタットトリオ*K. 498*」、交響曲第38番*K. 504*「プラハ」等が含まれている。これらの不朽の名作は、ウィーンのシュテファン大聖堂に近い住居で作曲された。このモーツァルトの住居はウィーンで唯一残されたもので、長く「フィガロ・ハウス」と呼ばれていた。それはこの住居で「フィガロの結婚」が作曲されたからであった。しかしながら、モーツァルト没後250年の2006年に全面改修され、「モーツァルト・ハウス」という名前になった。ウィーンではブルク劇場で5月1日に初演され好評であったが、異国の地チェコのプラハでは、爆発的に流行っていったのであった。四幕の作品で3時間半に及ぶ力作である。

モーツァルトはこの「フィガロ」で登場人物の個性を見事に音楽で描き分け、独唱のみならず、二重唱、三重唱、五重唱、六重唱、七重唱と優れた重唱曲の傑作を完成させた。重唱曲の中には、相対立する感情、喜びと悲しみ、愛と憎しみ、幸福感と絶望感等を見事に曲の中に盛り込んだものも多い。それに加えて、旋律の美しさは例えようがなく、モーツァルトは歌劇の作曲に関して前人未到の域に達したのである。彼がこの作品一曲しか残さなかったとしても、その名前は永遠に音楽史に刻まれることになったであろう。

♪序曲

モーツァルトの歌劇の序曲の中でも「後宮からの誘拐 *K. 384*」と共に大変人気が高く、単独でもよく演奏会で演奏されるほどである。明るく、どこか諧謔的で魅力に満ち満ちている。

♪第一幕

舞台は、18世紀半ばのスペイン、セルビア近郊のアルマヴィーヴァ伯爵邸。フィガロ（バス、伯爵の家来）は、伯爵が新婚祝いに下さるベッドの寸法を測っている。伯爵はスザンナ（ソプラノ、アルマヴィーヴァ伯爵夫人ロジーナの小間使い）と結婚するフィガロに部屋を提供してくれたのであった（フィガロとスザンナの二重唱「*5, 10, 20*」。二人の幸せそうな様子が伝わってくる音楽である）。最初の出だしからぐっと引き込まれる。早速モーツァルトの音楽の魅力が全開する！しかしながら、スザンナは伯爵の下心が心配である（フィガロとスザンナの二重唱「奥様がお呼びの時には」。夫人が呼んでも殿様が呼んでもすぐに対応できると歌う）。フィガロは、伯爵が「夫人との結婚時に廃止した初夜権を復活させたい。」という話を聞いて憤慨する。それを阻止するべく、計略をめぐらすフィガロ（フィガロのカヴァティーナ「もし踊りをなさりたければ」。フィガロの怒りと伯爵に一泡ふかせようとする気持ちを見事に音楽で表現している）。次いで、マルチェリーナ（ソプラノ、女中頭）とドン・バルトロ（バス、医者）が登場する。二人でフィガロをいじめてやろうと相談する。マルチェリーナはかつてフィガロから「借金を返せなければ結婚する」という証文を受け取って、それをいまだに持っている。その証文を見たバルトロは「自分の結婚を妨害した男に、昔の女を押し付けるのは愉快だぞ」と復讐宣言をする（バルトロの独唱「あだを討つのは愉快だぞ！」。音楽によるバルトロの性格描写が素晴らしい。諧謔たっぷりの音楽で減り張りをつけている）。

そこへスザンナが登場し、普段から仲の良くないマルチェリーナと言い合う（スザンナとマルチェリーナの二重唱「奥様、お先にどうぞ。」。諧謔たっぷりに女同士の口喧嘩を音楽にしてしまうモーツァルトの天才！）。マルチェリーナが退場した後、スザンナが一人になると伯爵の小姓のケルビーノ（メゾソプラノ、思春期の少年）が入って来る。実は、先日ケルビーノは庭師のアントニオ（バス、スザンナの叔父）の娘バルバリーナ（ソプラノ）と一緒にいたところを伯爵に見つかってしまって大目玉を食らったばかりであった。ケルビーノはスザンナに「夫人に頼んで、伯爵の怒りを鎮めてほしい。」と懇願する。すると、スザンナは「あら、あなたは最近バルバリーナにぞっこんなの？」とからかう。ここでケルビーノは自分の気持ちを歌う（独唱「自分で自分がわからない」、思春期の少年の心を見事に音楽で表現している）。そこへ伯爵（バリトン）がスザンナに会うためにやって来る。それを見てケルビーノはとっさに椅子の後ろに隠れる。伯爵がスザンナに「二人で会えないか？」と言い寄ると、音楽教師のドン・バジーリオ（テノール）が入ってくる。それを見て伯爵はあわてて椅子の後ろに隠れる。ケルビーノはとっさに椅子の前に座り込み、布で身を隠す。バジーリオはケルビーノと伯爵が椅子の前後に隠れているのも知らず、ケルビーノと伯爵夫人の話を持ち出す。バジーリオは「ケルビーノが奥様に言い寄っているのを見たかね?」とスザンナに言う。しかし、これを聞いた伯爵は姿を現し、「それは何のことだ?」と騒ぎ立てる。慌てたバジーリオは否定するが、伯爵は「昨日アントニオの所にいったら、バルバリーナの様子が何かおかしかった。そこでそばにあった布をふと持ち上げたら(すると、この場面でも椅子を覆っている布をはがす。なんとケルビーノが隠れていたのである)。おお、これは何だ!」と言う。スザンナは「最悪だわ!」と。バジーリオは「おお、なんともまあお見事なこと!」と独り言を。ここで伯爵、スザンナ、バジーリオが各自の気持ちを歌うが(三重唱「なんということだ!」、諧謔的で滑稽なやりとりを見事に音楽で表現していて素晴らしい)、この中でバジーリオは「女はみんなこうしたもの(Così fan tutte le belle)。何も珍しいことではありません。」と皮肉たっぷりに歌う。ここの部分も聴きどころである。ここの部分の台詞は後の喜歌劇の傑作「コジ・ファン・トゥッテ *K. 588*」に受け継がれる。ケルビーノが夫人を通じて伯爵への謝罪に来ていた旨を伝え、伯爵は何とか納得したのではあるが、「自分の連隊に空きがあるからケルビーノを配属するぞ。直ちに任地に向かわせろ!」と命ずる。

そこへフィガロが村の娘達を連れて登場する(合唱「皆さん、花をまいてね。」)。行進曲風の音楽で、爽やかな風が吹いて来るようである)。そのあと「殿様が忌まわしい習慣を廃止して下さったので、私たちは廃止後初めて結婚する二人です。村の人達と一緒にお礼を言わせて下さい。」と言う。困惑する伯爵。しかし、慌てず「昔のような領主による人権侵害行為はもう二度と行われないでしょう。」と伯爵は改めて宣言する。「万歳!」と叫ぶ村人。しかし、「盛大な式を挙げて祝ってやりたいので、準備にもう少し時間が欲しいのだ。」と村人を帰してしまう。それを聞いてフィガロもスザンナもがっかりする。

その場にいたケルビーノが暗い顔をしているのに気がついたフィガロは、その事情を聞くと「後で話がある。」と耳打ちし、ケルビーノの出征を励ますための独唱曲「もう飛ぶまいぞ、この蝶々!」を歌ったところで幕になる。(「フィガロの結婚」の中でも最も有名で、人気がある曲である。フィガロがケルビーノをからかう様子を諧謔たっぷりに表現していて実に素晴らしい。独唱曲としても大変人気がある。「フィガロの結婚」はウィーン以上にプラハで大流行した。この「もう飛ぶまいぞ、この蝶々！」も特に大はやりで、モーツァルトがプラハを訪れた際には、どこに行ってもこの曲が歌われていたことがモーツァルトの手紙（プラハからウィーンのジャカン宛て、1787年1月15日、モーツァルト書簡全集第6巻、339〜342頁）から生き生きと伝えられてくる。どんなにかモーツァルトは嬉しかったことか！私にはこの曲に小さな思い出があって、中学二年の音楽の教科書でこの曲を習った。いつもレコードを持ってきて下さり生徒に聴かせて下さった女性の岩井先生がこの曲を解説して、レコードをかけて下さった。子供心に魅力的な曲であると思った。この思い出は決して忘れることができない。この曲を聴くたびに岩井先生のことを思い出すのである）

♪第二幕

伯爵夫人（ロジーナ、ソプラノ）の部屋。夫人は自分に対する夫の愛情が薄れたことを嘆き悲しんでいる。ここで夫人が歌うカヴァティーナ「愛の神よ、照覧あれ！」は「フィガロの結婚」の中でも特に有名な曲で人気が高い。私も大好きで、穏やかな宗教曲を思わせる序奏から始まるこの曲は何度聴いたかわからない。そこへスザンナ、ケルビーノが相次いでやってくる。夫人とスザンナは、伯爵をスザンナの名前で誘い出し、女装させたケルビーノと会わせて一泡吹かせようと作戦会議をする。一方、ケルビーノはもうすぐ連隊に入るので、夫人にはもう会えなくなると悲しんでいる。ここでケルビーノが有名なカンツォーナ「恋とはどんなものかしら？」をスザンナのギター伴奏で夫人に披露する。この曲も「愛の神よ、照覧あれ！」に負けず劣らず大変人気が高い。演奏会でもよく歌われる。録音も多く、ソプラノ歌手やメゾソプラノ歌手に大変人気が高い。この上なく美しい旋律にのせて、思春期の少年の気持ちを見事に表現している傑作である。

スザンナはケルビーノに女装させ始める。ここで、独唱「さあ、ひざまずいて。」を歌う。女装させて楽しんでいるスザンナと恥ずかしがっているケルビーノの様子を諧謔味たっぷりに表現している。スザンナが衣装やリボンを化粧部屋に取りに行った時に伯爵の声が聞こえてくる。夫人はあわててケルビーノを化粧部屋に隠す。伯爵は夫人の部屋に入るなり、夫人が慌てているのを見て訝る。その時ケルビーノが動揺して化粧部屋で音を立ててしまう。「あれは何だ？」と問う伯爵に、夫人は「スザンナが結婚式の衣装に着替えているのよ。」と釈明する。しかし、伯爵は納得せず、「部屋を開けて見せろ！」と要求する。夫人は「何と失礼なことをおっしゃるのですか。」と言って怒るが、内心気が気ではない（伯爵、夫人、スザンナの三重唱「スザンナ、早く来ておくれ」。三人のやりとりを面白おかしく音楽でうまく表現している）。怒り心頭の伯爵は「鍵を壊してでも中に入る」と言う。ここで伯爵、夫人、スザンナの三重唱「さあ、早く出てこい。このいたずら者め！」が入る。三人のやりとりを滑稽に表現している。伯爵は夫人の部屋を施錠して道具を取りにいく。そのすきに夫人の部屋の隅に隠れていたスザンナが出てくる。スザンナとケルビーノの二重唱「早く扉をあけて。」の後、ケルビーノが鍵を開けて出てくる。スザンナはケルビーノを二階の窓から逃がし、自分は化粧部屋に入って待つ。伯爵が戻ってきて化粧部屋の扉を開けると中からスザンナが出てきた。伯爵は最初驚いたが、自分の非を謝る。夫人も初めは事情がわからなかったが、スザンナの耳打ちで瞬時にさとった。夫人はスザンナと二人で伯爵をやり込め、最後は寛大に許すのである。そこへフィガロがやって来る。次いでアントニオが現れ、「夫人の部屋の窓から誰かが飛び降りてきて植木を壊した。」と訴える。怪しむ伯爵に、フィガロは「スザンナを待っていたが、伯爵の声がしたので慌てて飛び降りたのだ。犯人はこの俺だ！」と言い張る。アントニオと伯爵は怪しむが、フィガロはうまく言い逃れる。この場面では機転が利き、頭のいいフィガロをうまく描いている。

そこにバルトロ、マルチェリーナ、バジーリオの三人がやってきて、フィガロの証文のことで訴訟を起こすと言い張る。伯爵は「これで勝った！」と思い、結婚式の前に裁判が行われることになる。各人の思いをそれぞれが歌うフィナーレで第二幕が閉じる。この場面のフィガロ、スザンナ、夫人、伯爵、バルトロ、マルチェリーナ、バジーリオの七重唱は比類なき傑作である。フィガロを陥れようとする、伯爵、バルトロ、マルチェリーナ、バジーリオの醜い心と、領主の不実な悪巧みや夫の不誠実さを一喝したい、フィガロ、スザンナ、夫人三人の気持ちを同時に曲の中に盛り込み、しかも音楽がこの上なく美しいという離れ業をモーツァルトはやってのけたのである。私はこの七重唱を聴くたびに大天才モーツァルトの偉大さにただただ驚愕するばかりなのである。

♪第三幕

場面は変わって広間。スザンナはマルチェリーナが引き起こした騒ぎを避けるため、夫人と相談して二人だけで伯爵を罠にかけようと考えている。そこでスザンナは伯爵に今夜の結婚式の後二人で会う約束をする。伯爵とスザンナの二重唱が歌われる（「なんと、ひどいやつだ！　こんなにわしを待たせるなんて！」）。伯爵の焦る気持ちと、伯爵に対してうまく取り繕うスザンナの機敏さを音楽で見事に表現している）。そこへ裁判に出るフィガロが登場する。フィガロに「裁判に勝たなくても私たち結婚できるわよ！」とスザンナが耳打ちする。それを聞いた伯爵はスザンナを訝り、「わしがため息をついて嘆いている間に、下僕たちが幸せになっていいのか！」（独唱、伯爵の身勝手な性格を見事に音楽で表現している）と憤慨しつつ、自分の意地を押し通そうと決意する。そのあと裁判場へ入っていく。

その裁判が終わって、一同が戻ってくる。伯爵の言いなりになっている裁判官、ドン・クルツィオ（テノール）はマルチェリーナの訴えを認める判決を下した。「借金を払うか、私と結婚するか?」とせまるマルチェリーナに対し、フィガロは「俺は貴族の出だから親の許しがないと結婚はできない」と言い張る。うそだと思った伯爵たちが、「では証拠を見せろ！」と言うと、フィガロは「幼いときに拾われたので親はわからないが、立派な服を着ていて腕には紋章がある！私は貴族の出だ！」と言い張る。これを聞いて動揺したマルチェリーナはフィガロに右腕を見せるように言う。フィガロが「どうして右腕に紋章があると知っているのだ！」と言いながら腕を出す。腕を見たマルチェリーナは慌てる。つまりフィガロは盗賊に盗まれたマルチェリーナの赤ん坊であった。しかも父親はバルトロだという。つまり、フィガロはバルトロ家の女中をしていたマルチェリーナにバルトロが生ませた子であった。このフィガロの母がマルチェリーナ、父がバルトロとわかる時の音楽も素晴らしい。

「親子か！それでは結婚は成立しない。」とクルツィオが判決を取り消す。親子とわかった三人は抱き合って喜ぶ。ここでいよいよ有名な六重唱「この抱擁は母の印」（スザンナ、フィガロ、マルチェリーナ、バルトロ、伯爵、クルツィオの見事な六重唱。大変素晴らしい六重唱である）が始まる。この六重唱が物語の進行とともに歌われる。スザンナが走りこんで来て、「奥様から２０００ペソをお借りしたの。フィガロの借金を返します」と言う。そこでは、なんとフィガロがマルチェリーナと抱擁しているではないか。もう心変わりしたのかと怒るスザンナ。「違うのだよ。実はこれには訳があるのだよ」と近寄るフィガロにいきなり平手打ちをする。マルチェリーナがスザンナに向かって、「さあさあ、そんなに怒らないで、私の可愛い娘よ。あなたのお義母さんを抱いておくれ！」と言うのを聞いていぶかるスザンナ。スザンナは皆に「彼の母親ですって？」と聞くと皆が「そうなのだ！」と答える。さらにフィガロがバルトロのことを、「お義父さんだ！」と言うので、困惑したスザンナが聞き返すと、皆が肯定する。最後にはどうにか納得したスザンナとフィガロたち親子が幸福に歌い交わし、作戦に失敗した伯爵とクルツィオが失望して歌う。この六重唱も有名な曲で、登場人物の性格を見事に音楽で表現している。しかも、喜びと落胆という相異なる感情を見事に一つの音楽にまとめている。まさに天才のみが到達した、前人未到の領域なのである。モーツァルト自身もこの曲が大のお気に入りであったという。その後、バルトロとマルチェリーナは、この際だからということでフィガロ達と一緒に結婚式をあげることにした。

場面は変わって夫人の部屋。ロジーナは伯爵と結婚した当時の幸せな日々を思い出している。今は、夫が少しも自分のことに関心がないと嘆いて歌う。独唱「あの頃の思い出はどこに行ったの？」。この曲も大変有名で、人気が高い。夫の愛が薄れてしまったことを嘆き悲しむロジーナの心情を、美しい旋律にのせて見事に表現した傑作である。管弦楽のゆったりとした序奏の後に、切々と深い悲しみを込めて歌う。「あの人はもう私のことを少しも大事に思ってはくれない。私のことをあんなに大事にしてくれたあの日々はもう二度と帰らないのね。」と。悲しみを込めて歌うこの曲は他に比べようがないほど美しい。「フィガロの結婚」のソプラノ独唱曲の中でも私が最も好きな曲である。演奏会でもよく取り上げられる、ソプラノ歌手憧れの曲でもある。私はこの曲だけを何回も繰り返し聴くことも多い。

そこにスザンナが登場し、さきほどの急展開の話を報告する。あとは伯爵を懲らしめるだけで、フィガロにも内緒の作戦となる。スザンナが伯爵に今夜会う場所を知らせる手紙を書く（手紙の二重唱「そよ風甘く…」）。この夫人とスザンナのソプラノ二重唱は、私がとりわけ好きな曲である。もちろん多くの人に愛されている傑作であるが、どんな美辞麗句を並べてもこの曲の素晴らしさを余すところなく賛美するのは困難である。「手紙の二重唱」というあだ名は後世の人がつけたもので、夫人と相談して今夜スザンナと伯爵が会う場所を知らせる手紙をしたためる場面で歌われるからである。また、「そよ風の二重唱」とも言われる。私は、モーツァルトが大好きな「そよ風」が二人の作戦が成功するように後押ししているようで聴いていてとても微笑ましい。それだけではなく、最高のソプラノの二重唱で、旋律がこの上なく美しい。「コジ・ファン・トゥッテ」にもフィオルディリージとドラベッラ姉妹の美しいソプラノの二重唱があるが、私は特にこの「手紙の二重唱」が好きである。繰り返し聴いているが、その度に新鮮な感動を覚える。

場面は変わって屋敷の大広間。皆が揃い、結婚式が始まろうとしている。村娘（その中に同じ村娘の格好をした、ケルビーノとバルバリーナがいる）が大勢登場し伯爵夫人に感謝を捧げて、花束を贈っている（合唱「奥様、このバラの花を！」、大変美しい旋律の合唱曲である）。その中に、一人だけ顔を赤らめて、もじもじしている娘がいる。夫人がスザンナに「どこかで見た顔と似ているわね！」と。「ええ、そっくりですわ！」と答えるスザンナ。そこにアントニオが登場する。その娘のヴェールを剥ぎ取るとそれはケルビーノであった。「おまえは連隊に行ったはずだが。」と怒る伯爵に、バルバリーナが「殿様、いつも私に親切にしてくださり、欲しいものがあるならなんでもやると約束して下さいましたね。ケルビーノを私のお婿さんに下さいませ。」と伯爵夫人のいるところで懇願する。仕方なく伯爵は承諾する。

いよいよフィガロとスザンナ、バルトロとマルチェリーナの二組の結婚式が始まった。結婚式では結婚の印に新婦の頭に花冠をのせるのは伯爵であるが、その際スザンナは夫人の部屋で書いた逢引の場所を知らせる手紙をそっと渡す。式が進んで皆が踊っている時に、伯爵は手紙を開こうとするが、手紙に封をしていたピンが指に刺さって驚く。その様子を見ていたフィガロが「誰かが伯爵に恋文を渡したらしいぜ！」とスザンナに言う。宴も盛り上がり、一同で伯爵夫妻を讃える合唱で幕となる（フィガロ、スザンナ、伯爵、夫人、二人の少女、合唱「さあ、花嫁の行列だ」。行進曲に乗って結婚式の雰囲気を伝える音楽。最後には結婚を許した伯爵と夫人をたたえて合唱する）。

♪第四幕

屋敷の庭、もうすっかり夜である。バルバリーナがカンテラを片手に必死で何か探している（バルバリーナのカヴァティーナ「無くしてしまったの！」。バルバリーナの心配する気持ちが美しい旋律にのって表現される。これも素晴らしい曲である）。フィガロはバルバリーナに「何をしているの？」と声をかける。バルバリーナは「伯爵からピンを探してスザンナに届けるよう頼まれた。」と言う。フィガロは先ほどの伯爵の行動を思い出し、手紙を渡したのがスザンナであることに気がついてしまう。思わず怒りの感情が湧き上がるフィガロ。一緒にいたマルチェリーナからピンをもらい、それをバルバリーナにあげる。マルチェリーナは「まさかスザンナがそんなことはしないでしょう」となだめるが、フィガロは聞かないで去ってしまう。残ったマルチェリーナは「スザンナにはきっと何か事情があるのだろう」と察し、「女同士助け合わないと」と言う（マルチェリーナの独唱「おやぎとめやぎはいつも仲がいい！」。マルチェリーナ唯一の独唱曲で、人間の心情を見事に音楽で表現していて素晴らしい）。マルチェリーナはその場を去る。

フィガロはスザンナの浮気を暴いてやろうとやってくる。そのあとバルトロ、バジーリオがやってくる。事情を聞いたバジーリオは「伯爵は自分抜きで話を進めたのだ」と思い、世の中を生きぬくための処世訓を歌う（バジーリオの独唱「経験も理性も乏しかった頃には」）。フィガロは仲間の配置を確認し、自分も木の茂みに隠れる。待っている間、スザンナに裏切られたという思いと、彼女を愛し続けたいという気持ちが入り交じって混乱し、「男どもよ、目を見開け」を歌う（怒りと愛とが絡み合う様子を見事に音楽で表現している）。そこにスザンナと夫人が衣装を交換してやってくる。スザンナはマルチェリーナからフィガロが来ていることを知らされる。そしてスザンナがレチタティーヴォと独唱曲「とうとう嬉しい時がやって来た！早くおいで、美しい喜びよ。」を歌う。この独唱曲も大変素晴らしい傑作である。「フィガロの結婚」でスザンナが歌う独唱曲の中で私が最も好きな曲である。美しい旋律にのせてスザンナが歌う愛の歌は、心の底から湧き上がる愛の喜びを見事に表現している。演奏会でもソプラノの名曲としてよく取り上げられる。

そこにケルビーノがやってくる。彼はバルバリーナを探しに来たのだが、皆にとっては計画実行の邪魔者になりかねない。ケルビーノは、スザンナの衣装を着た夫人を見つけると、スザンナだと思い込み、早速まとわりつく。夫人は伯爵が来たら計画がぶち壊しなので何とかやりすごそうとする。フィガロは気が気ではなくそばに近寄る（ケルビーノ、夫人、伯爵、スザンナ、フィガロの五重唱「そっと近づいて！」。手に汗握る場面。緊張感を見事に音楽で表現している）。そこへ伯爵が登場し、そばに誰かいることに気づく。近寄ってきた邪魔者に平手打ちを食わすと、機敏に身をかわしたケルビーノと入れ替わりに近寄ってきたフィガロの頬に命中し、驚いたフィガロはケルビーノと反対方向に逃げ出す。伯爵はスザンナだと思い込んだ自分の妻に愛を語り始める。夫人はスザンナのまねをして彼に従って隠れ場所へとついていく。二人が去ったのを見てフィガロがやって来ると、夫人の衣装を着たスザンナも現れる。スザンナの地声を聞いて、フィガロは夫人の衣装を着ているのはスザンナであると気づく。状況を悟ったフィガロはスザンナにからかわれたお返しとばかりに、夫人の格好をしたスザンナに「私の妻は殿様と浮気をしていますが、私も実は奥様を心からお慕いしております。」などと嘯く。変装を見破られたとは知らないスザンナは「この裏切り者め！」とフィガロに平手打ちを繰り返す。ぶたれたフィガロは笑いながらスザンナを抱擁し、「君のその声でわかったよ！」と打ち明けると、ようやく彼女も納得して抱き合う。

そこに伯爵がスザンナに変装した妻を見失ってやってくるので、フィガロは再び「夫人」に変装しているスザンナを大げさに口説き始める。それに気づいた伯爵は激怒し、皆を呼び集める。隠れ場所から人が次々出てくる。ケルビーノ、バルバリーナ、マルチェリーナらに続いてスザンナが扮する伯爵夫人が出てくるので一同驚愕する。伯爵は浮気の現場を捕らえたと誇らしげ。「許して下さい！」や「伯爵夫人！」と皆が懇願しても応じない伯爵。しかし、そこへスザンナの服を着た夫人が現れ、「私からお願いしたら許してくれますか？」と聞く。伯爵を始め一同驚愕する。すべてを理解した伯爵は、伯爵夫人に心から陳謝する。夫人は「私はあなたより素直なので…はいと答えましょう。」と答える。ここの部分の夫人の独唱は極めて美しく、宗教曲のように心洗われる傑作である。その後テンポが速まり、全員による合唱が始まる。この合唱もとても素晴らしい。多事多難の一日の幕引きは速いテンポの曲で締めくくられる。一同が伯爵夫妻を祝福して歌い、大団円となる。

私の愛聴盤は、カール・ベーム指揮、ベルリン・ドイツオペラ管弦楽団の演奏である。伯爵：ディートリッヒ・フィッシャー＝ディースカウ、伯爵夫人：グンドゥラ・ヤノヴィッツ、スザンナ：エディット・マティス、フィガロ：ヘルマン・プライ、ケルビーノ：タティアーナ・トロヤノス、マルチェリーナ：パトリシア・ジョンソン、バジーリオ：エルヴィン・ヴォールファールト、クルツィオ：マーティン・ヴァンティン、バルトロ：ペーター・ラッガー、アントニオ：クラウス・ヒルテ、バルバリーナ：クリスタ・ドル、ベルリンドイツオペラ合唱団の歌唱（CD：ドイツ・グラモフォン、POCG-2188/90、1968年3月ベルリン・イエス・キリスト教会で録音）。ゆっくりしたテンポで、丁寧な演奏で歌手陣も素晴らしい。何回も聴いている。また、管楽八重奏による室内楽風の演奏もとても素晴らしい（CD：オルフェオ、C238911A、ヴェントによる編曲、オーボエ：ハンスイェルク・シェレンベルガーとアンドレアス・ヴィットマン、クラリネット：カール・ライスターとペーター・ガイスラー、ホルン：ノルベルト・ハウプトマンとマンフレート・クリアー、ファゴット：ダニエレ・ダミアーノとヘニング・トロッグ、1990年10月ベルリンで録音、輸入盤）。モーツァルトの歌劇は旋律がとても美しいので、ハルモニー・ムジークとして、管楽合奏でも楽しむことができる。序曲や声楽曲等が実に見事に室内楽に生まれ変わっている。登場人物の感情や哀感が十分に込められた素晴らしい演奏で、これは管楽器の名手のなせる技故であろう。

映像に関しては、カール・ベーム指揮、ウィーン国立歌劇場管弦楽団の演奏、ヘルゲ・トーマ演出、伯爵：ベルント・ワイクル、伯爵夫人：グンドゥラ・ヤノヴィッツ、フィガロ：ヘルマン・プライ、スザンナ：ルチア・ポップ、ケルビーノ：アグネス・バルツァ、マルチェリーナ：マルガリータ・リロヴァ、バジーリオ：ハインツ・ツェドニック、クルツィオ：クルト・エクヴィルツ、バルトロ：クルト・リドル、アントニオ：ワルター・フィンク、バルバリーナ：マリア・ヴェヌーティ、ウィーン国立歌劇場合唱団の合唱（NHKクラシカル、NHKエンタープライズ、NSDN-9492、1980年9月30日東京文化会館で生録音）。丁寧な演奏で歌手陣も素晴らしい。舞台装置も衣装も大変良い。晩年のベームは熟練の技でこの音楽の素晴らしさを余すところなく表現している。ゆったり目のテンポが心地よい。歌手陣の中ではスザンナ役のルチア・ポップが特に素晴らしい。舞台がはねると会場は割れんばかりの大拍手で、カーテンコールが終わっても拍手が鳴りやまなかった。興奮した若者たちが舞台近くに集まり去ろうとしなかった。ベームはにこやかに何回となく日本の若者に握手をしていた。その姿が大変印象深く、今日ではこのような光景はほとんど見られなくなったのが残念でたまらない。私もこの舞台を観に行きたかったが、当時盛岡の岩手大学に勤めており、授業を休めず残念ながら観に行くことができなかった。でもこのＤＶＤでこの舞台がどれほど素晴らしかったかは容易に想像できる。私の友人は仕事をさぼってこの舞台を観に行き、これ以上のものはないと思って、それ以降二度と歌劇を観に行くことができなくなったと言っていた。その友人は上司から大変叱責されたが、なんとか失職は免れたそうである。私はこの傑作歌劇を「なま」で何回も観ているが、なんと言っても一番思い出に残っているのは、アーシャー・フィッシュ指揮、ウィーン国立歌劇場管弦楽団の演奏、ウィーン国立歌劇場合唱団の歌唱、ジャン・ピエール・ポネルの演出の舞台（１９９７年秋）である。ポネルの演出は原作に忠実でしかも美しかった。歌手では、ケルビーノ役のスーザン・グラハムが最高であった。ウィーン国立歌劇場の音響効果も抜群で最高であった。ウィーンでの「フィガロ」は一生忘れられない歌劇鑑賞になった。

第224章　ピアノ協奏曲第27番 *K. 595*

モーツァルト最後のピアノ協奏曲は、最後の年の１７９１年1月15日に完成された。1月の27日に誕生日が来れば35歳になるところであった。もうモーツァルトには生きられる時間がわずかしか残っていなかったのである。この年の作品を聴くたびに悲しい思いがこみ上げてくるのは私だけではないと思われる。モーツァルトを愛する人は皆そう思うに違いない。恥ずかしいことに、私は20代、30代にはこの音楽の素晴らしさがよくわからなかった。ピアノ協奏曲に関しては、明るく力強い第26番 *K. 537*「戴冠式」やピアノと管弦楽のためのロンド *K. 386*、旋律の美しい第20番 *K. 466* や第21番 *K. 467* の方が好きであった。しかしながら、

40代になるとこの音楽の素晴らしさがやっとわかるようになってきた。

第1楽章は明るい中にもそこはかとない寂寥感が漂っていて秀逸である。さらに、私が一番好きな第2楽章の美しさは比類がない。管弦楽の穏やかな序奏に続いて、ゆっくりと一つ一つ紡がれていくピアノの音を聴いていると、天国に向かってゆっくりと階段を上っていくように思われてくる。「私の人生には辛いこともあった。でも嬉しいことの方が多かった。幸福な人生を送れて本当に幸せであった。天国に向かって静かな気持ちでゆっくりと登っていこう！」と。地上に残した無念さや後悔もなく、青い空と白い雲に向かってひたすらゆっくりと上って行く。なんと清涼感に満ち満ちた美しい音楽なのであろうか！晩年モーツァルト（31歳）は父に宛てた手紙の中で、「死は（厳密に言えば）ぼくらの人生の真の最終目標ですから、ぼくはこの数年来、この人間の真の最上の友とすっかり慣れ親しんでしまいました。その結果、死の姿はいつのまにかぼくには少しも恐ろしくなくなったばかりか、大いに心を安め、慰めてくれるものになりました！そして、死こそぼくらの真の幸福の鍵だと知る機会を与えてくれたことを（ぼくの言う意味はおわかりですね）神に感謝しています。」（父宛て、1787年4月4日の手紙、モーツァルト書簡全集第6巻、384〜386頁）と語っている。日本人にとっては不吉な日付の4月4日になっているのも私には気にかかるところではある。とは言え、その言葉通り死を間近に感じたモーツァルトの手から、4年後ピアノ協奏曲の最高傑作が生まれたのである。美しい旋律の中に、死を達観したモーツァルトの気持ちが凝縮されている。私はこの楽章を聴くにつけ、心が震えるほどの感動を覚えるのである。目を閉じてじっくり聴いていると涙が溢れてくる。亡くなった父や祖父母や叔父、叔母のこと、親友や愛犬コロのことなどが次から次へと思い出されてならないのである。でも、涙がこぼれた後に爽やかな、幸せな、心洗われる気持ちになるのはなぜであろうか？それは、モーツァルトの音楽が神様からの贈り物であるからであろう。

第3楽章は少し明るくなって、生きることへの憧れが表現されてくる。私の大好きなドイツ歌曲「春への憧れ」*K. 596*が流れて来る。モーツァルトは、この第3楽章の主題をドイツ歌曲「春への憧れ」に用いたのであった。第2楽章とよく調和して、冬から春を迎える北国の子供達の心が、美しいピアノの音で演奏される。これは、春への憧れと同時にモーツァルトの生きることへの憧れの表現でもあったのではなかろうか？神様が与えて下さった音楽の才能をもっともっと生かして音楽を作り続けたい、そんなモーツァルトの心の叫びが、この明るく、美しい、天上的な音楽の中から聴こえてくるのである。

この不滅の最高傑作を丁寧な演奏で再現してくれているのが、イングリット・ヘブラーのピアノで、アルチェオ・ガリエラ指揮、ロンドン交響楽団の録音である（CD：フィリップス、DMP-10017、1965年、ロンドンで録音）。上品で清楚な、粒の揃った、真珠のような輝きのピアノの音がこの曲にぴったりである。ヘブラーはカデンツァもモーツァルトの手になるものを弾いてくれている。演奏会ではそれ程多く取り上げられないのが私にとっては残念でたまらない。エミール・ギレリスのピアノ、カール・ベーム指揮、ウィーン・フィルハーモニーによる演奏もよく聴いている（CD：ドイツ・グラモフォン、419059-2、1974年、ハンブルクで録音）。ギレリスのピアノは気品があって澄んだ音である。カデンツァもモーツァルトの手になるものを弾いてくれている。控えめの音で美しく弾いてくれている。ベームの指揮もウィーン・フィルの演奏も素晴らしい。ゆったりとしたテンポ、ピアノとの協調、柔らかい弦の響き、澄んだ管楽器の音等、歴史に残る名盤の一つであろう。

第225章　二幕のドイツ歌芝居「魔笛」*K. 620*

この作品はモーツァルト最後の年（1791年、35歳）の3月から9月にかけてウィーンで作曲された。モーツァルト最後の歌劇作品となっているが、実際は8月に「皇帝ティートの慈悲*K. 620*」の作曲を始める前にほとんどの曲が完成されていた。ただ、「序曲」と「僧侶の行進」だけが完成されていなかったのである。モーツァルトは「皇帝ティートの慈悲」の完成後に、この二曲を加えて「魔笛」を完成させた。初演は「皇帝ティートの慈悲」の方が先で、9月6日にプラハの国立劇場で行われた。しかしながら、「魔笛」の初演は遅れて、9月30日にウィーンのアウフ・デア・ヴィーデン劇場でやっと行われた。この歌劇がモーツァルト最後の歌劇作品となっている所以であろう。

「魔笛」は、ザルツブルク時代から旧知の俳優兼台本作家のヨハン・エマヌエル・シカネーダーが台本を書き、それにモーツァルトが音楽をつけた。約半年でこのドイツ歌芝居を完成させたモーツァルト。貧困と体調悪化、妻の病気に苦労していたとは思えないほど素晴らしい出来映えで、透明感あふれる多くの素晴らしい音楽に彩られている。多くの人が「魔笛」を唯一無二の歌劇の最高傑作と呼んでいるが、私も全く異論がない。私は、自分が体験したあらゆる歌劇作品の中で、際立って素晴らしく、最高、最大の作品と思っている。モーツァルトを心から敬愛していた、あのベートーヴェンもこの「魔笛」を最高の歌劇と絶賛しており、詳細にわたって研究していた。「魔笛」の「恋を知る殿方には」の主題によるピアノとチェロによる七つの変奏曲（作46品）まで作曲している。この曲を聴いていると、いかにベートーヴェンがモーツァルトを尊敬していたかがわかり、私はハイドンとモーツァルトの友情を思い浮かべるのである。真の芸術家のみが到達することができる友情であろう。

「魔笛」は子供から大人まで楽しめるドイツ歌芝居である。私はこの作品がモーツァルトの音楽芸術の集大成であると思う。交響曲的な序曲、美しい旋律の独唱・二重唱・三重唱・四重唱・合唱・宗教曲等の声楽曲、フルートの独奏曲、フルート協奏曲風の曲、オルゴール協奏曲風の曲、行進曲等、あらゆる音楽の要素が含まれているのである。これらの音楽が極上の美しさと慰めにあふれているのである。モーツァルトの作品の中でどの曲が一番好きですか？という難しい質問に敢えて答えるなら、私はこの「魔笛」と答える。音楽が楽しく、美しく、また掲げる理想も崇高である。歌曲はどれも美しく、素晴らしい。その上、歌曲は弦楽器でも管楽器でも演奏することができて、大変美しく、親しみやすい。夢のある童話の世界でありながら、人間の尊厳、崇高な理念が物語の中に散りばめられているのである。古今東西、老若男女を問わず普遍的に楽しめる歌芝居である。歌芝居を観たすべての人々が幸せな気持ちになる奇跡的な傑作なのである。私はこの「魔笛」を鑑賞するたびにその音楽の素晴らしさ、モーツァルトの天才の奇跡に触れ、幸せな気持ちでいっぱいになるのである。

♪序曲

これから始まる童話の世界がどんなものなのかと、わくわくさせてくれる音楽である。速いテンポで小刻みに律動を刻み観客を芝居に誘ってくれる。

♪第一幕

「魔笛」の舞台は古代エジプトである。王子タミーノ（テノール）は狩衣を着て岩山から降りてくる。その後を大蛇が追いかけてくる。タミーノは大蛇と格闘するものの、勝つことはできず、気を失ってしまう（タミーノの独唱「助けてくれ」、大蛇に襲われる様子が見事に音楽で表現されている）。そこへ夜の女王の三人の侍女（ソプラノ）がやってきて大蛇を槍で刺し殺す。侍女は三人共、気を失っているタミーノを見て一目惚れしてしまう。この三人による三重唱「好きになるのならこんな人を！」は明るくて美しい音楽。ソプラノの三人の声が調和していて好ましい。歌い終わって三人の侍女は去って行く。その後に、鳥刺しのパパゲーノ（バリトン）がやってきてタミーノと出会う。パパゲーノは鳥を捕まえては夜の女王に届けて食物や飲物をもらって生活している。目を覚ましたタミーノに対して、パパゲーノは「私が大蛇を成敗した」と嘘をつく（パパゲーノの独唱「わしは鳥刺し！」。民謡調の旋律の中にパパゲーノの性格を見事に表現している名作。私の大好きな曲である）。そこに三人の侍女が現れて、嘘をついたパパゲーノに口かせをはめて口がきけないようにしてしまう。ここでパパゲーノは独唱曲「口がきけなくて困ってしまう！」を歌う。この歌はおどけた様子でとても楽しい。三人の侍女はタミーノに、「夜の女王のお嬢様がザラストロに囚われているので救ってほしい！」と頼み込む。「魔法の笛」を与え、さらに娘の名はパミーナと教え、肖像画を渡す。それを見たタミーノは一瞬にして恋に落ちてしまう。「こんな美しい娘が世の中にいるとは！」と感激する。ここでタミーノは「なんと美しいこの絵姿は！」を独唱する。この曲は「魔笛」に中でも特に美しい音楽で、私の大好きな曲である。大変な人気で単独の曲としてもよく演奏会に取り上げられ、録音も非常に多い。青年が女性に恋をして憧れる気持ちをこれほどまでに美しい旋律で表現できるとは！時代を超越した天才モーツァルト故になせる技なのであろう。モーツァルトは最後の年に青年の恋の歌の最高傑作を後世の人に残してくれた。モーツァルトの後に生まれた私達はなんと幸福なのであろうか！

　すると、山が二つに割れて夜の女王（ソプラノ）が現れる。夜の女王は有名な「恐れずに、若者よ！」の独唱曲を歌う。このコロラトゥーラ・ソプラノは極めて難解な曲。少し重い声のソプラノの名歌手に歌われると、この物語の魅力に多くの人が引きずり込まれてしまう。夜の女王はさらに、「憎きザラストロからパミーナを救ってくれれば、娘をお前の嫁にしてやる！」と告げる。タミーノは「なんとしても救い出して連れて帰ってくる。」と約束する。一方、夜の女王の許しを得て、パパゲーノは口かせをはずされる。しかし、タミーノと共にザラストロの国へ赴くように命ぜられる。渋るパパゲーノに三人の侍女は「魔法の鈴」を与える。三人の侍女は、三人の童子（ソプラノ）がザラストロの支配する国へ道案内してくれると告げる。場面は変わってザラストロの宮殿の一室。ザラストロの使用人頭でムーア人のモノスタトス（テノール）がパミーナに言い寄っている。そこにパパゲーノが現れ、顔の黒いモノスタトスを見てビックリ仰天する。パパゲーノは女性を見てすぐにパミーナであるとわかる。パパゲーノは自分が夜の女王の使いであると告げる。それを聞いたパミーナはとても安心する。パパゲーノは、「夜の女王がタミーノ王子をとても気に入り、王子にあなたの肖像画を渡した」と告げる。「王子はあなたを一目見て、あなたのことが大好きになりました。王子はとても立派な方ですよ！王子と私は道中を共にしてここまでたどり着きました。」と話す。さらに王子はこれからあなたを救いに来ると告げる。

落ち着いたパミーナは、パパゲーノに「あなたに奥さんはいないの？」と聞く。パパゲーノは「奥さんどころか彼女の一人もいないのです！」と返答する。するとパミーナは、「そんなに焦らないでね。きっと神様があなたにいい娘さんを授けて下さいますよ。」と励ます。ここで有名な、「男と女、こんなに尊いものはない！（恋を知るほどの殿方には）」という二重唱（パミーナとパパゲーノ）が歌われる。このパミーナとパパゲーノが歌う二重唱は私の大好きな曲で、人間の幸せとはなにかと問う傑作である。「男と女」より尊いものはないと、人間尊厳を高らかに歌い、あらゆる人は愛があれば皆幸福になれるという教訓を含んでいる。優しく、美しい旋律に込められたモーツァルトの心がすっと私の心に入ってくる。何回も繰り返し聴いては、その度に新たな感動を覚える。ソプラノとバリトンの二重唱の傑作であろう。

次の場面はザラストロの寺院の前。中央に大きな叡智の寺院、右には理性の寺院、左には自然の寺院と書いてある。三人の童子がタミーノを連れて現れる。三人の童子は勇気を持って沈黙を守るように告げる。タミーノは中央の扉から入ろうとする。すると中から弁者が現れ、「ザラストロは立派な人物で、訳あってパミーナを保護している。」と伝える。さらに「お前は夜の女王に騙されている。」と警告する。弁者はパミーナが生きていることを伝える。喜んだタミーノは「魔法の笛」を取り出し（タミーノの独唱「パミーナは生きている、なんとありがたいことか！」）、万能の神に感謝して「魔法の笛」を吹く。するとたくさんの動物が寄ってきて、気持ち良さそうに踊り出す（フルートの美しい音楽！私の大好きな曲である）。パミーナも来ておくれと願う。遠くから聴こえる「魔法の笛」の音を聴いたパパゲーノは、早速自分の笛で答える。するとタミーノも「魔法の笛」で答える。パパゲーノは「タミーノがもう近くに来た。」とパミーナに告げ、「早く行こう。」

と連れていく。ところが、行く手をモノスタトスと使用人が遮り、二人を捕まえようとする。その瞬間、パパゲーノは「魔法の鈴」を鳴らす。するとモノスタトスと使用人は、いい気持ちになって踊り出し、笑顔で去ってゆく。パミーナとパパゲーノは「正しい男が皆このような鈴を持っていれば、悪い輩はすぐにいなくなってしまうでしょう。そうすればすべての苦しみがなくなり、調和の下に人は幸せになるでしょう！」と歌う。これこそモーツァルトが「魔笛」の中で主張したかったことではなかろうか！そこに遠くからザラストロ万歳の声が聴こえてくる。

ザラストロ（バス）と従者が登場する（合唱「ザラストロ万歳！」、重厚感あふれる音楽でザラストロの登場を知らせている）。パミーナは逃げようとした自分の罪を告白する。しかし、ザラストロは寛大な心で許し、「お前を導く男が必要である。」と言う。そこにモノスタトスがタミーノとパパゲーノを連れて現れる。一瞬にしてタミーノとパミーナはお互いのことがわかり、「夢のよう！」と話す。モノスタトスは二人を捕まえた手柄をたてに褒美をせがむが、ザラストロは褒美に77回足の裏を叩くように命令する。ザラストロはタミーノとパパゲーノに布を被せ、試練の殿堂に連れて行くように命令する。一同ザラストロの正義を讃える合唱を歌い、幕になる。

♪第二幕

椰子の樹の森にザラストロと僧侶がやってくる。ザラストロは僧侶に「王子タミーノは立派な人物なので、パミーナと結ばせ、夜の女王からパミーナ共々守りたい。」と言う。僧侶は承知する。ここで、ザラストロがタミーノを讃える歌を歌う（独唱と合唱「イシス、オシリスの神よ、お願いできれば！」、崇高な理想を持つ人を、威厳のある音楽で表現している。宗教曲のような趣もあり、大変素晴らしい）。場面は変わって、ザラストロの国の庭。そこにタミーノとパパゲーノが僧侶に連れられてやってくる。僧侶は、タミーノとパパゲーノに第一の試練「沈黙の試練」を与える。タミーノは快諾するが、パパゲーノは渋る。僧侶は、ザラストロがパパゲーノに若く美しい娘、パパゲーナを預かっていると話す。これを聞くとパパゲーノは大喜びして「沈黙の試練」を受けることにする。ここで第二と第三の僧侶の二重唱「女の企みから身を守れ。」が歌われる。タミーノとパパゲーノは夜の女王の侍女三人の誘惑からもなんとか逃れ沈黙を貫き、僧侶から「沈黙の試練」に勝利したと言われる。

パパゲーノが僧侶に連れられていくと、そこにパミーナとモノスタトスがいる（モノスタトスの独唱「恋をすれば誰でも嬉しいよ！」、パミーナに恋をしてしまったモノスタトスの気持ちを見事に表現している。どこか諧謔的で愉快である）。そこに夜の女王が現れ、パミーナに「私がよこしたあの青年はどこに行ったのか？」と問う。パミーナは「ザラストロに身を捧げました。」と言う。夜の女王は「あの青年はもう諦めた、お前がこの刃でザラストロを殺すのだ！」と迫る。ここで「魔笛」の中でも特に有名な夜の女王の独唱曲が歌われる（「地獄の復讐が煮えくり返る！」、コロラトゥーラ・ソプラノの難曲中の難曲であるが、聴く人にとっては大変素晴らしい曲で惹きつけられる。「魔笛」の中でも中心となる曲である。演奏会でも単独の曲としてよく取り上げられ、録音も非常に多い）。そばで聴いていたモノスタトスはパミーナから刃を奪い、自分に従うように言う。そこにザラストロが現れ、モノスタトスから刃を奪う。パミーナはザラストロに「母を罰しないで。」と頼む。そこでザラストロは「自分の国では、皆が愛し合い、敵をも許すのです。」と歌う（「この聖なる殿堂には」、重厚な上に美しい音楽である。ザラストロの人柄をよく表している。私の大好きな曲である。敵であっても許し、人は皆隔てなく愛し合うべきとは、まさにモーツァルトが一生訴え続けてきた主張である。最後の年でもモーツァルトはこのことを忘れなかったのである）。場面は変わって寺院の広間。タミーノとパパゲーノが僧侶に連れられて入ってくる。ここで二度目の「沈黙の試練」を言い渡される。タミーノは毅然とそれを守るが、パパゲーノはついに言葉を発してしまう。そこに老婆が現れ、歳を聞くとなんと18歳と言う。自分には彼氏がいて私より10歳上で、名前はパパゲーノと言う。びっくりするパパゲーノ。そのあと老婆は消えてしまう。

そこに三人の童子が「魔法の笛」と「魔法の鈴」を持ち、ご馳走を乗せた台も運んで来る。三人は、タミーノとパパゲーノに、「よく来ましたね、ザラストロの国で二度目のお出迎えです。」と言う。「タミーノよ、勇気を出して！パパゲーノよ、沈黙を守って！」と歌う（三重唱「お二人ともよく来ましたね！」）。透明感あふれる大変美しい曲で私は大好きである。「魔笛」を観る時はいつもこの曲を聴くのを楽しみにしている）。パパゲーノはご馳走をほおばり、タミーノは笛を吹く。

その後、笛の音を頼りにパミーナがやってくる。「沈黙の試練」を受けているタミーノを見て心配で、しきりに話しかけるが全然話してくれない。「沈黙の試練」を受けているタミーノは話すことができない。パミーナは、「もう私のことは好きではないのかしら？」と悲しんで歌う（独唱「私は悲しみの中にあります！」）。このソプラノ独唱曲は悲しみを表現した至高の音楽で大変美しい。「魔笛」の中で白眉である。私はこの曲が大好きでよく聴いている。単独でもソプラノの独唱曲としてもよく歌われ、多くの人に愛されている最高傑作である。録音も非常に多い。）。

場面は変わってピラミッドの中の部屋。僧侶は、ザラストロに「沈黙の試練を守ったタミーノという青年は、誠実で男らしく勇敢でもある。」と話し、沈黙の試練を乗り越えたと判断した（僧侶の合唱「おお、イシス、オシリスの神よ、なんという喜び！」、重厚で宗教曲の趣がある。控えめであるが、喜びを見事に表現している）。ザラストロは、僧侶に連れられてきたタミーノに男らしさを褒めるが、「まだあと二つ大きな試練が待っている。」と話す。その後ザラストロは、僧侶にパミーナを連れてくるように言う。パミーナはタミーノに会えて嬉しいが、タミーノが危険な試練に立ち向かうことを知り動揺する（パミーナ、ザラストロ、タミーノの三重唱「愛する人よ、もう二度とあなたに会えないのですか？」、緊迫する場面を音楽で見事に表現している）。最後にはタミーノは一人で試練に向かおうと去ってゆく。

場面は変わってパパゲーノが一人でいる。そこに僧侶がやってきて彼が沈黙の試練を守らなかったことを咎める。だが、慈悲深い神が許してくださったことを伝える。僧侶はパパゲーノに「欲しいものはないのか？」と聞くとパパゲーノは「葡萄酒が飲みたい！」と言う。すると天井から赤葡萄酒の大盃が降りてくる。それを飲んだパパゲーノは大喜びする（独唱「可愛い娘か女房がいれば」、この曲も「魔笛」の中で大変有名な曲で絶大な人気がある。美しい旋律の中にパパゲーノの願いが込められている。この願いは一人、パパゲーノだけの願いではなく、人間誰しもが望むもの。そして人間の最も尊い願いなのである。モーツァルトがこの「魔笛」の中で特に強調したかったことなのではなかろうか）。

場面は変わってパパゲーノのそばに例の老婆が杖をつきながらやってくる。パパゲーノは「一人より老婆と一緒に暮らす方がまだましだ。」と言う。すると老婆はパパゲーノと同じ格好をした、美しい娘パパゲーナに変わる。パパゲーノはパパゲーナを抱こうとする。するとそこへ僧侶が現れ、パパゲーノはまだ彼女にふさわしくないと言って去る。パパゲーノは地中に落ちてしまう。

場面は変わって庭園。三人の童子が現れる。「もうじき朝が来て、賢明なものが勝利を得る。」と言う。三人の童子は絶望の淵にいるパミーナを見て助けようとする。短剣で自殺しようとしているパミーナを間一髪で助ける。三人の童子は「タミーノは訳あって（沈黙の試練故に）あなたに目を背けた。」と知らせ、「一緒にタミーノに会いに行こう！」と誘う。パミーナは元気を取り戻す（三人の童子とパミーナの四重唱「まもなく朝を告げるために。」、透明感あふれる美しい旋律の中に、待ちわびた喜びが感じられる）。

場面は変わって山が見える場所。一つの峰には滝が見え、もう一つの峰からは火が吹いている。タミーノと鎧を着た武士が二人登場する。タミーノは勇敢に試練に立ち向かおうとする。そこにパミーナがやってきて「私も一緒に行きます。」と言う。鎧を着た武士は「今はもうパミーナと話しても良い。」と言い、二人で最後の「水の試練」、「火の試練」に立ち向かう。「魔法の笛」を吹きながら、勢いよく迫る水の試練にも、凄まじい火の粉の試練にも負けずに、ついにザラストロ王国の神殿へと進むことができた（ここの部分の音楽は勢いよく迫る水の様子や、容赦無く降りかかる火の粉の様子を音楽で見事に表現していて素晴らしい。モーツァルトの素晴らしい音楽が物語を盛り上げる）。神殿の中から僧侶が試練に打ち勝った二人の若者を讃えて歌う（合唱「万歳、二人の高貴な若者よ！」、荘厳で重厚感があって素晴らしい）。

場面は変わって、庭園にパパゲーノが一人いる。「パパゲーナとも会えなくなり、夢も希望もなくなってしまった！」と嘆き、ついに自殺を図ろうとする（パパゲーノの独唱「パパゲーナ！パパゲーナ！」、絶望したパパゲーノの心情を、悲しくも美しい音楽で見事に表現している）。そこに三人の童子が現れ、パパゲーノを戒めるが、一方で「あの娘に会いたいなら魔法の鈴を鳴らしなさい。」と話す。パパゲーノは早速「魔法の鈴」を取り出して鳴らし始める。すると、なんとそこにパパゲーナが現れる。ここでパパゲーノとパパゲーナはこの「魔笛」の中でとりわけ人気の高い「パ、パ、パ！」の二重唱を歌う。この場面はタミーノとパミーナの水の試練、火の試練の場面と同様に私が特に好きなところである。モーツァルトはなんと美しい愛の二重唱を作曲したことであろうか！モーツァルト自身もこの曲が殊の外好きであった。亡くなる直前、死の床で「レクイエム」を作曲しながら、この「パ、パ、パ！」の二重唱を泣きながら歌ったと伝えられている。私もこの曲こそモーツァルトが「魔笛」の中で最も力を込めた曲なのではないかと思う。歌詞も素晴らしい。二人で「なんと嬉しいことでしょう。私たちのことを神様が気にかけて下さったのでしょう。神様がきっと可愛い子供達をお恵み下さる！」と歌う。人間の本当の幸せとは、理解し、尊敬し、愛し合える伴侶と家族を作ることではなかろうか。モーツァルトはこのことを「魔笛」という歌芝居の中に込めたかったのではなかろうか。私にとってこの曲はかけがえのない宝物で、いつも大切にしている。

場面は変わって地下の洞窟。モノスタトス、夜の女王、三人の侍女がいる。彼らは地下からザラストロの寺院に入り込もうとしている。夜の女王は「自分の娘を救ったらモノスタトスの嫁にしてやる。」と約束する。かくして夜の女王はザラストロと決着をつけようとするが、ザラストロの力にはかなわず勢いを失ってしまう。雷、電光、嵐が去り、太陽が昇る。ザラストロが高所に立ち、「太陽の輝きが夜を払いのけ、邪悪な心も取り除かれた。」と宣言する。三人の童子がタミーノとパミーナに花を捧げている。神殿の前でタミーノとパミーナはザラストロや僧侶に祝福されながら結ばれる。この王国の新しい王と王妃になるのであった。喜びに満ちた大合唱で幕が閉じられる。私は、この「魔笛」を観るたびにモーツァルトの音楽の素晴らしさに感激するのである。

私の愛聴盤は、カール・ベーム指揮、ベルリン・フィルハーモニー管弦楽団の演奏である。ザラストロ：フランツ・クラス、夜の女王：ロバータ・ピータース、パミーナ：イヴリン・リアー、タミーノ：フリッツ・ヴンダーリッヒ、パパゲーノ：ディートリッヒ・フィッシャー＝ディースカウ、パパゲーナ：リーザ・オットー、弁者：ハンス・ホッター、モノスタトス：フリードリッヒ・レンツ、第一の侍女：ヒルデガルト・ヒレブレヒト（ソプラノ）、第二の侍女：ツヴェトゥカ・アーリン（ソプラノ）、第三の侍女：ジークリンデ・ヴァーグナー（メゾソプラノ）、第一の童子：ロスル・シュヴァイガー（ソプラノ）、第二の童子：アントニア・ファーベルク（ソプラノ）、第三の童子：ライリ・コスティア（メゾソプラノ）、第一の武士：ジェイムズ・キング（テノール）、第二の武士：マルティ・タルヴェラ（バス）、室内合唱団の合唱（CD：ドイツ・グラモフォン、POCG-2185/7、1964年6月ベルリン・イエス・キリスト教会で録音）。ゆっくりしたテンポで、丁寧に演奏している。歌手陣も充実していて素晴らしい。何回も聴いている。ウィーン・フォルクスオーパー・モーツァルト・アンサンブル（フルート：ハンスゲオルク・シュマイザー、ヴァイオリン：ベッティナ・グラディンガー、ヴィオラ：ペーター・ザガイシェック、チェロ：クリストフェ・パンティロン）によるフルート四重奏曲の演奏（CD：ニンバス・レコード、NI5576、1999年、モンマウス、イギリスで録音、輸入盤）も大変素晴らしい。繰り返し聴いている。「魔笛」の主な歌唱曲を情感たっぷりに演奏してくれている。ヨハン・ヴェントの編曲による。

映像に関しては、ヴォルフガング・サヴァリッシュ指揮、バイエルン国立歌劇場管弦楽団の演奏、演出：

アウグスト・エヴァーディング、ザラストロ：クルト・モル、夜の女王：エディタ・グルベローヴァ、パミーナ：ルチア・ポップ、タミーノ：フランシスコ・アライサ、パパゲーノ：ヴォルフガング・ブレンデル、パパゲーナ：グドゥルン・ジーバー、弁者：ヤン＝ヘンドゥリック・ルーテリング、モノスタトス：ノルベルト・オース、第一の侍女：パメラ・コーバン、第二の侍女：デフネ・エヴァンゲラートス、第三の侍女：コルネリア・ヴォルコップ、第一の童子：セドリック・ロスドイチャー、第二の童子：クリスティアン・イムラー、第三の童子：ステファン・バンデメール、第一の武士：ヘルマン・ヴィンクラー、第二の武士：カール・ヘルム、バイエルン国立歌劇場合唱団の合唱（DVD：ドイツ・グラモフォン、00440073410６、1983年9月19、20日ミュンヘンのバイエルン国立歌劇場で生録音、輸入盤）。丁寧な演奏で歌手陣も素晴らしい。原作に忠実な舞台装置も衣装も大変素晴らしい。サヴァリッシュは熟練の技でこの音楽の素晴らしさを余すところなく表現している。歌手陣の中ではパミーナ役のルチア・ポップが特に素晴らしい。ザラストロ役のクルト・モルも重厚感のある歌唱で見事である。夜の女王役のエディタ・グルベローヴァはコロラトゥーラ・ソプラノが素晴らしい。特に大好きな「魔笛」なので、多くの映像を見てきたが、このサヴァリッシュの「魔笛」が私は最も好きで何回も見ている。

流石に大人気の「魔笛」であるので実際の上演も何度も鑑賞してきた。その中で、私が一番感激し思い出に残っているのは、2003年6月14日クニタチ・フィルハーモニカーの演奏、クニタチ・フィルハーモニー合唱団の歌唱で行われた上演である。指揮：金聖響、演出：栗山昌良、ザラストロ：谷田部一弘、夜の女王：斎藤路津紀、パミーナ：柳沢里穂子、タミーノ：小林祐太郎、パパゲーノ：山下浩司、パパゲーナ：虎谷亜希子、弁者：鹿又透、モノスタトス：青柳素晴、第一の侍女：悦田比呂子、第二の侍女：田口由美、第三の侍女：沼田香奈、第一の童子：柴山晴美、第二の童子：瀧上美保、第三の童子：前田真木子、第一の武士：渡邊具晃、第二の武士：斉木健詞、第一の僧侶：福山出、第二の僧侶：吉見佳晃。私は妻の母校である国立音楽大学のキャンパスを初めて訪れ、大学の講堂大ホールで妻、娘と三人で「魔笛」を鑑賞することができた。学生が中心になって大きな紙に絵を描き、それを背景にしていた。衣装もとても好ましく、原作に忠実に「魔笛」の世界を再現してくれた。国立音楽大学の教員、OB、現役の学生を中心に演奏された管弦楽団も合唱団も素晴らしく、歌手陣も見事であった。特に二人の武士が素晴らしかった。一生の思い出に残る「魔笛」であった。また、フルート四重奏曲としての演奏では、2004年6月4日にトッパンホールで、ヴォルフガング・シュルツのフルート、ウィーン・フィルハーモニア弦楽三重奏団で、パパゲーノの「わしは鳥刺し」と「可愛い娘か女房がいれば」、夜の女王の「地獄の復讐が煮えくり返る」を聴くことができた。シュルツのフルートは素晴らしく、「なま」で聴けて大変感動した。トッパンホールの夜はいい思い出に残っている。

あとがき

21世紀も20年を過ぎ、ますます機械文明が進み、ロボットや人工頭脳が人間の代わりをする時代になってしまった。人々はお互いに会話することより、コンピューターやスマートフォンと会話することが多くなり、便利な電化製品が次々に市場に出まわり、お金さえあれば豊かな生活ができるという経済優先の世の中である。人々は人間性を失い、唯物的で個人主義が横行する時代になってしまったと言わざるを得ない。こういう時代だからこそ人間には芸術が大切であると私はつくづく思うのである。芸術の代表である音楽は経済生産の足しにはならないと不満を言う人も多い。音楽で食べていける人は一握りと言われる。しかし、音楽は人間が人間らしく、喜びや悲しみ、友情や愛などの感情や感性を育むために欠かすことができないものである。音楽を愛することは、豊かな感情を持ち、平和を愛し、人々に優しさを与えられる人間になるために必要不可欠なのである。

私は、母や音楽の先生のおかげで音楽が大好きになった。特にモーツァルトの音楽は私の人生に一生寄り添ってくれている。私はこれからもずっと生きている限りモーツァルトの音楽を聴き続けると思う。モーツァルトは一生の友になるのである。一度モーツァルトの音楽の世界に入り込むと、繰り返しモーツァルトの音楽を聴くことになり、その音楽はいつも傍にいることとなる。モーツァルトが残してくれた800曲あまりの音楽は、ある時は困難な壁を乗り越える勇気を、また、ある時は楽しい笑いでしみじみと人生の幸福感を与えてくれる。また、ある時は、こらえることのできない悲しみを和らげてくれる。人々に音楽という芸術のロウソクを灯し続けてくれるのである。このロウソクの炎は、決して激しい光ではないものの、実に味わいのある柔らかな光で、人々の心を暖かく灯してくれる。そっと傍に寄り添い、一緒に笑い、泣いて、喜んでくれる、かけがえのない一生の友なのである。モーツァルトのおかげで人間は人間らしく、喜びも悲しみも経験し、それを糧にして成長していくことができるのではなかろうか。モーツァルトの音楽は、人類がある限り永久に不滅で、その輝きは決して消え去ることはないのである。

本書はそんな音楽の神童、モーツァルトの曲の中から、私が特に好きな、宝物の２００曲あまりを選び、日頃聴いて感じたことをまとめたものである。小学校五年生の時から60年のモーツァルト体験記である。さらに私の好きな録音や録画の愛聴盤も載せてある。モーツァルトに関するささやかな随筆も載せてある。モーツァルトゆかりの地を訪れた思い出も載せてある。本書は２２５章からなるが、どこからお読みいただいても結構である。読者の方がそばにおいて時折開いて読んでいただければ、著者としてこの上ない喜びである。モーツァルトが大好きな人、これから音楽を聴き始めようとしている人、どんな音楽を聴こうかなと迷っている人等、全ての人の一助となれば幸いである。

最後に、本書を執筆するにあたり、幻冬舎ルネッサンス新社の出版プロデュース部の田中大晶氏、編集部の浅井麻紀氏に大変お世話になった。ここにお礼申し上げる次第である。また、原稿執筆中に影になり日向になり援助してくれた妻や、私が撮った写真から挿絵を描いてくれた娘に感謝する次第である。

引用文献
モーツァルト書簡全集第2巻、海老沢敏、高橋英郎編訳、白水社、１９８０年2月初版、東京
モーツァルト書簡全集第3巻、海老沢敏、高橋英郎編訳、白水社、１９８７年10月初版、東京
モーツァルト書簡全集第4巻、海老沢敏、高橋英郎編訳、白水社、１９７６年1月初版、東京
モーツァルト書簡全集第5巻、海老沢敏、高橋英郎編訳、白水社、１９９５年7月初版、東京
モーツァルト書簡全集第6巻、海老沢敏、高橋英郎編訳、白水社、２００１年6月初版、東京

随筆

宗教音楽・歌劇・声楽曲

弦楽四重奏曲

弦楽五重奏曲・室内楽曲・管弦楽曲

管弦楽器のための協奏曲

楽曲・随筆索引

交響曲

ピアノ協奏曲

ピアノ曲

［著者］
廣部 知久（ひろべ ともひさ）
昭和25年9月25日生（横浜市）
(I) 学歴
昭和49年　千葉大学理学部生物学科卒業
　51年　東北大学大学院修士課程修了（理学修士）
　52年　同上博士課程中退（就職のため）
　54年　東北大学より理学博士の学位を受く
(II) 職歴
昭和52年　岩手大学教育学部生物学教室助手
　57年　同上　講師
　60年～61年　アメリカ合衆国ハーバード大学歯学部　電子顕微鏡研究室 Visiting Scientist
　62年　放射線医学総合研究所主任研究官
平成9年　千葉大学放射線医学総合研究所連携大学院教授
　13年　放射線医学総合研究所チームリーダー
　23年　放射線医学総合研究所、千葉大学放射線医学総合研究所連携大学院定年退職
　23年　放射線医学総合研究所シニアスタッフ（再雇用）
　28年　新宿皮フ科　組織・病理室長
現在に至る
(III) 学術研究論文
T. Hirobe: How are proliferation and differentiation of melanocytes regulated? Pigment Cell Melanoma Res., 24 (3): 462-478 (2011).　他118編
(IV) 著書（分担執筆・監修等）
1. 広部知久 「正常メラノサイトの培養」、『現代皮膚科学大系　第4巻B 基礎皮膚科学実験法』、清寺真編、中山書店、pp204-207 (1981)
2. 若松佑子・広部知久 「下等脊椎動物色素細胞」、『組織細胞化学の技術―無機物と色素』、小川和朗・中根一穂編、朝倉書店、pp287-289 (1994)
3. 広部知久 「メラノサイトの増殖・分化に働く外的要因―培養系での解析から」『色素細胞―神経冠からの発生・分化の遺伝子機構から色素性疾患への対応を探る』、松本二郎・溝口昌子編、慶應義塾大学出版会、pp39-49 (2001)
4. 広部知久・松本正監修 『アンチエイジング宣言』アンチエイジング生活向上委員会、幻冬舎メディアコンサルティング、2007
5. 廣部知久 「メラノサイトの増殖・分化に働く外的要因」、『色素細胞第2版―基礎から臨床へ』、伊藤祥輔・柴原茂樹・錦織千佳子監修、慶應義塾大学出版会、pp 31-43 (2015)

いつもモーツァルトがそばにいる。
──ある生物学者の愛聴記

2021年6月16日　第1刷発行

著　者　廣部知久
発行人　久保田貴幸

発行元　株式会社 幻冬舎メディアコンサルティング
〒151-0051　東京都渋谷区千駄ヶ谷4-9-7
電話　03-5411-6440（編集）

発売元　株式会社 幻冬舎
〒151-0051　東京都渋谷区千駄ヶ谷4-9-7
電話　03-5411-6222（営業）

印刷・製本　中央精版印刷株式会社
装　丁　武石彩弥花

検印廃止

Printed in Japan
ISBN 978-4-344-93522-8 C0095
幻冬舎メディアコンサルティング HP
http://www.gentosha-mc.com/